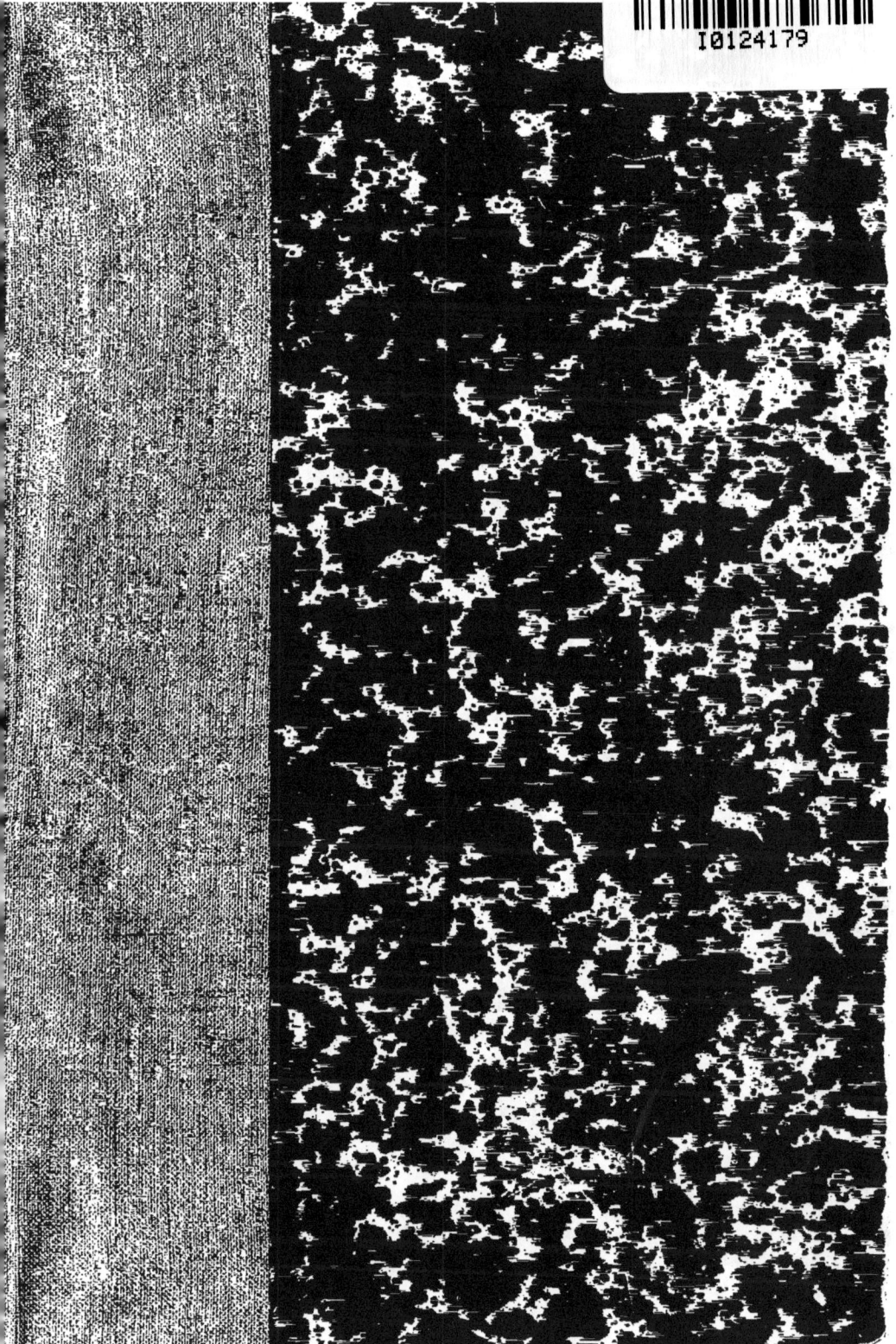

CARTAILHAC

AGES PRÉHISTORIQUES

DE

L'ESPAGNE

ET DU

PORTUGAL

PRÉFACE
PAR M. DE QUATREFAGES
DE L'INSTITUT

PARIS. REINWALD.

CH. REINWALD, LIBRAIRE-ÉDITEUR, 15, RUE DES SAINTS-PÈRES, PARIS

MATÉRIAUX

POUR L'HISTOIRE PRIMITIVE ET NATURELLE DE L'HOMME

REVUE MENSUELLE ILLUSTRÉE

DIRIGÉE PAR E. CARTAILHAC ET E. CHANTRE

avec le concours de

MM. ARCELIN, D'AULT-DUMESNIL, DE BAYE, BEAUVOIS, BLEICHER, BOULE
BORDIER, CASALIS DE FONDOUCE, DU CHATELLIER, CHAUVET, DALEAU, FAUDEL, GIRARD DE RIALLE
HAMY, LARTET, MANOUVRIER, MARION MARTINET
GABRIEL ET ADRIEN DE MORTILLET, DE NADAILLAC, PERRIN, PIETTE, PILLOY
DE QUATREFAGES, RAMES, SALMON, TESTUT, TOPINARD, ZABOROWSKI

VINGTIÈME ANNÉE

Les « Matériaux » paraissent le 15 de chaque mois en livraison ornée de planches et de dessins dans le texte

Prix de l'Abonnement, par An : 15 Francs

S'adresser, pour tout ce qui concerne la Rédaction, à :

M. E. CARTAILHAC, à Toulouse, 5, rue de la Chaîne;
M. E. CHANTRE, à Lyon, au Muséum.

LES

AGES PRÉHISTORIQUES

DE

L'ESPAGNE ET DU PORTUGAL

RÉSULTATS D'UNE MISSION SCIENTIFIQUE
DU
MINISTÈRE DE L'INSTRUCTION PUBLIQUE

LES

AGES PRÉHISTORIQUES

DE

L'ESPAGNE ET DU PORTUGAL

PAR

M. ÉMILE CARTAILHAC

Directeur des Matériaux pour l'Histoire primitive de l'homme

PRÉFACE PAR M. A. DE QUATREFAGES, DE L'INSTITUT

AVEC QUATRE CENT CINQUANTE GRAVURES ET QUATRE PLANCHES

PARIS

CH. REINWALD, LIBRAIRE

15, RUE DES SAINTS PÈRES, 15

1886

A LA MÉMOIRE

DE

ED. LARTET ET DE P. BROCA

PRÉFACE

PAR M. A. DE QUATREFAGES.

I

L'année 1856 marque une date importante dans l'histoire intellectuelle du XIXᵉ siècle. A ce moment, le géologue Forchammer, le zoologiste Steenstrup, l'archéologue Worsaae présentaient à l'Académie des sciences de Copenhague leur sixième et dernier *Rapport* sur un ensemble de recherches poursuivies en commun depuis 1847. L'archéologie préhistorique, dont Thomsen et Nilsson avaient déjà largement posé les bases, se trouvait définitivement constituée. A partir de ce moment, l'étude du passé des populations humaines ne s'est plus arrêtée aux derniers confins de l'histoire, pas même à ceux de la plus obscure légende. Elle a plongé dans la nuit des temps et a fait revivre des hommes et des choses dont les savants de la première moitié de ce siècle ne pouvaient même pas avoir l'idée.

La date de 1861 est plus mémorable encore. La nouvelle science, fondée par les Scandinaves, complétée depuis par les découvertes de Steenstrup et de Nathorst (1872), conduisait jusqu'au temps où le Danemark, émergé depuis peu, avait encore le climat de notre Laponie. On touchait donc aux débuts de la période géologique actuelle; on n'allait pas au-delà. Sans doute quelques découvertes, datant déjà du siècle dernier, avaient appelé l'attention; mais on ne pouvait les comprendre, car ni la géologie stratigraphique, ni la paléontologie n'étaient encore nées. Lorsque ces deux sciences se furent constituées, quelques chercheurs, heureux et hardis, tirant des faits qu'ils mettaient au jour des conséquences que nous savons aujourd'hui être justes, commencèrent à prononcer les mots d'*homme fossile*. Mais malgré les publications d'Ami Boué (1823), de Tournal (1828-1833), de Christol (1829), de Schmerling (1833), de Marcel de Serres (1839), on se refusa longtemps à admettre un fait aussi considérable. Non que les hommes uniquement préoccupés de la science, aient jamais été systématiquement opposés à la pensée de voir l'antiquité de notre espèce remonter jusqu'aux temps géologiques. Le plus illustre d'entre eux, Cuvier, dans un passage trop oublié par ses disciples exagérés aussi bien que par ses adversaires, a répondu d'avance à cette accusation, dans son *Discours sur les révolutions du globe.*

Après avoir dit que « l'on n'a encore trouvé ni homme ni singe parmi les » fossiles, » il ajoute : « Mais je ne veux pas conclure que l'homme n'existât » pas du tout avant la dernière révolution. Il pouvait habiter quelque contrée » peu étendue, d'où il a repeuplé la terre après ces événements terribles. Peut- » être aussi les lieux où il se tenait ont-ils été entièrement abîmés et ses os » ensevelis au fond des mers actuelles, à l'exception du petit nombre d'indi- » vidus qui ont continué son espèce. »

Après la mort de Cuvier (1832), les découvertes se multiplient. Boucher de Perthes fait connaître les haches trouvées par lui dans les alluvions d'Abbe- ville (1838-1847); Rigollot, Gaudry confirment cette découverte, que viennent corroborer encore celles de Fontan (1859), de Gosse (1860), de Vibraye (1860), et l'existence de l'homme fossile devient de plus en plus probable. Pourtant beaucoup de bons esprits hésitaient encore. Aux découvertes faites dans les ter- rains d'alluvion, le père de la géologie moderne, Elie de Beaumont, opposait sa théorie des grands orages venant à des intervalles de plusieurs siècles couvrir les plaines et les côteaux de graviers où les ossements des espèces éteintes se mêlaient aux produits plus récents de l'industrie humaine ; les résul- tats fournis par les fouilles pratiquées dans les cavernes, faisaient penser à des affouillements causés par des remous torrentueux, qui pouvaient avoir juxta- posé des ossements humains à ceux de l'ours ou de l'hyène. Il était bien permis d'hésiter.

Mais en 1861 parut le mémoire de Lartet sur la grotte d'Aurignac et son con- tenu. Ici, le doute n'était plus possible. Les eaux n'avaient jamais envahi cette grotte. L'homme et les mammifères fossiles s'y montraient dans des conditions qui accusaient leur contemporanéité d'une manière incontestable. La *paléon- tologie humaine* prenait place dans nos cadres scientifiques ; et bientôt l'exis- tence de *l'homme européen quaternaire* était universellement admise.

En rappelant es noms des savants dont les travaux ont préparé et amené ce magnifique résultat, il serait injuste d'oublier celui d'un danois qui mérite d'occuper une place spéciale sur cette liste. Dès 1844, Lund avait rencontré dans les cavernes du plateau de Lagoa-Santa, province de Minas-Geraës (Brésil), de nombreux ossements humains mêlés à ceux des mammifères éteints qu'il a fait connaître et que M. Gaudry rapporte à notre âge du renne. Il avait bien découvert l'*homme fossile américain*.

La paléontologie humaine a rapidement agrandi son domaine. Je n'ai pas à citer les nombreux savants européens qui nous ont fait connaître nos plus lointains ancêtres ; mais je dois rapppeler que, grâce aux recherches de MM. Ameghino, Roth, Abbott, L. Lartet, Medlicott, Lubbock, Pitt-Rivers, Gooch, etc., nous savons aujourd'hui que l'homme a vécu aux temps quaternaires dans l'Amérique du nord aussi bien que dans celle du sud, dans l'Inde comme en Syrie, et qu'il a laissé ses traces en Egypte comme en Algérie et au Cap. Ainsi, avant que commençât l'époque géologique actuelle, notre espèce avait atteint les extrémités de ce que nous appelons l'ancien et le nouveau monde ; et sans doute elle avait peuplé bien des points intermédiaires.

II

La science a donc franchi la plus proche des barrières qui nous séparent des époques géologiques. Peut-on s'enfoncer plus profondément encore dans ce lointain passé et aller chercher notre espèce jusque dans les terrains tertiaires ? La question fut posée bien peu après la publication du travail de Lartet ; elle parut être résolue affirmativement par le travail de M. Desnoyers sur les graviers de Saint-Prest (1863). Là, on retrouvait bien l'homme ; mais pour un grand nombre de géologues, ces graviers ne sont que des dépôts quaternaires inférieurs. M. Desnoyers lui-même les a acceptés plus tard comme pouvant appartenir à un terrain de transition. Le véritable *homme tertiaire* n'était pas encore découvert.

Depuis la publication de M. Desnoyers, la question a été bien souvent reprise ; elle est encore controversée aujourd'hui. Je ne saurais présenter ici ne fut-ce qu'un simple aperçu de ces discussions et je me borne à résumer mes appréciations personnelles. Je donnerai plus de détails dans un livre actuellement sous presse.

En Europe, l'homme tertiaire a été signalé sur divers points ; et, comme l'homme quaternaire, il n'a été connu d'abord que par ses œuvres. En présence des objections formulées surtout par les géologues, je ne puis que suspendre mon jugement en ce qui concerne les trouvailles faites par l'abbé Bourgeois à Thénay, et par Ribeiro à Otta. Il en est autrement des découvertes dues à MM. Capellini, Rames et Ragazzoni.

On sait que le premier a trouvé au Monte-Aperto des ossements de Balœnotus portant des entailles assez profondes, lisses et régulières d'un côté, inégales et rugueuses de l'autre. Un instrument tranchant, attaquant l'os obliquement, a fait éclater le copeau. Ce résultat a été attribué à l'action des dents tranchantes de quelque grand squale. Mais en supposant, — ce que d'ailleurs je ne saurais admettre, — que cette interprétation explique les empreintes que présentent les côtes de l'animal, on ne saurait vraiment l'appliquer aux incisions courbes, parfois presque demi-circulaires et d'un petit rayon qui s'entrecroisent sur une omoplate. Je suis convaincu que l'homme seul a pu laisser de pareilles marques.

Grâce à M. Rames, à ses collaborateurs et à M. Cartailhac, j'ai sous les yeux une série nombreuse de silex du Puy-Courny. Indépendamment des caractères déjà signalés (formes générales, bulbe de percussion, retouches, etc.), j'ai trouvé sur le tranchant de plusieurs échantillons des traces d'usure et des *écaillures*, toutes dirigées dans le même sens. En raclant avec des éclats de la même roche des os ou du bois dur, j'ai reproduit tous ces caractères. Les silex dont il s'agit ont donc servi de *grattoirs*, et ne peuvent avoir été employés que par l'homme.

Enfin les restes humains découverts par M. Ragazzoni à Castenedolo, près de Brescia, ont fait connaître l'homme tertiaire lui-même. Les détails donnés par ce professeur et ceux que l'on doit à M. Sergi sont aussi précis que possible. Toutes les précautions ont été prises pour s'assurer qu'aucun remaniement, aucun mélange de couches n'avait eu lieu. Un squelette de femme presque entier et dont le crâne a pu être restitué a fait penser qu'il pouvait s'agir d'une sépulture. Mais cette objection tombe devant le fait que les ossements de tous autres individus, un homme adulte et deux enfants ont été trouvés isolés et dispersés dans la même couche et dans des conditions toutes semblables.

A coup sûr, s'il s'agissait de l'homme quaternaire, la découverte de Castenedolo serait acceptée comme authentique sans la moindre contestation. On ne peut lui opposer que des objections tirées de doctrines générales avec lesquelles ce fait semble être en contradiction. Or, quelque courte qu'elle soit, l'histoire de la paléontologie humaine montre déjà combien il faut se méfier de ce genre d'appréciation. Que d'esprits, même éminents, ont d'abord refusé de croire à l'existence de l'homme quaternaire en se fondant sur des données de même nature !

L'existence de l'homme tertiaire en Europe me paraît donc être démontrée par l'observation directe.

Je ne saurais en dire autant de l'Amérique. Le terrain des Pampas, regardé comme tertiaire par M. Améghino, est quaternaire pour Burmeister, qui l'a étudié pendant tant d'années; pour M. Roth, qui nous a rapporté la tête d'un squelette trouvé sous une carapace de Glyptodon; pour Carl Vogt, qui a eu sur ce point des renseignements spéciaux. C'est à ces derniers que l'ensemble des faits me semble donner raison.

Quant aux graviers de la Californie, d'où l'on a retiré tant d'objets travaillés et auxquels appartenait peut-être réellement la fameuse tête de Calaveras, leur âge est fort incertain. Tertiaires pour Whitney, ils sont quaternaires pour bien d'autres géologues, et aux raisons invoquées par ces derniers, on peut ajouter un fait qui n'a pas encore été signalé. A en juger par le peu que nous en savons, l'industrie de la pierre était fort avancée chez les vieux Californiens. Elle semble égaler au moins celle de nos hommes néolithiques. Au contraire, chez l'homme découvert d'abord par M. Abbott, puis par d'autres chercheurs, dans les terrains glaciaires de la Delaware, et jusque près du versant oriental des montagnes Rocheuses, elle se montre aussi rudimentaire qu'elle l'était chez nous aux plus anciens temps paléolithiques. Si l'on accepte les déterminations géologiques de Whitney, il faut donc admettre en même temps que, de l'époque tertiaire à l'époque quaternaire, les populations américaines ont subi un recul très considérable au point de vue industriel. Ce serait là un fait absolument en désaccord avec ce que l'on a constaté partout ailleurs, et bien peu vraisemblable en lui-même. Je ne puis donc que refuser aux ouvriers californiens l'antiquité que leur attribue l'éminent géologue américain.

III

Quoi qu'il en soit, l'histoire de l'espèce humaine commence aux temps tertiaires. Nous possédons des objets façonnés par elle qui remontent au moins jusqu'au miocène supérieur (Puy Courny), et nous connaissons une de ses races datant du pliocène inférieur (Castenedolo). A partir de ce moment, on peut la

suivre dans le temps et dans l'espace. Or, à toute histoire, il faut une *chronologie*
donnant au moins des dates relatives et permettant de saisir, soit la succession,
soit la contemporanéité des événements. Pour satisfaire à ce besoin, pour établir
des divisions dans la période dont ils s'occupaient, les savants scandinaves
s'adressèrent aux œuvres de l'homme lui-même, et M. de Mortillet a très habilement fait aux temps quaternaires l'application de cette méthode. Au contraire,
Lartet chercha des points de repère dans la nature et dans la disparition ou
l'émigration successives des mammifères les plus caractéristiques de cette même
époque. Plus tard, M. Hamy, s'inspirant de la même pensée fondamentale et
mettant à profit les travaux de Belgrand, chercha les bases de ses appréciations chronologiques dans la superposition des anciennes alluvions de la Seine.

La méthode ethnographique a bien certains avantages. Elle permet d'embrasser
tous les temps et tous les lieux ; elle est très commode pour distinguer et grouper
les types divers d'armes, d'ustensiles ou d'outils inventés par l'homme ; et, dans
notre Europe occidentale, si ardemment explorée depuis plusieurs années, on
peut assez souvent l'appliquer, sans grave inconvénient. Mais elle confond deux
choses fort distinctes : la *classification* et la *chronologie*. Dans les cas douteux,
elle n'apporte sur les questions de temps aucun enseignement réel et conduit
aisément à l'erreur.

Ce qui se passe de nos jours et chez nous-mêmes devrait faire réfléchir
ceux qui ont en elle trop de confiance. On sait, par exemple, le rôle qu'a joué
la poterie dans plus d'une discussion. Or, tandis que nous fabriquons à
Paris nos merveilleuses porcelaines de Sèvres, on fait encore, me disait
Lartet, des poteries à la main dans quelques vallées écartées du Midi de la
France. Voilà qui pourrait bien embarrasser un jour les archéologues de l'avenir.
Il y a plus ; deux populations entières, quoique étant en relations habituelles,
peuvent, l'une pratiquer fort bien l'art du potier, l'autre agir comme si elle l'igno-
rait entièrement. C'est le spectacle que présentent les Tongans et les Fijiens :
Comme tous les Polynésiens, les premiers n'ont aucune espèce de poterie ; les
seconds fabriquent des vases curieux dont on peut voir des spécimens au Musée
du Trocadero. Et pourtant, trois des îles Fiji sont sous la domination tongane et
un croisement probablement fort ancien entre les deux races a enfanté toute une
population de métis. Eh bien, à s'en tenir à l'ethnographie et à des considérations
bien souvent invoquées, ces populations seraient déclarées non contemporaines
si elles ne vivaient sous nos yeux.

En rattachant les faits préhistoriques à des phénomènes naturels dont la suc-

PRÉFACE vij

cession est connue, on obtient, au contraire, une véritable *chronologie relative*, la seule à laquelle il soit permis de prétendre, au moins jusqu'à ce jour. Plus les phénomènes sont généraux et étendus, mieux ils répondent au but que l'on se propose. À ce titre les époques géologiques bien déterminées sont d'excellents points de repère. Malheureusement les géologues reconnaissent qu'à partir des débuts des temps quaternaires il est difficile de préciser l'âge des dépôts, parce qu'ils sont ordinairement *juxtaposés* plutôt que *superposés*. Il faut donc chercher ailleurs le moyen d'établir une échelle chronologique dans l'histoire de l'homme. Dans l'état actuel de nos connaissances, c'est encore au point de vue de Lartet que les anthropologistes me semblent devoir se placer, et je ne vois pas de raison pour substituer de nouvelles appellations à ses quatre âges de l'ours, de l'éléphant, du renne et de l'urus. Bien entendu que l'on devra d'ailleurs faire usage de données analogues à celles qu'a employées M. Hamy, quand elles présenteront la même certitude. Sans doute, comme l'a bien des fois déclaré Lartet lui-même, comme Belgrand l'aurait reconnu, cette chronologie a l'inconvénient d'être plus ou moins locale. Mais c'est déjà beaucoup que d'avoir des résultats certains pour une région aussi étendue que la France et les contrées voisines. Quand le reste du globe aura été exploré avec le même soin, il sera peut-être possible de reconnaître le synchronisme des événements et d'arriver à tracer le tableau général de notre histoire paléontologique.

Le problème devient bien plus difficile à résoudre lorsqu'on arrive à l'époque actuelle. En réalité, je ne vois que le Danemark qui se prête à l'emploi d'une méthode analogue à celle que je viens de rappeler et ce n'est plus aux animaux, c'est aux végétaux qu'il faudrait s'adresser. Dans une communication faite au Congrès de Bruxelles, et qu'il a trop brièvement résumée, Steenstrup disait avec raison que l'on pourrait rattacher l'histoire des espèces animales et de l'homme lui-même à celle des essences forestières superposées dans certains marais tourbeux de sa patrie. Mais, on doit le reconnaître, ce serait là une chronologie purement locale ; car je ne sache pas qu'il existe nulle part l'équivalent des skovmoses danois. Il faut donc ici en revenir à la méthode des savants scandinaves. On sait comment elle les a conduits à admettre les trois âges de la pierre, du bronze et du fer, encore aujourd'hui universellement acceptés. Mais on sait aussi que la conception première a déjà changé à certains égards et peut-être devra-t-elle recevoir encore quelques modifications. Je reviendrai plus loin sur ces questions. Ici je me borne à rappeler que, comme les *époques zoologiques* de Lartet, les *âges archéologiques* sont bien souvent purement locaux et qu'il y a là aussi des synchronismes à chercher. En Danemark, d'après M. Hans Hildebrand, l'âge du bronze existait encore au temps d'Alexandre, c'est-à-dire environ 300 ans avant notre ère, alors que la Grèce connaissait et employait le fer depuis plus de mille ans.

IV

Les races humaines préhistoriques dont les ossements nous ont été conservés et qui par suite ont pu être caractérisées sont échelonnées dans le cadre chronologique dont j'ai indiqué les principales divisions. Celle qui a été trouvée par M. Ragazzoni était déjà connue comme appartenant aux plus bas terrains quaternaires. Le crâne de Castenedolo rappelle à tous égards celui de l'Olmo, qui est également féminin. La race de Canstadt remonte donc jusqu'au pliocène. A en juger par le résultat des fouilles de M. Martin, elle semblerait avoir seule occupé le bassin de la Seine, pendant une partie de l'âge de l'ours. Du moins, l'infatigable chercheur qui a si bien exploré les carrières de Grenelles, n'a rencontré que cette race dans les *graviers de fond* (Belgrand).

La race de Cro-Magnon a aussi connu l'ours des cavernes, dont elle a laissé l'image gravée sur un morceau de schiste dans la grotte du Bas-Massat. Elle est la seconde en date.

A en juger par le seul crâne fossile que l'on connaisse, la race de la Truchère, retirée des marnes grises de la Seille, placées sous une sorte de *Forestbed* à ossements de mammouth, a dû être à peu près contemporaine de la précédente.

La race de Grenelle apparaît dans les alluvions de la Seine assez longtemps après celle de Cro-Magnon. Dans les couches supérieures, elle a mêlé ses ossements à ceux de sa sœur aînée. Elle doit dater du milieu de l'âge du renne.

Enfin, les deux races de Furfooz, que nous avons distinguées, M. Hamy et moi, mais qui peut-être devront un jour être réunies, se montrent vers la fin de la même époque et sont jusqu'à présent les dernières venues dans notre Europe occidentale.

En Amérique, la race des Pampas a précédé celle de Lagoa Santa, que nous avons vu être, d'après M. Gaudry, à peu près contemporaine de notre âge du renne.

Toutes les races quaternaires sont bien distinctes les unes des autres et ne présentent aucune gradation régulière dans leurs caractères physiques. L'homme de La Truchère, franchement brachycéphale, a vécu à côté des dolichocéphales de Cro-Magnon. La race de Canstadt dépassait de fort peu la taille moyenne des populations humaines actuelles ; celle de Cro-Magnon égalait au moins nos plus grandes races actuelles, tandis que les troglobantes de la Lesse descendaient au niveau des Lapons.

Les deux races fossiles américaines, dont nous connaissons les têtes osseuses, se distinguent aussi aisément l'une de l'autre. La race de Lagoa-Santa est dolichocépale ; celle des Pampas est brachycéphale ; mais toutes les deux sont hypsisténocéphales, ce qui les distingue de leurs contemporaines d'Europe.

Aucune des races humaines fossiles n'a disparu. On peut les suivre toutes dans l'espace et dans le temps à partir du moment où elles se montrent jusqu'à nos jours. Celle de Canstadt elle-même, qui remonte jusqu'aux temps pliocènes, a reparu et reparaît parfois encore en Europe d'une manière erratique ; elle formait naguère, en Australie, le fond d'une tribu cantonnée dans le voisinage de Port-Adélaïde. Les vrais Guanches, dont les descendants vivent encore aux Canaries, reproduisaient tous les traits caractéristiques des hommes de Cro-Magnon. A Paris, on retrouve assez souvent, surtout chez les femmes, le type des graviers de Grenelle, et il en est de même en Belgique pour celui de Furfooz.

La race de Lagoa-Santa, découverte par Lund au Brésil, a laissé aussi des descendants. En rappelant l'attention sur le travail du savant danois, j'ai montré qu'elle a transmis plusieurs de ses traits les plus caractéristiques à bien des populations répandues de l'Atlantique au Pacifique à travers les Andes. Il en est de même pour la race des Pampas.

V

Avec l'époque actuelle apparaissent de nouvelles races qui parfois constituent des peuplades isolées et ethniquement pures, comme dans la sépulture de Sclaignaux, mais qui plus souvent se mêlent aux populations préexistantes dont elles semblent déterminer le rapprochement. A elles seules les grottes sépulcrales du Petit-Morin ont livré à M. de Baye un magnifique ossuaire où sont représentées, à côté d'une race nouvelle, toutes les races quaternaires à l'exception de celle de Canstadt. Des faits plus ou moins analogues ont été signalés sur biens d'autres points.

Mais, même avant ces alliances avec les descendants des hommes fossiles, les nouveaux venus étaient loin d'appartenir à un seul et même type. Laissons pour le moment de côté ceux à qui l'on doit les *kjœkkenmœddings*; ne parlons que de ceux de l'âge des dolmens. Les plus anciennes sépultures de cette époque montrent que toutes les principales formes craniennes se rencontraient chez eux et que chacune d'elles caractérisait parfois des tribus entières. Les dolichocéphales dominent dans la proportion des neuf dixièmes en Suède et en Danemark (von Duben). En Angleterre, ils occupent parfois seuls les *Long-barrows* (Turnham). A Sclaignaux, ce sont, au contraire, les brachycéphales qui se montrent purs de tout mélange (Arnould); et ce sont eux aussi qui, dans la Lozère, viennent apporter l'industrie mégalithique aux troglodytes dolichocé-phales (Prunières), tandis que dans la vallée du Petit-Morin, mes observations personnelles, au fond d'accord avec les appréciations de Broca, me font regar-der la race mésaticéphale comme celle qui a entraîné et rapproché les repré-sentants des types quaternaires.

A elle seule, cette diversité de caractères nous apprend que les hommes de cet âge ne pouvaient provenir du même centre ethnique. Il est dès lors plus que difficile de croire qu'ils soient arrivés simultanément sur tous les points où nous retrouvons leurs traces. Il faut donc admettre que, dès avant l'âge du bronze, l'Europe a reçu successivement, à des intervalles de temps plus ou moins éloignés, tantôt sur un point, tantôt sur un autre, les tribus qui appor-taient avec elles tout un nouvel état de choses.

Quels que soient leurs caractères physiques, les hommes dont nous parlons se présentent à nous comme ayant possédé à très peu près les mêmes indus-tries. Tous savent polir la pierre; et surtout, tous ont des animaux domestiques. Lors même que le Danemark présenterait, sous ce dernier rapport, une excep-tion bien remarquable, comme le pensait Steenstrup, le fait général n'en serait pas infirmé. Cette uniformité de développement social nous apprend que les tribus immigrantes partaient d'une contrée assez vaste pour qu'au moins cer-taines d'entre elles eussent pu vivre isolées et conserver leurs traits caractéris-tiques, tandis qu'elles étaient reliées par un degré de culture à peu près uni-forme, de même qu'une civilisation commune rattache les uns aux autres tous les grands peuples d'aujourd'hui, quels que soient leurs éléments ethniques.

En arrivant en Europe, les hommes de la pierre polie se heurtèrent aux représentants des races fossiles. Alors dut se dérouler à peu près partout une série d'événements, dont grâce à l'infatigable activité du Dr Premières, nous pouvons suivre toute la succession dans la haute Lozère. Au début, la guerre éclate entre les indigènes dolichocéphales et les étrangers brachycéphales, à qui leurs industries plus avancées devaient assurer l'avantage. La caverne de Baumes-Chaudes a fourni bien des preuves de ces combats. Les troglodytes vaincus se soumettent en partie, et des alliances commencent la fusion des races, comme à la grotte de l'Homme-Mort. D'autres se retirent plus avant dans leurs causses ; mais ils empruntent à leurs vainqueurs ce qui avait fait leur supériorité et vont jusqu'à élever eux aussi les grands dolmens connus dans le pays sous le nom de *cibournios* ou de *tombeaux des Poulacres*. Quelques rares tribus conservèrent pourtant leurs vieilles mœurs, comme nous le verrons plus loin.

En somme, lors de ces invasions préhistoriques, tout s'est passé comme de nos jours lorsque les Européens sont arrivés dans le Nouveau-Monde ou en Polynésie, et M. de Mortillet a insisté avec raison sur ce rapprochement. Alors comme aujourd'hui la race supérieure a importé d'emblée sa civilisation tout entière et l'a imposée de gré ou de force aux races inférieures. Entre le passé et le présent, il n'y a eu que très peu ou point de transitions. Ainsi s'explique le prétendu *hiatus* qui a donné lieu à tant de discussions. Sans doute sur certains points, les changements climatériques, l'extinction ou l'émigration du gibier habituel, les modifications mêmes du genre de vie ont fait abandonner quelques stations qui, tantôt sont restées désertes, tantôt ont été réoccupées plus tard. Mais nos régions ne sont pas restées inhabitées pour cela. La chaîne des populations n'a jamais été brisée. Elle est, au contraire, restée étroitement serrée, comme nous le verrons en parlant des kjœkkenmœddings.

Aux immigrations de l'âge de pierre succèdent celles de l'âge du bronze. Ici encore quelques faits attestent que de nouvelles races humaines sont venues se mêler aux précédentes. Dans les *Round-barrows* d'Angleterre, où le métal s'associe à la pierre, les brachycéphales se juxtaposent aux dolichocéphales des *Long-barrows* ou même les remplacent entièrement, ce qui a fait dire à Turnham : « *Long-barrows, long-skulls ; Round-barrows, round-skulls.* »

Puis arrivent les hommes qui apportent le fer, et enfin paraissent ces envahisseurs dont la légende ou l'histoire positive ont gardé le souvenir.

Voilà comment l'Europe s'est peuplée. Considérée à ce point de vue cette partie du monde nous apparaît comme une sorte d'estuaire, où depuis les temps pliocènes jusqu'à notre moyen âge, des espèces de ras-de-marée humains sont venus mélanger leurs flots pour donner naissance aux populations actuelles.

Pacifiques ou guerrières, brusques ou lentement progressives, ces invasions se sont succédé à des intervalles de temps le plus souvent considérables. A en juger par ce que nous savons des plus récentes, elles ont été d'ordinaire déterminées par le contrecoup d'événements accomplis dans des contrées lointaines; et, toutes les fois que nous pouvons remonter à leur point de départ, c'est vers l'orient, c'est en Asie que conduisent les investigations de la science.

VI

J'ai cru qu'il ne serait pas inutile de jeter un coup-d'œil à vol d'oiseau sur l'histoire anthropologique des populations européennes avant de parler du livre de M. Cartailhac. Le lecteur saisira plus facilement la portée de cet ouvrage, qui est en réalité un chapitre fort important et fort bien fait de cette histoire. Tout en s'occupant spécialement de la péninsule hispano-portugaise, l'auteur ne l'isole du reste du monde, ni dans l'espace, ni dans le temps. Toujours il rattache ses *âges archéologiques* aux *époques géologiques* ; toujours il compare les faits qu'elle nous présente à ceux qui ont été constatés dans d'autres contrées. Bien que restant habituellement sur le terrain ethnographique, il n'en cherche pas moins la signification historique des faits et n'oublie pas les questions générales. Il les signale, il motive tout au moins en quelques mots les solutions qu'il a adoptées, et rattache ainsi à un ensemble scientifique la multitude de détails qu'il fait connaître.

Tout d'abord, M. Cartailhac se déclare transformiste. On sait bien que je ne le suis pas ; et j'ai trop souvent développé ailleurs les raisons qui me font repousser cette doctrine séduisante, pour y revenir ici. Mais du moins M. Cartailhac a échappé au piège que cette théorie tendait à ses partisans, et dans lequel sont tombés bien des hommes éminents et Darwin lui-même. Il reconnaît que l'étude du développement doit faire repousser toute idée de parenté directe entre l'homme et les anthropoïdes. Ces deux types ne sont pour lui que des collatéraux remontant à des ancêtres inconnus, que sans doute il regarde comme n'étant encore ni hommes ni singes. Il abandonne ainsi l'école de Haeckel pour celle de Carl Vogt, bien plus logique et bien plus d'accord avec les principes professés par Darwin dans son livre sur l'espèce.

M. Cartailhac a consacré d'assez longs développements à la question de l'homme tertiaire. J'ai dit plus haut ce que je pense à ce sujet et n'ai pas à y revenir. Ici j'ai le regret de me trouver sur bien des points en désaccord avec l'auteur. M. Cartailhac repousse en bloc et sans les discuter toutes les découvertes d'ossements humains tertiaires annoncées comme ayant été faites dans les deux mondes. Pourtant celle de M. Ragazzoni aurait ce me semble mérité d'appeler, au moins un moment, son attention. L'âge du terrain n'a pas été mis en doute ; l'intégrité des couches a été constatée à diverses reprises ; les faits ont été contrôlés par un juge compétent dont ils contrariaient les doctrines générales ; car M. Sergi est transformiste, et avec la plupart de ses coréligionnaires scientifiques, il devait s'attendre à ne pas trouver à ce niveau, l'homme proprement dit. Il n'en a pas moins accepté comme très réelle la découverte de son compatriote et en a conclu seulement qu'il faudrait chercher nos *précurseurs* dans des couches plus anciennes. — Quelle objection scientifique peut-on faire à ce témoignage ?

M. Cartailhac passe rapidement sur les entailles reconnues sur les ossements de Saint-Prest et de Monte-Aperto. Adoptant les opinions soutenues par M. de Mortillet, il se refuse à y voir des empreintes laissées par une main humaine. Il est moins affirmatif au sujet des silex de Thénay et surtout des silex du Puy-Courny. Il dit même, au sujet de ces derniers, que, s'ils provenaient d'une station quaternaire ou néolithique, personne ne mettrait en doute qu'ils n'aient été façonnés par l'homme. Une discussion détaillée le conduit à des conclusions à peu près semblables au sujet de ceux qui ont été recueillis en Portugal. Pourtant il conclut que des traces irrécusables de l'homme tertiaire sont encore à trouver.

Dans son livre, M. Cartailhac n'en admet pas moins que, à elles seules, certaines industries quaternaires justifient la recherche de l'homme pliocène. Dans une lettre qu'il a bien voulu m'écrire, il va plus loin et déclare accepter aujourd'hui la présence de l'homme, tel que nous le connaissons, dans les terrains de cet âge. Il était difficile que la logique n'eût pas raison de ses derniers doutes. En effet, la hache chelléenne, plus ou moins modifiée, mais toujours reconnaissable, se trouve dans les plus vieilles couches quaternaires, en Amérique comme dans l'Ancien-Monde. Or, il est impossible de comprendre ce fait si l'on n'admet pas que l'homme a existé antérieurement à cette époque, car l'autochtonisme universel de notre espèce, si souvent invoqué à propos de cette question et de bien d'autres, ne saurait être admis par quiconque tient quelque peu compte des lois qui régissent tous les autres êtres organisés, les plantes aussi bien que les animaux.

M. Cartailhac ne pouvait songer à cette hypothèse, fort peu conciliable du reste avec les doctrines transformistes. Dans son ouvrage, il reconnaît que « l'homme est sorti probablement d'un centre unique encore inconnu et qu'il « s'est répandu partout. » Il est plus affirmatif dans sa lettre et accepte pour l'homme comme pour les animaux « une aire originelle restreinte. »

Il est bien difficile d'admettre le cantonnement primitif de l'homme et le peuplement du globe par migrations sans accepter en même temps l'unité spécifique de toutes les populations humaines. L'auteur n'avait pas abordé ce point dans son ouvrage. Il est très explicite dans sa lettre. « Il est clair, m'écrit-il, « qu'un transformiste, comme moi, n'éprouve aucun scrupule à « se dire monogéniste. »

VII

Une fois ces données fondamentales admises, il est possible aujourd'hui, ce me semble, d'en faire l'application à l'ensemble des faits connus, de manière à les relier et à sen rendre compte. Dans un ouvrage publié il y a déjà quelques années, j'ai rapidement indiqué mes vues sur ce sujet. J'y reviendrai plus longuement, dans le livre auquel j'ai déjà fait allusion. Sans entrer dans des détails, je puis donner ici une idée de cet essai de coordination.

Presque tous les auteurs qui ont parlé du lieu d'origine de l'homme ont placé sa première patrie dans les régions intertropicales. Là seulement, a-t-on dit, l'homme, à son apparition et encore totalement dépourvu d'industries, a pu vivre, se nourrir et se propager. Haeckel a même supposé l'existence d'un continent aujourd'hui submergé, qu'il a appelé la *Lémurie* et qu'il place au sud de l'Asie exactement sous l'équateur. Mais cette hypothèse, absolument gratuite, est en contradiction avec bien des faits.

Et d'abord, elle ne saurait rendre compte du spectacle que présente le massif central de l'Asie où prennent naissance tous les grands fleuves qui sillonnent le continent au nord, à l'est et au sud. J'ai déjà fait remarquer depuis longtemps que soit au cœur, soit autour de cette région on trouve des représentants des trois types ethniques, ainsi qu'un grand nombre de langues se rattachant aux trois types linguistiques généralement admis. Aucune autre contrée du monde ne présente rien de semblable. Or, on ne peut guère supposer qu'après s'être constituées au loin dans les contrées les plus diverses, après

s'y être créé leur langage, un certain nombre de races humaines soient reve-
nues sur leur pas pour se grouper autour d'un même point relativement peu
étendu. Il est bien plus rationnel de regarder ce point comme un centre d'où
les populations émigrantes ont emporté leurs caractères fondamentaux, que les
changements de milieu ont plus tard plus ou moins modifiés, tout en respectant
ce qu'ils avaient d'essentiel.

A en juger par ce qui existe aujourd'hui, on pourrait donc être tenté de placer dans la région dont il s'agit le berceau de l'espèce humaine. Mais cette
hypothèse laisse sans explication un certain nombre de faits importants dont
on se rend, au contraire, facilement compte en reportant l'origine géographique
de notre espèce vers l'extrême nord du continent asiatique. A peine est-il
besoin de rappeler que, à l'époque tertiaire, cette partie du globe et le Spitsberg
lui-même possédaient un climat analogue à celui de la Californie actuelle, où
vivent fort bien de nos jours quelques-unes des tribus humaines les plus
dépourvues d'industrie. L'homme primitif a donc pu prospérer dans des conditions semblables.

C'est là que, à une époque encore indéterminée des temps tertiaires, ont dû
apparaître nos premiers ancêtres. Quelque temps, sans doute, leurs fils se nour-
rirent exclusivement de fruits et de racines ; mais les instincts du chasseur ne
durent pas tarder à s'éveiller, et ils en vinrent à poursuivre le renne, l'éléphant,
le rhinocéros..., que la géologie nous apprend avoir vécu à côté d'eux.

Tous les peuples chasseurs ont besoin de vastes espaces, et ce genre de vie
éveille l'esprit d'aventure. A mesure que les premières tribus grandirent et se
multiplièrent, elles ne purent qu'étendre de plus en plus leur aire d'habitat.

Si l'on tient compte de la durée des périodes géologiques, on comprendra
qu'elles durent aller fort loin, et que quelques familles plus aventureuses que
les autres ont pu atteindre nos contrées occidentales. Mais le plus grand nombre dut rester en Asie, dont au moins les régions centrales furent probablement
en partie peuplées dès cette époque.

L'invasion des froids glaciaires vint modifier cet état de choses.

Dans le nord, hommes et bêtes abandonnèrent leur *centre d'apparition* pour
fuir le fléau et s'échappèrent par des routes diverses. Un certain nombre de tribus
suivit les grands mammifères qu'elles étaient habituées à chasser et arrivèrent
en même temps qu'eux en Europe. Voilà comment nos contrées furent, au
moins par places, rapidement aussi peuplées que le permet la vie des chasseurs. D'autres gagnèrent l'Amérique et descendirent jusqu'au Pampas ; un

autre grand flot passa en Afrique et envoya des éclaboussures jusqu'au Cap. Cette émigration en masse et en tout sens de populations arrivées à peu près au même degré de développement social, fuyant un grand danger et poussant toujours droit devant elles, explique l'universalité des premières industries quaternaires.

Mais alors vivaient plus au sud de l'Asie des tribus qui avaient perdu de vue depuis des siècles les animaux de leur première patrie, qui en avaient rencontré d'autres, prédisposés par leurs instincts à accepter le joug de l'homme. Elles domestiquèrent d'abord le chacal qui devint le chien, et fut plus ou moins longtemps leur seul compagnon, comme l'a démontré l'étude des kjœkkenmœddings, sur lesquels je reviendrai. Elles lui adjoignirent plus tard le bœuf, le mouton, la chèvre... ; elles découvrirent et commencèrent à cultiver les céréales. Jouissant ainsi, au point de vue de la vie matérielle, d'une sécurité que ne connurent jamais les chasseurs, elles eurent des loisirs. Leur intelligence s'éleva ; elles perfectionnèrent leurs industries. Réparties à l'intérieur et tout autour du massif central, elles étaient placées dans des conditions de milieu fort différentes. De nouvelles races prirent naissance, tout en atteignant à peu près le même niveau.

Ainsi se forma le vaste centre de civilisation relative dont l'existence est attestée par l'uniformité de culture intellectuelle que présentent les immigrations néolithiques.

Un jour, probablement par suite d'événements analogues à ceux dont l'histoire classique a gardé le souvenir, un certain nombre de ces tribus se mirent isolément et successivement en marche, emportant leurs haches polies, emmenant leurs troupeaux et laissant en place une partie de la population dont les descendants vivent encore. Ni leurs points de départ, ni les routes suivies par elles n'ont été les mêmes, et voilà pourquoi elles sont arrivées à des époques différentes sur divers points de nos territoires ; pourquoi aussi les ossements trouvés dans leurs tombes ne se ressemblent pas.

On voit que la région dont je parle est, à mes yeux, non pas le *centre d'apparition de l'espèce humaine*, mais le *centre de formation de ses types fondamentaux*.

On voit aussi que je reporte l'invention des industries néolithiques à une époque bien antérieure à celle où nous voyons la pierre polie pénétrer en Europe. Cette conclusion ressort des faits rappelés plus haut. Ce n'est certainement pas au moment même où ils arrivaient chez nous que les immigrants de cette époque perfectionnaient brusquement leur outillage, et ce n'est pas à nos portes qu'ils avaient trouvé les animaux, les végétaux qu'ils amenaient avec eux. Il y a donc eu en Asie une époque néolithique contemporaine, au moins d'une partie de nos temps paléolithiques.

Sans doute, nous ne pouvons encore dater chacun de ces mouvements des populations en les rattachant, d'une manière même approximative, à des phénomènes naturels, dont nous ignorons les phases successives. Nous ne pouvons pas davantage établir des synchronismes détaillés que l'on puisse regarder comme quelque peu certains. Ce sera là l'œuvre de l'avenir. Mais dès à présent, cette manière d'envisager les faits permet d'en embrasser l'ensemble et d'en interpréter plusieurs. Elle nous montre aussi que dans ces temps lointains les choses se sont passées à peu près comme dans ces temps historiques où des hordes de barbares, de races fort différentes, se sont succédé en Europe, venant des mêmes contrées et presque toujours poussées jusque chez nous par le contre-coup des cataclysmes sociaux qui s'y accompliss aient. Elle conduit enfin à une conclusion qui me semble témoigner en sa faveur, savoir : que, dans ses lignes les plus générales, l'histoire de l'humanité n'a fait que se répéter depuis les temps tertiaires jusqu'à nos jours.

Mais, pour chaque contrée du globe, cette histoire a ses épisodes particuliers et locaux. Ce sont eux dont M. Cartailhac a voulu tracer le tableau pour le Portugal et l'Espagne, en se bornant à la période des temps préhistoriques. Suivons-le dans cet exposé sans nous arrêter aux détails.

VIII

L'ouvrage de M. Cartailhac est essentiellement ethnographique. De nombreuses et belles figures permettent de se faire une idée très nette des objets décrits dans le texte. L'auteur a adopté partout la classification de M. de Mortillet, très commode, en effet, pour ce genre de description. Mais cela même le conduit à faire souvent de sages réserves au sujet des conclusions que l'on pourrait être entraîné à tirer de l'identité de certaines formes. Cette identité n'est nullement pour lui l'indice de rapports ayant existé entre deux populations, non plus que d'une origine commune. Il comprend très bien que des hommes, éprouvant les mêmes besoins et n'ayant pour y satisfaire que des matériaux semblables, doivent presque fatalement aboutir aux mêmes résultats et fabriquer des armes ou des instruments qui se ressemblent ; comme le font les

*

flèches en silex du Portugal, du Danemark, du Japon, de la Patagonie et de Mycènes.

J'ai dit plus haut la part faite par l'auteur aux temps tertiaires et n'aurais pas à y revenir si M. Cartailhac ne reprenait à ce propos la question tant de fois soulevée du *bulbe de percussion*. Je suis de ceux qui pensent que ce conchoïde peut parfois résulter d'un choc accidentel. Mais le fait ne doit guère être fréquent. Il doit arriver bien plus rarement encore que des chocs antérieurs aient cassé le silex de manière à figurer un *plan de frappe*. Enfin, quand deux ou plusieurs conchoïdes se trouvent réunis sur la même pièce, qu'ils coïncident ou non avec ce plan, surtout quand la pièce est peu volumineuse, il me semble bien difficile de ne pas y reconnaître l'action d'une main humaine.

Les temps quaternaires, considérés au point de vue ethnographique, montrent, en Portugal comme ailleurs, des types se rapportant aux *époques chelléenne, moustiérienne, solutréenne* et *madelénienne*. A chacune de ces époques, l'auteur rattache la faune qui la caractérise, ce qui l'amène à constater, une fois de plus, que le renne n'a pas franchi les Pyrénées.

Tout en donnant un résumé des recherches crâniologiques faites dans la Péninsule entière, M. Cartailhac a abandonné à M. Francisco de Paula e Oliveira le soin de mesurer et de décrire les têtes osseuses recueillies en Portugal. Le chapitre dû à ce savant officier est rempli de détails précis, sobrement et très clairement exposés. Il apporte à la crâniologie des races humaines des renseignements nouveaux et d'une importance réelle.

Les seuls restes humains trouvés en Portugal, que l'on puisse rapporter à cet âge, sont quelques ossements rencontrés dans une tranchée, à Valle de Areiro, à une profondeur de 3^m70 dans un limon regardé par C. Ribeiro comme très ancien et *probablement* quaternaire. Il est fâcheux que l'âge de cette couche n'ait pas été déterminé avec plus de certitude, car le crâne faisant partie de cette trouvaille, présente un grand intérêt. Son profil et sa *norma verticalis* superposés à ceux de l'homme sous-brachycéphale de Furfooz, les détails ajoutés par M. Francisco de Paula, montrent que la race belge était représentée en Portugal, à l'époque où ce limon s'est déposé. S'il est vraiment quaternaire, il y aurait là un argument de plus et décisif en faveur de l'antiquité de cette race, antiquité que nient un cerain nombre d'archéologues. Tout au moins doit-on reconnaître que la manière dont s'exprime M. de Paula semble reporter l'existence de l'homme de Valle de Areiro à une époque antérieure aux *véritables temps néolithiques*.

Les mots que je viens de souligner demandent une explication. En général, on fait remonter *l'âge néolithique* ou de la *pierre polie*, jusqu'aux premiers temps de l'époque géologique actuelle et on regarde *l'âge paléolithique* ou de la *pierre taillée*, comme finissant avec l'époque quaternaire. Tout au plus signale-t-on, entre les deux âges, comme l'ont fait MM. de Mortillet et Cartailhac, une période obscure que tous deux regardent comme une lacune, une solution de continuité, un *hiatus* dans nos connaissances. Il me semble que cette lacune n'est pas aussi entière que paraissent l'admettre ces deux savants, et je crois trouver dans le livre que j'examine de nouveaux arguments en faveur de mes opinions.

Depuis longtemps, après avoir visité les environs de Copenhague, après avoir entendu la discussion si instructive qui surgit entre Steenstrup et Worsaae, j'ai cru devoir adopter les opinions de ce dernier. Or, dès cette époque, Worsaae regardait les kjœkkenmœddings et les dolmens comme étant d'âge différent, en ce sens que les premiers avaient de beaucoup précédé les seconds. Les découvertes faites plus tard par Steenstrup et Nathorst ont pleinement justifié cette appréciation de l'éminent archéologue. Ces savants danois ont trouvé, dans les *skovmoses*, au-dessous des tourbières, dans la couche formée par le lavage des parois, une flore toute polaire et des ossements de renne associés aux instruments de silex grossièrement taillés, que l'on rencontre seuls dans les plus anciens kjœkkenmœddings.

Dans un petit nombre de ces amas de débris, appartenant à une époque plus récente, on a trouvé *exceptionnellement* quelques silex polis.

Il est facile de voir quelles conséquences ressortent de ces faits. En Danemark, *l'âge du renne* durait encore lorsque l'homme a pris possession du sol, à l'aube même de l'époque géologique actuelle. L'*âge de la pierre taillée* a donc dépassé les temps quaternaires. Les hommes qui ont accumulé les kjœkkenmœddings ont vu arriver ceux qui apportaient la pierre polie, et les deux races ont vécu l'une à côté de l'autre pendant un temps indéterminé, mais à coup sûr assez long. Evidemment ici il n'y a place pour aucune lacune, pour aucun hiatus.

IX

En abordant l'étude de l'époque néolithique, dans un chapitre qui est à mes yeux un des plus intéressants de son livre, M. Cartailhac a résumé un ensemble de faits qui conduisent à étendre les conclusions précédentes à toute l'Europe occidentale et méridionale. Le Portugal a aussi ses kjœkkenmœddings, parfois aussi considérables que ceux du Danemark. Notre compatriote les a visités après MM. Pereira da Costa et Carlos Ribeiro. Il a étudié les collections réunies par ses prédécesseurs ; il a retrouvé partout les types de la vieille industrie danoise ; il a rappelé les trouvailles de même nature faites en Angleterre, en Belgique, en France ; il montre les tranchets caractéristiques abondants dans certaines de nos stations, qui sont en revanche très pauvres en haches polies ; il les voit manquer ou se transformer en pointes de flèches dans les gisements plus récents de l'âge de pierre...

Tout s'est donc passé dans ces régions comme en Danemark. Une race qui ne connaissait que la pierre taillée les a occupés d'abord. D'autres immigrants, qui savaient polir leurs outils et leurs armes, sont arrivés plus tard. La prédominence alternante des deux industries montre que les deux populations se sont rencontrées, qu'elles ont eu des rapports, que les nouveaux venus ont fait l'éducation de leurs prédécesseurs et nous enseigne comment la fusion s'est opérée.

Cet ensemble devait amener M. Cartailhac à regarder l'ère des kjœkkenmœddings comme une époque à part. Il ne formule pas nettement cette conclusion dans son livre. Mais il est on ne peut plus explicite dans la lettre dont j'ai déjà parlé. Pour lui « les *débris de cuisine* portugais correspondent, comme ceux » du Danemark et d'autres, à une civilisation spéciale, plus sauvage, probable- » ment plus ancienne que celle des stations et des sépultures néolithiques. »

Cette opinion, déjà émise par M. Morlot et à laquelle Worsaae se serait évidemment rallié sans peine, sera je pense facilement adoptée. Je crois même qu'il est permis d'être plus affirmatif que ne le sont les deux éminents archéologues.

Deux faits importants signalés par M. Cartailhac attestent la haute antiquité de cet état de choses. Les kjœkkenmœddings de Mugem, sont aujourd'hui à 25 kilomètres en amont du point extrême où arrive la marée. Ils sont essentiellement composés de coquilles marines appartenant à diverses espèces de mollusques qui ne vivent aujourd'hui que sur des points encore plus éloignés et à un niveau plus bas. Il n'est pas admissible, dit avec raison M. Cartailhac, que les tribus malacophages se soient installées à une aussi grande distance des lieux où elles trouvaient en abondance leur maigre nourriture. Quand elles vivaient sur ses bords, le Tage était plus large et la marée remontait au moins jusqu'à Mugem ; ce qui, ajoute l'auteur, nous reporte à une époque probablement antérieure au dernier soulèvement du littoral portugais.

Je ne vois pas quelle objection ou pourrait exposer à cette conclusion. Mais en l'acceptant, on se trouve ramené bien près de l'époque quaternaire, si même on n'empiète pas sur elle. Dès lors, comme nous avons constaté avec M. Cartailhac la continuité des populations, toute trace d'hiatus disparaît en Portugal comme en Danemark.

Dans cette dernière contrée, l'homme des kjœkkenmœddings ne connaissait ni le bœuf, ni le mouton, ni le porc, etc. Il était accompagné seulement par un chien et les expériences de Steenstrup ont mis hors de doute que cet animal était domestiqué. C'est lui qui rongeait la portion spongieuse des os abandonnés par son maître. Dans les tertres de Mugem, M. Cartailhac a retrouvé les restes d'un *canis*, d'espèce indéterminée ; mais ses os et ceux des autres mammifères ne sont pas rongés, « ce qui, dit encore l'auteur, prouverait l'absence » du chien domestique. » Je ne puis qu'accepter entièrement cette conclusion qui, elle aussi, rejette bien loin l'existence de la tribu de Mugem.

La haute ancienneté des kjœkkenmœddings, l'infériorité des industries usuelles, la connaissance d'un seul animal domestique qui manque même en Portugal, me semblent devoir conduire à distinguer très nettement cette période et à la considérer comme une *époque* ou un *âge* distincts. J'emprunte volontier son nom à celui du fidèle compagnon qui se montre ici pour la première fois à côté de l'homme et qui, depuis lors, l'a accompagné toujours et partout. C'est en quelque sorte une extension de la nomenclature de Lartet, s'appliquant, non pas à la disparition d'une espèce sauvage, mais bien à l'apparition chez nous du premier animal domestique. L'ensemble des temps où s'accumulèrent les kjœkkenmœddings sera pour moi l'*époque* ou l'*âge du chien* et devra remplacer l'*hiatus* dont il a été si souvent question.

La présence du chien en Danemark et son absence en Portugal me paraissent indiquer deux migrations distinctes, peut-être deux races différentes, dont une seule avait abordé le grand problème de la domestication. Peut-être encore, en se plaçant à ce point de vue, trouverait-on à établir une distinction parmi les tribus de la pierre polie. On sait que Steenstrup a soutenu constamment que, pendant toute cette période, les constructeurs des dolmens danois n'avaient connu d'autre animal domestique que le chien, tout comme l'homme des kjœkkenmœddings. Worsaae a admis l'opinion contraire. Mais même en acceptant tous les faits invoqués par ce dernier, il en résulterait que, pendant une partie des temps néolithiques, les espèces animales domestiques n'étaient ni nombreuses, ni bien abondantes en Danemark. Si Worsaae parle vaguement d'instruments fabriqués avec des os d'animaux domestiques, il mentionne seulement des dents de cheval comme ayant été trouvées dans cette contrée. Il en aurait été autrement en Suède; mais les dolmens de ce pays sont plus récents et on ne nous dit pas jusqu'à quel point la faune domestique y est complète. Ces faits sembleraient indiquer des invasions successives effectuées par des tribus dont les dernières seules auraient conduit, dans le nord de l'Europe, une partie des animaux que l'homme s'est soumis.

Au contraire, dès que le bronze se montre, même en quantité minime, comme à Kallundborg (Seeland), on voit apparaître le bœuf, la chèvre, le mouton, etc., accompagnés d'un chien d'une autre race que celui des kjœkkenmœddings. Les témoignages tirés de l'industrie métallurgique concordent donc entièrement avec ceux que fournit l'élevage des bestiaux.

X

Revenons aux kjœkkenmœddings portugais. Pendant mon séjour à Lisbonne, j'avais examiné sommairement les ossements humains qu'on en a retirés. J'y avais reconnu deux types, l'un brachycéphale, l'autre dolichocéphale. Ce dernier avait plus particulièrement attiré mon attention par la réunion de caractères dont les uns le rapprochaient, tandis que d'autres l'éloignaient de la race de Cro-Magnon. Dans une note insérée aux actes du Congrès, j'ai indiqué cette appréciation que confirme pleinement le travail de M. de Paula. Par la forme générale du crâne, par leurs orbites carrés, par leurs fémurs à pilastres, les individus les mieux caractérisés sembleraient devoir prendre place à côté des troglodytes de la Vézère. Mais on ne retrouve pas chez eux la tête disharmonique de Cro-Magnon. La face est allongée aussi bien que le crâne. En outre leur stature est très inférieure à celle des représentants de cette race. Les mesurations prises par M. de Paula, reportées à la table d'Orfila remaniée par M. Topinard, accusent une taille pouvant varier de 1^{m}53 à 1^{m}63 seulement; tandis que les hommes de Cro-Magnon atteignaient en moyenne 1^{m}78 et arrivaient jusqu'à 1^{m}85. Les hommes étudiés par le savant portugais paraissent donc former une race nouvelle que l'on peut appeler la *race de Mugem*. J'ajouterai que leur squelette céphalique répond parfaitement aux caractères extérieurs que m'a montrés l'un des quatre types que j'ai rencontrés à diverses reprises en allant de Bayonne à Cambo. Ce sont ces Basques à face et à crâne allongés que Lartet appelait des *têtes de lièvre*.

Les hommes des kjœkkenmœddings se retrouvent dans les cavernes et les
sépultures de la pierre polie ; les deux formes crâniennes y conservent leur
proportion numérique. Toutefois, chez les dolichocéphales, la capacité du crâne
et la taille des individus prennent un accroissement assez notable, les formes
céphaliques se modifient quelque peu ; et on peut même dire avec M. de Paula,
que les crânes de Cascaës tiennent le milieu entre ceux de Mugem et ceux de
Cro-Magnon. Il en est à peu près de même pour les brachycéphales. Il est à
regretter que M. de Paula n'ait pas poussé ses études jusqu'aux âges du bronze
et du fer.

XI

Arrivé aux temps franchement néolithiques, M. Cartailhac avait à parler
d'abord des stations habitées. Ce sujet est vite épuisé. Dans toute la péninsule,
ces stations sont fort rares, ce que l'auteur explique par la douceur du climat qui
favorisait la vie en plein air, condition peu favorable pour l'accumulation et la
conservation des objets. En revanche le nombre des sépultures est considérable
et il s'en faut bien qu'elles aient toutes été explorées. Dans une série de chapitres remplis de détails intéressants et curieux, l'auteur examine successivement les divers types de ces monuments funéraires, décrit et figure un grand
nombre d'objets qu'en ont tiré les explorateurs. Je dois ici renvoyer le lecteur
au livre lui-même et me borner à examiner rapidement quelques points qui
touchent à des questions plus ou moins générales.

Au début de cette étude, M. Cartailhac déclare que, pendant toute la durée
des temps quaternaires, on ne rencontre rien qui de près ou de loin rappelle
une sépulture. J'ai le regret de me trouver sur ce point en désaccord avec lui.
J'en ai donné ailleurs les raisons et n'ai pas à reproduire ici une discussion
qui m'entraînerait trop loin.

Mais M. Cartailhac n'affirme pas pour cela que les hommes quaternaires
n'ont eu aucun souci de leurs morts. Il se rappelle les tribus sauvages qui, de
nos jours encore, les placent parfois avec grand soin dans des conditions telles
que les agents atmosphériques en détruisent les chairs et en dispersent les os.
Aux exemples qu'il cite, il aurait pu ajouter ce qui se passe aux Andaman. Là,
après des cérémonies solennelles, le cadavre est enterré ou exposé sur une
plateforme de branchages, jusqu'à ce que les chairs aient disparu. Les os sont

ensuite nettoyés avec soin et cassés en fragments pouvant servir à faire des colliers que l'on distribue aux membres de la tribu. Il n'y a donc pas dans ces îles de traces de sépultures. Peut-être quelque archéologue futur en conclura-t-il que les Mincopies abandonnaient leurs morts au hasard; peut-être même, prendra-t-il pour des traces de cannibalisme ces ossements brisés, pieusement portés en souvenir du défunt. Qui sait si quelque coutume analogue n'a pas donné lieu aux accusations d'anthropophagie adressées aux hommes néolithiques, accusations contre lesquelles notre auteur proteste énergiquement à plusieurs reprises.

M. Cartailhac a d'ailleurs proposé une autre interprétation des faits invoqués à l'appui de l'opinion qu'il combat. Il pense que les hommes de la pierre polie plaçaient d'abord les cadavres dans une *sépulture provisoire*, d'où les os seuls étaient retirés pour être réunis dans les dolmens ou dans les grottes sépulcrales. Un séjour trop prolongé à l'air libre ou sous terre, un peu de négligence et de précipitation dans la recherche des ossements dissociés, expliqueraient, en effet, fort bien comment un certain nombre d'entre eux peuvent être brisés ou manquer. Il y a quelquefois une disproportion étrange entre les diverses parties des squelettes trouvés dans une même chambre. La grotte de Peniche renfermait 140 maxillaires inférieurs et seulement 22 maxillaires supérieurs. L'hypothèse de M. Cartailhac est d'autant plus admissible que des coutumes analogues existent encore chez certains peuples sauvages, chez les Polynésiens, par exemple.

Toutes les tribus néolitiques ne pratiquaient pas cette double inhumation. Dans les grottes sépulcrales de la Marne, les corps étaient déposés tout entiers, entourés et recouverts de cendre ou de terre, si bien que les ossements ne pouvaient se confondre. Ces différences dans des rites funéraires, auxquels ces tribus attachaient évidemment une égale importance, me paraissent attester une fois de plus la diversité des points d'origine.

Une pratique au moins très répandue, sinon absolument générale chez les hommes néolithiques, était celle des trépanations pratiquées avant et après la mort. On sait quelles étaient, à ce sujet, les idées de Broca, que notre auteur résume d'ailleurs en peu de mots; mais il est loin de les adopter. Il ne voit dans les trépanations posthumes qu'une ouverture faite dans le but d'extraire la cervelle. Sans nier que les rondelles ainsi détachées aient pu jouer parfois le rôle d'amulettes, il regarde comme accidentel le fait que l'une d'elles a été trouvée dans un crâne dont elle n'avait pas fait partie.

Il est fort possible que M. Cartailhac ait raison en partie, car le nombre des crânes trépanés après la mort dépasse aujourd'hui celui des crânes portant les traces d'une opération faite sur le vivant. Mais il me semble aller au-delà des conséquences résultant légitimement de ce fait. A coup sûr, les rondelles crâniennes percées d'un ou de deux trous ont été portées soit à titre d'amulettes, soit par suite de sentiments analogues à ceux que nous avons vu exister chez les Mincopies. A coup sûr aussi les ossements d'enfant, trouvés par M. de Baye dans cinq crânes de la Marne, y avaient été placés intentionnellement. Il me paraît bien difficile de ne pas voir, dans cette dernière pratique surtout, l'indice de quelque idée se rattachant aux croyances religieuses ou aux superstitions de ces peuplades.

Je voudrais pouvoir suivre M. Cartailhac dans tout ce qu'il dit si bien des temps néolithiques soit qu'il signale les analogies et les différences qui existent entre l'ethnographie portugaise de cette époque et celle des autres populations européennes ou de diverses régions du globe ; soit qu'il montre les métaux et l'incinération caractéristiques de l'âge suivant venant, petit à petit, se glisser en plein âge de pierre. J'aimerais à résumer les chapitres aussi intéressants qu'instructifs sur l'historique des monuments mégalithiques de la péninsule ; sur les *cupules* énigmatiques bien connues des archéologues préhistoriques, et qu'il a retrouvées dans l'Alemtejo ; sur la *callaïs*, curieuse pierre employée à cette époque pour fabriquer des perles, dont le gisement ainsi que la répartition dans un petit nombre de centres néolithiques soulèvent des problèmes qui ne sont pas encore résolus, et dont la variété portugaise est, pour M. Ben-Saude, une roche nouvelle, la *ribeirite*, dédiée par lui au souvenir de Carlos Ribeiro. Mais j'en arriverais à écrire un abrégé du livre entier. Je quitte donc les âges de la pierre pour aborder ceux des métaux.

XII

L'histoire des populations américaines m'a toujours fait penser que, partout où il existe du cuivre natif, ce métal avait dû être utilisé probablement bien avant que l'on ne songeât à fabriquer du bronze. Aussi l'idée d'un *âge du cuivre*, succédant à celui de la pierre polie, me semblait toute naturelle, et j'acceptai volontiers les conclusions formulées par M. de Pulzki dès 1876, au moins dans ce qu'elles ont de général. M. Cartailhac a fait de même. Il rappelle que de nombreuses trouvailles, attestant l'existence de cet âge, ont été faites presque partout ; et qu'en France, bien des dolmens et de grottes sépulcrales ont fourni un plus grand nombre d'objets en cuivre qu'en bronze. Peut-être eût-il été intéressant d'ajouter que la terre classique par excellence, la Grèce elle-même, semble avoir voulu apporter son témoignage en faveur des opinions de Pulsky. Dans une de ses fouilles à Santorin, M. Fouqué a trouvé une scie recourbée en forme de faucille, en cuivre parfaitement pur. En Espagne, en Portugal les découvertes analogues se sont multipliées ; et M. Cartailhac, revenant sur ce point à l'opinion de M. Vilanova, admet comme très probable pour la péninsule entière une *époque du cuivre* d'assez longue durée et à laquelle appartiendraient la plupart des *sépultures de transition.*

L'excellent travail de M. Fouqué sur Santorin conduit à une autre conséquence dont on comprendra aisément l'intérêt. On sait combien il est difficile d'obtenir une date proprement dite pour le passé lointain dont il s'agit ici. Or, M. Fouqué, guidé par des considérations purement géologiques, a pensé pouvoir indiquer le xxe siècle avant notre ère, comme ayant été le témoin de la catastrophe qui a donné à l'antique Théra la forme que nous lui connaissons et qui détruisit ou chassa les premiers habitants, dont il a retrouvé les demeures. De son côté, M. Georges Perrot, partant des données fournies par les écrits d'Hérodote, d'Hésiode et d'Homère et les rapprochant des faits découverts par le savant géologue, a confirmé cette appréciation. Quand deux méthodes aussi distinctes et reposant sur des faits aussi différents conduisent à un résultat identique, on peut accepter ce résultat avec une certaine confiance. Ainsi, grâce à M. Fouqué, nous avons une idée approximative du nombre d'années qui nous séparent du temps où, peut-être la Grèce entière, et tout au moins une de ses dépendances immédiates, en était encore à l'âge du cuivre ; nous savons que pour cette contrée tout l'âge du bronze est postérieur au xxe siècle.

Le bronze, d'abord associé au cuivre, en Portugal, en Espagne, comme en Hongrie et ailleurs, finit par régner seul. D'où venaient ces deux métaux et comment se sont-ils peu à peu substitués à la pierre ? Ces deux questions, fort distinctes, en soulèvent bien d'autres que je ne puis aborder ici et dont la plupart sont examinées dans le livre de M. Cartailhac. Je ne ferai à ce sujet qu'une seule observation.

J'ai dit bien des fois qu'à mes yeux l'homme a été de tout temps beaucoup plus voyageur, beaucoup plus commerçant que ne l'admettent encore au aujourd'hui certains anthropologistes. J'admets donc volontiers, avec la plupart des archéologues, que les industries métallurgiques ont été sur bien des points introduites par des espèces de colporteurs, des *calderari*, qui apportaient de place en place, en Europe, le cuivre, là où il n'existait pas à l'état natif, le bronze à peu près partout. Ouvrés ou non ces métaux circulaient sans doute ensuite par voie d'échange de tribu en tribu et allaient fort loin. C'est ainsi que nos *traitants* font pénétrer jusqu'au cœur de l'Afrique nos cotonnades et notre quincaillerie. Mais, je ne pense pas que cette initiation ait été due seulement à des efforts individuels et que le changement ait toujours eu lieu par suite d'une infiltration lente. En Angleterre, comme je l'ai dit plus haut, la race dolichocéphale des Long-barrows occupe d'abord seule le sol ; les brachycéphales des Round-barrows se montrent en même temps que le bronze. Ici ce n'est plus une industrie qui s'infiltre ; c'est une race nouvelle qui arrive et qui importe le métal en envahissant la contrée.

L'âge de la pierre a été universel ; aujourd'hui, le fer est partout. Les âges du cuivre et du bronze s'intercalent entre ces deux époques. Mais de même qu'en géologie, on voit parfois manquer certaines couches intermédiaires, habituellement interposées entre deux grandes formations, de même l'un de ces deux âges ou tous les deux peuvent manquer à l'histoire ethnographique d'une population. Nous avons fait passer brusquement les Polynésiens de la pierre polie au fer. Des faits analogues ont dû se produire dans le passé préhistorique par suite des immigrations dont j'ai parlé si souvent, et on peut en retrouver la trace.

Sur bien des points, le bronze se substitue plus ou moins lentement à la pierre polie sans que la population ait passé par l'âge du cuivre. En Finlande, on saute sans transition de l'âge de la pierre à celui du fer. Worsaae lui-même, qui avait d'abord combattu sur ce point les opinions de M. Aspelin, les a adoptées plus tard. Les deux époques intermédiaires manquent donc ici. Mais le *Kalevala* nous apprend que les vieux Finnois étaient passés par l'âge du cuivre. Ilmarinen, le *batteur de fer éternel*, grandit en une nuit, « un marteau de cuivre » à la main, des tenailles au poing. Dès le lendemain, il découvre « un germe » de fer, une semence d'acier. » Il n'a donc pas connu le bronze qui, du reste, n'est nulle part mentionné dans le poème où l'on trouve, au contraire, plusieurs allusions à l'âge de pierre.

XIII

M. Cartailhac désigne sous le nom de *Temps protohistoriques* toute la période qui sépare la fin de l'âge du bronze de celle où commence l'histoire proprement dite. Cette expression, que l'auteur emprunte, dit-il, à Broca, me paraît quelque peu inexacte. Elle suppose un commencement de connaissances précises, qui manquent en réalité souvent et surtout au début de cette période. Toutes les questions fondamentales que nous avons vu se poser pour le cuivre et le bronze se représentent lorsqu'il s'agit du fer et ne sont pas mieux résolues. Les plus anciens témoignages ne nous disent ni où ce métal a été travaillé pour la première fois, ni qui l'a importé dans les contrées où nous le voyons apparaître. La Genèse parle de Tubalcaïn comme l'ayant forgé, non pas comme l'ayant découvert. Les marbres de Paros, cités par M. Cartailhac, ne nous en apprennent pas davantage ; et, tout en reportant au xve siècle avant notre ère l'importation de ce métal, ils n'en font pas connaître l'origine. Enfin, à en croire Homère, le fer avait une certaine valeur lors des funérailles de Patrocle. Mais les paroles d'Achille nous le montrent comme *déjà* employé aux travaux agricoles. Ce n'était déjà plus un *métal précieux*. En somme, — et M. Cartailhac signale lui-même ce fait, — à peu près partout le fer s'est glissé peu à peu au milieu du bronze comme celui-ci avait fait au milieu de la pierre. Cette première période est, en ce qui le concerne, tout aussi *préhistorique* que les âges des autres métaux.

Au reste, toutes les questions relatives à l'origine et à la diffusion des métaux ont pris récemment une physionomie nouvelle, par suite des recherches de M. A. Andrée, publiées l'année dernière en Allemagne, mais qui n'ont été connues en France que depuis l'impression du livre de M. Cartailhac. Ce savant érudit ne regarde plus les métaux comme n'ayant eu qu'un seul *centre d'origine* ou *royaume*. Au *monogénisme* du cuivre, du bronze, du fer, etc., il substitue le *polygénisme métallique* ; il cherche à prouver que presque toutes les races humaines sont arrivées sur divers points, indépendamment les unes des autres, à la connaissance de tous les métaux. Pour le fer seul, il admet six et peut-être sept *royaumes* distincts. Il intervertit aussi, dans bien des cas, l'ordre généralement admis dans la succession de l'emploi de ces puissants éléments de civilisation. Il regarde le fer comme ayant succédé immédiatement à la pierre en Afrique et comme ayant précédé le bronze en Europe. Il y a certainement de l'exagération dans les opinions de M. Andrée ; mais il y a aussi bien probablement une part de vérité. Ce qui me paraît démontré pour le cuivre peut bien être vrai pour le fer, sans même tenir compte de l'emploi que les Esquimaux ont su faire du fer météorique.

Les chapitres consacrés à l'âge du fer sont au nombre des plus intéressants du livre de M. Cartailhac. Presque à chaque page, l'auteur reconnaît et met en relief quelque rapport existant entre le Portugal ou l'Espagne et le reste de l'Europe, de la Grande-Bretagne à la Grèce ; il en signale qui rattachent à l'Inde nos régions occidentales : il fait connaître bien des faits qui éclairent des questions controversées et en soulèvent de nouvelles. Ici encore je ne puis que renvoyer au livre lui-même et présenter seulement quelques observations.

La petitesse de la poignée des épées des âges du bronze et du fer a, depuis longtemps, surpris les archéologues. Les guerriers de ces temps reculés avaient-ils donc les mains plus petites que les nôtres ? ou bien laissaient-ils en dehors de la garde le pouce et peut-être l'index ? Cette dernière hypothèse m'a toujours paru peu vraisemblable, car ces doigts auraient été par trop exposés aux coups. Les figures empruntées par M. Cartailhac à quelques vases italo-grecs de divers musées me semblent résoudre la question. Sur six guerriers qu'elles représentent, un seul tient son glaive de cette manière, mais il n'a plus qu'à égorger son ennemi abattu. On peut rester dans le doute pour un autre dont l'arme n'a pas de garde, et qui lui aussi a terrassé son adversaire. Mais les quatre autres qui sont prêts à frapper tiennent à pleine main la poignée d'un large sabre, dont la lame caractéristique ressemble entièrement à celle de certaines armes trouvées en Espagne et en Portugal.

M. Cartailhac m'écrit, il est vrai, que les *épées ondulées* dont il s'agit ici, ont une poignée de huit à dix centimètres, pouvant par conséquent s'adapter facilement à une main ordinaire. Les observations précédentes, n'en conservent pas moins leur valeur.

XIV

L'un des combattants dont je viens de parler porte sur sa tunique le signe mystérieux qui figurait déjà sur le navire de Rama, que l'on trouve sur une foule d'édifices bouddhiques et que les sectateurs de Vishnou se tracent aujourd'hui sur le front. Je veux parler du *svastica*, déjà signalé en Europe sur divers monuments de l'époque du bronze, en particulier par Schliemann à Tirynthe,

à Mycènes et dans les quatre villes supérieures de Troie. M. Cartailhac l'a
retrouvé dans les *Citanias*, dans ces étranges villes fortifiées dont quelques-unes
remontent, au moins comme stations, jusqu'aux temps néolithiques, tandis que
d'autres ont vu la conquête romaine et ont duré jusqu'au temps de Constantin.
Le signe aryen par excellence, comme l'appelle M. Emile Burnouf, rattache
donc nos antiques populations et en particulier celles du Portugal, aux Étrusques, aux Grecs, aux Indiens, anciens et modernes. Il nous conduit bien plus
loin encore. Stevenson a découvert le svastica en Amérique, chez les habitants
de ces *Pueblos*, où sont conservés intactes les mœurs et les croyances anciennes ;
M. Hamy, dans une de ses *Décades américaines*, a représenté une gourde
applatie prise chez les Indiens Wolpi, qui reproduit le même signe : Schliemann
assure qu'on l'a rencontré au Yucatan et au Paraguay. Ce sont là autant de
preuves à ajouter à toutes celles qui ont mis hors de doute la belle découverte
faite par de Guignes et la réalité des voyages accomplis en Amérique, par des
religieux bouddhistes, bien avant ceux des Scandinaves et de Christophe-Colomb.

On n'a encore signalé de *Citanias* qu'en Portugal. Pourtant, quelques indices
permettent de présumer que l'Espagne a eu aussi les siennes. Leur étude a été
commencée et poursuivie par M. Sarmento avec une persévérance et au prix de
dépenses qui font tout naturellement songer à M. Schliemann. Mais l'explorateur Portugais n'a pas été jusqu'ici aussi heureux que celui dont il s'est fait
l'émule ; il n'a rencontré l'équivalent ni du trésor de Priam, ni des tombes de
Mycènes. Ses découvertes n'en ajoutent pas moins un chapitre tout nouveau à
l'histoire de l'âge du fer. Dès à présent, ce qu'en fait connaître M. Cartailhac est
du plus grand intérêt et pose bien des questions. Malheureusement, la plupart
sont essentiellement du ressort de l'archéologie pure et je dois me reconnaître trop incompétent pour en aborder l'examen.

Toutefois, une conclusion générale ressort de l'ensemble des faits signalés
ou rappelés par l'auteur : c'est qu'un grand courant civilisateur, probablement
divisé en plusieurs branches et dont l'influence a été universelle, s'est répandu
sur l'Europe entière, dès les débuts de l'âge du fer. Lorsqu'on remonte ce
courant, grâce aux traces qu'il a laissées, c'est toujours à l'Orient et à l'Asie
que l'on aboutit. Tout s'est donc passé à cette époque comme aux premiers
temps néolithiques, alors que les races nouvelles arrivaient en Occident accompagnées des animaux asiatiques domestiqués par elles ; et de plus en plus
l'Asie nous apparaît comme la grande fabricatrice des nations.

XV

Dans un dernier chapitre M. Cartailhac examine et combat quelques-uns des rapprochements que l'on a tenté de faire entre les populations préhistoriques et certaines nations dont a parlé l'histoire classique. Toute identification de cette nature me paraît en effet prématurée, et peut-être le problème est-il insoluble. Pour l'aborder, il faudrait que des tombes d'une date et d'une authenticité certaines eussent mis à notre disposition des squelettes échelonnés dans le temps, de manière à permettre de constater la filiation. Alors on pourrait conclure avec certitude, comme l'ont fait MM. Hamy et Verneau pour les Guanches. Mais nous n'avons encore rien de pareil lorsqu'il s'agit des Ibères ou des Atlantes et jusqu'ici toute assimilation manque de fondement réel. En sera-t-il toujours ainsi ? En réunissant leurs efforts, l'anthropologie et l'archéologie pourront-elles un jour retrouver dans le passé préhistorique le début des peuples qui apparaissent tout constitués dans des souvenirs quasi légendaires ? L'avenir seul peut répondre à ces questions.

AVANT-PROPOS.

Cet ouvrage n'est pas seulement destiné aux savants. J'ai l'espoir qu'il pénétrera dans les bibliothèques du grand public, surtout en Espagne et en Portugal. Dans ce but, je ne me suis pas borné à rendre compte de la mission qui m'avait été confiée en 1880 et 1881 par le Ministre de l'Instruction publique. A l'exposé des travaux des auteurs et de leurs belles découvertes, au récit de mes observations et de mes fouilles, aux conclusions permises après tant de résultats nouvellement acquis, je devais ajouter çà et là des éclaircissements. J'ai essayé de compléter par quelques digressions, sommaires d'ailleurs, divers chapitres de mon étude des monuments préhistoriques de la péninsule.

On ne suit pas encore régulièrement la marche de la civilisation primitive en Portugal et en Espagne. Il y a de nombreuses lacunes, et mon livre, en attirant sur elles l'attention de tous, contribuera peut-être à les combler.

Des recherches méthodiques sont faciles aux habitants de ces beaux pays. Elles seront nécessairement fécondes et récompenseront ceux qui rendront à leur patrie et à nous le service de les entreprendre.

Elles sont en effet indispensables pour les progrès de l'Anthropologie.

Il y a des contrées privilégiées au point de vue de nos études paléoethnologiques : les unes relient les continents, les autres les terminent. La péninsule Ibérique a la bonne fortune de présenter

**

ce double avantage; elle est le passage de l'Europe à l'Afrique, elle s'étend à l'extrémité de notre Méditerranée, à l'occident du vieux monde.

Que de migrations l'ont traversée, que de colonies s'y sont installées avec bonheur ! que de tribus et de gens y sont venus avec l'espérance d'être guidés par le soleil vers un monde éblouissant et ignoré.

Sentiment très naturel ; il est resté au cœur de ces peuples généreux, et c'est lui qui devait susciter les courageuses expéditions des Diaz, des Vasco de Gama et des Alvarez Cabral, des Christophe Colomb, des Magellan et des Cortez, révéler ainsi la moitié de la terre, grandir le savoir, la puissance, le génie de l'humanité.

Aux époques préhistoriques, objet de nos études, alors que nos ancêtres, au milieu de difficultés et de dangers sans cesse renaissants, au bord des fleuves grandioses, vivaient en lutte contre les redoutables espèces animales aujourd'hui disparues, les Pyrénées, peut-être plus hautes, formaient un rempart gigantesque couvert de larges et puissants glaciers.

A la longue, ceux-ci ont ruiné en partie la montagne, et les rivières ont couvert la plaine de ses débris. Ce travail continue lentement.

Mais l'homme est impatient, et la science lui obéit; elle abaisse ou brise les obstacles qui divisent les nations.

Chaque année voit diminuer la distance qui nous sépare et de Lisbonne et de Madrid. Nous irons plus facilement, de jour en jour, demander à nos voisins des clartés plus vives, un plus lointain horizon.

En travaillant à mon livre, j'ai contracté des dettes de reconnaissance.

C'est à l'amitié d'Henri Martin et de M. de Quatrefages, au bienveillant appui de M. Xavier Charmes, directeur du secrétariat au Ministère de l'instruction publique, que je dois la faveur dont m'honorèrent, à deux reprises, le Comité des missions scientifiques et M. Jules Ferry.

Le gouvernement de S. M. Don Louis Ier, MM. J.-N. Delgado, Estacio da Veiga, Pereira da Costa, da Silva, Sarmento, G. Pereira, F. de Paula e Oliveira, Vianna, Pires et autres savants portugais, ont facilité de leur mieux ma mission.

Qu'il me soit permis de rendre spécialement hommage au regretté Carlos Ribeiro, le savant serviable entre tous, le géologue éminent, le fondateur du magnifique musée anthropologique de Lisbonne.

Parmi les compatriotes de Casiano de Prado je dois citer avec gratitude MM. D. Juan Vilanova y Piera, F. Tubino et de Sautuola.

Naturellement les Français résidant en Portugal et en Espagne m'ont rendu maints services et je remercie surtout notre ambassadeur, M. de Laboulaye.

Mon ami M. Boule, licencié es-sciences, a été mon compagnon de voyage et mon collaborateur dévoué.

Enfin j'ai été secondé pour la publication de l'ouvrage par M. Adrien de Mortillet, qui a bien voulu en dessiner les figures avec son talent bien connu des spécialistes.

Toulouse, le 15 février 1886.

AGES PRÉHISTORIQUES

DE L'ESPAGNE ET DU PORTUGAL

PREMIÈRE PARTIE

TERTIAIRE

CHAPITRE PREMIER

CONSIDÉRATIONS GÉNÉRALES

La Géologie a étudié le sol qui est sous nos pas, elle a su reconnaître sa constante mobilité et ses changements divers depuis le jour où une portion de terre émergea du sein des océans primitifs. Les eaux ont maintes fois repris et abandonné tout ou partie des îles et des continents. Elles ont laissé des dépôts plus ou moins puissants dans le lit qu'elles ont quitté. Ainsi, l'écorce terrestre s'est épaissie peu à peu et elle se présenterait à nous comme un livre aux feuillets bien ordonnés, si les affaissements et les exhaussements, les plissements et les fractures n'avaient sans cesse bouleversé la surface de la terre. La Géologie a pu déterminer, classer les couches qui la composent, et principalement au moyen des débris d'animaux et de végétaux qu'elles renferment et qui diffèrent d'un étage à l'autre, elle a pu reconstituer l'histoire de notre globe. Chaque moment des âges de la terre a vu s'épanouir des formes nouvelles. La Paléontologie nous montre que les plantes et les animaux les plus simples ont paru les premiers et qu'ils ont été suivis par d'autres de plus en plus supérieurs. Ainsi la flore et la faune se sont bien souvent renouvelées entièrement sous l'action incessante et variable des *milieux*, des conditions locales, des causes obscures, et le développement progressif des genres et des espèces est un fait démontré.

Il y a passage insensible entre toutes les phases de la vie sur la terre. Mais, pour la facilité des études, on a établi de grandes divisions absolument conventionnelles, toutes très subdivisées : on a ainsi les *temps* et *terrains primaires*, *secondaires*, *tertiaires* et *quaternaires*.

L'époque actuelle appartient au quaternaire ; à mesure que nous remontons par la pensée à ses débuts, nous voyons les êtres vivants qui nous entourent se mélanger d'espèces éteintes ; il arrive un moment où celles-ci prédominent ; si nous passons au tertiaire, nous ne tarderons pas à rencontrer les formes ancestrales des espèces et enfin des genres actuels.

Les variations des êtres vivants sont d'autant plus rapides qu'ils ont une organisation plus complexe. Et, en général, l'existence d'une espèce est d'autant plus courte que cette espèce occupe un rang supérieur dans la série des êtres.

La vie depuis l'origine a progressé, c'est-à-dire qu'elle a marché, à travers les âges, vers un perfectionnement idéal. Du point de départ, si humble qu'il soit, certains enchaînements ont abouti à l'homme.

« L'homme qui se place à la tête des animaux, qui s'élève » au-dessus des singes ou primates de toute la distance qui sépare » l'ébauche du type achevé, » a subi la loi commune, et, précisément parce que son organisme est le plus compliqué, il n'a pas dû franchir sans varier un peu toute la période quaternaire déjà très longue. Comme les animaux, il s'est modifié sous l'action puissante des climats Sorti probablement d'un centre unique encore inconnu, il s'est répandu partout. L'intelligence humaine n'est pas l'acquisition d'un jour, d'un instant ; et l'industrie qui nous la révèle devient de plus en plus simple à mesure que nous remontons les âges. Les races actuelles sont si dissemblables, que d'éminents naturalistes regardent quelques-unes d'entre elles comme des espèces ; de même nos ancêtres des temps quaternaires *anciens*, dont les traces industrielles sont indiscutées, ne devaient pas être tout à fait semblables à nous.

Sommes-nous donc les descendants des singes actuels ou fossiles connus ?

Si on passe en revue les Anthropoïdes pour chercher quel est le genre qui aura l'honneur d'être le premier de la famille et de s'intituler le plus voisin de l'homme, on trouve qu'entre l'orang, le chimpanzé, le gorille, tous supérieurs au gibbon, il est impossible d'établir une hiérarchie. Chacun des trois grands singes a des caractères anatomiques particuliers qui le rapprochent de l'homme.

Mais il n'est pas moins établi, par l'étude du développement des uns et des autres, que l'homme ne peut pas être dérivé des anthropoïdes actuels. Ils sont, eux et lui, à un degré non déterminé, les descendants collatéraux de types éteints, disparus.

Avons-nous trouvé quelques restes de ces lointains aïeux, dont la science peut à la rigueur reconstituer certains traits, détails qui se sont par atavisme conservés et révélés dans les races d'autrefois et d'aujourd'hui ?

Le tertiaire européen offre d'abord une extrême abondance de mammifères, presque tous différents des genres actuels ; parmi eux ne se rencontrent ni vrais ruminants, ni solipèdes, ni proboscidiens, ni singes ; c'est l'aurore récente (ἔως, καινός), l'*Eocène*.

Puis, les genres actuels sont moins rares ; les marsupiaux sur le point de disparaître, certains pachydermes tendent vers les solipèdes ; quelques animaux ont les caractères de véritables ruminants ; c'est le commencement du terrain *Miocène* (moins récent).

Pendant la seconde moitié de cette période, la classe des mammifères est parvenue à son apogée ; les animaux supérieurs se multiplient sous la forme de ruminants, de solipèdes, de cétacés, d'édentés, de proboscidiens, de carnivores, de singes, la plupart prodigieusement féconds et variés ; de nombreux genres diffèrent encore un peu de ceux de notre époque.

Enfin, dans les couches *Pliocènes* (plus récentes), presque tous les mammifères appartiennent aux mêmes genres, mais non aux mêmes espèces que les animaux actuels.

Nous voyons donc les singes se révéler dans les terrains miocènes, mais leur type est déjà très supérieur et il est raisonnable de croire que leurs souches plongent distinctes dans l'éocène et au-delà.

Nous connaissons plusieurs grands anthropoïdes ; les plus célèbres sont le *Pliopithecus antiquus,* découvert à Sansan (Gers), probablement voisin des gibbons, et le *Dryopithecus Fontani,* découvert à Saint-Gaudens (Haute-Garonne). Celui-ci était un singe d'un caractère très élevé, il se rapprochait de l'homme par plusieurs particularités, il s'en éloignait en même temps par des différences essentielles ; M. Gaudry, le savant professeur du Muséum, ne s'opposerait pas à le considérer en définitive comme capable d'un acte humain, la taille et l'utilisation des pierres comme outils, mais il se garde bien de le présenter comme l'ancêtre de l'humanité.

Récemment on a signalé dans le mio-pliocène des monts Siwaliks un autre grand singe, très voisin de l'homme, le *Palœopithecus Sivalensis.*

Chaque jour les paléontologistes rencontrent de nouveaux types, les intervalles se comblent entre les formes déja connues, les parentés se révèlent ; pourtant les recherches ne portent que sur une faible partie de nos terres actuelles. Il faut savoir attendre les découvertes qui éclairciront nos origines. Notre berceau est-il d'ailleurs en Europe, dans un autre continent, ou n'est-il pas à jamais perdu sous les flots de l'Océan ?

Il me paraît inutile d'insister ici sur les prétendues découvertes d'os humains dans les terrains tertiaires de l'ancien ou du nouveau monde. Jusqu'à présent, je n'en accepte aucune.

Les restes du précurseur de l'homme sont encore à trouver.

Sommes-nous plus heureux quant au travail de ses mains ?

Depuis le 8 juin 1863, et surtout depuis le Congrès d'archéologie et d'anthropologie préhistoriques (Paris, 1867), on a bien souvent signalé des traces de l'homme tertiaire; os rayés et impressionnés, incisés et entaillés, cassés, percés et sculptés; ossements humains, débris de l'industrie humaine, traces de feu et silex taillés, en tout environ vingt-cinq découvertes furent rapidement jugées et condamnées en temps que preuves de l'existence à l'époque tertiaire d'un être intelligent et travaillant de ses mains.

Ainsi M. de Mortillet a démontré que les empreintes et les stries reconnues par M. Desnoyers, de l'Institut, sur les os des sablières pliocènes de Saint-Prest (Eure-et-Loir), n'ont pas le caractère des sciures, entailles, coupures et incisions exécutées par l'homme, et qu'elles ont été produites par des silex brisés renfermés dans les mêmes couches mis en mouvement par des forces naturelles, le glissement et le frottement les uns contre les autres, par suite du tassement des divers éléments composant le dépôt. Les silex que l'abbé Bourgeois avait cru taillés ne le sont pas, à mon avis, et doivent sans doute aux mêmes causes d'être irrégulièrement ébréchés.

M. l'abbé Delaunay avait appelé l'attention sur les coupures et profondes incisions de certains fragments de côtes et d'humérus d'*Halithérium*, extraits devant lui des faluns voisins de Pouancé (Maine-et-Loire). Ces pièces produisirent une vive sensation au Congrès de 1867. M. Delfortrie, en étudiant les ossements entaillés et striés du miocène aquitanien, contribua à faire attribuer aux dents solidement implantées des squalodons les entailles des os de Pouancé.

Une découverte plus récente, présentée avec éclat par M. Capellini, l'un des fondateurs des congrès internationaux d'anthropologie, n'a pas eu jusqu'ici un sort plus heureux malgré le patronage de M. de Quatrefages. Certains ossements de cétacés du genre *Balænotus* recueillis à Poggiorone, près Monte-Aperto, province de Sienne, et ailleurs, offrent des entailles nettes et profondes d'un seul côté; par leur forme et par la place à laquelle elles se trouvent, elles témoigneraient d'une manière irréfutable l'action d'un être qui maniait un instrument. L'homme se serait emparé de l'animal échoué dans des eaux peu profondes et au moyen de couteaux en silex ou d'autres instruments aurait essayé d'en détacher des morceaux.

Mais les preuves que les couches étaient littorales et non profondes semblent manquer, et il est impossible de croire que l'homme pliocène, en admettant qu'un *homme* pliocène ait existé, allât chercher ses aliments au fond de la mer.

En outre, les incisions dont il s'agit sont bien plus profondes que celles qu'on peut obtenir sur des os de cétacés actuels, même avec de bonnes lames en acier. Elles ne peuvent pas plus être le produit d'un coup de hache que d'une coupure au couteau. Cet argument est décisif.

Au contraire, des squaloïdes armés de puissantes dents très aiguës et très tranchantes sont fort capables d'avoir incisé les os exactement dans les conditions de ceux des *Balænotus* de Monte-Aperto et de la vallée de la Fine, c'est-à-dire profondément et à peu près toujours du même côté. En effet, les dents ont quelquefois marqué dans l'os des stries qui correspondent aux fines dentelures de leur tranchant, ce qui ne laisse vraiment aucun doute.

Reste la série des preuves tirées de la présence dans les couches tertiaires de pierres intentionnellement taillées.

M. G. de Mortillet, dans son cours et dans son excellent ouvrage sur *Le Préhistorique*, enseigne que les pierres propres à faire des armes et des outils peuvent se tailler de quatre manières différentes : Etonnement ou éclatement au feu; — Percussion; — Martellement; — Pression.

Le feu fait habituellement fendre et éclater le silex, surtout si le silex est très hydraté. Les faces des éclats ainsi obtenus sont fort irrégulières et très accidentées.

Un silex chauffé lentement et refroidi d'une manière un peu rapide se craquelle, une foule de petites fentes dessinent à sa surface un grand nombre de polygones irréguliers ; si le craquellement pénètre dans la masse, le silex s'effrite ou se désagrège plus ou moins

Les Mincopies des îles Andaman, quand ils veulent diviser un gros bloc de grès, le placent sur le feu jusqu'à ce qu'il se brise. Ils façonnent ensuite les fragments à l'aide de leur dur et lisse marteau de pierre (1).

La percussion est un coup ayant pour résultat d'écailler la pierre. Pour qu'il agisse, le coup doit être à peu près donné sur une surface plane. Quand cette surface existe naturellement, on peut l'utiliser. On est même forcé d'avoir recours à une de ces surfaces naturelles pour porter le ou les premiers coups. Mais ce travail préparatoire doit servir tout d'abord à établir un plan artificiel, sur lequel on frappe successivement pour obtenir des éclats et des lames. Il en résulte que chaque lame ou éclat porte au point de frappe un petit espace plat, fragment du plan sur lequel on a percuté pour former ledit éclat. C'est ce qu'on appelle le *plan de percussion* ou de frappe.

Le *conchoïde de percussion* se produit lorsque le coup est donné d'une manière vive, forte et nette.

Il arrive même que la force et la netteté du coup font partir quelques esquilles de la pierre, esquilles altérant plus ou moins la régularité du conchoïde en relief.

Un choc peut sans doute se produire naturellement dans les conditions voulues pour obtenir ces divers résultats de la percussion.

Le martellement est l'action de tailler la pierre en l'écrasant à coups répétés et donnés avec plus ou moins de force suivant les besoins, dans des directions diverses. C'est le plus souvent une véritable succession de percussions dont les caractères sont nets. D'autres fois les traces sont difficiles à distinguer de celles que produisent des chocs naturels. La forme donnée à la pierre peut seule alors révéler l'intention.

---

(1) A. DE QUATREFAGES : L'*Homme tertiaire. Thenay et les îles Andamans.* — Matériaux, 1885, p. 97.

La percussion ou le martelage sont insuffisants pour façonner et finir une pièce ou bien pour exécuter un objet très délicat comme une pointe de trait. Pour éviter de rompre la pierre et surtout le silex que l'on veut ouvrer, on emploie la pression. Les parties minces du silex sont pressées contre un corps résistant qui fait partir des esquilles successives. Ces *retouches* recouvrent parfois toute une face et même les deux faces des pièces travaillées. Pourtant le plus souvent, elles ne se trouvent que le long des arêtes et fréquemment que d'un seul côté. Régulières, disposées dans un sens évident, elles se distinguent, presque toujours, des retouches accidentelles que peuvent amener le roulis des cours d'eau et de la mer, et les actions de pression dans un dépôt caillouteux.

En résumé, nous ne découvrons pas les caractères différentiels des résultats obtenus par une percussion, un martellement, une pression *intentionnels*. Comme l'a dit M. J. Evans, un, deux conchoïdes de percussion sur une pierre sont seulement une probabilité en faveur de l'action humaine, tandis qu'une série de conchoïdes en relief ou en creux donne une certitude.

C'est une question d'appréciation ; il convient d'étudier en lui-même l'objet litigieux et aussi le milieu dans lequel il a été trouvé, enfin toutes les circonstances.

Trois localités ont livré, dans leurs couches tertiaires, des pierres qui présenteraient des traces d'un travail intentionnel : Thenay (Loir-et-Cher), Puy-Courny, à Aurillac (Cantal), et les environs de Lisbonne.

Le gisement de Thenay fut découvert, signalé, défendu par l'abbé Bourgeois ; à la base du calcaire de Beauce, dans une couche d'argile, il avait recueilli des silex qu'il considérait comme des outils pour couper, percer, ràcler ou frapper ; en outre, çà et là, quelques-unes de ces pierres étaient craquelées par le feu.

---

(1) Voir dans les *Matériaux*, 1884, p. 483, la discussion qui eut lieu dans les séances de l'Association française à Blois et à Thenay ; et dans le volume de 1885 divers articles.

M. de Mortillet apporta de bonne heure à ces conclusions l'appui de son autorité. Pour lui, certains silex miocènes de Thenay sont des éclats produits par l'action de la chaleur, éclats qui, sur certains côtés, présentent des séries de petites retouches régulières destinées évidemment, dit-il, à réaliser un but cherché.

Or, il n'est pas démontré que le feu soit la cause du craquelage, ni, dans tous les cas qu'il soit dû à l'action d'un être intelligent, homme ou anthropopithèque.

Il n'est pas prouvé que les retouches soient intentionnelles et non dues à quelque cause naturelle. Les soi-disant outils n'ont aucune forme définie et paraissent peu propres à un travail quelconque.

Les silex craquelés ou non, fendillés, brisés, anguleux, sont disséminés dans l'épaisseur d'une vaste nappe d'argile, ancien fond de lac, et qui a été soumise à de grands remaniements, à des altérations puissantes opérées par les agents atmosphériques. On les retrouve au-dessus à divers niveaux séparés par des évènements géologiques considérables et par des temps énormes.

Est-il possible enfin qu'un être de ce temps-là ait donné de telles preuves d'intelligence? Allumer ou conserver le feu, avoir différencié les pierres et distingué les qualités du silex, savoir se servir de la chaleur pour le briser, retoucher les éclats et les utiliser! Il ne faut pas tant demander à un animal inconnu du miocène inférieur.

Le gisement du Puy-Courny, décrit par M. Rames (1), est moins ancien; il est miocène supérieur. C'est l'affleurement d'une couche de menus graviers quartzeux et d'argile blanchâtre qui occupait jadis de grandes surfaces; c'est l'alluvion de rivières qui, venues de loin, coulaient abondantes vers la plaine de calcaire et de basalte sur laquelle devait plus tard s'édifier le volcan du Cantal.

On y rencontre disséminés une grande quantité de silex, tous plus ou moins roulés, les uns en forme de masses et de rognons

(1) *Matériaux*, août 1884.

gros et petits, les autres fragmentés. Ce sont exclusivement des silex corné et pyromaque à patine brillante noire, bistre foncé et plus rarement jaune sombre

Ce choix est étrange ; s'agit-il d'une sélection due à l'homme ou à son précurseur ? On l'a dit. En outre, parmi les silex éclatés il en est un très petit nombre qui offrent le plan de frappe, le conchoïde de percussion, etc. Leur aspect est tel que personne ne mettrait en doute l'action humaine, s'ils provenaient d'une station quaternaire ou néolithique.

Passons enfin au troisième gisement, en Portugal.

CHAPITRE II

QUARTZITES ET SILEX TERTIAIRES DU PORTUGAL

HISTORIQUE DE LA QUESTION

En 1866, M. Ribeiro, colonel du génie et directeur du relevé géologique du Portugal, dans sa Description du terrain quaternaire des bassins du Tage et du Sado (1), signalait la région qui s'étend au pied du mont Redondo, entre la valllée de l'Otta, le petit contrefort d'Espinhaço de Çào , les montagnes de Monte-Junto ou Serra da Neve. Ce territoire irrégulier, de 9 kilomètres de large et de 4 à 8 de longueur, était formé, sur une grande partie de son étendue, par une épaisse couche de grès grossier, « où se trouvent empâtés de gros fragments de quartzite blanc et d'autres couleurs, de schistes et de silex, quelques-uns de ces derniers pesaient de 10 à 30 kilogrammes ; les uns sont entiers ou roulés à

---

(1) CARLOS RIBEIRO : *Descripçao do terreno quaternario das bacias dos rios Tejo e Sado*. Lisbonne, 1866, in-4°, 466 pages, 29 figures, 1 carte. Traduction française en regard du texte portugais. Publication de la Commission géologique de Portugal.

peine, d'autres montrent que des éclats en ont été détachés par fracture, d'autres enfin se trouvent taillés et façonnés. »

Telle est la première mention faite, par le géologue portugais, de ces pierres, recueillies depuis 1863, qu'il reconnaissait être travaillées ; et, par suite de cette conviction établie dès la première heure, il s'ingéniait à faire rentrer dans la série quaternaire le terrain qui les contenait.

« Comme l'authenticité de cette découverte, dit-il (p. 60), était incontestable autant que l'authenticité d'autres indices de la présence de l'homme qui se sont postérieurement offerts à nous dans d'autres localités où la partie sableuse de ce dépôt se trouve plus amplement developpée, nous avons dû rapporter nécessairement à l'époque quaternaire toutes les roches sableuses qui constituent le relief du sol dans la dépression d'Otta, ainsi que toute cette portion également sableuse du même dépôt, s'étendant au-delà du flanc gauche de la vallée du Tage. »

M. C. Ribeiro éprouva dès lors les plus grands embarras dans l'étude géologique de son pays.

M. de Verneuil n'accepta pas ses conclusions ; il insistait auprès de M. Ribeiro et à la Société géologique de France ; il ne pouvait admettre un quaternaire de 400 mètres, soulevé, et quelquefois en stratification inclinée jusqu'à la verticale, contenant des masses de calcaire dur et semblable à du calcaire secondaire, enfin, ayant à sa base des pierres travaillées.

Il fallut se rendre à l'évidence et attribuer à l'un des étages tertiaires ces couches de Carregado, Alemquer, Otta.

M. Ribeiro les étudia de nouveau en 1871, et soumit à l'Académie de Lisbonne un travail spécial. Malheureusement sa « Description de quelques silex et quartzites taillés, découverts dans les terrains tertiaires et quaternaires des bassins du Tage et du Sado (1) », n'était pas faite pour convertir le public. Le texte manquait de précision et de clarté, les très nombreux dessins représentaient

---

(1) CARLOS RIBEIRO : *Descripçao de alguns silex et quartzites lascados incontrados nas camadas de terreno terciario,* 1871, in-4°, 10 planches.

des éclats en apparence informes; les caractères de la taille
n'étaient mis en évidence sur aucun d'eux.

En 1872 avait lieu le cinquième Congrès international d'Anthropologie et d'Archéologie préhistoriques. M. C. Ribeiro apporta
ses pierres à Bruxelles. Il eut quelque peine à faire inscrire sa
communication à l'ordre du jour et ses pierres ne furent pas soumises à l'examen de la commission qui devait examiner les silex
de Thenay. On les regarda rapidement à la fin d'une séance. Je
fus frappé du très grand nombre de pièces sûrement non travaillées, tandis qu'à l'autre bout de la table, M. Franks, le
directeur du British-Museum, plus heureux, trouvait quelques
silex (ou quartzites) à son avis taillés de main d'homme. L'abbé
Bourgeois, de son côté, notait un échantillon également ouvré,
malheureusement d'origine moins certaine que les autres.

On fut d'accord pour réserver la question du gisement; en
vain, M. Ribeiro montra la coupe géologique du terrain; elle fut
publiée dans les comptes-rendus du Congrès avec une série de
dessins des pierres, dessins aussi mal compris que ceux des
planches éditées en 1871.

Le géologue portugais ne se décourageait pas! En 1878 avait
lieu l'Exposition internationale de Paris; il exhiba dans la galerie
des sciences anthropologiques, au Trocadéro, ses silex et ses
quartzites qui, pour la première fois, furent l'objet d'un examen raisonné. M. G. de Mortillet les ayant tous étudiés avec le
plus grand soin, reconnut que vingt-deux sur quatre-vingt quinze
portaient des traces indubitables de travail.

Mon savant confrère et moi nous avons montré ce lot de silex
et quartzites à maints paléoethnologues qui n'ont pas eu d'objections à faire. M. A. Franks, sans émettre un avis sur chacune des
vingt-deux pièces, confirma son verdict de 1872.

Je fis photographier les meilleurs échantillons, et un artiste
habile, archéologue distingué, M. Pilloy, en dessina huit pour ma
Revue (1).

_____

(1) *Matériaux pour l'Histoire de l'Homme*, 1879, planche VIII.

La question ne pouvait être tranchée qu'en Portugal; on décida de tenir à Lisbonne le huitième Congrès international.

Le gisement et la collection qu'il avait livrée furent enfin l'objet d'une certaine attention.

Les Congrès internationaux ont lieu avec un grand éclat et leurs fêtes attirent trop les simples promeneurs. L'excursion à Otta fut suivie par une foule de membres. On perdit beaucoup de temps en route; on ne fit que traverser les terrains à étudier, et les

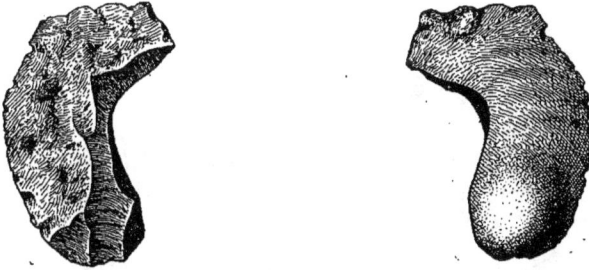

Fig. 1 et 2.

SILEX TAILLÉS DU GRÈS TERTIAIRE D'OTTA.

personnes qui s'intéressaient réellement au problème en discussion n'étaient pas resté groupées.

M. de Quatrefages fils recueillit à la surface du sol un silex taillé, mais que tout le monde déclara non tertiaire.

M. Bellucci, ayant aperçu un éclat de silex incrusté dans le conglomérat, le fit remarquer à MM. Cotteau, Cazalis de Fondouce, Capellini, de Quatrefages, Chantre, à moi et à d'autres; devant nous, avec une piochette en fer, il l'arracha non sans quelque effort, et l'on put voir alors que ce petit éclat avait d'un côté la croûte naturelle du rognon-matrice et de l'autre un conchoïde de percussion parfait (fig. 1). Cette pièce trouvée dans un gisement quaternaire serait acceptée sans discussion, à l'unanimité, comme un débris de taille, un rejet d'industrie.

Une commission composée de MM. Andrade Corvo, président du Congrès et qui s'est abstenu, Ribeiro, de Mortillet, Evans,

Virchow, Capellini, Vilanova, Choffat, Cotteau, Cazalis de Fondouce, Cartailhac, fit après l'excursion les réponses suivantes aux quatre questions qui lui avaient été posées :

1° Y a-t-il des conchoïdes de percussion sur les silex présentés à la section et sur ceux qui ont été trouvés pendant l'excursion ?

A l'unanimité, il existe des conchoïdes de percussion et quelques pièces en présentent même plusieurs.

2° Le conchoïde de percussion prouve-t-il la taille intentionnelle ?

Avis différents.

3° Les silex taillés trouvés à Otta, proviennent-ils de la surface ou de l'intérieur des couches ?

Avis divers.

4° Quel est l'âge du gisement des silex d'Otta?

Les conclusions des géologues portugais à ce sujet sont admises à l'unanimité.

Des discussions assez longues suivirent la lecture de ce rapport. On se sépara sans procéder à un vote « parce qu'on ne résout pas au scrutin les problèmes scientifiques. »

LE POINT DE VUE GÉOLOGIQUE

J'ai déjà, par une citation empruntée à M. Ribeiro, indiqué ce qu'est le terrain d'Otta, où l'éminent géologue, dès 1863, recueillait de nombreux silex et quartzites, à son avis, taillés.

C'est un coin d'une enclave tertiaire semblable à celle qui comprend Lisbonne et à laquelle elle se relie. Elle s'étend jusqu'au pied du massif de Porto de Moz et Thomar, sur une longueur de 25 lieues.

Le mont Redondo est une colline arrondie, jurassique, s'élevant au-dessus des couches qui l'entourent, grès rougeâtres et conglomérats qui remontent sur ses flancs jusqu'à une altitude de 130 mètres et forment peut-être même plusieurs lambeaux fixés à quelques mètres du sommet. De là on traverse une succession de collines et de ravins variant entre 80 et 25 mètres, et l'on arrive à un point plus élevé, la colline d'Archino qui porte un signal trigonométrique. On a parcouru 3 kilomètres et demi (fig. 3).

A 70 mètres d'altitude, la colline d'Archino laisse voir la tranche de marnes gris-jaunàtres de 4 mètres d'épaisseur, dans lesquelles on a recueilli une faune parfaitement connue.

Sus provincialis (?), Sus chæroides, Rhinoceros minutus, Antilope recticornis, Hipparion gracile, Lystriodon, Hyæmoschus, et *Mastodon angustidens.*

Cette faune correspond exactement à l'étage le plus supérieur du miocène.

Or, il est très facile de constater que les marnes fossilifères non-seulement sont superposées aux grès et conglomérats, mais

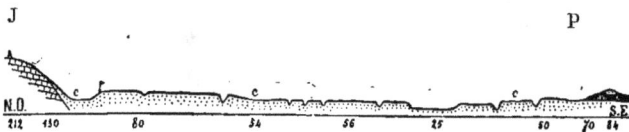

Fig. 3.

COUPE DU TERRAIN ENTRE MONTE-REDONDO (J) ET ARCHINO (P).

Les chiffres indiquent l'altitude du sol aux points désignés.

qu'elles y sont intercalées et ne forment probablement qu'un accident.

Ces grès sont donc miocènes supérieurs d'après la faune. Ils le sont aussi d'après la flore (1).

En effet, de même âge que les marnes qui les accompagnent sont celles d'Azambuja, localité peu éloignée, d'une altitude un peu plus élevée, et dans lesquelles treize espèces végétales ont été rencontrées. Ces plantes réunies à d'autres espèces recueillies près de Lisbonne, ont permis à M. Oswald Heer d'arriver à des conclusions précises. Les lauriers, les camphriers, les chênes toujours verts, les figuiers, les podagoniums, les sapindacées, les palmiers et les plan-

---

(1) Pour de plus amples détails, voir *L'Homme tertiaire en Portugal,* par Paul CHOFFAT ; Bibliothèque de Genève, 1880, t. IV, n° 12.

tes grimpantes toujours vertes, étaient alors très répandus dans
l'Europe centrale et donnaient au paysage un aspect subtropical.
Tel était aussi le cas en Portugal et même à un plus haut degré
encore par suite de sa situation australe. Bien des plantes y sont
restées plus longtemps qu'en France ou en Suisse. A l'époque où
se formaient les dépôts qui nous occupent, ce pays possédait
un climat un peu plus chaud que celui dont il jouit aujourd'hui, et
surtout plus uniforme. La végétation permet de donner 20° comme
moyenne de la température du Portugal, lorsque se déposaient les
terrains miocènes supérieurs. La moyenne actuelle n'est que de 15°.

Les grès miocènes supérieurs d'Otta, parfois très fins, présentent généralement de gros cailloux de silex et de quartzites atteignant rarement un fort volume, soit arrondis, soit anguleux,
mélangés à des cailloux calcaires arrondis ; ils ne présentent souvent qu'un sable désagrégé, accidentellement relié par une pâte
calcaire, plus rarement siliceuse.

C'est le fond d'un grand lac sablo-argileux dans le centre,
sablo-caillouteux sur les bords ; son épaisseur est considérable et il
a pourtant subi de nombreuses et puissantes dénudations, si bien
que M. Evans supposait nécessaire de faire intervenir, non pas
seulement l'action des agents atmosphériques, mais encore celle
de courants d'eau douce ou marins.

Mais ces courants n'auraient-ils laissé aucune trace et aucun
dépôt? Les grès sont à nu, dégagés de terre arable et stériles.

LE POINT DE VUE ARCHÉOLOGIQUE

C'est à la surface, soit sur les crêtes, soit dans les sillons de
ravinement, que M. C. Ribeiro a ramassé les pierres litigieuses,
principalement sur les bords, au pied du Monte-Redondo. C'est là
aussi que M. Bellucci a trouvé son échantillon.

Parmi les nombreuses pièces, près de 200, qui sont conservées
dans les vitrines du Musée de la section géologique, la plupart, je
l'ai déjà dit, ne supportent pas l'examen. Les quartzites d'Otta se
fracturent naturellement et les fragments offrent presque tous des

faces conchoïdales. Ce groupe de pierres cassées se relie insensiblement au groupe des pierres qui paraissent taillées, parce qu'elles offrent les caractères que l'on sait.

Ce fait pourrait être un argument en faveur de l'action naturelle si : 1° dans les gisements quaternaires des pays à silex, il n'était pas également facile de trouver en nombre des silex intermédiaires entre les taillés et les non taillés, douteux en un mot; 2° si les caractères de l'action intelligente s'étaient quelquefois *naturellement* produits.

C'est là qu'est le nœud de la question; si l'on venait à prouver

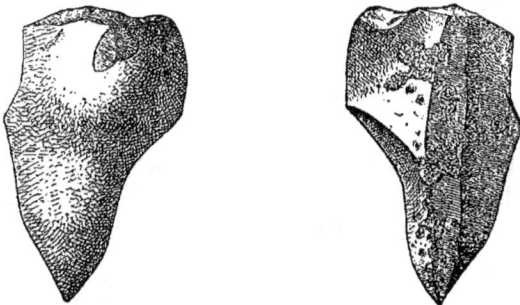

Fig. 4 et 5.
SILEX TAILLÉ, TERRAIN TERTIAIRE (LISBONNE).

qu'un conchoïde de percussion peut se produire sans la main de l'homme, avec ses détails typiques, et surtout avec son plan de frappe, il faudrait regretter de s'être occupé si longtemps et si longuement déjà des pierres d'Otta, du tertiaire portugais.

Toutes les pièces reconnues taillées à l'Exposition de 1878, photographiées et publiées d'abord par moi, ne viennent pas des couches miocènes d'Otta, voisines de Monte-Redondo, mais bien de gisements synchroniques et d'autres plus récents, pliocènes.

En effet, l'un des meilleurs échantillons, figuré sous le n° 2 de ma planche des *Matériaux*, sous le n° 15, pl. III, du *Musée préhistorique*, seul reproduit dans l'autre ouvrage de M. de Mortillet, *Le Préhistorique*, fig. 10, p. 98, et ci-dessus (fig. 4), provient,

2

je l'ai appris dans mon second voyage en Portugal, d'un gisement tertiaire compris dans les faubourgs de Lisbonne, encore non décrit et que j'ai en vain cherché à voir (1).

Il y a d'autres spécimens, en revanche, qui portent avec eux la marque de leur origine. Tel est le silex (fig. 6) : En effet, sur le plan de départ du milieu de la pièce, il reste encore quelques débris de grès; sur le côté gauche, dans l'intérieur du conchoïde en creux, — preuve évidente de taille intentionnelle, — il y a aussi un fragment de grès à gros grains en tout semblable au grès des couches de la base de Monte-Redondo.

L'éclat (fig. 8) provient du miocène d'Espinhaço de Çao ; il a à la fois le plan et le point de frappe ainsi que le conchoïde de percussion avec son éraillure. L'éclat de quartzite provenant du pliocène de Barquinha, offre les mêmes caractères (fig. 10). Il a été donné au Musée Broca.

En résumé, tous les faits remarqués à Thenay, à Puy-Courny, à Otta s'expliquent aisément par l'action humaine. Certaines pierres de ces gisements offrent les caractères convenus de la taille intentionnelle.

Mais dans tous les cas, à mon avis, il n'y a pas une certitude suffisante ; il n'est pas absolument établi qu'il faille écarter les causes purement naturelles.

Les traces irrécusables de l'homme tertiaire sont encore à découvrir (2).

(1) Pendant mon séjour à Lisbonne, M. Charles Ribeiro était déjà aux prises avec la maladie qui vient de nous l'enlever ; son suppléant, M. Delgado, voyageait en Europe.

(2) Je ne me suis pas toujours montré aussi sceptique ; une fois, les brillantes démonstrations de M. de Mortillet et la vue de quelques pièces isolées avaient entraîné mon adhésion publique. Mais après avoir longtemps réfléchi à toutes les données du problème, j'ai dû reconnaître que mon premier mouvement, malgré le proverbe, n'était pas le bon.

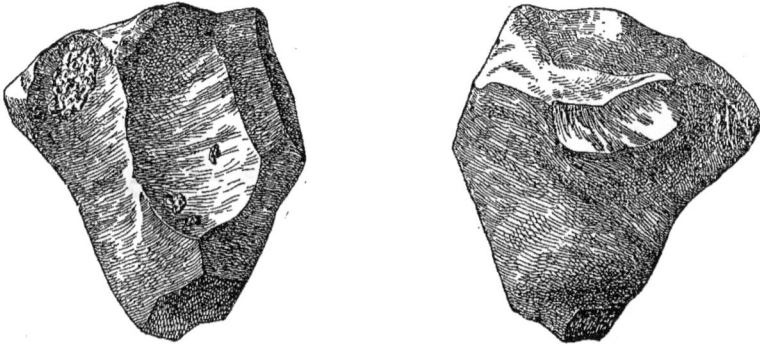

Fig. 6 et 7.
SILEX TAILLÉ AVEC TRACES DU GRÈS D'OTTA.

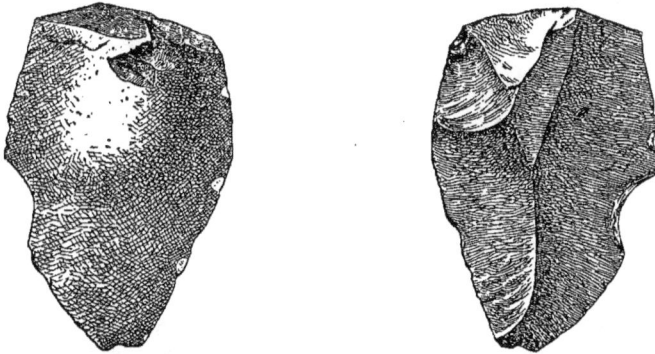

Fig. 8 et 9.
ÉCLAT DE SILEX DU MIOCÈNE DE ESPINHAÇO DE ÇAO.

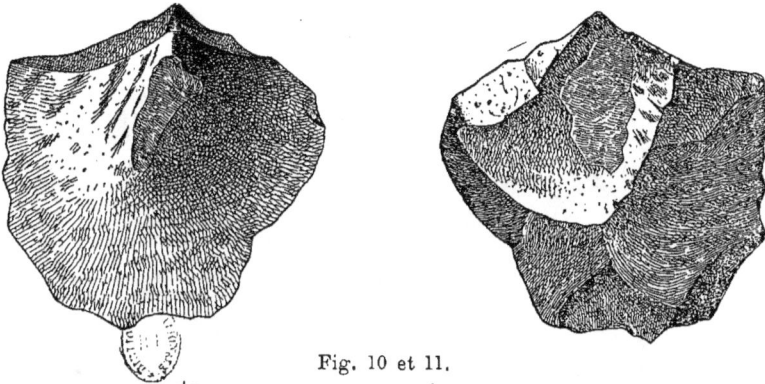

Fig. 10 et 11.
ÉCLAT DE QUARTZITE DU PLIOCÈNE DE BARQUINHA.

DEUXIÈME PARTIE

QUATERNAIRE

CHAPITRE PREMIER

AGE PALÉOLITHIQUE — PREMIÈRES ÉPOQUES

Dans la dernière partie de l'ère tertiaire, le *pliocène,* nous voyons les résultats des grands mouvements accomplis par l'écorce terrestre. Les Alpes viennent de subir leur dernier et plus important exhaussement; il ne reste plus qu'une partie des vastes lacs qui avaient caractérisé le miocène; la mer s'est presque retirée dans ses limites actuelles; la température enfin s'est abaissée.

De toutes parts les eaux ravinent le sol ancien et les dépôts récents; elles creusent les vallées actuelles. Ce travail d'érosion sera complété par les fusions successives de glaciers qu'un régime climatérique favorable laissera déjà descendre du haut des montagnes.

L'époque quaternaire est la suite de ces divers évènements.

L'Europe septentrionale était affaissée, submergée, et occupée par une mer constamment traversée de glaces flottantes, radeaux chargés de matériaux empruntés aux terres scandinaves ou finlandaises et qui se déposaient sur toute la surface de la grande plaine du nord depuis la Hollande jusqu'en Russie.

Dans les parages de l'Ecosse et du nord de l'Angleterre, de

larges glaciers locaux largement étalés, comme ceux du Groënland, empiétaient plus ou moins, par alternatives, sur le domaine maritime. Leurs traces sont un épais dépôt d'argile tenace, sans stratification, contenant des pierres disséminées en désordre, aux formes anguleuses offrant çà et là des couches de gravier marin *(boulder clay)*. Les vallées du Rhin, du Danube et leurs affluents se recouvraient d'un épais manteau de *lœss*, sorte de boue argileuse assez fortement chargée de calcaire et dont l'aspect démontre l'intensité des précipitations atmosphériques.

Ailleurs, dans tous les bassins, s'accumulaient des cailloux, des sables, des limons échelonnés à diverses hauteurs depuis le fond des vallées, jusqu'aux lignes de partage, sous forme de terrasses successives. Ces alluvions ne sont pas le produit d'une crue unique. Elles correspondent à un régime de cours d'eau plus violents que les cours d'eau actuels et coulant, peut-être, dans d'autres conditions de pente et de niveau.

Çà et là, mais surtout aux approches des montagnes et au milieu d'elles, on découvre des blocs erratiques, des roches striées, polies, moutonnées, des boues, des moraines qui démontrent le rôle prodigieux des glaciers. Il y avait à un certain moment 700 mètres de glace au-dessus du lac de Genève, et davantage au-dessus de Bagnères-de-Luchon.

Cette extension des glaciers est déterminée par un régime pluvieux qui n'est que l'exagération du climat actuel. Nos plus hautes montagnes, jeunes encore, jouaient le rôle de condensateurs puissants; et tandis que sur elles s'accumulaient chaque année des masses puissantes de névés, dans la plaine la température restait favorable soit à la multiplication des grands animaux, soit au développement des forêts nécessaires à leur alimentation.

La faune est caractérisée par l'*Elephas antiquus*, le *Rhinoceros Merckii* et l'*Hippopotamus amphibius* qui demandaient un climat chaud et tempéré.

M. de Saporta a montré que l'étude de la flore conduit absolument aux mêmes conclusions. Le laurier, le figuier, l'arbre de Judée ou gainier, s'étendaient vers le nord jusqu'aux approches de

Paris. On retrouve les empreintes de leurs feuilles dans les tufs qui sont la trace de volumineuses sources jaillissantes, répandues alors du nord de la France et de l'Allemagne du Sud aux confins du Sahara, en Italie et en Espagne (1).

Du 23ᵉ au 50ᵉ degré de latitude nord la température des vallées est partout égale, l'humidité considérable et constante.

Les alluvions de Chelles (Seine-et-Marne) fournissent un type très net de la première partie de cette phase quaternaire. M. G. de Mortillet a proposé de la nommer *Epoque chelléenne*.

Dans les ballastières de cette époque on trouve assez fréquemment des pierres travaillées. Ce sont des fragments de silex ou quelquefois d'autres roches, taillés sur les deux faces, généralement à grands éclats et rendus ainsi plus ou moins amygdaloïdes, pointus et tranchants sur les bords. (Voir les fig. 15 à 26.)

Cet instrument varie beaucoup de forme, de grandeur, de fini dans le travail ; il est pourtant toujours facile à reconnaître.

Il ne paraît pas avoir été fait pour être emmanché. Il est en effet souvent taillé de manière à être saisi facilement et commodément avec la main droite. Il n'en est pas de même avec la main gauche, et surtout, Boucher de Perthes l'avait fort bien remarqué, il n'en est pas de même des imitations produites par les ouvriers de nos jours.

Il correspond à une civilisation déjà compliquée, et comme il se retrouve dans le monde entier, ou du moins dans le quaternaire ancien de l'Europe occidentale, en Afrique, en Asie, en Amérique, il suffit à lui seul pour permettre de croire que l'homme est encore plus ancien, pour justifier la recherche de l'homme pliocène.

Pour ce qui est d'évaluer en années, ou même en siècles, l'âge auquel remonte la race inconnue dont ces pierres seules nous parlent un peu, l'esprit se perd aisément dans de semblables calculs. Les naturalistes ont une idée de l'immensité du temps exigé

---

(1) M. le marquis DE SAPORTA a publié dans la *Revue des Deux Mondes*, en 1881, livraisons des 15 septembre et 15 octobre, un très remarquable et très complet mémoire sur *les temps quaternaires*.

par les moindres périodes géologiques. Ils ne peuvent fixer un chiffre n'ayant que des bases chronologiques incertaines.

Cela dit étudions les vestiges de l'époque chelléenne en Espagne et en Portugal.

Le 30 juin 1862, M. Louis Lartet, visitant avec Casiano de Prado et Edouard de Verneuil les gravières du Manzanarès, de l'autre côté du fleuve, dans les carrières de San Isidro, demandait à un ouvrier s'il n'avait rien trouvé de remarquable. Cet homme alla chercher chez lui une pierre qui lui paraissait, disait-il, avoir été travaillée par les hommes, et qu'il avait trouvée quelque

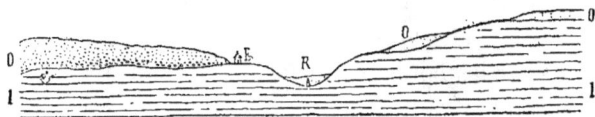

Fig. 12.

COUPE DE LA VALLÉE DU MAZANARÈS.

E. Eglise de San Isidro. — R. Fleuve Manzanarès. — A. Alluvions modernes. — O. Alluvions quaternaires. I. Terrain tertiaire.

temps auparavant dans les sables à un niveau par lui indiqué fort exactement (1).

M. Louis Lartet reconnut au premier coup d'œil une de ces pièces telle qu'en fournissait déjà communément à cette époque les alluvions d'Abbeville et d'Amiens. Elle est de grande taille et se termine par un tranchant légèrement incliné jouant le ciseau ou le tranchet (fig. 16).

Casiano de Prado avait antérieurement et dès l'année 1850, reconnu dans les graviers du Manzanarès des silex plus ou moins fragmentés ; mais il supposait qu'ils avaient été arrachés aux couches tertiaires sous-jacentes, et parmi ceux qu'il avait ainsi recueillis, quelques éclats évidemment sont dus au travail de l'homme.

_____

(1) Note sur un silex trouvé dans le diluvium des environs de Madrid, par MM. Ed. DE VERNEUIL et Louis LARTET. (Extrait du *Bull. de la Soc. géol. de France*, 2e série, t. XX, p. 698, séance du 22 juin 1863).

On ne se doutait pas encore du rôle considérable que ces pierres taillées avaient joué dans l'histoire; la découverte du 30 juin 1862

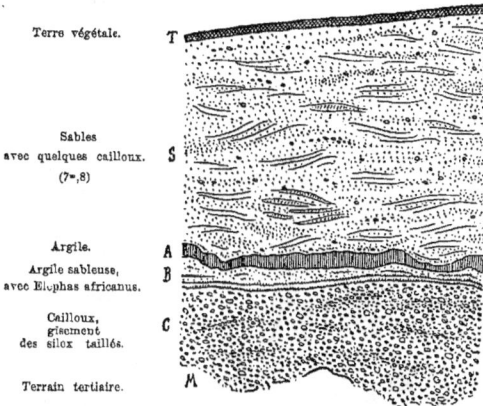

Terre végétale.   T

Sables
avec quelques cailloux.   S
(7ᵐ,8)

Argile.   A
Argile sableuse,   B
avec Elephas africanus.

Cailloux,   C
gisement
des silex taillés.

Terrain tertiaire.   M

Fig. 13.

COUPE DES ALLUVIONS DE SAN ISIDRO, D'APRÈS CASIANO DE PRADO (EN 1851).

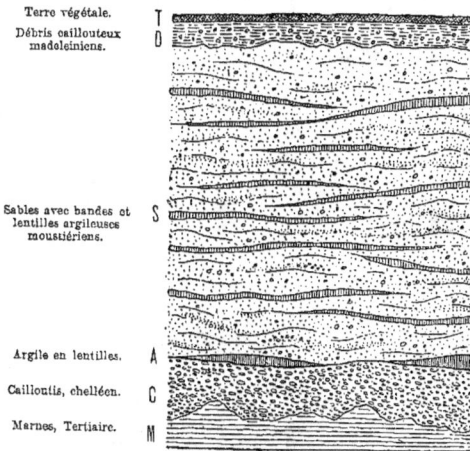

Terre végétale.   T
Débris caillouteux   D
madeleiniens.

Sables avec bandes et   S
lentilles argileuses
moustiériens.

Argile en lentilles.   A

Cailloutis, chelléen.   C

Marnes, Tertiaire.   M

Fig. 14.

COUPE DES ALLUVIONS DE SAN ISIDRO, D'APRÈS M. G. DE MORTILLET (EN 1880).

fut, en Espagne, le point de départ de toutes les autres et elle eut un grand retentissement en Europe.

A partir de ce jour les sablières de San Isidro furent visitées souvent et livrèrent à MM. Casiano de Prado, Vilanova et à leurs élèves maints silex taillés ; malheureusement, elles n'ont pas été l'objet d'une étude sérieuse. On sait par Edouard Lartet que les

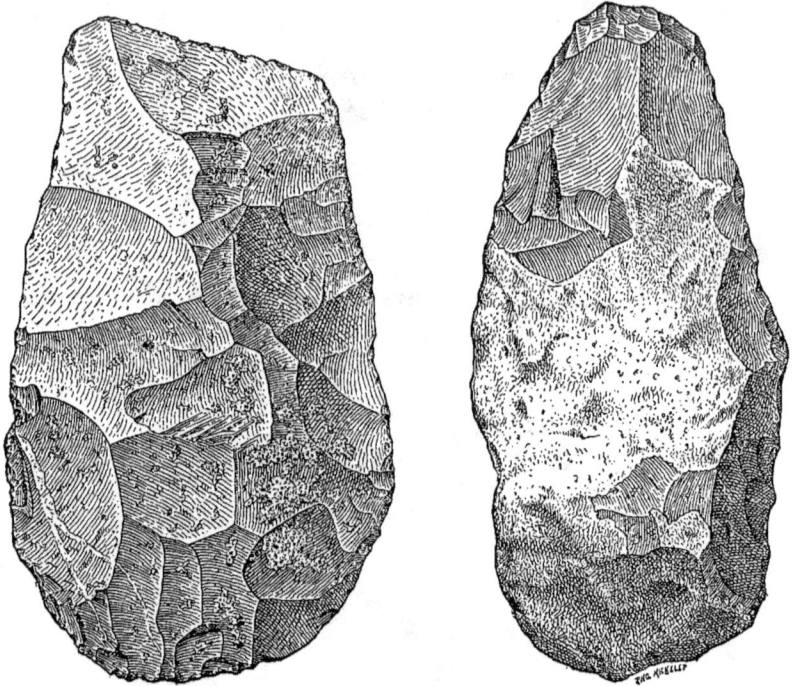

Fig. 15 et 16.

SILEX TAILLÉ, SAN ISIDRO (MADRID), INSTRUMENT CHELLÉEN. Gr. 2/3.

couches inférieures renferment des restes de bœuf, de cheval, d'un rhinocéros, de l'éléphant actuel d'Afrique.

Je donne ci-dessus la coupe de la vallée du Manzanarès au niveau de San Isidro d'après Casiano de Prado (fig. 12), plus deux coupes de la sablière, l'une d'après le même auteur (fig. 13) ; et l'autre (fig. 14), d'après un croquis communiqué par M. G. de

Mortillet. On sait que ces alluvions quaternaires varient souvent d'aspect d'un endroit à l'autre.

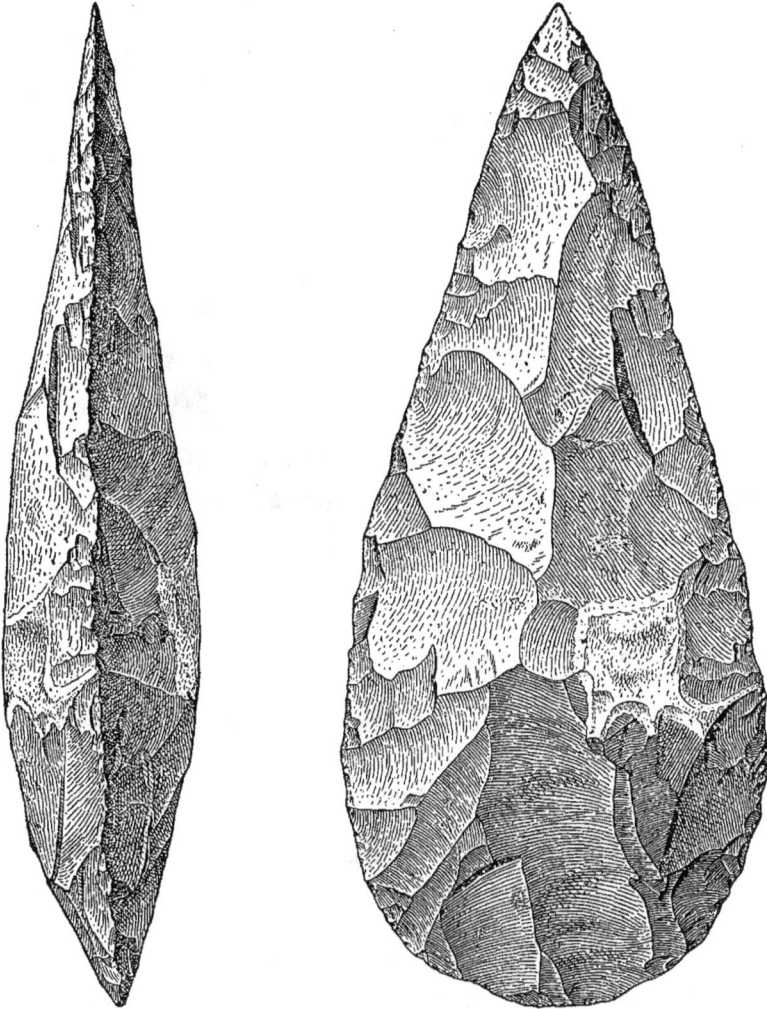

Fig. 17 et 18.
SILEX TAILLÉ, INSTRUMENT CHELLÉEN, SAN ISIDRO (MADRID). Gr. $^2/_3$.

En outre de la pièce trouvée par MM. Louis Lartet, de Verneuil et Casiano de Prado, j'ai reproduit ici quatre échantillons, tous au 2/3 de la grandeur vraie.

Celui que représente la figure 16 a été dessiné d'après un moulage du Musée de Saint-Germain ; l'original est dans la collection Vilanova. Il est remarquable parce qu'il est taillé seulement à la pointe et sur le côté ; la base épaisse, encore encroûtée, cons-

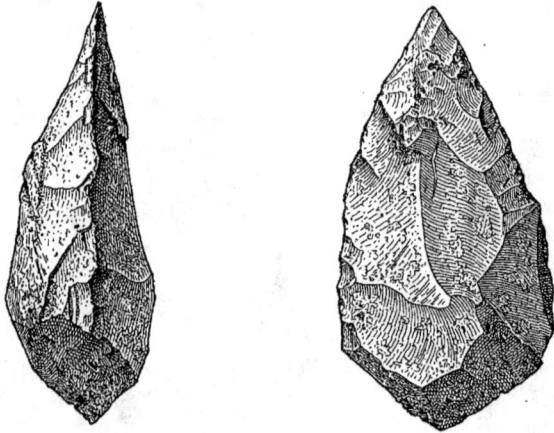

Fig. 19 et 20.
SILEX TAILLÉ, SAN ISIDRO (MADRID). Gr. $^2/_3$.

titue en quelque sorte le manche et devait permettre de l'empoigner aisément.

La pointe dessinée sous le numéro suivant est la plus grande et la plus belle. Elle a été trouvée par M. José Quirogua y Gonzales, professeur à l'Ecole vétérinaire de Madrid.

Enfin, les deux plus petits échantillons ont été achetés par moi aux ouvriers, avec quelques autres. J'ai le regret de ne pouvoir préciser le niveau qui les renfermait. L'un de ces silex était encore couvert de sable rouge et l'autre de concrétions grises.

Il ne paraît pas que l'on ait rencontré dans les autres vallées de l'Espagne des vestiges certains de l'époque chelléenne.

Mais il suffit de jeter les yeux sur la carte géologique de ce

vaste territoire pour être frappé de l'importance qu'y jouent comme
ailleurs en Europe les dépôts quaternaires. Or, je ne crois pas
qu'ils aient été l'objet d'une étude quelconque depuis une vingtaine
d'années.

En Portugal, où par suite des grands mouvements du sol et

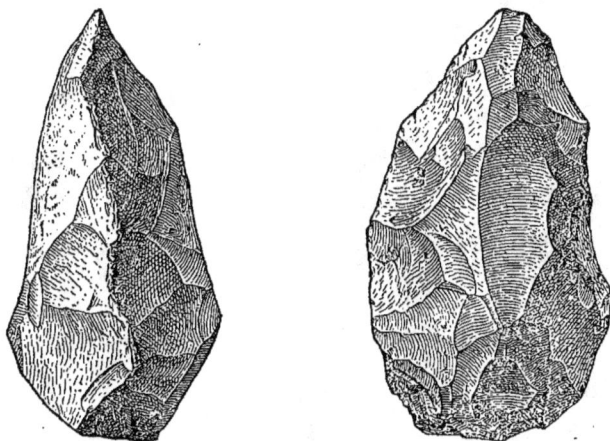

Fig. 21 et 22.
SILEX TAILLÉ, SAN ISIDRO (MADRID). Gr. $^2/_3$.

de l'ampleur des estuaires, les terrains quaternaires sont compli-
qués, très peu fossilifères et mal connus, on a pourtant trouvé
deux excellents coup-de-poings chelléens.

L'un, que j'ai remarqué parmi un lot de pierres informes recueillies à la surface du sol aux environs de Leiria, au nord-ouest
de Lisbonne, est en quartzite blanc; il est taillé en amande, tranchant sur tout son pourtour; les arêtes sont émoussées, la roche ne
paraît pas d'un travail facile; l'outil n'en a que plus de valeur, car
sa forme est parfaite. Rapproché de ces pointes en quartz blanc
de la Montagne-Noire, que renferment les collections formées à
la limite de la Haute-Garonne et du Tarn, on ne saurait le distinguer et, sans aucun doute, il nous présage la découverte de stations
semblables aux nôtres sur des points élevés où les alluvions qua-

ternaires n'ont pas pu parvenir, qui ont dû être occupées autant
et plus que les autres à cette époque d'inondations.

La seconde pièce chelléenne du Portugal a été rencontrée
dans une caverne et cette circonstance augmente son intérêt, car il

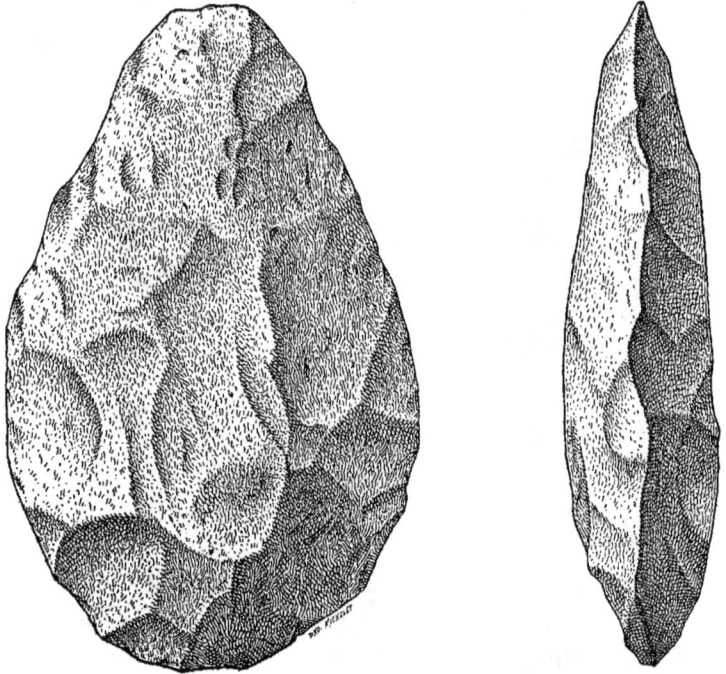

Fig. 23 et 24.
QUARTZ TAILLÉ, INSTRUMENT CHELLÉEN, LEIRIA (PRÈS LISBONNE). Gr. ²/₃.

y a très peu d'exemples semblables. Les cavernes, en général,
étaient inhabitables à cette époque. Les unes étaient perdues au
milieu des glaces, la plupart étaient parcourues par les cours d'eau
qui précisément alors creusaient leurs galeries.

La presqu'île de Péniche, située à 15 lieues au nord de
Lisbonne, présente une falaise très abrupte formée par le lias
supérieur. Vers le sud s'ouvre la grotte de Furninha, à environ

15 mètres au-dessus du niveau de l'Océan. La mer y pénétrait à l'époque quaternaire, donc il y a eu exhaussement du sol; l'habile explorateur M. Jh. Delgado, y a noté deux dépôts bien distincts, l'un quaternaire, l'autre relativement moderne qui nous occupera

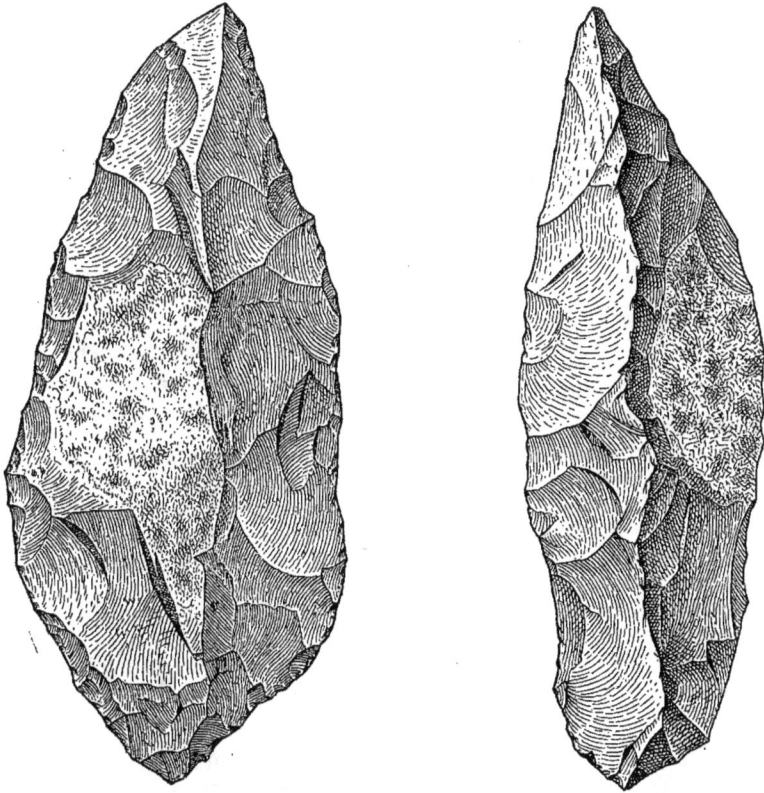

Fig. 25 et 26.
SILEX TAILLÉ, INSTRUMENT CHELLÉEN, GROTTE DE FURNINHA, A PÉNICHE. Gr. 2/3.

plus tard. Les dépôts les plus anciens sont très épais. Sept niveaux fossilifères sont séparés les uns des autres par d'épais bancs de sable; il n'a été fait aucune remarque particulière sur la répartition des espèces du haut en bas du dépôt quaternaire.

Les ossements se sont rencontrés principalement dans un

puits naturel avec des coprolithes qui attestent que la grotte a été visitée par les hyènes. La présence de l'homme y est démontrée par l'outil signalé déjà et une petite lame de silex qui paraît dépaysée dans un tel milieu, car la lame manque d'ordinaire tout à fait aux dépôts chelléens.

Ce coup-de-poing (figure 25) est très ancien incontestablement.

La faune est également ancienne, surtout si l'on tient compte de ce fait que le gîte est très méridional. Nous y trouvons, en effet, le seul vestige de rhinocéros découvert jusqu'ici en Portugal ; la *Hyæna vulgaris*, qui n'est que la *Hyæna striata*, hyène rayée, habitant actuellement le nord et l'ouest de l'Afrique et s'étendant jusqu'en Asie : à l'époque chelléenne, elle arrivait en Europe; c'est une des espèces qui ont émigré dans le sud par suite du refroidissement de température. Un certain nombre d'ossements m'ont paru se rapporter plus exactement à l'*Ursus ferox* qu'à l'*Ursus spelœus*. Les débris appartenant au cerf, au bœuf, au cheval et au sanglier étaient rares. Il y avait des ossements de la plupart des espèces qui vivent encore dans la région, des restes d'oiseaux abondants et variés. Les poissons, ainsi que les testacés, ne s'y rencontrèrent pas ou à peu près, chose fort curieuse et bien exceptionnelle, étant donné que la caverne est au bord de la mer.

Trois autres grottes portugaises ont livré des ossements de la même époque ou peut-être de la suivante : celle dite Casa da Moura, à 13 kilomètres à l'est de Furninha, celle de la Serra de Monte-Junto (*Ursus spelœus* et *Hyæna crocuta*), celle, enfin, de la Serra dos Molianos. Même observation pour quelques localités espagnoles vaguement indiquées par Casiano de Prado et par divers auteurs. Ainsi, la caverne de Windmill-Hill à Gibraltar, d'après Falconer, contenait le *Rhinoceros leptorhinus* (ou *Merkii*), *R. etruscus*, *Sus*, *Equus*, un grand *Bos*, *Cervus barbarus*, *C. dama*, deux espèces d'*Ibex*, *Hyæna brunnea*, *Felix leopardus*, *Ursus*, *Lepus*, *Meles taxus*, oiseaux, tortues, poissons. Citons en dernier lieu la caverne (supérieure) de La Peña da Miel, signalée par M. L. Lartet, et sur laquelle je reviendrai tout à l'heure.

L'Epoque chelléenne est suivie par l'*Epoque moustiérienne,* i appelée du nom de la station du Moustier, sur les bords de la ère, dans la Dordogne.

Les mouvements contraires du sol ont permis les uns le com- ment, les autres l'affouillement. A l'époque moustiérienne les

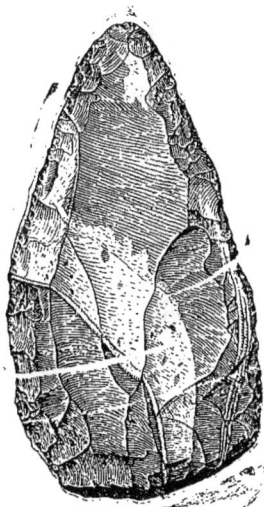

Fig. 27.
ASNIÈRES (SEINE). Gr. ¹/₂.

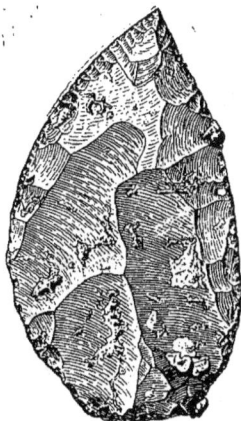

Fig. 28.
LA HUTTE (EURE-ET-LOIR). Gr. ¹/₂.

POINTES MOUSTIÉRIENNES.

puissantes nappes d'alluvions précédemment accumulées dans les vallées, sont érodées et ravinées dans de grandes proportions. Ce sont des eaux évidemment torrentielles qui les attaquent tantôt en profondeur, tantôt latéralement et n'en laissent subsister que des lambeaux. Mais à leur tour elles déposent des couches puis- santes où nous retrouvons une faune nouvelle qui démontre que la température continue à s'abaisser.

L'hippopotame, l'éléphant antique et le rhinocéros de Merck ont disparu ou vont disparaître. Ils sont remplacés par d'autres qui révèlent par leur épaisse fourrure la rigueur du climat. Ce sont le mammouth ou *Elephas primigenius* aux grandes défenses recourbées et le *Rhinoceros tichorhinus,* son compagnon fidèle, retrouvés l'un et l'autre en chair dans le sol glacé de la Sibérie.

3

Les autres animaux sont le cheval ordinaire, le sanglier, le cerf ordinaire, le cerf du Canada plus grand, le grand cerf d'Irlande ou megaceros, dont les bois s'étendent en palmes gigantesques, le renne, rare encore, le bouquetin, le bœuf musqué, l'urus ou bœuf primitif, l'aurochs ou bison d'Europe, l'ours des cavernes, très commun, l'ours gris, l'hyène, le lion, le léopard et la plupart de nos animaux sauvages actuels avec cette circonstance que plusieurs, de nos jours, se sont retirés dans les régions froides de nos montagnes.

La seule énumération de ces espèces provoque une foule de questions.

Il y avait des migrations annuelles et séculaires. Dans quelles proportions et dans quel sens ?

L'isthme de Gibraltar, par lequel l'éléphant d'Afrique avait pu passer en Espagne (1), a-t-il été rompu à cette époque ?

L'Angleterre sera plus tardivement séparée de la France. Mais peut-on encore gagner le nord de l'Amérique et par quels parages ? On est réduit à faire des conjectures.

Les ossements humains qui proviennent d'une manière certaine de gisements moustiériens font à peu près défaut. Il faut citer cependant la célèbre mâchoire de la caverne de la Naulette (Belgique), dont les caractères inférieurs sont indiscutés.

L'homme se révèle à cette époque par un outillage très varié, caractérisé généralement par ce détail que l'une des faces des armes ou instruments reste lisse ou brute, tandis que l'autre offre de nombreuses et habiles retouches. Les râcloirs, les pointes, les scies, ont un aspect tout spécial qu'il est difficile de méconnaître, surtout lorsqu'on en a sous les yeux une série.

On les retrouve en France, en Belgique, en Angleterre, en Italie.

(1) L'*Elephas africanus* se rencontre bien en Auvergne, à Paris, en Prusse et en Bavière. Mais n'est-il pas arrivé dans ces pays par un autre point méditerranéen? On sait qu'on a découvert des ossements d'éléphants dans les cavernes de Malte ; cet îlot rocheux était donc, à une époque géologique récente, rattaché à des terres vastes et fertiles. On a trouvé aussi l'éléphant d'Afrique en Sicile.

L'industrie moustiérienne se montre déjà dans les couches récentes du chelléen dont elle est le développement ; c'est ce qui se voit à San Isidro si l'on en juge par quelques dessins de silex publiés dans l'ouvrage de Casiano de Prado ; mais elle est surtout développée dans les alluvions qui portent légitimement son nom et aussi bien dans un certain nombre de grottes et abris que l'homme enfin a pu occuper. L'habitation des cavernes commence à cette époque, mais le grand ours, le lion, l'hyène se sont emparés des plus profondes.

CHAPITRE II

AGE PALÉOLITHIQUE — DERNIÈRES ÉPOQUES

Dans l'Europe occidentale, le *solutréen* a succédé au moustiérien ; M. de Mortillet lui a donné le nom d'une grande et riche station, Solutré (Saône-et-Loire) (fig. 29-30).

L'industrie s'est transformée, le travail de la pierre a pris un merveilleux développement, les pointes de trait en forme de feuille de laurier et la pointe à cran sont des chefs-d'œuvre de taille, de légèreté, d'élégance. On s'est enfin avisé de faire avec les os des armes, des outils.

Le climat est devenu plus sec, les glaciers ont reculé, les pluies ont diminué, le soleil a brillé plus souvent en été, les saisons se sont accentuées.

Quant à la faune, les bovidés ou bœufs et surtout le cheval étaient extrêmement répandus. Le rhinocéros avait disparu.

L'époque solutréenne établit la transition entre deux longues périodes. Elle n'a pas encore été reconnue en dehors de l'Angleterre, la Belgique, la France, le nord de l'Italie (Ligurie).

Vient enfin le *madeleinien*. Cette époque doit son nom à une station des bords de la Vezère, la Madeleine (Dordogne). Elle est on ne peut mieux caractérisée dans un très grand nombre de localités de l'Angleterre à la Russie, de la Belgique aux Pyrénées et aux frontières de l'Italie.

La pierre, le silex sont transformés en une série d'outils, œuvres d'une étonnante sagacité. Les lames, grattoirs, burins, etc.,

Fig. 29.
POINTE A CRAN SOLUTRÉENNE.

Fig. 30.
POINTE SOLUTRÉENNE.

ont permis de porter à son apogée l'industrie de l'os; le bois devait être également ouvragé, mais il a disparu; tandis qu'il nous reste les parures, les aiguilles, les pointes de sagaies et de harpons et tant d'autres pièces en os, principalement en bois de cerf ou de renne.

A l'époque madeleinienne, l'art était si répandu qu'il suffit à la caractériser, c'est la période artistique. Les hommes de ce temps nous ont laissé la représentation d'eux-mêmes et des animaux contemporains. Ces gravures au trait, demi-bosse, véritable sculpture, révèlent un sentiment exquis de la nature et sont frappants de vérité (fig. 31).

La faune est riche; elle comprend une soixantaine de mammifères; la moitié des espèces existe encore sur les lieux mêmes; un petit nombre (lion, léopard, hyène tachetée) a émigré vers le Sud, d'autres ne descendent plus des montagnes (marmotte, bouquetin, chamois) ou ne se rencontrent plus qu'au Nord (renne, saïga, bœuf musqué, renard bleu.....). Il en est enfin qui, durant cette époque, ont disparu tout à fait (le mammouth, éléphant des régions froides). Dans son ensemble, elle révèle un climat très rigoureux et très sec; les saisons étaient fortement différenciées,

Fig. 31.
GRAVURE SUR OS, GROTTE DE MASSAT (ARIÈGE). Gr. $^2/_3$.

ce qui déterminait de nombreuses et grandes migrations estivales et hivernales. L'homme devait faire comme le gibier, dont il composait sa principale nourriture, et, semblable aux Peaux-Rouges qui suivent le buffle, durant 4,000 kilomètres du Nord au Sud ou du Sud au Nord, ils erraient surtout à la suite des troupeaux de rennes sauvages.

L'époque madeleinienne a duré énormément.

Je suis heureux de saisir ici l'occasion toute naturelle de rendre une fois de plus un légitime hommage au fondateur de la paléontologie humaine, Edouard Lartet. C'est à lui que nous devons la révélation de cette curieuse phase de la civilisation. Ses travaux sur les stations devenues célèbres de la vallée de la Vezère sont nos modèles.

Don Casiano de Prado, dans sa description physique et géologique de la province de Madrid, a donné (p. 218) la statistique des grottes connues en Espagne (quarante-neuf réparties entre dix-neuf provinces); il en signale vaguement trois ou quatre comme renfermant des os « antédiluviens. » Mais l'honneur d'avoir commencé l'exploration sérieuse des cavernes de la Péninsule revient à M. Louis Lartet.

En janvier 1865, après une visite infructueuse aux grottes voisines de Vittoria, ce géologue passa en revue celles de la Vieille Castille, du moins une vingtaine dans la sierra Cebollera, aux environs de Torecilla de Cameros, de Nieva de Cameros et d'Ortigosa.

La grotte supérieure de la Peña la Miel, dans la deuxième de ces communes, renfermait des ossements de rhinocéros d'espèce différente de celle (*Rh. tichorhinus*) qu'on trouve habituellement dans les cavernes françaises, et par des restes plus abondants d'un très grand bœuf (*Bos primigenius?*), du cerf commun et du chevreuil.

Parmi ces ossements de ruminants, qui se rattachent quelquefois à des séries articulaires, il y en a dont le mode de cassure laisserait soupçonner l'intervention de l'homme; mais c'est encore là un indice fort douteux, parce qu'il ne s'est rencontré, dans la même couche, ni silex taillé, ni objet quelconque d'industrie ou autre vestige d'habitation humaine.

A une vingtaine de mètres au-dessous de ce gisement et à 30 mètres environ au-dessus du lit actuel du Rio Yregua, s'ouvre la grotte inférieure de la Peña la Miel.

En raison de sa proximité de la rivière, de sa bonne exposition et de la capacité de sa première chambre, cette grotte avait été choisie, il y a quelques années, pour principal abri par les ouvriers biscayens employés au percement de la route de Pampelune à Madrid. M. Lartet y trouva encore les pierres de leur foyer et les terres qu'ils y avaient introduites pour en aplanir le sol.

Ces traces d'habitation récente reposaient sur un limon rougeâtre argilo-sableux, d'une épaisseur moyenne de 0m,50. Immédiatement au-dessous de cette assise se trouvait une autre couche de 0m,20 à 0m,25 de cendres charbonneuses et renfermant une quantité considérable d'os tellement fragmentés qu'il eut été difficile d'en retrouver l'attribution spécifique sans la présence de quelques dents et extrémités articulaires restées intactes. Parmi ces os, évidemment cassés intentionnellement, un grand nombre portait des entailles et des traces de rayures faites avec le tranchant d'un instrument grossier. En effet, il s'est trouvé à travers ces os ainsi fragmentés un assez grand nombre d'éclats de silex bréchoïdes taillés fort irrégulièrement, mais surtout de façon à obtenir un côté tranchant.

C'est seulement dans la partie supérieure du limon que gisaient quelques rares silex façonnés dans les types de grattoir et de couteau.

Les restes d'animaux se rapportent à des herbivores : on y retrouve le grand bœuf (*Bos primigenius ?*) déjà observé dans la caverne précédente, aussi bien que le cerf, le chevreuil, et, de plus, le cheval, qui servait également à l'alimentation des indigènes primitifs de l'Espagne.

La présence et la forme des silex taillés, la manière dont les os y sont cassés et aussi l'absence de toute trace d'animaux domestiques, semblaient à M. L. Lartet devoir être rapprochés des faits produits par les cavernes françaises de l'âge du renne. Il en appelait à de futures explorations.

Cet appel est resté quinze années sans réponse. Enfin, dans ces derniers temps on a signalé deux cavernes plus importantes que celle de la Peña da Miel et dont le dépôt est plus nettement comparable à celui de nos gisements madeleiniens. Malheureusement, elles sont toutes deux dans les Pyrénées espagnoles, l'une au-dessus de la chaîne à Santander, l'autre au-dessous à Gérone ; tandis qu'il nous faudrait des renseignements sur celles du centre et du sud de la Péninsule.

La grotte d'Altamira, dans la commune de Santillana del Mar, est peu éloignée de Santander ; elle s'ouvre au sommet d'une colline, au nord, c'est-à-dire du côté de la mer dont elle n'est éloignée que de 3 kilomètres. M. de Sautuola y a pratiqué des fouilles heureuses en 1875, surtout en 1879 (1).

_____

(1) *Breves apuntes sobre algunos objetos prehistoricos de la provincia de Santander,* par don Marcelino S. DE SAUTUOLA ; 1880, 27 p., 4 planches ; librairie Murillo, rue d'Alcala, Madrid.

M. Edouard Harlé, ingénieur des ponts et chaussées, l'étudia en 1881 (1).

Les débris accumulés par les habitants primitifs recouvraient le sol de la première salle. Sur certains points, ils étaient enfouis sous les éboulements de la voûte et recouvraient d'autres blocs tombés plus anciennement. Ils se composent d'un mélange de terre noire, d'os, de coquillages, d'outils et de pierres.

La faune se compose de cerf élaphe (très abondant), de cheval, de bœuf; d'un petit ruminant, du bouquetin et du renard, ce dernier sans doute récent (Détermination de M. Gaudry).

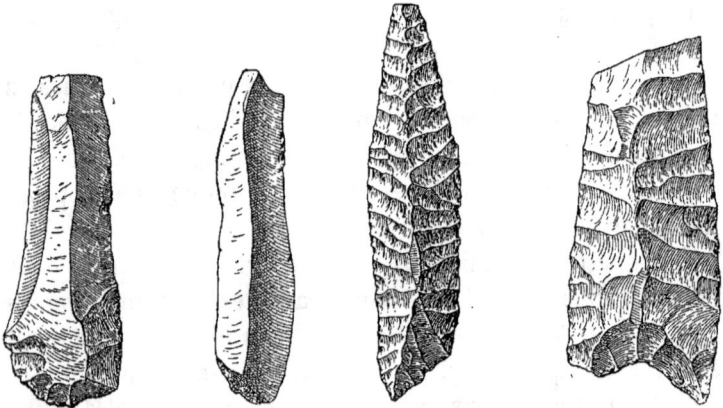

Fig. 32.   Fig. 33.   Fig. 34.   Fig. 35.

GRATTOIR ET LAME EN SILEX.   POINTES DE TRAITS, SILEX RETAILLÉS.

GROTTE D'ALTAMIRA, PRÈS SANTANDER.

Les coquillages marins sont intéressants. Les patelles constituent une variété du *Patella vulgata* des côtes de France; elles se rapprochent de la variété dite *occidentalis* (Valenciennes), mais elles sont encore plus grandes et plus orbiculaires. Ce sont les plus grands spécimens connus de cette espèce, et M. Fischer, du Muséum, a cru juste de créer pour elles la variété *Sautuolai*

---

(1) La grotte d'Altamira, près de Santander (Espagne), par M. Edouard HARLÉ, p. 275-283, avec planche, dans les *Matériaux*, XVIe vol., 1881.

Les littorines (*Littorina littorea,* Linné) sont aussi remarquables par leur grande taille et leur épaisseur.

Les outils sont en silex, en pierre quartzeuse et en os.

Les silex taillés consistent en petites lames et grattoirs (fig. 32);

Fig. 36.
AIGUILLE EN OS, GROTTE D'ALTAMIRA.

deux sont des points de traits retouchés complètement et dont le type se rapproche du Solutréen (fig. 34 et 35).

Les os ouvrés sont plus caractéristiques encore.

C'est d'abord une aiguille longue et fine, avec chas (fig. 36),

Fig. 37.   Fig. 38.
BOUTS DE TRAITS AVEC INCISIONS, GROTTE D'ALTAMIRA.

très semblable à celle que montre le *Musée préhistorique* sous le n° 170 ; puis des bouts de traits. Les figures 37 et 38 représentent deux fragments remarquables par les incisions qui ont été gravées profondément sur la pointe (marques de propriétaire, rainures à poison ?); la pièce 39 est au milieu de section carrée et est ornée de quelques chevrons légèrement tracés. Une autre (fig. 40) est encore une pointe de dard ou de sagaie dont la base, en biseau ou bec de flûte, s'appliquait contre le manche ; les lignes irrégulières que l'on voit gravées sur le biseau devaient l'empêcher de glisser.

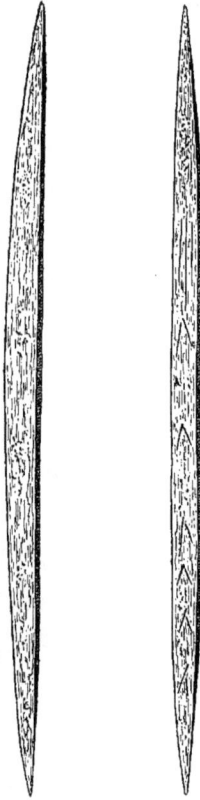   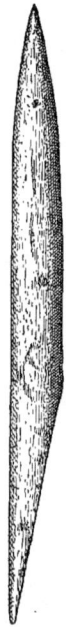

Fig. 39 et 40.   Fig. 43.   Fig. 41 et 42.

BOUTS DE HARPONS OU DE TRAITS EN OS, GROTTE D'ALTAMIRA.

Ce type n'est pas rare dans toutes les stations de l'âge du renne.

Non moins intéressante est la pointe (fig. 44) incomplète aux deux extrémités, mais offrant vers le milieu la gravure d'une flèche, tout à fait pareille à celles qui ornent les dents d'ours et de lion, parure découverte au fond du célèbre abri de Duruthy, à Sordes, dans le département des Landes.

La plupart des os ouvrés d'Altamira sont en bois de cervidés.

La seconde grotte ayant fourni la même industrie, signalée

Fig. 44.
BASE DE POINTE DE TRAIT AVEC GRAVURE,
GROTTE D'ALTAMIRA.

Fig. 45.   Fig. 46.
TRAITS DE HARPONS,
GROTTE DE SERINYA.

par M. Pierre Alsius, a été également étudiée par les soins de M. Harlé.

La *Bora gran den Carreras* (grande grotte de M. Carreras) est tout près du village de Serinya, à une altitude de 200 mètres environ. C'est une sorte d'abri à une cinquantaine de mètres au-dessus d'un ruisseau et d'une source qui ne tarissent jamais. Le sol est une poussière fine, sèche, sans consistance, bouleversée par de nombreux terriers, renfermant des os et des pierres taillés, dissé-minés en petite quantité sur toute la hauteur. Au fond de la grotte,

des infiltrations ont formé des brèches où se sont rencontrés les
mêmes objets et du charbon.

La faune comprend les genres suivants : hérisson, lapin,
renard, cheval, bœuf, chèvre, ruminant de la taille du chevreuil,

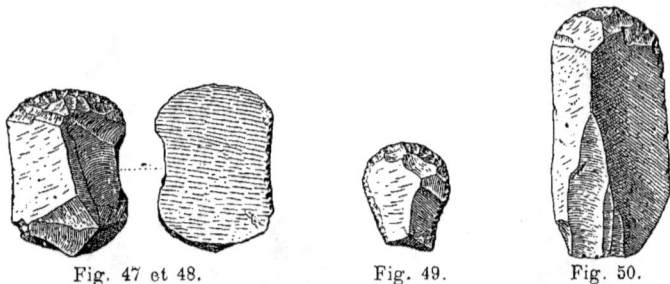

Fig. 47 et 48.   Fig. 49.   Fig. 50.

GRATTOIRS EN SILEX, GROTTE DE SERINYA.

cerf très abondant, cochon (Déterminations de M. Gaudry) ; en fait
d'oiseaux : busard, outarde grande, petite et espèce intermédiaire,
oie (Déterminations de M. Alph. Milne Edwards) ; en fait de mol-

Fig. 51.   Fig. 52.   Fig. 53.

PETITES LAMES EN SILEX AVEC TRANCHANT ABATTU, GROTTE DE SERINYA.

lusques : un fragment d'*Haliotis tuberculata* et trois fragments
de *Pecten Jacobæus* (Déterminations de M. Fischer).

A cette faune il faut ajouter le lynx et le chat, trouvés dans
de nouvelles explorations.

En fait d'os travaillés, cette station a fourni deux os plats sur
lesquels on avait finement gravé plusieurs stries parallèles ; des

fragments de bois de cerf sciés en long; deux pointes en os soigneusement polies; enfin deux fragments de harpons, l'un à un seul rang de barbelures, l'autre à deux rangs (fig. 45 et 46).

Les pierres taillées, en revanche, sont très nombreuses; mais la plupart semblent n'être que des rebuts. Ce sont des quartzites, de la lydienne et de nombreuses variétés de silex. Le grattoir double (fig. 44) et les autres (fig. 47, 50), les petites lames avec un tranchant abattu (fig. 51, 52, 53), et une dizaine de burins dont ceux figurés 54, 56 et 57, démontrent l'industrie madeleinienne.

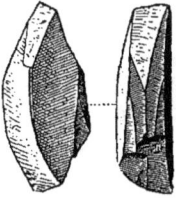      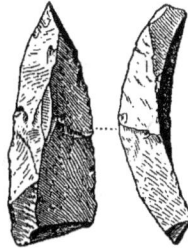

Fig. 54 et 55.   Fig. 56.   Fig. 57 et 58.

BURINS EN SILEX, GROTTE DE SERINYA.

La plupart des restes de cerfs, nombreux partout, proviennent des membres et de la tête, tous les os longs sont cassés, faits qui s'accordent bien avec ce que nous savons des peuplades de cette phase de la civilisation en Europe.

Voilà donc trois stations péninsulaires qui lui appartiennent. Elles ont le caractère des stations des chasseurs de renne, mais le renne y fait absolument défaut.

On sait qu'il manque à Menton et dans toute l'Italie, et depuis longtemps on suppose qu'il n'a pas franchi la chaîne des Pyrénées, dont il a cependant parcouru durant des siècles le versant français toujours plus froid.

Il paraît probable que des rennes y passaient toute l'année, car on trouve dans les stations de Bayonne, Sordes, Arudy, Lourdes, Aurensan, Lortet, Gourdan, Massat, Tarascon, etc., des ossements de toutes les tailles, de tous les âges, des bois de toutes

les saisons ; mais il est également vrai que l'hiver, il devait arriver
du Nord ou Nord-Est en bandes nombreuses, qui remontaient en
été.

Le cerf, au contraire, n'émigrait pas et ne craignait pas la
chaleur ; aussi le rencontrons-nous beaucoup plus bas.

Dans certaines de nos grottes, à Gourdan, par exemple, dans
les couches superposées, prédomine tantôt le cerf, tantôt le renne.

Dans d'autres, à Lortet, à Aurensan, le cerf est plus abondant
que le renne. A Lourdes, au contraire, ce dernier domine.

Ces gisements sont peut-être, en partie du moins, les plus
récents de l'époque madeleinienne, lorsque le renne ne vit plus
guère dans les Pyrénées et les atteint de moins en moins dans ses
migrations.

Les stations des provinces de Logrono, de Gérone et des environs de Santander sont-elles exactement leurs contemporaines ? et
les débris qu'on y a recueillis sont-ils attribuables à nos chasseurs
de rennes en excursion soit le long du golfe océanien, soit de l'autre côté des monts ?

De nouvelles recherches permettront peut-être de rectifier ces
hypothèses et de répondre à ces questions.

TROISIÈME PARTIE

TEMPS ACTUELS

CHAPITRE PREMIER

ÉPOQUE NÉOLITHIQUE

Depuis l'époque chelléenne jusqu'à la madeleinienne, le progrès est constant et régulier. La civilisation *paléolithique* (ou de la pierre taillée) s'est développée insensiblement; elle paraît autochtone.

Après l'époque de la Madeleine, il y a — dans nos connaissances — une solution de continuité; une période de transition très longue est encore fort obscure. Et, lorsque nous revenons à la lumière, de grands changements se sont accomplis; des progrès de premier ordre se sont réalisés, la somme des importations paraît considérable. Ainsi le renne a disparu absolument; les animaux domestiques sont abondants, les populations sont sédentaires et pratiquent l'agriculture; les ustensiles et armes en pierre sont souvent polis, la poterie est connue, les premières sépultures se montrent, des monuments sont élevés, l'art ne reproduit plus la nature vivante.

C'est l'époque *néolithique* ou âge de la pierre polie; à ses

débuts ou au temps qui la précédèrent immédiatement se rapportent les kjœkenmoeddings.

LES KJŒKENMOEDDINGS DU DANEMARK ET AUTRES

On connaît les *kjœkenmoeddinger* du Danemark, ces amas
de débris de cuisine formés par les coquillages comestibles entre
lesquels on voit des restes de charbon, de cendres, de fragments de
poterie, des ossements d'animaux fendus pour l'extraction de la
moelle et, enfin, des silex grossièrement taillés.

Il y en a qui ont plusieurs centaines de mètres de longueur
sur 20 mètres de largeur, et une hauteur qui s'élève jusqu'à 2 ou
3 mètres. En revanche, d'autres ne forment que de très petits tas
de quelques mètres de circonférence. Il paraît même que plusieurs
des plus grands se sont formés par une série de petits qui ont fini
par se toucher et se confondre.

On constate par leur disposition que depuis leur époque il s'est
produit certaines modifications géographiques dans le pays.

L'examen de la faune indique aussi leur grande ancienneté.
On y trouve le cerf, le chevreuil, le sanglier; puis, moins fréquents, l'ours (*U. arctos*), le loup, le renard, la loutre, le chat
sauvage, le lynx, la martre, le phoque, le hérisson, la souris, le
rat d'eau, le castor.

Il faut ajouter l'urus et une autre petite espèce de bœuf qui
paraît avoir été sauvage; mais on ne rencontre pas plus d'ossements d'espèces quaternaires que d'animaux domestiques, le chien
excepté. Il était déjà le compagnon de l'homme, ce qui ne l'empê-
chait pas d'être parfois mangé comme les espèces sauvages. Parmi
les oiseaux, le coq de bruyère (*Tetrao urogallus*) prouve que le
Danemark avait encore ses forêts de pins, ce qui nous reporte à
une haute antiquité.

L'examen des objets ouvrés conduit aux mêmes conclusions.

L'outillage est très primitif : à côté des nucleus, couteaux et
grattoirs, les haches triangulaires ou tranchets en silex taillé par
éclats, ont une physionomie très caractéristique; les instruments

en os sont des haches-marteaux en bois de cerf, des perçoirs et des poinçons, des peignes à carder, des bouts de flèches, quelquefois avec des barbelures d'un côté. La poterie est peu commune et très grossière.

Ce matériel correspond à une première phase de la période néolithique en Danemark, pendant laquelle on n'avait pas encore l'idée de polir quelquefois la pierre, antérieure à l'érection de ces dolmens si nombreux et si riches en armes et ustensiles relativement perfectionnés.

Les types des kjœkenmoeddings ne sont pas spéciaux aux anciennes provinces danoises, on leur trouve des analogues de plus en plus nombreux en Angleterre, en Belgique, en France. Ainsi, les tranchets abondent dans certaines stations, comme celles du Camp-Barbet (Oise) et de Campigny (Seine-Inférieure), très pauvres en haches polies. Ils manquent, ou sont de dimension beaucoup plus petite, transformés souvent en bouts de flèche, dans les gisements plus récents de l'âge de la pierre.

L'époque néolithique commence avec des populations nouvelles. Il est tout simple de trouver leurs vestiges d'abord le long des côtes, pays ouverts, facilement accessibles ; puis, sur les sommets si recherchés par tous les envahisseurs des terres intérieures, désireux à la fois de se mettre à l'abri et de commander la contrée.

Le genre de vie est réglé par la nature elle-même. On ne fut donc pas surpris de ce que partout, dans les deux Amériques, sur les rivages de l'Inde, dans les îles de l'Océan Pacifique et ailleurs, on trouvait des indices que, dans l'âge de la pierre, les riverains de la mer et des fleuves s'étaient alimentés de la même façon, avec les produits de la chasse et de la pêche, et avaient laissé les débris de leurs repas dans des amas d'écailles de mollusques, mêlés d'arêtes de poissons, d'os d'animaux, de tessons de poterie, de charbon, de cendres et de grossiers outils de pierre, d'os et de coquillages.

Les kjœkenmoeddings de la Floride, imposants par le nombre et les dimensions, couverts quelquefois d'arbres gigantesques d'en-

viron six cents ans et plus, n'offrent que de rares instruments de
pierre et toujours grossiers ; des spécimens moins rudimentaires
ne se rencontrent qu'à la surface ; la poterie, les traces d'agriculture font défaut aux dépôts les plus anciens, et il est évident qu'ils
sont les vestiges de populations antérieures aux Indiens constructeurs des tertres, aux Mounds-Builders agriculteurs, parfaitement
étudiés et connus.

Le Chili, la Patagonie et le Brésil offrent de semblables débris
de cuisine dont le contenu industriel, toujours très primitif, offre
de frappantes analogies avec celui des tas d'écailles danois.

Il n'est pas jusqu'au Japon où des recherches récentes n'aient
mis en évidence des faits identiques. Tantôt les amas d'écailles
sont disposés en groupes, comme s'il y en avait eu un devant
chaque hutte ; tantôt ils s'étendent, notamment au nord de Tokio,
sur une longueur ininterrompue de plusieurs kilomètres avec une
hauteur de 2 à 8 mètres et une largeur de 20 à 30 mètres.

Les amas de coquilles d'Omori comme ceux de Tokio ont de
singulières analogies avec les kjœkenmoeddings. Toutefois, les
poteries y sont bien plus nombreuses et d'une ornementation relativement riche. Elles diffèrent beaucoup de toutes les poteries
japonaises connues et ont des rapports évidents avec les vases dont
se servent encore les habitants à demi-sauvages de Jesso et de
Sagalien, les Ainos, répandus jadis, six cents ans avant notre ère,
dans tout le Japon. Mais en présence du soin avec lequel on raccom-
modait les vases brisés au moyen de bandes ou d'attaches passées
dans les trous percés, on s'est demandé si le peuple des kjœkenmoeddings japonais a lui-même fabriqué ces poteries ou s'il les a
reçues par échange. La rusticité des outils en pierre permettrait
d'attribuer ces débris de cuisine à un peuple antérieur même aux
Ainos, dont l'industrie néolithique fut de tout temps assez avancée.

Dans les amas du Japon, aussi bien que dans ceux de l'Amérique et du Danemark, manquent les parures qui appartiennent à
la période de la pierre polie dans ces divers territoires et l'y caractérisent, absence toute naturelle dans des rejets de cuisine.

En revanche, on a cru trouver dans les dépôts de la Nouvelle-

Orléans, de la Floride et du Japon des traces de cannibalisme, et le célèbre archéologue danois, M. Worsaae, a fait observer que, si de futures recherches corroboraient ces indices, l'anthropophagie étant généralement en relation avec des idées et des fêtes religieuses, on s'expliquerait mieux la formation des plus vastes kjœkenmoeddings. Ils seraient les restes des fêtes célébrées par les habitants du voisinage et les offrandes aux dieux ; mais cette hypothèse se base sur un indice qui ne me paraît nullement positif : J'inclinerais volontiers à penser que la dispersion des os humains, les cendres et rejets de cuisine est plutôt un effet de remaniement.

En Europe, on a signalé des amas de coquilles : en Irlande, dans deux petites îles au fond de l'estuaire de la baie de Cork ; en France, à l'île de Sein, à Wisant (Pas-de-Calais), à Saint-Valery (Somme), à Saint-Georges-de-Didonne (Charente-Inférieure), à Hyères (Var) ; en Sardaigne, à Cagliari. Mais jusques ici, c'est le Portugal qui peut seul rivaliser avec le Danemark, l'Amérique et le Japon et qui nous offre des vestiges aussi étranges et grandioses d'un lointain passé.

LES AMAS DE COQUILLES DU PORTUGAL

C'est en 1865 que M. F.-A. Pereira da Costa signale pour la première fois les amas de coquilles de la vallée du Tage (1).

Reprises longtemps après, et par M. Carlos Ribeiro, les fouilles ont fourni de nouveaux et nombreux renseignements et une série considérable d'ossements et d'objets.

On connaît plusieurs monticules pareils au Cabeço d'Arruda et situés dans son voisinage aux lieux dits Fonte do padre Pedro,

---

(1) Da existencia do homen em epochas remotas no valle do Tejo. Primeiro opusculo : *Noticia sobre os esqueletos humanos descobertos no Cabeço da Arruda.* Avec traduction française en regard. Lisboa, Imprensa national, 1865, 40 p. in-8o, VII planches.

Cabeço d'Amoreira, moita de Sebastiao. Tous les quatre se rencontrent à gauche et tout près du Tage, au bas de la marécageuse vallée de Mugem, large de 1,000 à 1,500 mètres et limitée par de faibles coteaux de 4 à 15 mètres de hauteur.

Le Cabeço d'Arruda est un tumulus ovale élevé de 7 mètres environ au-dessus du sol naturel, des sables pliocènes qui, précisément à cet endroit, émergent de 5 mètres au-dessus du marais. Sa longueur est de 100 mètres, sa largeur de 60. C'est donc une masse vraiment imposante, et l'examen du sol environnant prouve qu'elle devait être jadis plus considérable encore. Elle se compose d'une immense quantité de coquilles, en général triturées, de vase desséchée, de sable ; au travers de ce dépôt, on rencontre des

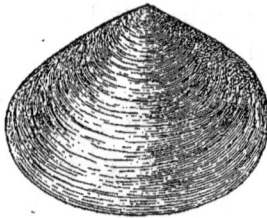 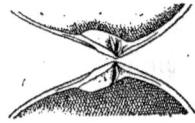

Fig. 59.   Fig. 60.

LUTRARIA COMPRESSA (LA COQUILLE ET LA CHARNIÈRE).

ossements d'animaux divers, des silex taillés, des cailloux brisés et brûlés, des cendres et des charbons, enfin des squelettes humains.

Les coquilles sont presque toutes des *Lutraria compressa* (fig. 59-60). Il y a aussi des *Tapes* et quelques petits *Cardium*, des *Ostrea, Buccinum, Nucula, Pecten* et *Solen*. Elles ne se trouvent plus vivantes que dans le limon des lits salés du Tage et du Sado, dans des endroits très éloignés de Mugem et à un niveau beaucoup plus bas. En effet, les marées sont encore sensibles en ce point. Mais l'eau de l'Océan n'arrive guère qu'à Villafranca, éloigné de 25 kilomètres.

Il n'est pas admissible qu'un groupe d'hommes installé là ait été si loin chercher une maigre nourriture. Evidemment, de leur temps, le Tage était plus large et les eaux marines remontaient au moins jusqu'à Mugem. Cela nous reporte à une époque bien lointaine, probablement antérieure au dernier soulèvement du littoral portugais.

Les ossements appartiennent aux genres suivants : *Bos, Cervus, Ovis, Equus, Sus, Canis, Felis, Meles, Viverra, Lepus;*

Fig. 61.   Fig. 62.   Fig. 67.
NUCLEUS DE LAMES DE SILEX.   GALET PERFORÉ ET CASSÉ. Gr. $^1/_2$
AMAS DE COQUILLES DIT LE CABEÇO D'ARRUDA.

quelques oiseaux et quelques poissons. Ils sont isolés, fragmentés, parfois brûlés, non rongés, ce qui prouverait l'absence du chien domestique.

Les silex taillés ne sont pas communs; on devine que la ma-

Fig. 63.   Fig. 64.   Fig. 65.   Fig. 66.
SILEX DE L'AMAS DE COQUILLES DIT LE CABEÇO D'ARRUDA.

tière première gisait au loin, de l'autre côté du large fleuve que l'on traversait difficilement. De plus, le silex était de qualité médiocre; on trouve des nucléus de petite taille qui ressemblent souvent à des balles de fronde (fig. 61-62), des éclats minuscules mal formés; rien qui rappelle les grattoirs, les pointes de traits ou de flèches ordinaires, etc., mais seulement un type aussi caractérisé que malaisé à définir : un coup d'œil jeté sur les figures ci-jointes le fera mieux comprendre que la meilleure description (fig. 63-66). Ces petits fragments de lames à un bord abattu, à bouts retouchés et très aigus, sont probablement des armures ou barbelures de traits, flèches ou harpons. Nous retrouverons ailleurs ce type de silex taillé, soit dans les sépultures du Portugal, soit en Europe depuis les côtes océaniennes de la Gironde jusqu'à la Crimée. Faut-il donc attribuer comme conséquence la connaissance de l'arc aux misérables tribus qui occupaient les ilots de Mugem et les grandissaient avec leurs débris de cuisine? L'étude des os ouvrés en particulier m'a conduit à cette conclusion qu'elles n'étaient pas aussi dépourvues d'industrie qu'on pourrait le croire au premier abord. En effet, on rencontre souvent, dans leurs amas de coquille, des morceaux de bois de cerf, rebuts de fabrication, mais nous n'avons pas un seul objet fabriqué avec ce bois. J'ajouterai même que je m'explique difficilement qu'avec les menus éclats de silex retrouvés dans le dépôt, ces sauvages aient pu parvenir à faire dans le bois de cerf les entailles qu'on y voit. De ce côté là aussi nous aurions une lacune dans nos connaissances touchant leur industrie.

Les autres objets en os sont des pointes simples, poinçons ou bouts de traits, et quelques grandes côtes choisies parmi les moins courbées, réduites d'épaisseur, les unes ayant la forme d'une spatule, les autres aiguisées à une extrémité. Celles-ci sont pareilles à d'autres retrouvées surtout dans les palafittes de la Suisse et qui, groupées et liées, ont constitué des peignes à carder.

La seule pièce qui ressemble à une parure est un galet plat perforé avec soin et que je représente ici au tiers de sa grandeur (fig. 67). Est-ce bien un objet d'ornement? Dans tous les cas, ce serait le seul; et cette absence est notable, car elle a été remarquée dans les kjœkenmoeddings danois et autres. Elle est ici d'autant plus sensible que les squelettes humains abondent dans la masse des divers tumulus comme nous allons le voir.

Les poteries ne se rencontrent que vers la surface des monticules. On trouve bien çà et là des morceaux plats de terre cuite, de grandeur et d'épaisseur très inégale, mais ils sont associés aux cendres charbonneuses et sont fréquemment disposés à la limite des couches : ce sont des bases de foyers.

Un peu partout, quelquefois groupés ou formant un petit lit, il y a des galets de quartz et de grès étrangers à la région et venus de loin. Ils ont subi souvent l'action du feu et ainsi sont éclatés sans que rien indique que les éclats aient été voulus et utilisés ; on peut se demander si ces populations ignorantes des poteries ne se

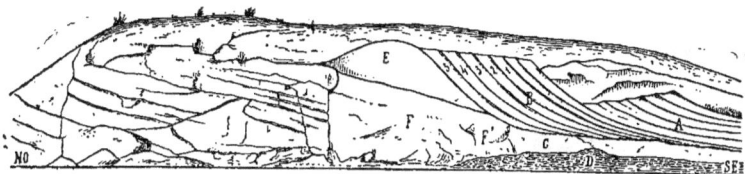

Fig. 68.
COUPE DE L'AMAS DE COQUILLES APPELÉ LE CABEÇO D'ARRUDA

servaient pas des galets rougis au feu pour cuire ou chauffer leur nourriture à la manière de certains sauvages américains et autres.

On avait fait dans les premières fouilles, avant 1865, une observation que les recherches récentes n'ont pas annulée. On avait remarqué la rareté des ossements dans les couches inférieures ; il semble y avoir eu substitution de chasseurs à pêcheurs.

Il y a, en effet, des couches assez nettes dans le kjœkenmoedding du Cabeço d'Arruda, et la coupe relevée par M. Pereira da Costa (fig. 68) donne une exacte idée de ce que j'ai vu moi-même. On comprend que le campement des mangeurs de coquilles n'occupait qu'une partie de la vaste surface et qu'il se déplaça quelquefois ; il y a eu, à plusieurs reprises, nivellement du tumulus et les débris rejetés sur les pentes ont formé une série de couches superposées et inclinées à 45° (A et B sur la coupe). Il est évident aussi que le dépôt a été bouleversé, réduit, errodé, emporté en partie.

Le fait le plus curieux est la présence de nombreux squelettes

Fig. 69

VUE D'UNE TRANCHÉE OUVERTE DANS LE KJŒKENMŒDDING DIT LE CABEÇO D'ARRUDA, ET AU NIVEAU RENFERMANT DES SQUELETTES HUMAINS.

(D'après les photographies de la Section géologique).

humains disséminés dans cette masse; plusieurs occupent des
niveaux assez différents, mais en général ils sont vers la base;
déjà, en 1865, M. Pereira da Costa en avait rencontré une quarantaine au-dessus du lit inférieur, marqué D dans la coupe; la nouvelle exploration a doublé ce chiffre. La vue que je donne de la
tranchée du Cabeço d'Arruda, visitée par le Congrès international
et dans laquelle on avait eu l'heureuse pensée de laisser en place
tous les débris humains, confirme ces observations et les suivantes.

Il est très rare que les corps aient été allongés, ils sont d'ordinaire placés comme des gens couchés à terre et désireux de tenir
le moins de place possible. Il semble que, d'abord assis et accroupis les genoux au menton, à la manière des momies guanches et
péruviennes, les cadavres aient été ensuite renversés; leur tête est
assez souvent dirigée vers le Nord-Ouest; quelquefois elle a même
roulé un peu loin.

On voit aussi des ossements çà et là, mis en tas confus comme
s'ils avaient été rapprochés une fois la chair disparue; mais dans la
plupart des cas ils sont dans leurs connexions naturelles, et il est
difficile de croire que le cadavre n'ait pas été recouvert et enfoui
sans trop de retard. Les exceptions peuvent s'expliquer par les
tassements du sol sous-jacent, les lacunes de certains corps par
les remaniements du monticule, les nombreuses fractures par
l'effet des fortes pressions.

On est loin de connaître et de pouvoir deviner toutes les circonstances dans lesquelles ont eu lieu ces ensevelissements; ce
mot même convient-il? Pereira da Costa, trouvant les corps surtout à la partie inférieure et croyant reconnaître qu'ils avaient été
enfouis au même moment, se demande si les chasseurs n'ont pas
un jour surpris et tué les pêcheurs. La simultanéité me paraît dis-
cutable, surtout en présence des récentes découvertes, et rien ne
vient à l'appui de l'hypothèse des chasseurs se substituant brusquement aux pêcheurs. Le monticule était vaste: était-il divisé
entre les vivants et les morts; ne servait-il de cimetière que durant
l'inondation de la vallée? Les sauvages avaient-ils une religion et
faisaient-ils des sacrifices humains? On ne sait.

Aucun objet spécial n'accompagne les restes humains, ni armes, ni outils, ni parures, et ce n'est pas là un des moindres sujets d'étonnement; les individus sont d'âges et de sexes différents; à côté d'un squelette de femme celui d'un enfant nouveau né. Chaque détail ajoute à notre surprise et à notre embarras.

Déjà les amas de coquilles de plusieurs pays ont livré aux explorateurs des ossements humains : ceux de la Floride aux Etats-Unis, ceux d'Omori au Japon. Des observateurs consciencieux nous ont appris que les os humains étaient épars, sans connexion régulière entr'eux, brisés plus ou moins et absolument de la même manière que ceux des animaux ayant servi de nourriture, auxquels ils étaient associés. Le professeur Wyman a conclu au cannibalisme, et M. Edward S. Morse ayant trouvé les mêmes faits au Japon, ayant de plus remarqué sur les os des incisions justement aux endroits où les muscles ont leurs insertions, n'a pu s'empêcher de soutenir la même opinion, malgré le silence des historiens sur une telle coutume des anciennes populations du Japon.

Je ne puis hésiter un seul instant à refuser pour le Portugal de telles conclusions où tous les faits parlent contre elles.

Les amas de coquilles signalés aux environs de Lisbonne dans la vallée du Tage ne sont pas les seuls connus en Portugal.

M. le Dr Oliveira m'en a signalé d'autres dans la vallée du fleuve Mira, aux environs de Villa Nova de Mil Fontes, et sur le littoral océanien des deux côtés de l'embouchure. Ils sont encore vierges de toute exploration sérieuse, et, examinés superficiellement, ils paraissent différer de ceux de Mugem par la présence de mollusques plus variés et même de poteries.

CHAPITRE II

STATIONS OU HABITATIONS

LES CAVERNES, LES ABRIS SOUS ROCHE, LES CAMPS.

Les vestiges de l'âge de la pierre polie se rencontrent là où les vivants stationnaient, là où dorment les morts.

Les stations peuvent se trouver dans les endroits les plus divers : au bord de la mer, le long des cours d'eau ou près des sources, sur les plateaux et les hauteurs, sous les abris rocheux ou dans les cavernes.

En Espagne, on a depuis longtemps signalé un assez grand nombre d'objets tels que haches en pierre, pointes en silex, recueillis isolément sur divers points en général vaguement indiqués. La liste de ces découvertes n'est pas très instructive; il serait imprudent de tirer quelques conclusions de la répartition des vestiges des temps préhistoriques dans un pays si peu exploré. Dans des régions autrement bien connues, l'abondance des trouvailles sur certains points prouve seulement que là est passé un explorateur plus patient ou disposant de meilleurs moyens d'action.

Une ou deux haches, quelques rares silex ne suffisent pas à démontrer l'existence d'une station.

Une station c'est, par exemple, l'une des cavernes dites *Cueva lobrega* (Grotte ténébreuse), situées dans la sierra Cebollera, déjà citée, sur les bords du Yregua et à plus de 80 mètres au-dessus de ses eaux.

M. Louis Lartet trouva que dans l'une le sol était constitué par des dépôts meubles, des lits de cendres diversement colorés, renfermant à tous les niveaux des débris de vases, des ossements et des outils.

La plupart des ossements paraissent se rapporter à des races ayant subi l'influence de l'homme, deux petites races de bœufs et une ou deux de chèvres. Les os de sanglier ou de cochon y sont très abondants. Il y en a aussi de cerf et de chevreuil et les cornes de ces derniers ruminants ont dû être utilisées pour diverses destinations, car, sur ce qui en reste, on retrouve des entailles et des traces de sciage.

Le trait le plus curieux de la faune de cette caverne, c'est la présence de restes assez nombreux d'un animal du genre chien,

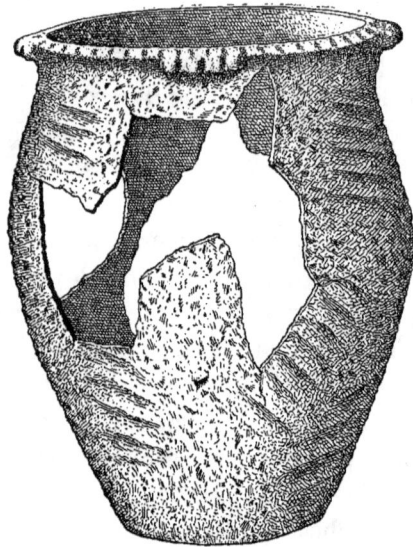

Fig. 70.
GRANDE POTERIE DE LA CUEVA LOBREGA, ESPAGNE. Gr. ¼.

différant nettement du loup, du cheval et du renard, par des caractères dentaires qui sembleraient dénoter des instincts encore plus carnivores. On ne peut décider si cet animal avait aussi subi l'influence de la domestication.

M. L. Lartet a recueilli deux plaques de grès psammite micacé et fissile, d'une assez grande dimension, taillées circulairement et paraissant avoir subi l'action du feu ;

Des cailloux roulés ; quelques-uns d'entre eux étaient éclatés, comme si, après les avoir fait fortement chauffer, on les avait plongés dans de l'eau froide. Les débris de charbon, épars au milieu de ces cendres, montrent par leur structure que l'on brûlait, dès cette époque, le chêne si abondant encore dans les environs et dont les glands, retrouvés dans le même gisement, ont dû sans doute servir d'aliments.

Des galets de grès sont usés d'un côté comme s'ils avaient servi de pierres à broyer.

Il faut citer des os travaillés, les uns en poinçons, les autres en lissoirs et destinés, probablement, à l'apprêt des peaux ou à

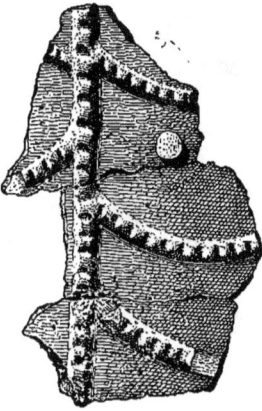

Fig. 71. Gr. ¹/₄.

POTERIE DE LA CUEVA LOBREGA, ESPAGNE.

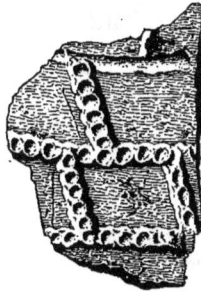

Fig. 72.

POTERIE DES PALAFITTES DU LAC FIMON, ITALIE.

leur transformation en vêtements. Il y avait aussi une longue aiguille à chas.

Les poteries enfin sont faites à la main, d'une texture lâche et poreuse, cuites en plein air et fort inégalement, quelquefois lissées et, en général, noircies soit par enfumage, soit par l'introduction dans la pâte de matières organiques qui se sont carbonisées pendant la cuisson.

Leur forme et leur ornementation ont été obtenues par des procédés très simples, sans employer, dans la plupart des cas, d'autre instrument que la main. On s'est servi cependant d'outils tranchants pour pratiquer des entailles dans la pâte encore molle ; ailleurs, on a dû enfoncer régulièrement dans le bord des vases un poinçon en os ou un morceau de bois.

Certains de leurs ornements ont été produits en étirant la pâte, d'autres en appliquant à l'extérieur du vase des bandelettes de terre molle, collées par une matière interposée, sorte de barbotine dont on retrouve la trace dans une poudre jaunâtre qui couvre les endroits d'où se sont détachés ces ornements (fig. 71).

Le plus souvent, c'est par l'impression du doigt ou des ongles que l'on a réussi à produire les ornements remarquables de ces poteries. Le système des impressions digitales était très répandu à l'âge de la pierre polie en Europe ; il se retrouve ailleurs et même de nos jours. Ce qui est spécial ici, ce sont les entrecroisements des bandelettes ; une ornementation analogue se voit sur un tesson des palafittes du lac Fimon, Italie (fig. 72).

L'ensemble de tous ces objets, os et vases, permet de les attribuer à la fin de la période néolithique. On s'étonnera peut-être qu'on n'ait pas rencontré avec eux de silex taillés et des haches en pierre, mais il ne faut pas oublier que la même absence se constate souvent dans les *stations* de cet âge, par exemple, dans bon nombre de grottes des Pyrénées. Lorsque l'on trouve des haches, des silex, des parures, on est généralement en présence d'une sépulture et non d'une station, et les ossements humains viennent en outre le démontrer.

En Espagne aussi bien qu'en Portugal, on a souvent pris la demeure des morts pour celle des vivants, et l'on ne s'est guère embarrassé des os humains qu'on regardait comme une preuve de cannibalisme.

Cependant il y a des grottes qui, probablement, ont servi d'habitation plus ou moins temporaire avant d'être transformées en sépulcres ; de ce nombre est la *Cueva de la Mujer* (Grotte de la femme), des environs de l'Alhama de Grenade ; d'après M. G. Mac-Pherson, elle s'ouvre à 200 mètres des thermes d'Alhama, au Nord-Est, au lieu dit la Mesa del Bano, à 50 mètres au-dessus des eaux de la Marchan. Les ossements fendus et brisés appartiennent au cerf, au bœuf, à des rongeurs et à quelques oiseaux, associés à des débris humains. Les ossements d'ailleurs, pour le dire une fois pour toutes, attendent encore dans toute la péninsule l'examen d'un Rutimeyer, d'un Milne-Edwards ou d'un Gaudry. M. Mac-Pherson, géologue distingué, a surtout insisté sur les objets d'industrie (1).

Les poteries de la surface étaient récentes et romaines; plus bas, elles offraient les caractères d'une époque reculée. Quelques-unes rappellent l'ornementation des vases de la Cueva Lobrega par leurs cordons en relief et semés d'encoches, circulant autour de la panse; à ces reliefs se mêlent souvent des bandes de dessins en creux, lignes et pointillés parallèles se superposant et se coupant assez capricieusement. Les anses, les mamelons percés de une, deux et même trois ouvertures contiguës, permettant l'introduction tantôt du doigt, tantôt d'un lien, ne manquent pas dans cette céramique fine ou massive et grossière selon la grandeur des vases, plus ou moins bien cuite et par suite diversement colorée.

M. Mac-Pherson a dessiné et nous décrit un tesson plus original que les autres : au-dessus d'une bande de pointillé, il offre un dessin assez analogue aux représentations du soleil de l'imagerie populaire; des rayons circonscrivent un cercle dans lequel sont trois points en triangle, le tout rappelant, avec beaucoup de bonne volonté, une figure humaine. Ce qui rendrait cette hypothèse vraisemblable, c'est que les yeux sont incrustés d'une paillette de mica. Je n'ai pas vu l'objet et je m'abstiens de toute réflexion.

Les haches en pierre qui, sous le nom de *Piedras de rayo* (2),

_____

(1) *La Cueva de la Muger. Descripcion de une caverna conteniendo restos prehisto-ricos, descubierta en las inmediacio nes de Alhama de Granada,* por MAC-PHERSON, 6 p. gr. in-4°, IX pl., 1 photog. — Seconde partie, 8 p., IX pl.

(2) C'est une croyance populaire universellement répandue que les haches en pierre polie sont des pierres formées par la foudre, le trait avec lequel elle frappe. L'antiquité grecque les nommait Κεραύνια, le mot était passé dans la langue latine. Dans tous les pays du monde les haches ainsi dénommées Pierres du tonnerre, Dent de l'éclair, etc., sont des amulettes précieuses. Non-seulement celui qui les porte, la maison qui les possède sont à l'abri de la foudre, mais elles protègent non moins

sont bien connues dans la région, ne manquaient pas dans le dépôt
où elles étaient associées à quelques lames de silex, également peu
nombreuses, et à des os appointés. Parmi les pièces qu'il convient
de mentionner sont un bouton en pierre (fig. 73) et un anneau
fabriqué avec le test d'une valve de pétoncle de grande dimension
(fig. 75). C'est probablement un bracelet. Il y avait un fragment de
même matière, sans doute d'un autre anneau, mais ayant à l'un de
ses bouts un petit trou destiné à un lien; peut-être le bracelet

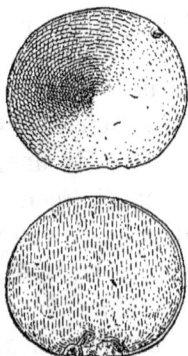

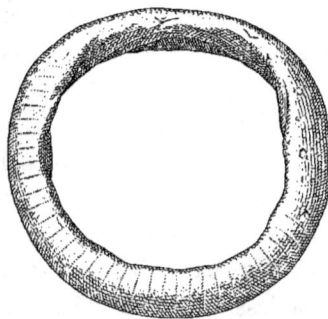

Fig. 73 et 74. Gr. ¹/₂.   Fig. 75. Gr. ¹/₂.   Fig. 76. Gr. ¹/₂.
BOUTON EN OS.   ANNEAU EN TEST DE PÉTONCLE.   FRAGMENT D'ANNEAU.

GROTTE DE LA FEMME, PRÈS L'ALHAMA DE GRENADE.

s'étant partagé avait-on ainsi maintenu les morceaux (fig. 76). Un
bracelet, pareil à tous égards, fut trouvé aux environs immédiats
de Dijon, en 1849; il était associé, dans une sablière, à une quantité de valves de *Cardium* perforées et réduites à une grandeur
uniforme. Cette parure néolithique est dans la collection du
Dʳ L. Marchant, à Dijon.

Les célèbres grottes de Gibraltar, ont servi elles aussi d'habi-

---

sûrement la santé des hommes et des troupeaux. Par suite elles jouent un grand
rôle dans une foule de pratiques superstitieuses, ayant pour but la guérison de
certaines maladies, l'éloignement ou la prédiction des phénomènes météorologiques;
elles sont enfin utilisées dans quelques opérations magiques. (Voir l'*Age de la pierre
dans les souvenirs et les superstitions populaires*, par Emile CARTAILHAC. Paris, 1878).

tation avant de recevoir les morts, et il est impossible de distinguer parmi les objets qu'elles renfermaient ceux qui se rapportent à la première période.

L'aspect du rocher de Gibraltar est connu, il n'est pas tout à fait à l'extrémité de la péninsule, mais bien un peu vers l'Est. Long de 3 milles, il s'avance juste en face du cap africain de Ceuta, laissant à droite une large baie, et dominant le détroit d'une hauteur moyenne de 1,250 pieds. C'est une masse de calcaire jurassique creusée de nombreuses fissures et cavités.

Le premier explorateur fut le capitaine Brome. De 1863 à 1868, il ne manqua pas l'occasion d'une découverte. Avec l'approbation du Secrétaire d'Etat à la guerre, il employa les prisonniers à ces travaux dans les cavernes. Son premier rapport est du 21 août 1863, il concerne la grotte Genista, n° 1, qui lui avait livré de nombreux restes humains entassés dans le plus grand désordre et plus ou moins mal conservés. Avec eux étaient des ossements d'animaux, d'oiseaux, de poissons, des instruments en silex, grattoirs, pointes de flèches, des poteries quelquefois fines et ornées comme celles de la Cueva de la Muger. Plusieurs vases entiers ou à peu près rappellent exactement les formes rencontrées dans l'allée couverte de Taillant, près Tarbes, et de l'abri de Saint-Mamet, près Luchon, au nord des Pyrénées. La caverne de Genista fut visitée jusqu'à 290 pieds de profondeur.

Cinq ans après, le capitaine Brome ayant continué ses investigations, signala de nouvelles trouvailles dans la même grotte, puis dans trois autres cavernes du même endroit et dans une série qui porte les noms de East Fissure, Martin's Cave, Fig tree Cave, Saint-Michael's Cave, Poca Roca Cave, The Judges Cave (1).

En résumé, la faune mammalogique se compose des espèces suivantes : *Bos taurus* de diverses grandeurs, *Capra hircus, C. ibex, Sus scrofa, Mus rattus? Arvicola, Lepus timidus,*

---

(1) George Busk, Esq., F. R. S. *On the caves of Gibraltar in which human remains and works of art have been found*, p. 166-166 et XII pl. — Transactions du Congrès international d'Archéologie préhistorique, à Nortwich, 1869.

*Lepus cuniculus, Meles taxus, Canis vulpes, Phocœna, Her-
pestes ?* De nombreuses coquilles appartiennent aux genres *Murex,
Buccinum, Patella, Cardium, Mytilus, Pecten,* etc.

Parmi les os ouvrés il n'y a rien à signaler. Ce ne sont que
des os appointés, si répandus dans tous les gisements néolithiques.
L'aiguille à chas dessinée par M. Busk (fig. 8, pl. XX) me parait
d'une ancienneté douteuse. Rien à dire aussi des haches en pierre,
si non qu'elles sont la plupart très petites, ni des silex offrant presque tous la forme rudimentaire de l'éclat long et sans retouches.

Comme pièce exceptionnelle, il faut citer un hameçon en
bronze d'assez forte taille que M. A. Franks, l'éminent conserva-
teur du British-Museum, inclinerait à rapporter seulement à la
période romaine.

J'aurais bien voulu pouvoir donner ici une description des
nombreuses cavernes que les savants et les amateurs espagnols ont
explorées et que M. le professeur J. Vilanova a énumérées souvent
dans ses notices sur le préhistorique de son pays. Mais ces fouilles
ont bien rarement donné lieu à des publications illustrées et même
nous n'avons sur elles le plus souvent que des renseignements
vagues et pittoresques.

La grotte dite del Parpalló, située dans le flanc occidental de
la montagne crétacée le Monduber, province de Valence, a livré
quelques silex qui seraient peut-être paléolithiques, associés à des
os de cerf, de bœuf et de cheval, et des coquilles marines et terrestres. On remarque des traces de sciage sur un bois de cerf ; la poterie fait défaut, de sorte que malgré l'absence de toute espèce
émigrée ou éteinte, il est possible que cette station soit vraiment
ancienne.

La Cova Negra, entre les eaux de Bellus et la cité de Jativa,
a livré du cerf, du cheval, une tortue terrestre, des coquilles terrestres.

La grotte de Saint-Nicolas, territoire d'Olleria, avait la même
faune associée à quelques silex taillés.

La grotte dite Avellassera, dans le flanc nord du Matamon,

toujours province de Valence, renfermait, en outre des mêmes animaux, des ossements humains et des objets divers, pointes en silex et haches en pierre malheureusement perdus. C'était donc plutôt une sépulture qu'une station, comme la plupart des autres grottes citées en Andalousie.

Nous pourrons insister un peu plus sur le gisement de silex taillés à Argecilla, découvert par M. D. Nicanor de la Peña ; il est situé sur la pente rapide pourtant d'une des collines tertiaires qui caractérisent tout le territoire appelé Alcarria. Le dépôt est une couche d'un mètre au plus d'épaisseur, sur 60 à 70 de long et 10 à 12 de large, composée de cendres et de lits de mollusques terrestres ; là abondent les nucleus de silex, atteignant jusqu'à douze centimètres de long et des lames plus longues encore, fort bien détachées. Quelques-uns des longs éclats ont été pris sur les bords du nucleus et leur arête dorsale est en zigzag, par suite de l'enlèvement de très nombreux éclats, détachés alternativement des deux côtés ; il y a aussi des pointes triangulaires de formes variées d'un travail très fin. Les haches en pierre polie, ébauchées et grossières, ne font pas défaut à Argecilla. La céramique y est nombreuse et variée. Les ornements consistent en quelques impressions digitales, les vases entiers ont la forme de petits bols hémisphériques assez profonds. Une pièce vraiment remarquable est une cuillère avec manche ou poignée très courte. Elle fait souvenir de celles qui jadis furent découvertes dans une station néolithique fort riche et bien connue, le camp de Chassey (Saône-et-Loire), et d'autres trouvées dans la Seine.

La faune de cette station d'Argecilla comprend le cheval, le bœuf, le cerf, un *Canis,* etc. (1).

J'ajouterai maintenant quelques mots sur deux camps retranchés signalés en Espagne et en Portugal.

Dans la province de Castillon, MM. l'abbé Ambrosio Sans et

(1) Voir p. 386 et sq.; pl. II et III : *Origen, naturaleza y antiguedad des hombre,* par le Dr D. Juan VILANOVA y PIERA. Madrid, 1872, 446 p. in-8o.

Landerer (1) ont signalé une enceinte fortifiée préhistorique sur un haut plateau du Maestrazgo, région que connaissent tous ceux qui ont lu l'histoire de l'inimitable hidalgo don Quichotte de la Manche. Elle est dans un massif dit Muela de Chert, à environ 734 mètres d'altitude (Chert est un village voisin), et dominant admirablement l'horizon. Des murs en pierre sèche la limitent sur les lignes où l'escarpement naturel n'existe pas ; à l'intérieur de petites excavations révèlent l'emplacement des habitations. Ces demeures étaient ovales, de 2 et 6 mètres de diamètre ; tantôt groupées, tantôt isolées. On a trouvé dans les ruines des murailles, de nombreux ossements de chèvre, chien, chevreuil, cheval, etc. Ce serait hors de l'enceinte que les explorateurs auraient ramassé des haches polies « en silex blanchâtre avec veines rougeâtres, » des pointes de lance en diorite noirâtre parfaitement polies, etc. Ces derniers détails, l'ensemble des renseignements ne me permettent pas d'insister davantage sur cette station dont l'âge me paraît mal fixé et qui appelle de plus sérieuses études.

Passons enfin au gisement Portugais.

Vis-à-vis et au-dessus de Barcarena, village situé non loin du Tage et au sud-ouest de Lisbonne, on aperçoit le hameau de Lycêa. Au sommet de la colline qui le porte sur le petit plateau da Moinho da Moura, M. C. Ribeiro a signalé une station (2). Il croit qu'elle aurait été limitée par une enceinte embrassant une assez vaste étendue. Les haches en pierre polie, diorite et basalte, les éclats de silex ne sont pas rares à l'intérieur du retranchement ; et, avec eux, sont des ossements d'animaux, les uns travaillés en forme de pointes, poinçons ou stylets, les autres restes de repas, appartenant les uns et les autres aux genres Bœuf, Cerf, Chèvre, Cheval, Cochon (très abondant), Loup et Lapin. Il y avait aussi quelques coquilles : *Cardium*, *Tapes*, *Emarginula*, *Mytilus*, de sorte qu'il n'est

---

(1) Cités dans *La Nature*, 9me année, 1er semestre, p. 250.

(2) *Noticia de algumas estaçoes e monumentos prehistoricos*, Lisboa, 1878. 72 p. in-4°, en Portugais et trad. en français ; 21 planches.

vraiment pas douteux que des tribus néolithiques n'aient séjourné sur ce point.

M. C. Ribeiro ne donne pas la preuve que le rempart, qui s'appuie sur certains accidents du sol, soit leur œuvre; cela est seulement possible. A un certain endroit, au bord du plateau, se voit une enceinte rectangulaire dont un côté se trouve formé par l'escarpement rocheux et les autres par un large mur de 4 à 5 mètres de hauteur. Le terrain de 800 à 900 mètres carrés qui se trouve ainsi entouré n'ayant livré que des objets appartenant à une civilisation primitive, est-ce une raison suffisante pour faire aussi remonter jusqu'à elle la construction vraiment inexplicable que le savant portugais a pris la peine de nous décrire avec soin ?

Il y a dans l'intérieur même de cette enceinte des grottes en partie éboulées; une d'elles est positivement une sépulture; elle était remplie d'ossements humains et d'objets caractéristiques de l'âge néolithique, pointes en silex et vases en terre. Le plateau a donc à la fois des traces d'habitation ou du séjour des vivants et les demeures des morts de l'âge de la pierre polie.

Les poteries sont nombreuses, ornées rarement de cordons en relief et même de triangles rayés (dents de loup). Les vases entiers sont semblables à des bols sans pied et petits. Il a dû y avoir des récipients de grande taille. Enfin, si les anses y font défaut, quelques bords sont percés de trous de suspension; peut-être ces trous ont-ils eu un autre usage; les gens de l'âge de la pierre, quand une fente se produisait dans un de leurs vases, perçaient près d'elle, des deux côtés, de petits trous. Ces trous réunis par des liens, la fracture ne pouvait plus s'agrandir, et le vase pouvait encore être utilisé.

Somme toute, en Portugal, les stations ne sont pas moins rares qu'en Espagne. Il semble vraiment que les habitants de l'antique Ibérie, favorisés par un meilleur climat, aient moins que leurs contemporains du nord, les montagnards des Pyrénées, recherché les abris naturels. Ils vivaient davantage en plein air, du moins on peut le croire et, par suite, les traces de leur séjour à la surface du sol sont très effacées et méconnaissables.

Mais il ne faut pas oublier que les investigations ont été jusqu'ici très insuffisantes dans la plupart des provinces.

CITÉS LACUSTRES.

C'est à Keller que l'on doit la découverte des habitations lacustres (*Pfahlbauten* en allemand, *Palafitti* en italien).

Il les reconnut d'abord dans le lac de Zurich, à Meilen. On les retrouva bientôt sur d'autres points et successivement, presque tous, dans les lacs des Alpes et dans quelques autres, au voisinage, c'est-à-dire en Suisse, Savoie, département du Jura, Wurtemberg, Bavière, Autriche et dans le nord de l'Italie.

Un grand nombre de ces constructions appartiennent à l'âge de la pierre polie, mais il en est beaucoup de l'âge du bronze, il y en a de l'âge du fer et d'époques historiques. D'après Hérodote les Pæoniens du lac Prasias, d'après Hippocrate les habitants de Phases, au pied du Caucase, avaient leurs demeures établies de même sur pilotis au-dessus du lac ou des marais. Les voyageurs ont trouvé de semblables villages dans un certain nombre d'îles océaniennes. L'homme se mettait ainsi à l'abri des ennemis de la terre ferme, hommes ou animaux.

Les préhistoriques de l'Europe centrale, après avoir choisi une situation favorable le plus près possible des rives où l'eau est moins profonde, enfonçaient un nombre suffisant de pilotis appointés et durcis au feu; sur ces pieux ils établissaient une plate-forme assez solide pour supporter le poids de cabanes, souvent nombreuses. Des objets, tous les rebuts tombaient dans l'eau et se retrouvent à la base des pilotis. Souvent l'incendie a dévoré le village qui s'est effondré, et les lacs nous rendent aujourd'hui toutes ces ruines, encore très riches, avec des milliers d'outils, d'ustensiles, d'armes, de poteries, épargnés par le feu.

La présence de ces objets qui établissent que l'homme a vécu sur ces emplacements, sert à reconnaître les cités lacustres et à les distinguer des pilotages assez communs sur les rives des lacs et des marais, et qui sont d'époques plus ou moins récentes et établies dans un but tout autre. Des archéologues ont été quelquefois trompés et ont annoncé, bien à tort, la découverte de palafittes en dehors des régions indiquées ci-dessus.

Dans la péninsule ibérique, sur un point, en Galice, il y aurait eu des populations lacustres.

La Descripcion del reino de Galicia, de Molina, de Malaga, imprimée à Mondoñedo, en 1550, contient à la page 40 le passage que voici :

« Ce ruisseau de Tamago naît dans un lac nommé Las Lamas » de Gua qui a plus d'une lieue de tour. Sur ce lac on raconte » deux faits si étranges, que si des personnes de bonne foi et » sérieuses ne les avaient pas affirmés, il conviendrait de n'en » point parler dans cet ouvrage. D'abord, à certaines époques de » l'année on entend, même de très loin, retentir au sein des » eaux des mugissements terribles. Il est arrivé que bon nombre » de gens ayant voulu se rendre à l'endroit d'où partaient ces cris, » en approchant les entendaient venir d'un tout autre point. De » sorte qu'on n'a jamais vu l'animal qui gémit ainsi ; ce doit être » une espèce de vache. Voilà le premier fait, si bien établi dans » toute la région, qu'il n'était point possible de l'omettre ici.

» En second lieu, lorsque la saison a été sèche et que les eaux » du lac sont devenues très basses, une partie de son lit reste à » sec ou du moins marécageux, et l'on y ramasse une quantité » d'objets en fer, de pierres travaillées, des briques, des tuiles, » des vases et d'autres choses encore qui démontrent jusqu'à » l'évidence qu'il y a eu dans le lac des édifices et une population ; » c'est vraiment digne d'admiration ! »

A ce récit de Molina, il faut ajouter les dires du P. La Gandara qui vivait un siècle plus tard. Dans son *El Cisne occidental*, tome I, page 44, il produit la même affirmation. Mais, peut-être, s'était-il contenté de copier son devancier ; tandis que Bohan, bon auteur du XVIIe siècle, assure dans son *Historia del reino de Galicia*, qu'il a lui-même entendu les mugissements et vu l'apparition des objets.

Ce lac s'appelle aujourd'hui à Cama de Santa Cristina ; il est à environ 30 kilomètres S.-S.-O de Mondoñedo, bien réduit de son ancienne dimension, si l'on en juge par la tourbe qui l'entoure.

S'il y a eu des habitations lacustres, comme les récits de Molina et de Bohan semblent l'indiquer, elles sont de l'âge du fer et d'une époque préhistorique.

D'après Murguia (*Historia de Galicia*, II, 13), dans le lac de Carregal, à Dimo, à 15 kilomètres de Caldas de Reyes, et à 30 de Pontevedra, est une cité légendaire, Villaverde : lorsque les eaux sont claires, on aperçoit sur le fond des restes de construction et de grandes poutres.

Cette ville de Villaverde fut, d'après la croyance populaire, submergée, parce que la Sainte Vierge, déguisée en pauvre mendiante, y avait rencontré un mauvais accueil.

Don José Villa-Amil y Castro, qui raconte cette légende (1) avec beaucoup de détails, ajoute qu'on la retrouve appliquée presque à tous les lacs et étangs de la Galice, et avec raison il signale son analogie avec celles du lac Saint-Andéol (Lozère) et du lac de Paladru en Dauphiné.

Plus sceptique que cet excellent auteur, je pense que cette légende, très répandue en effet, de la ville enfouie, n'a pas généralement le moindre fond de vérité et ne prouve rien en faveur de l'existence de cités lacustres préhistoriques ou non.

---

(1) *Antigüedades prehistoricas y célticas de Galicia.* Lugo, 1872, parte primera, p. 66 et suivantes.

CHAPITRE III

LES SÉPULTURES NÉOLITHIQUES

Pendant toute la durée si considérable des temps quaternaires proprement dits, depuis l'époque des silex de Chelles et de Saint-Acheul jusqu'à l'âge du renne, nous ne rencontrons rien qui de près ou de loin rappelle une sépulture. Est-ce à dire que nous ayons la certitude de l'absence de toute préoccupation des morts chez les hommes de ces temps-là ? Certainement non. Certaines tribus de la Floride plaçaient les corps dans des arbres creux ; d'autres, très nombreuses, du Nebraska et du Nevada les installaient dans une petite hutte en branchages ; ailleurs le cadavre, enveloppé dans des étoffes, était suspendu sur un échafaudage ou dans les arbres ; ce dernier système se retrouve en Australie. Il est enfin des peuplades qui jettent leurs morts à l'eau et les abandonnent ainsi à tous les éléments de destruction. Si nos ancêtres de l'âge de la pierre taillée ont eu de semblables coutumes, il est tout naturel qu'avec le temps les traces des soins donnés aux cadavres aient absolument disparu.

Les Esquimaux ont certains rapports avec nos antiques chasseurs de rennes ; or ils croient, dit le capitaine Parry, que tout poids pesant sur un cadavre causerait au défunt une sensation douloureuse ; les morts sont recouverts très légèrement : aussi les renards et les chiens les déterrent fréquemment et les mangent, ce à quoi les naturels sont tout à fait indifférents.

Cette indifférence pour les restes des proches ou des amis a été signalée bien plus complète encore dans divers pays. Ainsi les Cafres, qui prennent soin d'inhumer le cadavre d'un chef ou de ses enfants, abandonnent les corps vulgaires purement et simplement en pâture aux oiseaux de proie, aux loups et aux insectes voraces.

Les Colchidiens avaient une égale horreur de l'incinération et de l'inhumation et n'avaient point de cimetière.

De sorte que, sans insister, nous pouvons dire que l'étude, si instructive d'ailleurs, des habitudes des peuples sauvages nos contemporains ou historiques, ne résout pas ce problème si intéressant et si grave : Que faisait-on des morts à l'époque paléolithique? Les incertitudes qui s'imposent à cet égard sont d'autant plus évidentes, qu'à l'époque néolithique les renseignements sur le même sujet abondent partout. Nous trouvons les ossements humains et les mobiliers funéraires dans les grottes naturelles, les grottes artificielles creusées dans les roches tendres, les chambres ou cryptes en gros blocs enfouies sous une masse de terre ou de pierres protectrices et enfin en pleine terre, dans le sol.

CAVERNES NATURELLES SÉPULCRALES

Y a-t-il filiation entre ces divers systèmes de tombeaux? On peut répondre théoriquement comme Nilsson, l'éminent archéologue de Lund : Cherchez la plus ancienne demeure de l'homme, la plus ancienne sépulture en sera la copie. Il est probable que la caverne a été la première habitation digne de ce nom (1). A défaut de nos découvertes, l'histoire le prouverait surabondamment; sombre, mystérieuse, d'un accès souvent embarrassé, avec son entrée facile à cacher, à fermer, la grotte est restée l'asile des hommes de l'âge de la pierre polie après la mort qui laissait vivre l'esprit susceptible d'utiliser encore les armes, les outils, la nourriture placés à sa portée.

Peu importait la grandeur et l'étendue de la cavité : l'essentiel était de pouvoir la dissimuler. Quelquefois même c'est une seule galerie choisie dans ces souterrains qui était consacrée aux morts. L'entrée restait ouverte, protégée par le respect instinctif ou la peur des morts inspirée à tous les peuples enfants, ou bien elle était

---

(1) A l'époque quaternaire ancienne (chelléen), l'homme pouvait s'abriter sous des huttes irrégulières dont les traces ont disparu; les cavernes étaient alors traversées par des cours d'eau et inaccessibles. Plus tard, leurs premiers occupants sont le grand ours, la hyène et enfin l'homme (moustiérien).

close avec soin, précaution prise peut-être en vue de protéger des restes chéris contre l'outrage des êtres vivants, animaux ou ennemis, peut-être aussi pour empêcher l'esprit de sortir de sa demeure dernière et de venir encore se mêler aux vivants.

Les cavernes formées par la nature ne suffisant plus, les populations d'ailleurs n'en trouvant pas partout, on creusa des souterrains lorsque le sol était assez tendre pour se laisser entamer par le pic en corne de cerf ou la hache en pierre, on construisit des cases en gros blocs reliés par de petits murs et qui, recouvertes d'un tumulus, constituaient aussi une véritable grotte artificielle.

Les morts, selon toute vraisemblance et il en a été de même dans toutes les sépultures de l'âge de la pierre polie, étaient apportés dans leur demeure souterraine parés et armés.

Sur bien des points en Europe on a pu constater que les cadavres étaient accroupis, assis les genoux au menton et les bras rapprochés du corps ou croisés sur la poitrine. Sans aucun doute, pour les retenir dans cette position, on les avait plus ou moins entourés de liens. Il est probable que ces liens étaient dissimulés sous une large enveloppe. De tout cet attirail funéraire le temps n'a laissé subsister que les ornements confectionnés avec diverses pierres, des coquilles et des os, et les poteries et tout l'armement dont le mort devait pouvoir faire usage dans le monde des esprits.

Ces ossuaires ne recevaient pas le même jour tous les individus dont ils nous rendent les dépouilles. Cryptes naturelles, souterrains ou mégalithes se rouvraient souvent chaque fois que la famille, la tribu, la peuplade avait des morts nouveaux.

Peut-être ces coutumes expliquent-elles les traces de feu que l'on rencontre souvent dans ces tombeaux et ces ossements humains brûlés qui constituent une exception, en Portugal comme ailleurs.

Il est possible que l'action purificatrice du feu ait été déjà reconnue ; les vivants, lorsqu'ils pénétraient dans la chambre des morts, avaient à lutter contre des odeurs repoussantes et dangereuses. Pour les combattre et les atténuer ils pouvaient se faire précéder par des branchages enflammés qui, jetés au milieu des corps, carbonisaient les os les plus voisins.

Disons en passant que peut-être les grands ossuaires recevaient les corps qui avaient déjà séjourné dans des sépultures provisoires, par exemple, soit dans leur hutte délaissée, soit sur les hauts lieux ; de telles coutumes sont répandues chez des peuples dont la civilisation rappelle celle de nos ancêtres de l'âge de la pierre polie.

Les cavernes naturelles sépulcrales sont nombreuses dans la péninsule ibérique.

En Andalousie, au voisinage d'Albunol, entre Grenade et la mer, dans une région montagneuse et pittoresque, s'ouvre à côté d'un précipice la fameuse Cueva de los Murciélagos (grotte des chauves-souris). En 1857 elle fut utilisée comme magasin par une

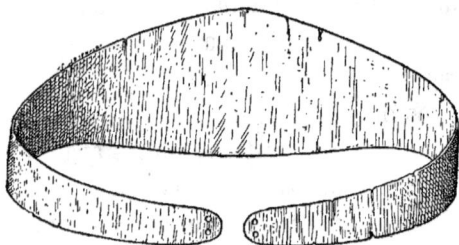

Fig. 77.

DIADÈME OU COLLIER EN OR, CUEVA DE LOS MURCIÉLAGOS. Gr. $\frac{1}{5}$.

compagnie qui exploitait des mines de plomb. Quelques travaux de déblaiement à l'entrée mirent au jour trois corps presque momifiés ; un d'eux avait le front ceint, dit-on, d'un diadème (?) d'or, et il était encore vêtu d'une tunique de toile fine en sparterie. Cette bande d'or, de 0m,56 de long, devint la propriété de M. Andrés de Urizar et nous en empruntons la figure à un beau volume sur les *Antigüedades prehistóricas de Andalucia* (1), dû à Don Manuel de Góngora y Martinez, l'un des meilleurs ouvrages publiés sur les monuments primitifs de l'Espagne ; dans un recoin un peu plus

(1) 158 p. in-8°, 150 gravures dans le texte, cartes et planches. Madrid, 1868. — Du même : *Cartas sobre alcunos nuevos descubrimientos.* Madrid, 1870, 16 p. in-8°, 14 gravures.

profond, on exhuma trois autres corps avec un bonnet en sparterie, si bien conservé qu'on l'aurait cru récent, et avec une sorte
de bourse de même sorte, et maintes coquilles qui avaient dû servir

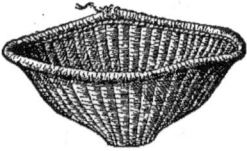
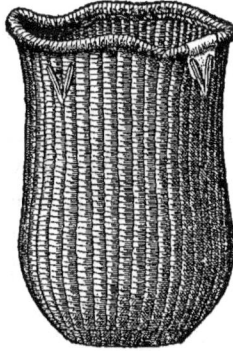

Fig. 78.   Fig. 79.

PANIERS OU BOURSES EN SPARTERIE, CUEVA DE LOS MURCIÉLAGOS. Gr. $^1/_9$.

d'ornements. Plus loin encore une série de squelettes paraissant
entourer, avec intention, celui d'une femme dont les vêtements
n'étaient pas détruits; elle avait un collier de coquilles marines

Fig. 80.

SANDALE EN SPARTERIE, RESTITUTION DE M. DE GONGORA, CUEVA DE LOS MURCIÉLAGOS.

perforées et de dents de *Sus* ouvragées formant pendeloque; avec ces
squelettes on remarqua des nucleus de lames de silex et des lames,
plusieurs hachettes en pierre polie, un lissoir plat et des os appointés avec soin. Une cuillère en bois (de 0^m,15 de long), quelques
vases en terre.

Au fond de la caverne gisaient près de cinquante individus ayant tous des lambeaux de vêtements et des sandales dont M. Gongora donne une restitution (fig. 80); sur ce point ni silex ni os ouvrés, mais une pierre longue de 0ᵐ,13 qu'on prendrait volontiers pour un aiguisoir.

Ce trésor fut saccagé par les mineurs et peu d'objets furent sauvés.

En mars 1867, l'auteur du livre dont j'ai résumé la première partie, visita la caverne, y fit exécuter des recherches et fut assez heureux pour recueillir encore quelques débris soit à l'intérieur, soit dans les remblais d'où l'on avait ou d'où l'on allait extraire le salpêtre : des tessons variés avec des anses et des goulots qui ne paraissent pas toujours préhistoriques, quelques ossements humains, deux fragments d'anneaux en marbre qui pouvaient avoir 0ᵐ,08 d'ouverture, une hache triangulaire, des éclats de silex et surtout des fragments de tissus permettant d'apprécier leurs variétés et leur remarquable ornementation.

Des fouilles subséquentes ont donné en outre des défenses de *Sus* ornées d'entailles et percées pour être réunies sans doute à un collier, et quelques autres pièces.

J'ai dit que la poterie n'avait pas toujours un caractère précis d'antiquité, je ne sais s'il y a des mélanges; mais je suis disposé à partager l'opinion de M. de Gongora et à attribuer à une époque vraiment ancienne cet ossuaire trop peu remarqué. Les haches, les silex, les os ouvrés sont très suffisants pour nous permettre d'y voir une sépulture néolithique; la présence de l'or n'est nullement un argument contradictoire, nous l'avons dans les allées couvertes de la Provence et des Pyrénées. On sait combien ce métal abondait dans les temps protohistoriques de la Gaule et de l'Espagne; d'après Strabon, les Phéniciens en exportaient de grandes quantités des côtes de l'Andalousie, et au temps de la puissance romaine la richesse aurifère de la péninsule était bien loin d'être épuisée; même de nos jours on y a recueilli des pépites d'un poids important (jusqu'à 54 onces).

Dans toute la région de Grenade sont d'autres grottes sépul-

crales sur lesquelles nous savons très peu de chose, et qui donne-
ront sans doute de précieuses collections aux explorateurs futurs.
Nous avons vu, en effet, avec quel succès a été fouillée la Cueva de
la Mujer, qui fut successivement une station et une sépulture et non,
comme le croyait d'abord M. Mac-Pherson, un antre de cannibale.
Cette croyance à l'anthropophagie, qui ne repose absolument sur
aucune donnée, s'est manifestée souvent en France et en Belgique
dans les débuts des recherches préhistoriques; il est curieux de la
rencontrer souvent dans la péninsule ibérique où ces études, on peut
le dire, sont à leur aurore. Certes il n'y avait rien d'impossible à
trouver le cannibalisme répandu parmi les hommes de l'âge de la
pierre dans l'Europe occidentale, mais cette coutume n'est pas un
attribut inévitable de leur civilisation primitive.

M. de Gongora se contente presque de signaler par leurs noms
les divers gisements qu'il connaît : grottes de Moriguilla, de los
Clavos, de la Botica, de las peñas de los Gitanos, del Puerto,
Escritas, de Carchena, de Fuencaliente, etc.

Les parois de celle-ci offrent une soixantaine de « symboles ou
hiéroglyphes » grossièrement tracés avec une couleur brune et
figurant de la manière la plus enfantine la lune et le soleil, l'arc et
des flèches, une épée, des arbres, des quadrupèdes, des bonshommes, etc. On ignore absolument quelle est la valeur de ces
inscriptions, quelle est leur antiquité; on en a signalé d'autres plus
ou moins analogues sur les rochers de Velez-Blanco, dans la grotte
de Carchena, etc.

Dans la province d'Almeria, la Cueva de los Letreros a certaines
figures vagues et irrégulières qui lui ont valu son nom, mais qui
ne me paraissent pas mériter grande attention; la main de l'homme
n'est peut-être pour rien dans ces soi-disant inscriptions.

Sur d'autres points, en Espagne, des grottes sépulcrales ont
été indiquées, mais à peine étudiées. Nous nous bornerons à donner
sur elles le peu de détails précis qu'on rencontre dans la littérature.

Du côté de Malaga, dans le district d'Ardales, M. Fr. Tubino a
reconnu dans une caverne des os humains et autres et des fragments

de poterie analogue à celle des grottes de Gibraltar ou de la Cueva de la Mujer.

En 1871, M. le capitaine du génie D. Santiago Moreno a fait dans la Sierra d'Orihuela, province d'Alicante, dans les Cueva de Roca et Ladera de San-Anton, une série de recherches fructueuses; avec les ossements humains se trouvaient de jolies lames et de délicates pointes de flèches en silex barbelées ou losangées, des hachettes en pierre polie, de nombreuses valves de pectoncles perforées, des cônes, pectens et autres coquillages, des tessons de poterie épaisse et noire, des perles en malachite et en stéatite; M. Vilanova a continué ces fouilles et a fait des découvertes analogues (1).

J'ai déjà parlé des grottes de Gibraltar, dans le chapitre sur les *stations,* mais elles ont été surtout des ossuaires; dans la grotte de Genista, n° 1, les ossements humains étaient dans un désordre absolu et dans divers états de conservation, sur certains points ils étaient pourris, ailleurs empâtés sous la stalagmite. La seconde grotte du même nom et surtout la troisième fournirent une quantité de débris humains. D'ailleurs presque toutes les cavités en possédaient. Ils étaient partout associés aux ossements d'animaux et aux objets que j'ai signalés, et parmi lesquels on ne sait au juste quelle est la part du mobilier funéraire.

Les caractères ostéologiques des habitants primitifs de Gibraltar ont été longuement discutés par Busk d'abord, puis par les anthropologistes français les plus éminents. On trouvera leurs conclusions résumées à la fin de ce volume dans un chapitre spécial sur les races primitives de la péninsule.

Le Portugal possède les grottes naturelles sépulcrales les plus intéressantes, les plus riches, les plus soigneusement explorées.

(1) Les objets de cette sépulture sont en partie figurés dans les Mémoires de la Société archéologique de Valence à laquelle ils ont été offerts. Ainsi cette compagnie a donné aux académies de son pays un exemple à suivre; mais elle-même, dans ses publications subséquentes, n'a fait aucune part au préhistorique.

Déjà M. F.-N. Delgado signalait en 1867 celles de Césaréda à droite du Tage au pied de la Sierra dite Monte-Junto et à 6 kilomètres de la mer. Il leur consacrait un long mémoire (1) suivi de quelques planches ; ce volume et les moulages des ossements humains présentés à divers congrès s'imposèrent à l'attention et provoquèrent bon nombre de discussions.

M. Delgado acheva seulement dans ses dernières années de vider ces gisements, et les découvertes qu'il y fit excitent l'admiration de tous les visiteurs de la galerie préhistorique fondée par M. Ribeiro.

Les principales grottes de Césaréda sont appelées *Casa da Moura* et *Lapa-Furada*.

La « maison de la Mauresque » est creusée dans les calcaires de l'étage jurassique inférieur, très près de l'escarpement qui borde au nord le plateau de Césaréda à 1,500 mètres sud-est du village de Serra-del-Rei. Elle s'ouvre à 25 mètres au-dessus des eaux voisines ; une sorte de puits de 4 mètres de profondeur sur 3 de large conduit à une première salle de 14 mètres sur 12. Vers le fond, à droite, un couloir donne accès à la seconde chambre plus spacieuse et beaucoup plus élevée. L'infiltration des eaux pluviales, peut-être des tremblements de terre, en un mot des causes variées et mal définies, ont amené l'éboulement de grands blocs de la voûte.

Le dépôt du sol se composait, de haut en bas, d'une couche noirâtre, meuble et relativement récente, qui abonde en ossements humains, ustensiles et instruments ; puis d'une couche rougeâtre de sable fin, presque sans traces de la présence de l'homme, mais pétrie d'os d'oiseaux, de lapins et, sur certains points, de carnassiers, *Felis spelœa* et autres. Elle repose sur la couche stalagmitique dont elle remplit tous les creux.

Dans ces sables inférieurs quelques foyers furent notés, et bien

---

(1) Commissão geologica de Portugal ; estudos geologicos ; da existencia do homem no nosso solo em tempos mui remotos provada pelo estudo das cavernas. — Primeiro opusculo : *Noticia acerda das grutas da Cesareda*. Lisboa, 1867. 134 p. in-4°, planches.

6

qu'ils n'aient par livré d'objets, ils n'attestent pas moins le passage de l'homme, fait assez important puisqu'ils sont quaternaires.

C'est longtemps après que la grotte fut transformée en sépulture. Les squelettes humains y étaient fort nombreux, trois ou quatre crânes complets, vingt-quatre autres plus ou moins incomplets ont été recueillis, mais une statistique basée sur l'étude des mâchoires, des cubitus et surtout des dents détachées, permet d'affirmer qu'il y avait eu au moins cent cinquante individus. Comme il arrive presque toujours dans des gisements de ce genre, les os longs sont souvent brisés en longues esquilles ou en bec de flûte, et le canal médullaire vidé et comme agrandi intentionnellement. C'est ce qui avait entraîné mon savant ami M. Delgado, à croire que la Casa da Moura, comme les autres grottes à ossements humains qu'il a si bien explorées, avaient été les salles de festins des cannibales. J'ai pu lui assurer que dans presque tous nos dolmens et dans nos vieilles sépultures les débris humains se trouvent dans des conditions d'identité absolue.

Une voûte crânienne offre le plus grand intérêt.

On a trouvé, en Europe, dans un assez grand nombre de sépultures, des crânes humains perforés. Ces ouvertures, sans être géométriques, sont assez régulières, elles se rapprochent toujours plus ou moins de la forme d'une ellipse; leur longueur est en moyenne de 0ᵐ,04; leur bord, régulièrement aminci, toujours oblique, est taillé aux dépens de la face externe de l'os en un biseau aigu, quelquefois presque tranchant, dont la surface bien lisse est formée par une lame de tissus compacte qui est due à un travail de cicatrisation complètement terminé.

Ces ouvertures occupent des régions très variables. La plupart correspondent au pariétal, quelques-unes à l'écaille occipitale ou à la partie la plus élevée de l'écaille frontale; d'autres sont en quelque sorte à cheval sur une suture de manière à empiéter à peu près par moitié sur les deux os voisins. On a toujours respecté la partie du crâne qui n'est pas recouverte de cheveux, celle qui constitue le front : sans doute on ne voulait pas mutiler le visage.

Ces perforations sont le résultat d'une opération régulière et méthodique, d'une véritable trépanation. Elle se pratiquait indistinctement sur les deux sexes et, selon toute probabilité, sur les enfants. L'examen des bords montre que la cicatrice est toujours achevée, que le tissu des deux tables compactes de l'os adjacent est revenu à son état le plus normal, que toutes ces trépanations, en un mot, ont été exécutées très longtemps avant la mort.

On est parvenu à les accomplir, non par rotation ou térébration, mais par ràclage et aussi par section. Le procédé du ràclage donne des résultats parfaitement conformes; il exige près d'une heure lorsque le crâne est dur et épais, et l'exemple des insulaires de l'Océanie, qui se servent d'un éclat de verre comme nos ancêtres se servaient d'un éclat de silex, montre qu'il n'excède pas la limite de la patience d'un opérateur ni le courage de l'opéré. Mais le crâne des enfants, beaucoup plus tendre et moins épais, se laisse aisément et rapidement perforer par le ràclage : cinq minutes suffisent; il n'y a ni difficulté ni danger.

Voilà un premier fait hors de discussion : Tout permet d'établir que la trépanation était une pratique courante en France à l'âge de la pierre polie. Broca, qui a étudié la question avec son talent ordinaire, pense que cette opération était destinée à ouvrir passage à un esprit emprisonné dans le corps qu'il agite et trouble. Les enfants étaient trépanés peut-être quand ils avaient ces convulsions qui de tous temps ont excité l'épouvante et fait naître la croyance aux possessions démoniaques.

On sait d'autre part que l'idée de traiter les affections convulsives par la trépanation est encore en faveur chez certains insulaires de l'Océanie, chez les Kabyles, et aussi, dit-on, chez les montagnards du Monténégro. Elle était positivement répandue chez nous aux débuts du xviie siècle.

A côté de ces crânes avec trépanation guérie, il faut placer une autre série offrant des pertes considérables de substance par ablation. Ces trous ont été pratiqués le plus souvent par section, par sciage. L'outil en silex faisait dans l'os une entaille en forme de ∨, et aux abords de ce large sillon on trouve généralement des stries multipliées dues aux échappées du silex qui, surtout aux débuts de l'opération, s'écartait souvent de la direction que l'opérateur voulait lui donner et glissait sur la surface du crâne en la rayant.

Ces ouvertures ne peuvent pas être confondues avec les premières, parce qu'elles ne présentent sur aucun point un travail de réparation de l'os. Elles ont été pratiquées après la mort ; elles sont quelquefois très grandes ; enfin, il n'est pas très rare de les voir unies aux trous des trépanations cicatrisées ; le même crâne offre

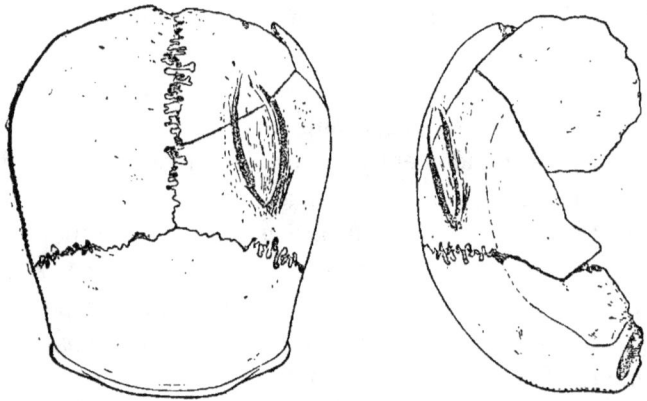

Fig. 81 et 82.
CRANE AVEC ESSAI DE PERFORATION, CASA DA MOURA.

ainsi les traces à la fois d'une trépanation accomplie pendant la vie de l'individu et d'une trépanation posthume, et quelquefois les deux ouvertures se rejoignent. Dans ce cas, le trou peut être de dimension exceptionnelle.

Enfin on possède des fragments crâniens détachés dans la confection de ces ouvertures ; ils sont tantôt ronds ou ovales, tantôt irréguliers, anguleux. Parmi ces derniers ceux qui ont été pris à la jonction d'un trou cicatrisé portent la marque de leur origine sur une partie de leurs bords.

Broca pensait, et M. le Dr Prunières, qui possède la plus belle collection de pièces de ce genre, soutient encore qu'il y avait une

relation entre les trépanations cicatrisées et les trépanations posthumes. Le crâne où un esprit avait habité, l'ouverture par laquelle
il s'était envolé, auraient été marqués d'un sceau surnaturel et les
fragments de ce crâne, ceux-là surtout qui présentaient une portion
du bord cicatrisé, auraient eu la propriété de porter bonheur, de
conjurer les mauvais esprits et en particulier de préserver les individus et les familles du mal terrible auquel le sujet trépané avait si
heureusement échappé.

Suivant cette théorie, les trépanations posthumes auraient eu
uniquement pour but la confection de « rondelles » crâniennes,
c'est-à-dire d'amulettes.

Je ne peux pas accepter cette manière de voir, surtout dans ce
qu'elle a d'exclusif.

Les pièces aujourd'hui connues sont bien plus nombreuses
que du temps où Broca formulait ses conclusions au Congrès de
Buda-Pesth, en 1876. On avait alors une majorité de crânes avec les
deux trépanations combinées ou juxtaposées. La série des crânes
avec trépanations posthumes est à présent de beaucoup la plus
considérable. Le nombre des rondelles sans trace de bord cicatrisé
a augmenté également.

Le crâne de Casa da Moura est venu élucider le problème.

Sur cette calotte crânienne, on a commencé une trépanation
posthume ; le sillon en forme d'ellipse circonscrit un lambeau du
pariétal de 0,^{m}05 et large de 0^{m}02. Le silex a scié la table externe
et le diploë, il s'est arrêté là, laissant intacte la table interne. Il y a
sur la plaquette, qui détachée n'aurait différé en rien de nos rondelles, et sur le pourtour du sillon, les nombreuses stries dont
j'ai signalé plus haut l'origine.

Ce curieux spécimen montre qu'on s'était mépris en croyant
voir sur quelques rondelles des traces d'un polissage destiné à les
régulariser sur les bords, ce polissage est uniquement dù au frottement du silex servant de scie. Il établit ensuite que le trou n'était
pas uniquement fait par râclage, mais aussi par sciage et détache-
ment d'un fragment.

Le but était la perforation du crâne après la mort et non la confection d'une rondelle.

Il y a au Muséum de Lyon un crâne de femme Negrita de Bornéo, trophée Dayak auquel manque le centre de l'écaille occipitale

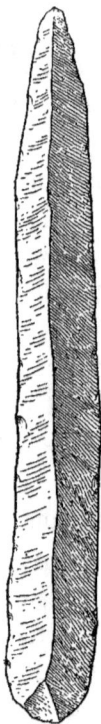

Fig. 84.

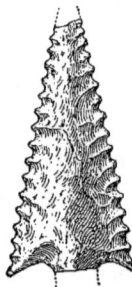

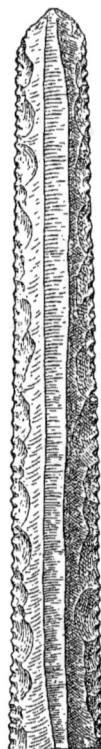

Fig. 83.   Fig. 85.   Fig. 86.   Fig. 87.

SILEX TAILLÉS, CASA DA MOURA. Gr. $^1/_2$.

(0^m,054 de hauteur sur 0^m,076 de largeur) enlevé intentionnellement. Cette ouverture est à bien des égards pareille à celle de nos trépanations posthumes préhistoriques. Elle a été pratiquée pour extraire la cervelle et je crois fermement que nos trépanations posthumes ont le même but, soit que les crânes aient été transformés en trophée, soit qu'ils aient dû être débarrassés des matières putrescibles : prélude d'une momification, accomplissement d'un rite funéraire, on ne sait.

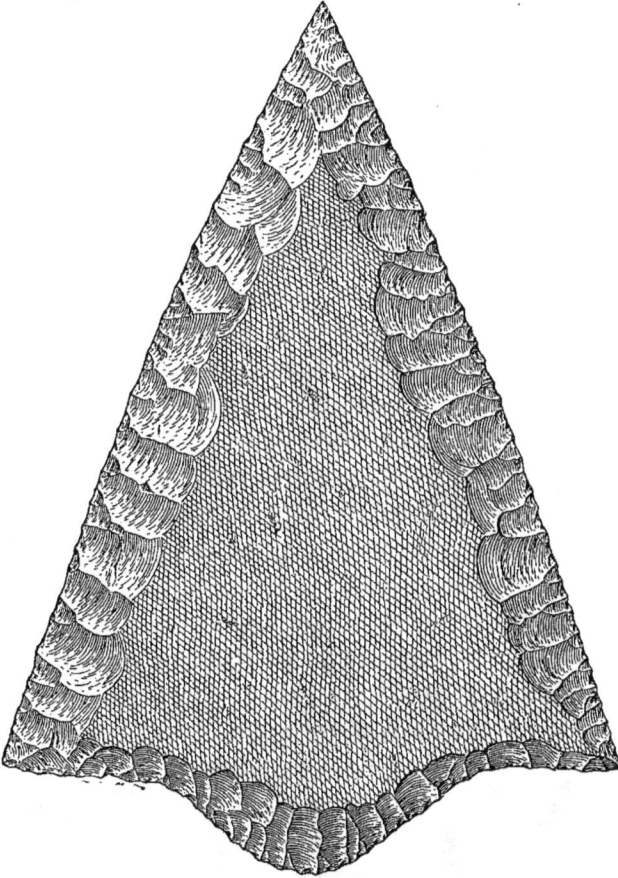

Fig. 88.
POINTE DE TRAIT OU DE LANCE EN SILEX, CASA DA MOURA.

Ce qui est certain, c'est que toutes les ouvertures pratiquées après la mort sur les crânes de l'époque néolithique sont parfaitement, et sans exception, placées aux endroits les meilleurs pour faciliter le nettoyage intérieur de la tête.

Il n'y a rien de surprenant à la présence des fragments crâ-

niens, des « rondelles » dans les tombes, les hommes de cette
époque avaient un respect immense pour leurs morts; pour eux ils

Fig. 89.
POINTE DE TRAIT OU DE LANCE EN SILEX, CASA DA MOURA.

construisaient des monuments gigantesques, ils creusaient des
cryptes profondes qui exigeaient de longs travaux plus pénibles que
ceux des nécessités ordinaires de la vie. Un tel culte ne devait pas

permettre de jeter hors de la chambre funéraire le moindre débris
de squelette. Il est possible que l'ouverture ait été quelquefois
rebouchée avec un fragment d'un autre crâne ; ainsi s'expliquerait

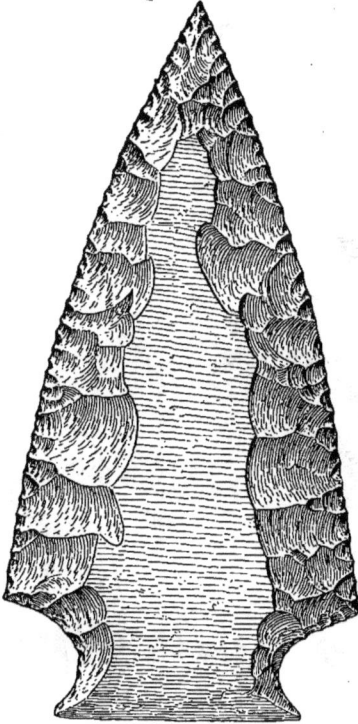

Fig. 90.
POINTE DE TRAIT EN SILEX, CASA DA MOURA.

la présence, au moins une fois constatée, d'une « rondelle » dans
un crâne auquel elle n'avait pas appartenu.

Rien ne s'oppose d'ailleurs à ce qu'on ait aussi, quoique rarement, conservé parmi les amulettes ces débris d'une opération
consacrée. On sait le rôle joué par le crâne humain ou la ràclure
de crâne dans la pharmacie de l'antiquité ou du moyen-âge. On
n'ignore pas non plus la variété des pendeloques en os dans les
parures de nos peuplades néolithiques ; il n'est pas plus surprenant

de trouver dans le nombre une rondelle crânienne que des dents humaines perforées, comme dans un dolmen de l'Aveyron ou une grotte sépulcrale de l'Ariège.

Pour en finir avec le crâne de la Casa da Moura, il resterait à expliquer pourquoi l'on a interrompu la perforation au moment où

 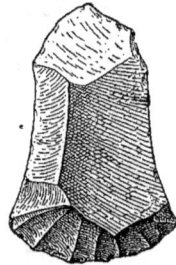

Fig. 91.   Fig. 92.

RACLOIRS OU GRATTOIRS EN SILEX, CASA DA MOURA.

elle allait être accomplie. Quelques hypothèses pourraient être avancées, mais il faut se méfier des entraînements de l'imagination.

Les débris d'animaux sont relativement très rares dans la Casa da Moura; ils peuvent se rapporter aux genres *Bos*, *Capra*, *Ovis*, *Canis* (loup, renard et peut-être le chien), *Lepus* (lapin abondant et lièvre rare), *Equus* et *Sus* (très rares).

Ces ossements ont pu arriver dans la caverne naturellement sans que l'homme soit intervenu.

Les objets d'industrie sont tous de l'époque néolithique, sauf une pointe de trait en bronze (ou cuivre), qui fut recueillie dans les premières fouilles ; cette pointe plate, et losangée avec soie, est d'un type fréquent en Portugal ; nous le retrouverons à Porto Covo, à Mira, à Ajustrel, et surtout dans les grottes sépulcrales artifi-

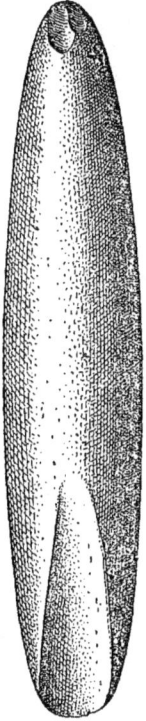

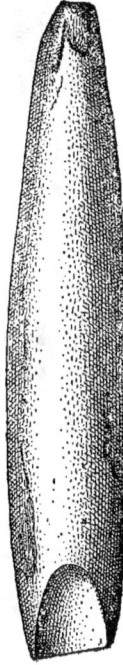

Fig. 93.
CASCAES.

Fig. 94 et 95.
CASA DA MOURA.

GOUGES EN PIERRE

cielles de Palmella. En Portugal comme dans les Cévennes et dans le midi de la France, les populations de l'âge de la pierre polie utilisèrent le cuivre (ou bronze) en très petite quantité bien longtemps avant de passer à une civilisation nouvelle et digne du nom d'âge du bronze.

Une centaine de pointes de flèches en silex de nuances variées

et d'un travail achevé ont été exhumées de la Casa da Moura ; la
plupart sont losangées, quelques-unes triangulaires avec base plus

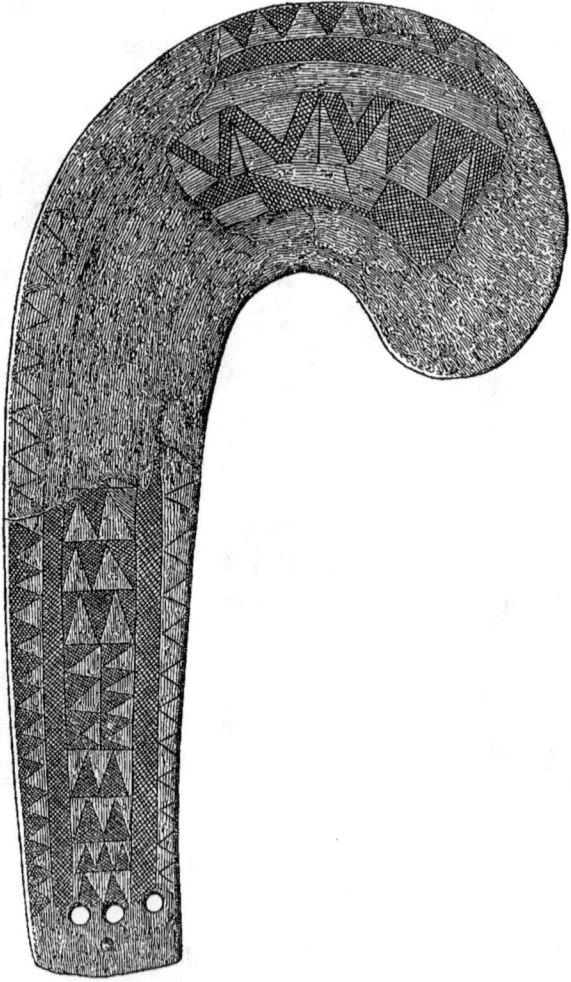

Fig. 96.
PLAQUE D'ARDOISE, CASA DA MOURA. Gr. $^1/_2$.

ou moins concave, il n'y en a pas dix qui se rapprochent de nos
types barbelés à soie ; enfin les bords dentelés, crénelés comme

dans les dards de l'Aveyron, se retrouvent admirablement dans
quelques pièces.

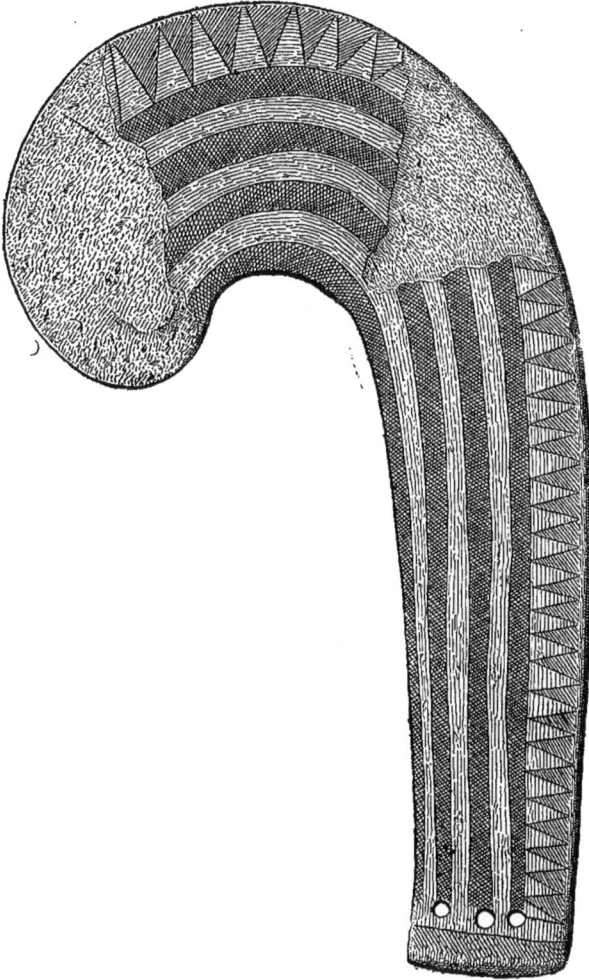

Fig. 97.
LA MÊME, VUE DE L'AUTRE FACE. Gr. $^1/_2$.

Dix grandes pointes sont remarquables entre toutes; je publie
sous les n°s 88, 89 les deux plus belles. Le dessin ne peut donner
qu'une idée insuffisante de ces armes très minces et les mieux

ciselées du monde. Ce type a été rencontré ailleurs, en Portugal. Je l'ai observé, par exemple, dans le musée de l'École Polytechnique,

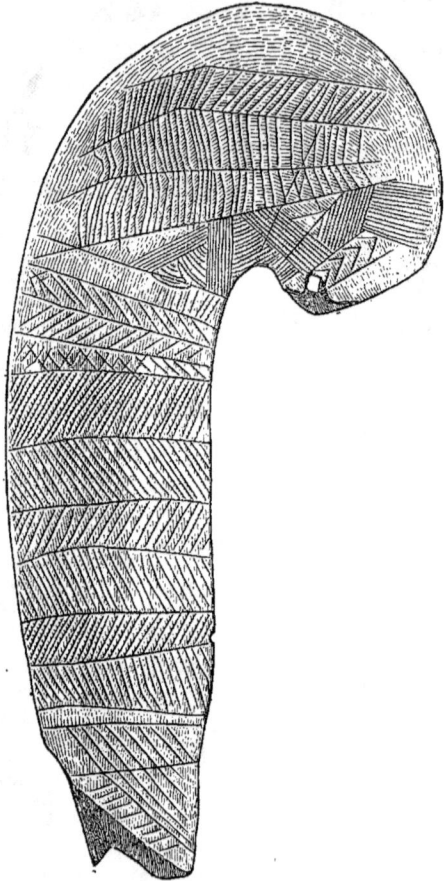

Fig. 98.
PLAQUE D'ARDOISE, ANTA D'ESTRIA. Gr. $^1/_2$.

provenant d'une sépulture dite de Martin Affonso, et dans le musée archéologique de l'Algarve. Ces pointes sont-elles des bouts de lances tenues à la main ou de javelots qu'on lançait au loin? Je ne sais. Une autre pointe est intéressante en ce qu'elle offre, comme celles de l'Amérique, un pédoncule évasé à la base (fig. 90).

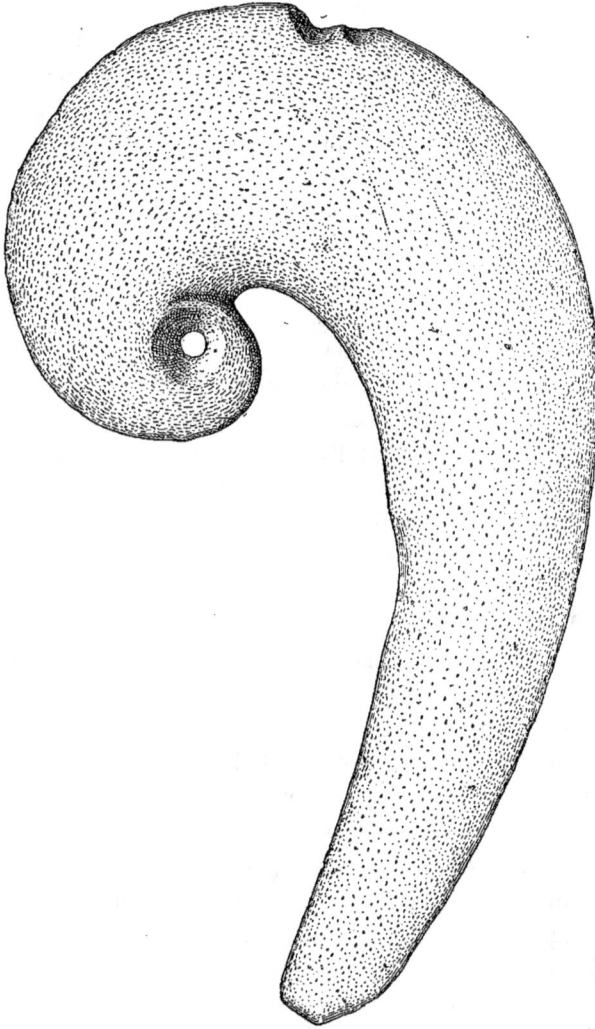

Fig. 99.
PIERRE D'ORIGINE INCONNUE, MUSÉE DE VARZY (NIÈVRE). Gr. $^1/_2$.

Une lame très régulière, dont M. Delgado n'a trouvé qu'un long fragment soigneusement retaillé et dentelé sur les bords, mérite aussi une mention spéciale ; j'indiquerai ensuite, en bloc, les lames non retouchées (jusqu'à 0^m,20 de long), les six ou sept nucleus (de petite taille, max. 0^m,05), et un petit nombre de grattoirs ou râcloirs ; l'un d'eux, double et fort retouché sur le pourtour, est en partie poli aux extrémités par suite de l'usage prolongé qu'on en a fait. J'ignore à quoi il a pu servir.

Une centaine de haches en pierre polie retiennent ensuite l'attention. Plusieurs se présentent avec l'aspect le plus ordinaire, longues, presque cylindriques, massives généralement ; la plus petite hachette, mais peut-on lui donner ce nom, n'a que 0^m,04 sur 0,^m005. Bon nombre sont plates, et leur tranchant est formé par un plan complètement plat sur une des faces et un plan bombé sur l'autre. Ce sont des herminettes dont le tranchant était parallèle au manche. Elles sont en fibrolithe, en diorite, en macline et roches amphiboliques diverses ; il n'y a aucune roche rare, autant qu'on peut en juger à première vue.

Une forme spéciale au Portugal et dont nous avons à la Casa da Moura deux exemplaires, c'est la gouge de petite taille, ronde, grosse à peine comme un de nos doigts, à gorge profonde (fig. 94).

Les objets de parure sont multipliés et fort curieux. Le principal est une mince plaque d'ardoise en forme de crosse couverte de dessins, type recueilli par M. Ribeiro dans l'anta d'Estria. Un troisième exemplaire venant, croit-on, de la sépulture de Martin Affonso, se voit au musée de l'Ecole Polytechnique.

Ces trois pièces sont jusqu'ici les seules connues et leur destination reste un mystère. Celle de M. Delgado est ici dessinée (fig. 96) ; elle a, comme on le voit, trois trous à une extrémité qu'on est tenté de nommer la base ; mais le spécimen de M. Ribeiro, également figuré plus loin, porte un seul trou qui est à l'autre bout de côté de la concavité ; enfin, le troisième échantillon n'a pas de trou ; il est juste d'observer qu'en revanche sa base? est sans ornements, et que s'il était destiné à être suspendu ou à porter un appendice, cette base s'y prêtait à la rigueur. La base ? dans le spécimen d'Estria, quoique ornée, est nettement rétrécie comme une soie ou un manche court (fig. 98).

Les dessins gravés à la surface, légèrement, mais par une main sûre et habile, diffèrent dans les trois objets et varient aussi sur leurs deux faces.

J'ai cherché dans tout le matériel ethnographique ancien et moderne si quelque objet se rapprochait de ceux-là, et j'ai trouvé,

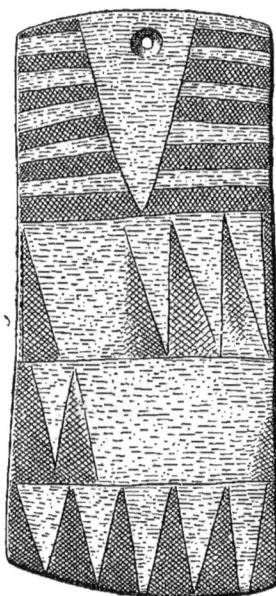

Fig. 100.   Fig. 101.

PLAQUES D'ARDOISE, CASA DA MOURA. Gr. $\frac{1}{2}$.

bien loin, trop loin sans doute, un terme de comparaison. C'est une pierre de la collection Guesde au Musée des colonies (Palais de l'Industrie); elle vient de la Guadeloupe et elle est d'un tiers plus petite que celles du Portugal. Une seconde pierre, cette fois d'égale dimension et perforée comme le spécimen d'Estria, se voit au Musée de Varzy (Nièvre), où par tradition vague on la dit du pays, tandis que je la crois aussi des Antilles. Dans tous les cas, ces deux pièces qui paraissent vraiment avoir la même destination, ne nous apprennent en réalité rien.

7

D'autres plaques d'ardoise se sont rencontrées dans l'ossuaire de Césaréda. Au nombre de seize et de dimensions peu variées, elles ont une face couverte de dessins au trait, et le trou ou les trous qu'elles offrent à leur extrémité la plus étroite révèlent des traces d'usure très nettes ; elles ont été suspendues à un lien et longtemps. A n'en pas douter, elles font partie de la grande catégorie des

Fig. 102.   Fig. 103.

PLAQUES D'ARDOISE, CASA DA MOURA. Gr. ¹/₂

parures qui se confond avec celle des amulettes et avec celle des insignes de commandement.

L'ornementation de ces objets est composée de chevrons ou dents de loup, de bandes minces brisées en zigzag, et appartiendrait plutôt à l'âge du bronze qu'à l'âge de la pierre. Je publie, sous le n° 104, la figure d'une hache en bronze qui se trouve dans les collections de la célèbre école de Sorèze (Tarn), sans indication d'origine, et qui offre des dessins gravés au trait pareils à ceux des ardoises portugaises. On se tromperait peut-être en tirant de ce rapprochement quelque conclusion positive. On peut soutenir que la civilisation du bronze fait déjà sentir son influence sur l'industrie néolithique de l'occident de la péninsule; on sait qu'il

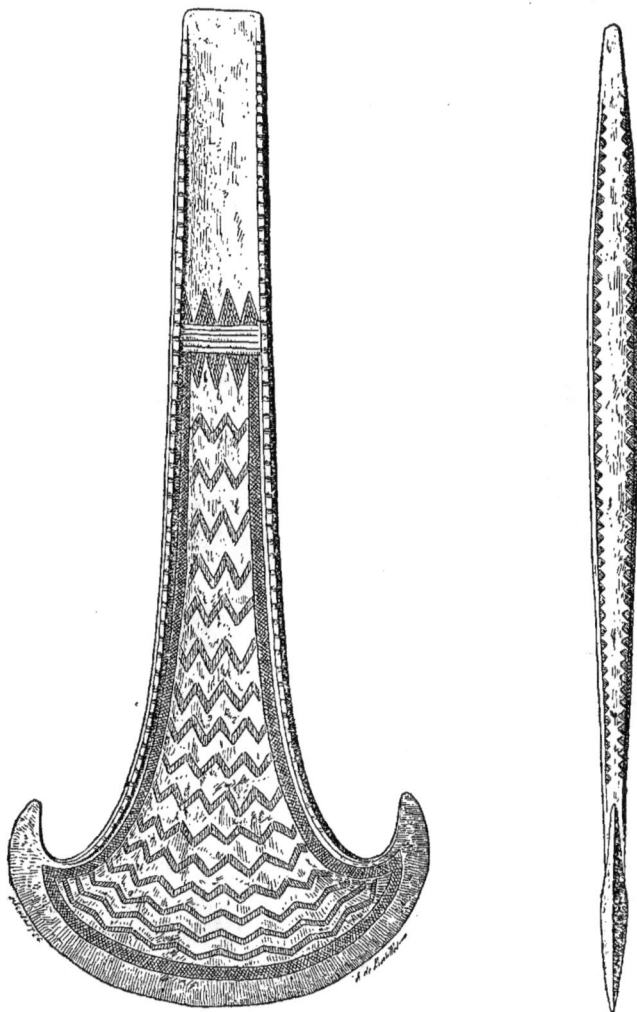

Fig. 104 et 105.
HACHE EN BRONZE PROBABLEMENT IRLANDAISE. Gr. $^2/_3$.

y a déjà du métal dans ces sépultures. On peut admettre que spontanément l'art d'orner les objets précieux, amulettes ou parures, est arrivé à tirer parti des chevrons, dents de loup, etc. En effet, ce même genre d'ornementation se retrouve chez des peuples de tous les temps et de pays bien éloignés.

Ces plaques, très communes dans les sépultures néolithiques du Portugal, ne sont pas absolument sans relation avec le mobilier funéraire de nos dolmens français. J'ai trouvé plusieurs fois des plaques de schiste ardoisier sous mes Pierres-levées des Cévennes ; quelquefois percées d'un trou de suspension, d'ordinaire plus petites que celles de la Casa da Moura, jamais ornées et pourtant ana-

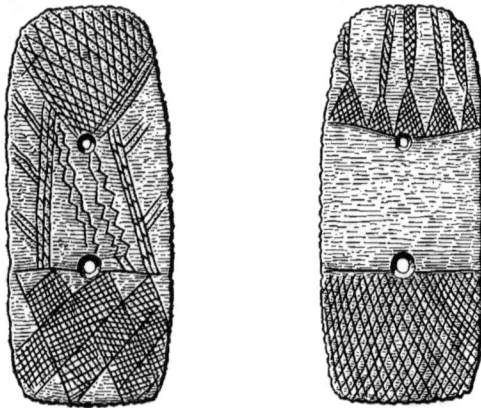

Fig. 106 et 107.
PLAQUE DE POITRINE (VUE DES DEUX FACES), NEW-JERSEY. Gr. $^1/_2$.

logues à coup sûr avec celles-là. Parmi les objets du Musée archéologique de Lyon se voit une plaque semblable à celles du Portugal, sauf qu'elle est sans ornementation ; on assure qu'elle est de provenance américaine (fig. 108). Du Nouveau-Monde nous arrive un document plus précis : c'est une plaque de poitrine, dit-on, trouvée près de Freehold et qui est figurée dans l'album de M. Abbott : « *The stone Age in New-Jersey* » (fig 619), je la reproduis ici vue des deux côtés (fig. 106 et 107).

Enfin, dans les collections du Musée d'ethnographie du Trocadéro, il y a certaines pierres plates assez irrégulières, quelquefois ornées de traits croisés tracés en creux, venues du Mexique ou de la Californie, qui n'ont, sans doute, avec les spécimens du Portugal qu'une fallacieuse analogie, car, si je ne me trompe, elles étaient utilisées soit pour le transport des charbons ardents, soit en guise de plateau pénétrant dans les foyers pour la cuisson de certains mets sur elles placés.

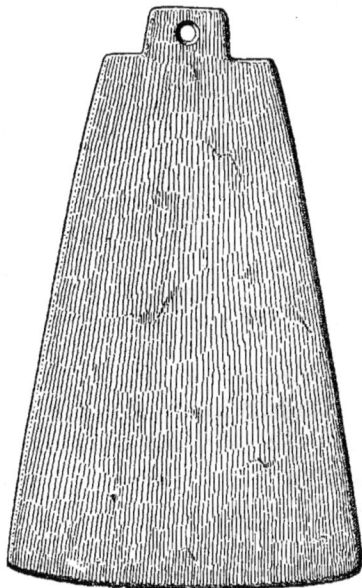

Fig. 108.
PLAQUE EN SCHISTE (MUSÉE DE LYON), ORIGINE INCONNUE. Gr. $^1/_2$.

D'autres objets de la Casa da Moura peuvent être acceptés, sans discussion, comme des parures ; ce sont des pierres transformées en perles. Quelques-unes sont en forme d'olive en jais (fig. 109); d'autres globuleuses ou plates et triangulaires, aussi en jais et peut-être en néphrite (fig. 110 et 114); d'autres enfin sont en os, de type particulier (fig. 112). Enfin, les dents d'animaux perforées, surtout de canidés, ne manquent pas.

Sous le n° 117 j'ai figuré une tête d'épingle en os ; la tige, dont il ne reste qu'un fragment, est incrustée dans un cylindre en os. M. Delgado a trouvé dans la grotte de Lapa-Furada une semblable pièce intacte (fig. 118).

Je citerai seulement en passant les stylets et les lissoirs en os d'usage indéterminé, de type vulgaire.

Quel emploi pouvait-on faire de l'objet en os figuré sous le n° 116 ? Je l'ignore.

Que sont les cylindres en calcaire tendre qui ont été recueillis dans ce gisement ? quelle était leur destination ? On est d'autant

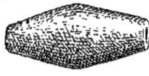 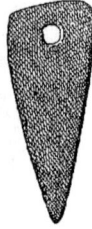 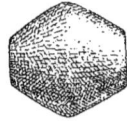

Fig. 109.   Fig. 110.   Fig. 111.

PERLES ET PENDELOQUE EN JAYET, CASA DA MOURA. Gr. $^2/_3$.

plus embarrassé pour conclure, que les uns sont très petits et d'autres énormes. Ils sont faits habilement, presque aussi bien que si le tour eût été employé ; ils se retrouvent dans plusieurs stations portugaises. J'ai publié les dessins un peu plus loin (p. 105).

La poterie ne faisait pas défaut dans cette grotte, mais géné-

Fig. 112.   Fig. 113.   Fig. 114.   Fig. 115.

BOUTONS OU PERLES EN OS.   PENDELOQUE ET PERLE EN PIERRE VERTE.

CASA DA MOURA. Gr $^2/_3$.

ralement brisée, grossière, fabriquée à la main, à pâte de couleur noire, semée de points blancs, ornée de stries rectilignes ou ondulées, de quelques impressions en creux ; les vases entiers, ce qui est fort naturel, sont les plus petits, en forme de bols hémisphériques ou de tasse à fond plat ; quelques fragments montrent que l'intérieur même du vase pouvait être orné.

La seconde sépulture notable de Césaréda est la grotte dite

Lapa-Furada ; on y pénètre par une anfractuosité du sol, large et
peu profonde ; elle est tortueuse à l'intérieur et l'on y respire

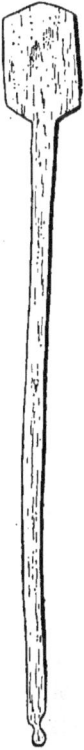

Fig. 116.   Fig. 117.   Fig. 118.

ÉPINGLES EN OS, CASA DA MOURA ET LAPA-FURADA. Gr. $^2/_3$.

mal. Des ossements humains, quelques poteries, plusieurs haches,
une aiguille et l'épingle en os en deux pièces déjà citée (fig. 118),
un seul silex, tel fut à peu près son mobilier sur lequel il n'y a pas
à insister.

Passons aux cavernes de Cascaes.

Cascaes est la station balnéaire des habitants de Lisbonne; elle est à l'embouchure du Tage au pied des collines granitiques de Cintra. A la limite du bourg, sont des rochers calcaires peu élevés qui renferment plusieurs cavernes ou du moins une caverne avec trois galeries d'entrée.

Ces grottes, récemment fouillées, ont donné un très petit

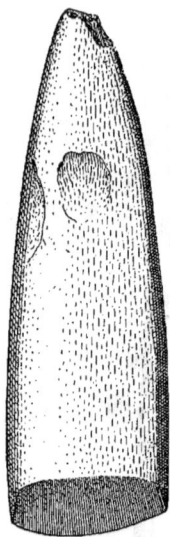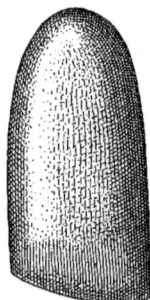

Fig. 119 et 120.   Fig. 121 et 122.

HERMINETTES EN PIERRE, GROTTE DE CASCAES. Gr. $\frac{1}{2}$.

nombre d'ossements d'animaux, chiens, chats, mouton, blaireau, bœuf, lièvre et du lapin abondamment. L'introduction de ces os non brisés s'explique, cette fois encore, par les causes naturelles ordinaires.

Les ossements humains étaient fort nombreux, en partie brûlés, et dans les couches qui les contenaient pêle-mêle, M. Ribeiro put recueillir une série très remarquable d'objets divers, armes, outils, parures, tout ce que la piété des vivants avait laissé avec les morts.

Si nous passons en revue ce mobilier funéraire, nous trouverons plus de soixante pierres aiguisées de dimensions diverses (entre 0m,18 et 0m,04). Parmi ces pierres les haches proprement dites sont rares. Une d'elles est une plaquette de porphyre avec trace de sciage longitudinal sur le plat, comme si on avait essayé de la diviser ; les autres, souvent massives, cylindriques, n'ont que le tranchant soigneusement poli et toujours régulier.

Il faut citer une de ces petites gouges déjà signalées (fig. 93

Fig. 123.

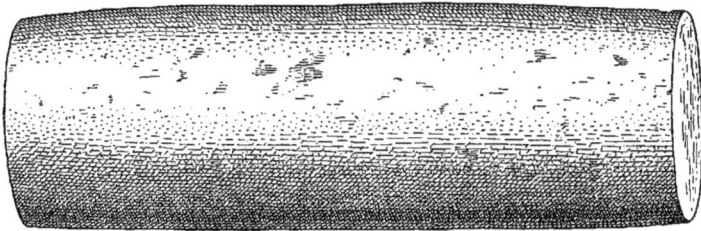

Fig. 124.

CYLINDRES EN CALCAIRE, GROTTE DE CASCAES. Gr. $^1/_3$,

à 95), spéciales au Portugal, et seize de ces rouleaux en calcaire blanc presque cylindriques et dont la taille varie de 0m,08 à 0m,20 de longueur et de 0m,02 à 0m,06 de diamètre. Quelques-uns sont légèrement et régulièrement amincis vers les extrémités qui sont tout à fait planes (fig. 123 et 124).

Les pointes en silex sont semblables à celles de la Casa da Moura, certaines lames ont des traces de polissage ; il y a six ou sept nucleus en quartz hyalin ou enfumé et plusieurs éclats ; de très nombreuses perles et pendeloques en schiste ardoisier, talc verdâtre, calcaire, roches vertes, en coquille, etc. (fig. 127 à 130) ; quelques plaques d'ardoise ornées de dessins géométriques gravés ;

une d'elles est moitié moins grande que la moyenne ordinaire, une autre n'a pas de trou de suspension.

Fig. 125.   Fig. 126.

OBJETS EN OS, CASCAES. Gr. $^2/_3$.

Deux pièces en os méritent une mention spéciale. Je les ai figurées sous les n°s 125 et 126. Ce sont peut-être des pendeloques; une pièce un peu plus forte que celle qui est ici dessinée (126), et

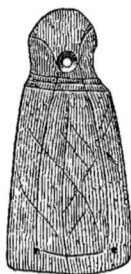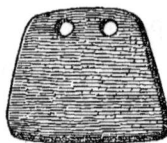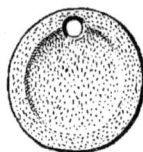

Fig. 127.   Fig. 128.   Fig. 129.   Fig. 130.

CALCAIRE.   ROCHE VERTE.   ARDOISE.   CALCAIRE.

PENDELOQUES DIVERSES DES GROTTES DE CASCAES.

plus symétrique, s'est rencontrée dans une caverne polonaise. M. le comte Zawisza lui trouve une certaine ressemblance avec les parures que les Toutsagmioutes de l'Amérique du Nord portent suspendues à la cloison du nez. Cascaes a livré d'autres objets en os, des pointes, des spatules, des épingles à tête cylindrique, etc.

Les poteries étaient très nombreuses dans l'ossuaire de Cascaes. Il y avait de très petits vases qui n'ont certainement pas servi ni à garder des comestibles, des céréales ou de l'eau, ni à boire ; ce sont peut-être des jouets que la tendresse d'une mère

Fig. 131.   Fig. 132.

LAMES PLATES EN BRONZE, GROTTE DE CASCAES. Gr. $^1/_2$.

avait placés près des restes de son enfant ; peut-être encore ont-ils contenu des parfums ou du poison.

L'ornementation des grands vases rappelle celle des poteries de Palmella, qu'on trouvera décrite plus loin ; ici on n'a trouvé que des fragments.

Il y avait un bol en calcaire à parois minces, hémisphérique, tel que d'autres gisements du Portugal en ont fourni et que je ne connais pas ailleurs.

Enfin, au milieu de ces objets variés et d'une époque indiscutable, gisaient deux pointes en métal (cuivre ou bronze) qui sont de petites lames minces de poignard ou de lance. L'une (fig. 131)

a une soie avec de légers ailerons produits par le martellement ;
une pièce identique existe dans la trouvaille de Larnaud (Jura).
L'autre (fig. 132) semble avoir passé par le feu.

Ce qui caractérise l'âge néolithique du Portugal, tel qu'il nous
est révélé par les sépultures, ce sont les pierres polies aiguisées
en biseau, et qui par conséquent ont dû servir emmanchées à
la manière des herminettes (fig. 119 et 121).

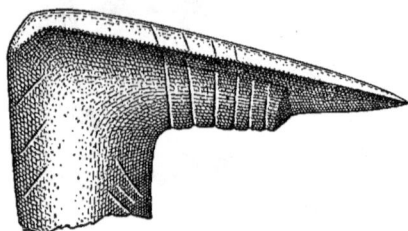

Fig. 133.

HERMINETTE EN MARBRE BLANC, GROTTE SÉPULCRALE DE CASCAES. Gr. $^1/_2$.

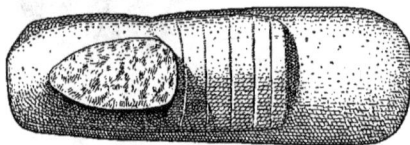

Fig. 134.

LA MÊME, VUE DE DESSOUS.

Deux pièces nous renseignent exactement sur leur système
d'emmanchure. L'une a été retirée des grottes de Cascaes, l'autre de
l'anta d'Estria. Celle-ci (fig. 135) est entière, très bien conservée, en
marbre blanc. Elle constitue l'imitation parfaite d'une hache montée
en herminette. On dirait le moulage d'un outil composé d'un
manche coudé vraisemblablement en bois, et d'une hachette s'appliquant sur la tête ou branche courte du manche. Les deux pièces
devaient être reliées par des cordes ou des lanières solidement
fixées, comme l'indiquent quelques traits gravés sur la pierre. Cette
imitation répond aux dimensions moyennes des herminettes en

pierre des sépultures portugaises. Etait-ce un objet utile? J'en
doute; l'herminette est fragile et sans tranchant, d'ailleurs un tranchant en marbre n'eut servi à rien. Faut-il y voir une pièce sym-

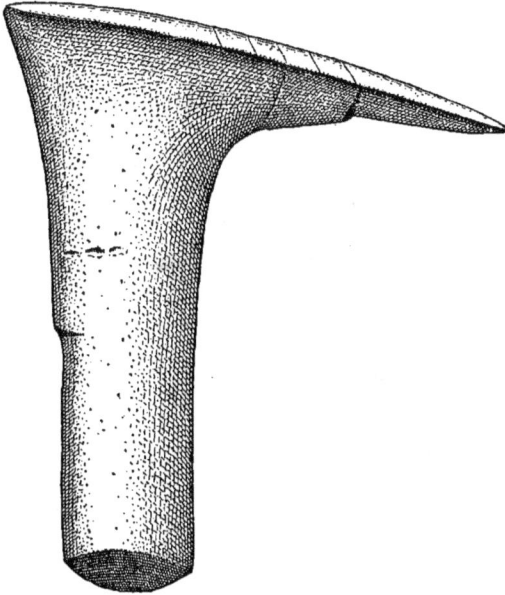

Fig. 135.
HERMINETTE EN MARBRE BLANC, ANTA D'ESTRIA, PORTUGAL. Gr. $^1/_2$.

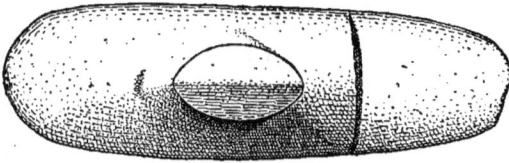

Fig. 136.
LA MÊME, VUE DE DESSOUS.

bolique? On sait que dans cet ordre d'idées les hypothèses ne
peuvent rencontrer une base sérieuse.

Enfin, cette pierre est bien petite pour pouvoir être comparée
aux haches emmanchées qui, en Océanie, sont quelquefois des
insignes de commandement.

On connaît, on a pu restituer un bon nombre d'emmanchures de haches en pierre de l'Europe, aucune ne ressemble au système portugais. Il se retrouve au contraire fréquemment dans l'outillage des îles Carolines, de la Nouvelle-Guinée et d'autres îles océaniennes. On en jugera par le spécimen figuré qui provient des îles Kadiak, voisines de l'Alaska (fig. 137).

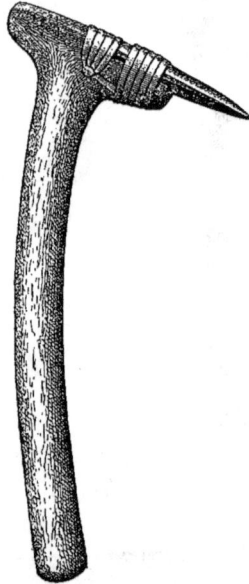

Fig. 137.
HACHE EN PIERRE EMMANCHÉE DES ILES KADIAK, AMÉRIQUE DU NORD. Gr. $\frac{1}{2}$.

Des pièces analogues à celles de Cascaes et d'Estria, c'est-à-dire des pierres sculptées en forme de hache emmanchée, ne sont pas rares du côté des Antilles et de l'Amérique. C'est certainement à ces régions qu'il faut attribuer les trois pièces qui sont représentées ici sous les n°^{os} 141, 139 et 140 ; l'une appartient au Musée de la Rochelle, la seconde au Musée de Lyon, la troisième à l'Université de Coïmbre. Toutefois la pièce quatrième (fig. 138) dont le manche est fracturé, est indiquée au Musée d'artillerie comme trouvée dans le Rhône aux environs de Valence ; l'hypothèse la plus admissible est que sa provenance première est exotique ; rapportée des îles comme un objet de curiosité, elle aurait été perdue, et, plus ou moins longtemps après, retrouvée. Mais voici qu'une seconde pierre sculptée de la même manière, pareille en un mot, et, coïncidence fâcheuse, également incomplète, a été recueillie

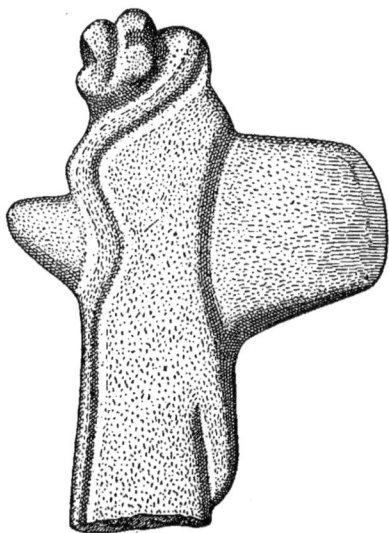

Fig. 138.

MUSÉE D'ARTILLERIE, PARIS. Gr. 1/2.

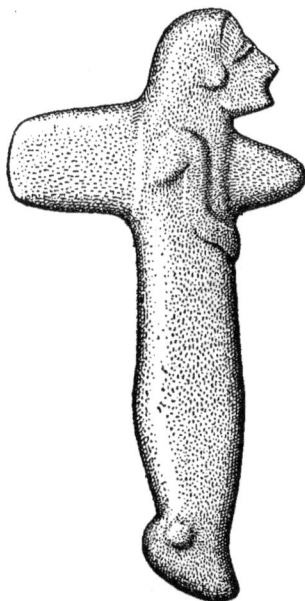

Fig. 139.

MUSÉE DE LYON. Gr. 1/3.

HACHES EN PIERRE AVEC MANCHE D'UN SEUL BLOC.

naguère sur les collines qui dominent Toulouse au Sud (collection de M. A. de Sevin). L'étude de la roche trancherait la question.

J'ai noté plus haut que les ossements humains de Cascaes étaient, en partie, brûlés, noircis ou même blanchis ; et je me demande s'il suffit, pour expliquer ici les traces assez fréquentes du feu, de dire qu'on a apporté des brandons enflammés ou allumé un foyer dans l'ossuaire pour en purifier l'air et en faciliter l'accès aux vivants qui voulaient entrer pour accompagner de nouveaux morts ou accomplir près des anciens des cérémonies traditionnelles.

Qui peut dire si de même que le métal se répand petit à petit dans l'industrie de la pierre, le rite de l'incinération gagne en même temps de proche en proche. Il est infiniment probable que ce système, dans l'Europe occidentale et septentrionale, domine à l'âge

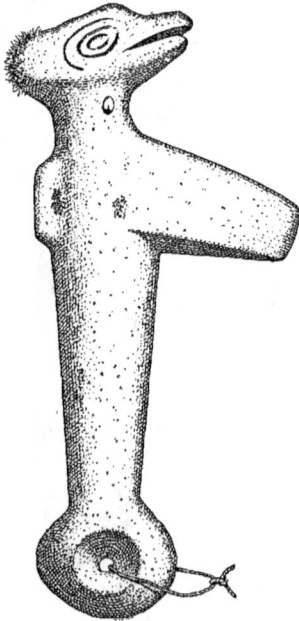

Fig. 140.
MUSÉE DE COÏMBRE. Gr. ¹/₃.

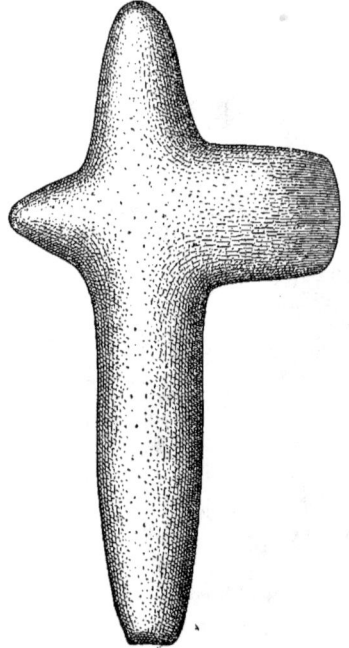

Fig. 141.
MUSÉE DE LA ROCHELLE. Gr. ¹/₂.

du bronze; il n'y aurait rien d'illogique à supposer que les idées nouvelles avaient fait déjà quelque progrès au sein de la civilisation néolithique, à l'époque où les cavernes de Cascaes recevaient les convois funèbres.

C'est dans la même zone de calcaire jurassique, sur le versant méridional de la montagne de Cintra, que s'ouvre une autre grotte

sépulcrale, celle de Porto Covo. Elle nous offrira les mêmes reliques
d'un lointain passé, haches et herminettes en schiste argilo-sili-
ceux, amphibolite, fibrolithe, etc. ; plusieurs vases entiers, bols à
pied concave semblables aux nôtres, vases à fond hémisphérique et
à ouverture évasée, caliciformes. Parmi les silex, il en est un qui
rappelle exactement le type des amas de coquille (fig. 63), mais
dans une dimension double. Enfin, il y avait une pointe en métal
— cuivre ou bronze — ovale et à soie.

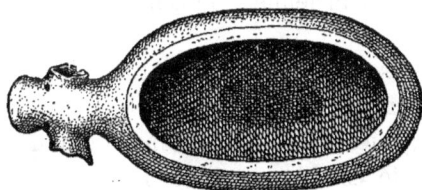

Fig. 142.

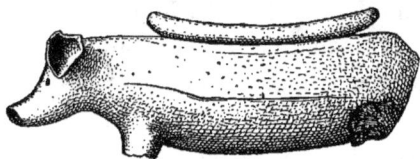   

Fig. 143.   Fig. 144.

FIGURINE EN TERRE, COUVERCLE EN PIERRE, GROTTE SÉPULCRALE DE CARVAILHAL. Gr. $^1/_3$.

Toutes ces richesses paléoethnologiques, je ne saurais trop le
répéter, font partie du splendide musée de la Section géologique à
Lisbonne.

La caverne de Carvailhal, avec des vases ordinaires, un petit
bol en calcaire à fond hémisphérique, des lames en silex et de très
belles pointes triangulaires, une petite gouge, des plaques d'ardoise,
quelques haches et enfin des nucléus de quartz, avait un objet
presque étrange dans un tel milieu. C'est une figurine en terre
cuite (fig. 142), que j'ai représentée ici vue de trois côtés ; le corps
est creux et a pu servir de récipient, l'ouverture est aussi grande
que possible, et on a trouvé à côté de cet objet une plaquette de

8

grès qui a été aussitôt considérée comme un couvercle, bien qu'elle
ne puisse obturer exactement cette urne originale.

Est-elle sûrement de l'âge de la pierre? La pâte est la même
que celle des autres vases de la grotte. On a trouvé dans des palafittes de la Suisse et de la Savoie des statuettes figurant des animaux, mais d'un travail plus grossier que celle de Carvailhal;
pourtant, quand on songe aux figurines des palafittes de Laybach
(Autriche), qui sont de l'aurore de l'âge du bronze, on est tenté
de ne pas repousser l'ancienneté de celle-ci.

Dans les dépôts supérieurs de la grotte de Péniche, M. Delgado
a également rencontré une sépulture de la même date. Les ossements humains étaient accumulés dans la grande salle, à peine
éclairée, et dans le corridor d'entrée. Ils étaient plus fragmentés
que dans les ossuaires analogues; quelques-uns avaient subi l'action
du feu. Cent-quarante individus reposaient là, si l'on en juge par
le nombre des maxillaires inférieurs. M. Delgado a observé que
les fragments sont loin de correspondre à cette quantité de squelettes. Il n'y a que vingt-deux maxillaires supérieurs, les extrémités inférieures des humérus sont quatre fois plus nombreuses
que les extrémités supérieures. Les os du tarse et du métatarse
sont en plus grand nombre que les os du carpe et du métacarpe;
au contraire, les phalanges de la main sont plus abondantes que
celles du pied. Ces anomalies sont moins sérieuses que ne le croyait
le savant explorateur. Je mentionnerai son hypothèse; il croit que
les corps ne sont pas entrés entiers dans la grotte, qu'ils étaient
dépecés avant d'y être introduits, car un corps humain serait
trop lourd pour être transporté par un sentier aussi âpre et difficile
que celui qui y conduit, et, enfin, il trouve dans le cannibalisme
une explication suffisante.

J'ai écarté, une fois pour toutes, la théorie de l'anthropophagie. J'ajoute que jamais elle ne fut moins vraisemblable qu'à la
grotte de Furninha, d'un accès peu commode et bien faite pour
garder les dépouilles des morts aimés.

Pourquoi aurait-on laissé, avec les débris des festins de chair

humaine, des armes, des outils, des parures, des amulettes, des
poteries entières?

Les faits offerts par les cavernes, les caractères de leurs ossements humains se retrouvent exactement dans les grottes artificielles et dans les antas, sépultures indéniables.

L'inégalité de proportion dans les ossements recueillis se

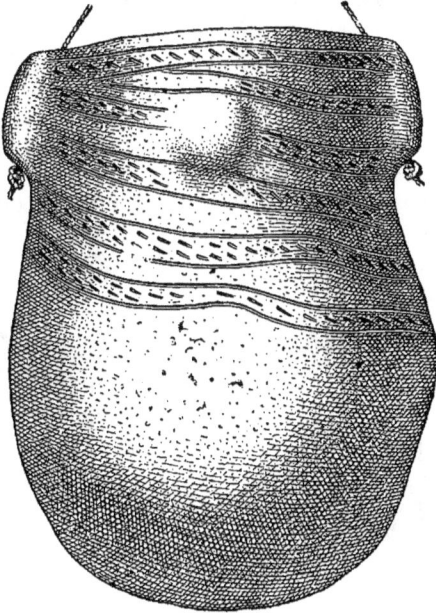

Fig. 145.

VASE EN TERRE, GROTTE DE FURNINHA, PÉNICHE. Gr. $^1/_3$.

représentera dans toutes les sépultures au contenu desquelles on
appliquera la statistique. Peut-être aussi, comme je l'ai noté, les
ossements étaient-ils venus de sépultures provisoires antérieures,
où ils avaient été déjà soumis aux causes ordinaires de destruction.
Mais sans aller jusqu'à cette supposition, il est évident que ces
cavernes ont été depuis longtemps et peut-être toujours accessibles, et par suite leur sol a pu être bouleversé de bien des manières.

Je n'en veux d'autre preuve que la présence des ossements

d'animaux qui sont venus y mourir ou que des carnassiers et des rongeurs ont pu y entrainer. Les lapins, les rats, les blaireaux, etc., les ont de tous temps fréquentées.

L'industrie est représentée à Furninha par deux petites coupes hémisphériques et lisses, d'un vase de grande dimension, de forme ovoïde, à deux anses (fig. 145), et de nombreux fragments grossiers, noirs, ornés quelquefois par un pointillé ou des sillons, non tournés et de types très variés, plusieurs ont une sorte de *couverte* rougeâtre, noirâtre ou jaunâtre; des nucléus, éclats et lames de silex, celles-ci ayant jusqu'à 0^m,15 de long, régulières, quelquefois dentées d'un ou de deux côtés, des pointes de flèches de formes variées, un grand éclat et une belle lame en calcédoine qui paraissent des pièces paléolithiques reprises et utilisées de nouveau; une trentaine de haches et herminettes en schiste siliceux, chloritique, ardoisier, en amphibolite, aphanite et phtanite; des plaques de schiste et d'ardoise ornées, une épingle en os avec tête ajoutée, des grains de collier en os et en callaïs ou en serpentine, une dent canine de chien et une défense de sanglier perforées.

On voit combien grande est l'uniformité de ces mobiliers funéraires des grottes naturelles; ils ne différeront pas dans les grottes artificielles et les antas.

LES GROTTES ARTIFICIELLES SÉPULCRALES.

L'homme avait, sans doute, creusé des souterrains pour y installer sa demeure et y passer une partie de sa vie à l'abri de la chaleur en été et du froid pendant l'hiver, lorsqu'il songea quelque part, dans un pays inconnu, à cacher ses morts dans de semblables cavités plus ou moins profondes, faciles à dissimuler, à soustraire à tous les dangers de violations possibles.

A-t-il importé dans l'Europe occidentale une habitude contractée dans le pays d'origine de la civilisation néolithique? Ou bien, est-ce chemin faisant qu'il fit cette chose nouvelle, et qu'il introduisit cette modification aux rites qui, antérieurement, régissaient le culte des morts?

Je ne sais. En fait, l'on ne retrouve ces grottes artificielles
que dans une petite partie des pays où la nature du sol permettait
leur creusement, et elles ont, sur les divers points où nous les
connaissons, des caractères vraiment distinctifs. S'il y a entre ces

Fig. 146. Gr. 1/3.
HAUTES PYRÉNÉES.

Fig. 147. Gr. 1/3.
BRETAGNE.

Fig. 148. Gr. 1/2.
SICILE.

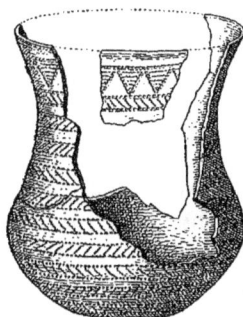

Fig. 149. Gr. 1/3.
ARLES.

VASES CALICIFORMES EN POTERIE FINE.

différents groupes une origine commune, le temps a fait son
œuvre, et, avec le temps, des changements sont intervenus dans
une large mesure.

Ainsi, il y a des différences essentielles entre les souterrains
de la Marne, ceux de la Provence et, enfin, ceux du Portugal.

Dans la Marne, la chambre complètement souterraine est

rectangulaire ou carrée, avec une très petite antichambre de même forme. Sur les parois sont assez souvent des sculptures en relief figurant une sorte de divinité féminine, ou bien la hache en pierre emmanchée.

Dans les collines des environs d'Arles, les cryptes ont la forme de longs et larges fossés avec avenues en pente douce, couverts

Fig. 150.

VASE EN TERRE, GROTTE SÉPULCRALE ARTIFICIELLE DE PALMELLA. Gr. ¹/₂.

par de grands blocs juxtaposés au niveau du sol et qui les dissimulent exactement.

Mêmes particularités dans l'installation des morts et dans le type des objets qui les accompagnent.

Mais arrêtons-nous en Portugal.

Le Tage et le Sado se jettent dans l'Océan à une faible distance l'un de l'autre, leurs embouchures imposantes sont séparées par 30 kilomètres à peine ; cet espace péninsulaire est une plaine de terrains tertiaires faiblement ondulés que domine la chaîne jurassique et abrupte de l'Arrabida. Sur l'un des points culminants se dresse, entourée d'un gros village, l'antique forteresse de Palmella.

A travers les créneaux ou les brèches du château, qui tombe en ruines, l'œil s'étend au loin et contemple un merveilleux tableau. D'un côté Setubal, de l'autre tout Lisbonne ; ici la haute mer, ailleurs les vallées des grands fleuves qui arrivent du plus lointain horizon.

J'avais vu à notre Exposition des Sciences anthropologiques, en 1878, et j'avais admiré de nouveau, en 1880 et 1881, dans les galeries de la Section géologique, à Lisbonne, les précieux mobiliers funéraires des cryptes dites de Palmella. M. C. Ribeiro m'avait

Fig. 151.

VASE EN TERRE, DE PALMELLA. Gr. $^1/_2$.

donné de vive voix des renseignements et m'avait montré quelques dessins. Cela ne me suffisait qu'à moitié ; je voulais voir le gisement et je ne l'aurais jamais découvert sans le secours d'un français domicilié près de Sétubal, dans le site enchanteur de la Quinta de Commenda, où je reçus l'hospitalité la plus complète. M. Tourrète et moi nous avons perdu beaucoup de temps à chercher les grottes de Palmella ; dans le village, personne ne savait ce que je demandais ; il fut nécessaire de lancer autour de Palmella des émissaires dans plusieurs directions et, enfin, au bout de quelques jours, on nous signala le hameau do Anjo, dont les grottes auraient dû porter le nom.

Carlos Ribeiro les avait fait vider il y a assez longtemps et son intention était de leur consacrer une monographie. Je ne sais si la maladie qui nous a ravi ce savant ami lui a permis d'écrire cet ouvrage.

La Quinta do Anjo est coquettement placée au milieu des pâles

oliviers et des brillants orangers, au nord et au pied des escarpe-
ments jurassiques, dans un pli du miocène qui constitue la presqu'île. On y arrive par un chemin caché sous la feuillée luxuriante
des arbrisseaux, juste assez large pour permettre aux bœufs d'y
traîner les chars étroits, aux roues massives et toujours gémis-
santes.

D'un côté le ruisseau sous la haie, de l'autre la pente fortement

Fig. 152.
ENTRÉE D'UNE GROTTE DE PALMELLA VUE DE L'INTÉRIEUR.

inclinée d'un talus élevé de deux à six mètres et couronné de
chênes.

C'est dans la masse de ce talus que se cachaient quatre sépultures de l'âge de la pierre.

Ce sont des souterrains spacieux, régulièrement creusés dans la
molasse, à sol plat, à voûte hémisphérique; l'entrée, comparable
à celle d'un four, est petite et débouche dans une galerie d'accès
plus largement ouverte sur la pente du talus.

Actuellement les voûtes sont crevées; deux entrées sur quatre
obstruées par les éboulis, et l'intérieur, en grande partie, comblé
par les terres qu'on a eu le tort d'y rejeter après les fouilles. Ces

monuments semblent abandonnés ; tandis qu'il aurait été si facile
d'entourer d'une barrière le monticule sans valeur qui les renferme
et d'assurer leur conservation.

Les parois portent encore la trace des instruments qui ont creusé
la roche ; l'outil devait être pointu et je me suis assuré qu'un pic en
bois de chêne pourrait suffire à ce travail. La molasse est fort tendre,
en effet, et elle a gardé très nets les détails les plus intéressants.

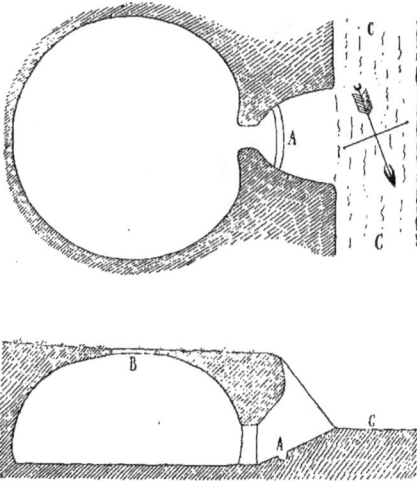

Fig. 153 et 154.

PLAN ET COUPE D'UNE GROTTE DE PALMELLA.

Il ne s'agit pas de sculptures comme celles que les grottes artificielles de la Marne ont montré. Je n'ai rien vu dans ce genre.
Mais le seuil, l'entrée des souterrains offrent la preuve de l'expérience, de l'habileté des ouvriers et de leur prévoyance.

Ainsi l'aire de la crypte est une circonférence, mais à la porte
intérieure les parois sont légèrement saillantes et élargies. De cette
manière la partie de la grotte la plus exposée aux frottements,
aux chocs, et par suite à des dégradations, offrait une plus grande
force de résistance. La vue (fig. 152) et le plan (fig. 153) rendent
parfaitement compte de ce curieux détail. L'entrée a 0m,70 de

largeur sur $0^m,92$ de hauteur. Au-delà de ce premier seuil en A
(fig. 153 et 154), est une rigole très légèrement creusée qui correspond à une feuillure à peine indiquée tout autour de l'entrée.
Elle avait, sans doute, pour but de recevoir une grande dalle bien
exactement taillée pour pouvoir fermer tout à fait l'ouverture. Sur
cette porte on devait accumuler des terres et en remplir toute la

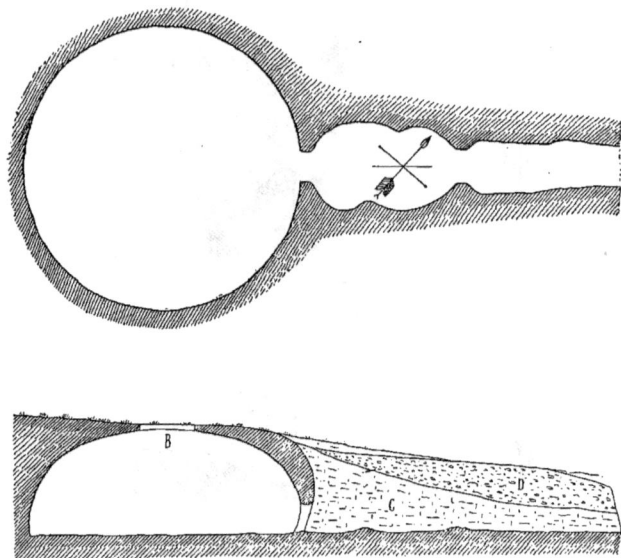

Fig. 155 et 156.

PLAN ET COUPE D'UNE DES GROTTES DE PALMELLA.

fosse jusqu'au plan du talus coupé aujourd'hui à mi-hauteur par
le chemin C, qui domine de très peu de mètres le fond de la
vallée. La largeur du vestibule est de $1^m,70$.

Maintenant cette première grotte a, comme les autres, sa voûte
crevée au sommet ; l'orifice B permet au grand jour d'y pénétrer,
il est évident qu'il est plus ou moins moderne. Il ne pouvait que
se produire vu la fragilité de ces voûtes dont l'épaisseur atteignait
à peine sur ce point $0^m,20$ centimètres. Il a été peut-être fait

pour faciliter les fouilles, et n'a dans tous les cas aucune importance.

La direction de cette première crypte est Est-Ouest. Deux autres s'ouvrent à peu près vers le même point. Mais l'entrée de la quatrième est dirigée presque perpendiculairement aux trois voisines (N.-E. S.-O.).

Comme je l'ai prouvé par une série d'observations précises, en France, la direction, l'orientation des sépultures de l'âge de la pierre n'est pas régulière. Toutefois, en Portugal, il est très fréquent de trouver l'ouverture dirigée vers l'Est.

Fig. 157.
VASE EN TERRE, GROTTE SÉPULCRALE DE PALMELLA. Gr. $^1/_2$.

Cette crypte dont je viens de parler, un peu plus grande que la première, a un long vestibule ($3^m,50$ de long) ; cette galerie est rétrécie sur plusieurs points. Il y avait probablement deux dalles protectrices. Le sol supérieur a sans doute été remanié, car il y a une couche de déblais D sur la roche en place C (fig. 156).

Ces tombes ont livré une magnifique série d'objets. D'abord, des vases ornés d'une façon exceptionnelle et que je signalerai avec détails. Quelques-uns sont de petite dimension, rougeâtres et bruns, assez bien cuits, avec des parois minces et des dessins gravés lorsque la terre était encore humide. Il va sans dire que le tour du potier n'était pas connu à l'époque de leur confection, et qu'on avait cependant certains procédés pour obtenir une pâte mince, bien lissée et des ornements assez réguliers. Ces creux étaient obtenus non-seulement au moyen d'encoches et de gravures à la pointe ; mais il y a de nombreux exemples d'impressions si bien

Fig 158.

VASE EN TERRE, GROTTE DE PALMELLA. Gr. $\frac{1}{2}$.

Fig. 159.

COUPE EN TERRE, GROTTE SÉPULCRALE ARTIFICIELLE DE PALMELLA. Gr. $\frac{1}{4}$.

exécutées, qu'on assurerait volontiers que l'ouvrier s'est servi de la roulette. Il avait à sa disposition des poinçons ou cachets à estamper. On aura une idée tout à fait exacte de ce genre d'ornementation, en examinant les fig. 166 et suivantes, qui sont aux deux tiers de la grandeur vraie.

Les vases figurés sous les n°s 150 à 158 sont-ils des vases
à boire ? Ne sont-ils pas trop grands quelquefois pour cette destination ? Le plus souvent ils ont un fond assez pointu qui exigeait
probablement d'être posés sur un anneau (en poterie ou en paille)
ou sur un lit de sable. Ils sont, sans aucun doute, assimilables
aux vases en forme de calice ou de tulipe, qui se retrouvent dans

Fig. 160.

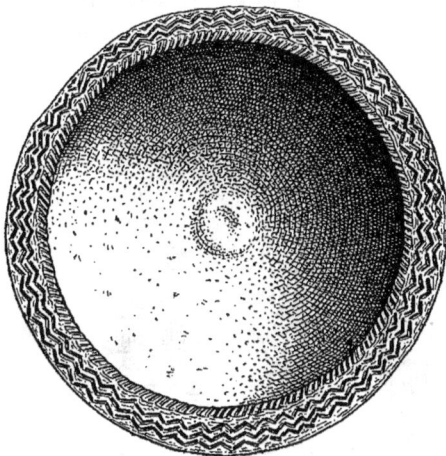

Fig. 161.

COUPE EN TERRE, GROTTE SÉPULCRALE ARTIFICIELLE DE PALMELLA. Gr. ¹/₄.
AUTRES VUES DE LA COUPE 159.

les tombes néolithiques de la Bretagne, des Hautes-Pyrénées, du
Castellet près Arles, de la Sicile enfin (fig. 146 à 149), et d'autres
lieux en Europe.

Quelques vases de Palmella ont une physionomie différente.
Ce sont des coupes basses et larges (fig. 159), bien ornées, non-seulement à l'extérieur, mais aussi sur le plat du rebord qui est très
élargi et surplombe en dedans. On rencontre un système à peu

près analogue dans la céramique irlandaise, mais surtout dans le cromlech d'Er-Lanic (Morbihan). On en jugera par les figures ci-jointes (162 à 165).

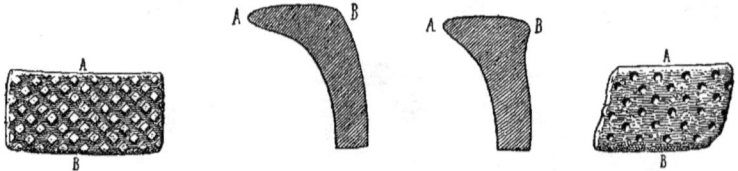

Fig. 162.   Fig. 163.   Fig. 164.   Fig. 165.

COUPE ET ORNEMENTATION DU REBORD DANS LES POTERIES DE PALMELLA ET D'ER-LANIC.

Rarement on a trouvé ces poteries et leur système d'ornementation à l'intérieur de la France; ils sont au contraire répandus sur ses limites maritimes et terrestres. Je n'oserais pas soutenir qu'il

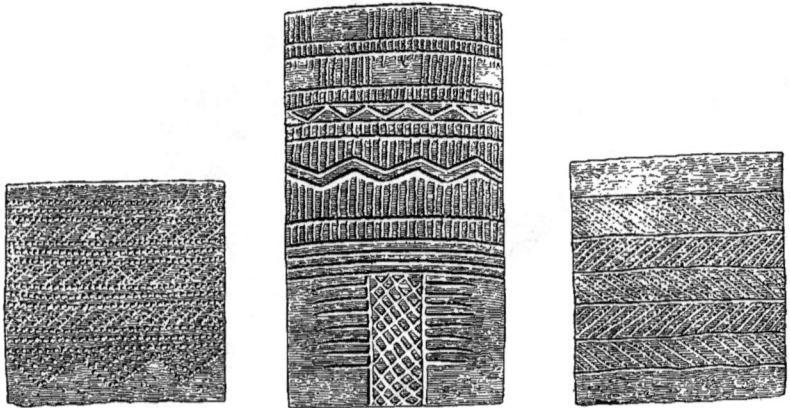

Fig. 166.   Fig. 167.   Fig. 168.

ORNEMENTATION DE TROIS VASES DES SÉPULTURES DE PALMELLA. Gr. $^2/_3$.

y a un certain rapport d'origine entre les groupes breton, pyrénéen, provençal, alpestre; il faudrait songer à une importation par mer, et les preuves positives nous font défaut. Il y a évidemment beaucoup à apprendre à ce sujet.

La présence à Palmella de ces belles poteries brunes ou rougeâtres, n'excluait pas les types les plus ordinaires et d'autres
dignes d'un réel intérêt ; je veux parler de ces vases à bords ren-
trants, surbaissés et percés de trous destinés à laisser passer les
liens de suspension. Ce type s'est rencontré dans plusieurs gisements portugais et irlandais.

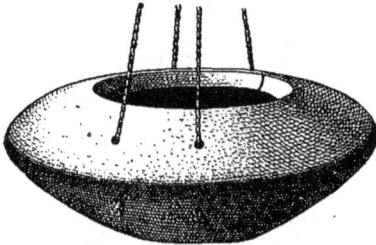

Fig. 169.
VASE EN TERRE, IRLANDE. Gr. $^1/_2$.

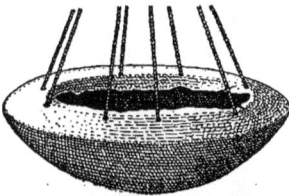

Fig. 170.   Fig. 171.
VASE EN TERRE, GROTTE SÉPULCRALE DE PALMELLA. Gr. $^1/_2$.

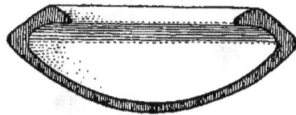

Pour en finir avec les poteries de ces cryptes si intéressantes,
je dois citer un petit vase à fond plat (fig. 172).

Le petit godet figuré sous le n° 173 est en calcaire ; ce type
est plusieurs fois répété dans les collections du Portugal. Servait-il
à broyer des couleurs, des parfums ou des poisons, des remèdes
(car il y a souvent chez les sauvages une véritable pharmaceutique)?
On ne sait.

Après les vases en poterie, il faut signaler les bols en calcaire
déjà mentionnés dans plusieurs localités ; ils sont décidément un
des caractères du néolithique portugais. Une boule très aplatie en

quartzite est creusée suivant son grand cercle d'une gorge peu profonde, mais très régulière (fig. 174). Ce n'est pas un percuteur;
Nilsson signale une pièce semblable pour la forme et la dimension,
et la considère comme un poids de ligne. On pourrait songer aussi

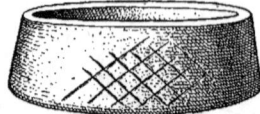

Fig. 172.
VASE EN POTERIE, PALMELLA. Gr. $\frac{1}{2}$

aux *bolas* de l'Amérique du Sud qui sont enlacées à l'extrémité
d'un lazzo.

Parmi les nombreuses haches des grottes de Palmella, je n'ai
rien à signaler; il y a, comme partout ailleurs en Portugal, une

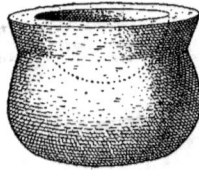

Fig. 173.   Fig. 174.
GODET EN PIERRE. Gr. $\frac{1}{2}$.   PIERRE DE LAZZO OU PERCUTEUR. Gr. $\frac{1}{2}$.

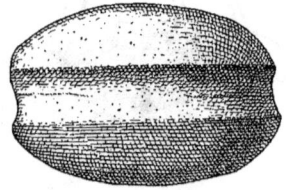

GROTTES ARTIFICIELLES DE PALMELLA.

majorité de pierres plates, aiguisées, en un mot, d'herminettes.
Citons encore une petite gouge en roche amphibolique (fig. 175).

J'ai eu l'occasion de le dire : il est presque certain que les
manches de toutes ces haches et herminettes étaient en bois,
matière essentiellement périssable. Il n'y a pas dans les collections
portugaises ou espagnoles une seule de ces emmanchures en corne
de cerf que nous sommes habitués à rencontrer dans les stations ou
les sépultures de l'ancienne Gaule.

Des nucleus de quartz hyalin, leurs éclats et la série ordinaire des silex, lames diverses et pointes de flèches variées, n'ont rien de spécial.

Les scies sont, au contraire, des pièces rares et très notables; j'ai figuré trois d'entr'elles sous les nᵒˢ 177 à 179. On sait que les meilleures scies en silex sont celles qui ne portent pas de dentelures d'aucune sorte qui n'auraient pu que gêner le sciage. Les scies sont des lames dont le tranchant a été remplacé par une suite de petites retouches qui rendent rugueux le bord de la lame. Elles étaient

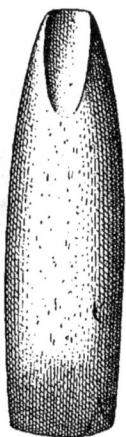 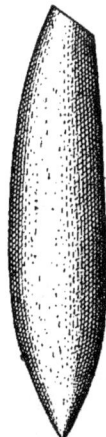

Fig. 175.   Fig. 176.
GOUGE EN PIERRE, GROTTE DE PALMELLA. Gr. ²/₃.

généralement emmanchées, c'est-à-dire incrustées dans une pièce en bois jusqu'à moitié de leur largeur, si nous en jugeons d'après les spécimens fournis par les palafittes.

A Palmella, des perles variées constituent le groupe des parures. Les unes sont de petites plaquettes en forme de triangle ou de rectangle, de cylindre, d'anneau ou d'olive. Parmi les roches employées à leur confection, une seule mérite une digression.

Il est une substance qui, sous forme de parure, perles et pendeloques de diverses grosseurs, depuis celle d'une lentille jusqu'à celle d'un œuf de pigeon, est assez abondante dans les sépultures néolithiques du Morbihan où elle fut d'abord signalée. On l'a

trouvée dans le Manné er roeck en Locmariaker (50 grains), dans
une crypte de la Trinité-sur-Mer (1 grain), dans celles de Kéria-
val (2 grains), du Mont-Saint-Michel (107 grains), de Tumiac
(147 grains), du Moustier Carnac (1 grain), de Kercado (7 grains).

Disons de suite qu'elle manque jusqu'ici dans les autres dépar-
tements bretons, même dans le Finistère si largement exploré. Dans
l'intérieur de la France, on signale un grain dans les grottes sépulcrales artificielles de la Marne, trois ou quatre grains sous les mégalithes de l'Aveyron et de la Lozère; elle reparait assez abondante

  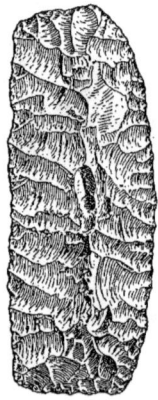

Fig. 177.   Fig. 178.   Fig. 179.

SCIES EN SILEX, GROTTE DE PALMELLA. Gr. ²/₃.

dans les allées couvertes de la Provence (114 perles dans la crypte,
à la fois souterraine et mégalithique, du Castellet près d'Arles),
des Pyrénées (60 perles dans la chambre d'un tumulus du plateau
d'Ossun). Elle est plus commune encore loin de là, en Portugal,
dans les grottes sépulcrales artificielles de Palmella (214 perles)
et dans l'anta de Monte Abrahào près Lisbonne (30).

Donc quatre centres bien nets, Vannes, Ossun, Arles et Lisbonne. Les fouilles exécutées en Europe, quelque nombreuses
qu'elles soient, ne permettraient d'établir qu'avec la plus grande
réserve des théories basées sur cette répartition; toutes ces perles

en callaïs ont-elles la même origine? Elles n'ont pas tout à fait le
même aspect extérieur; elles diffèrent aussi par la forme.

Ainsi la série de Palmella présente une majorité de perles travaillées toutes avec soin. Les unes, les plus grosses, au nombre de
six ou sept, qui atteignent 0^m,06 de longueur sur 0^m,02 de diamètre,
sont en forme d'olive très allongée, un peu aplatie vers son milieu;
bon nombre des plus petites offrent le même type; d'autres sont
tout à fait cylindriques et très régulières; la plupart sont de petits
globules aplatis aux pôles dont la taille varie entre 0^m,010 et 0^m,005;
une seule est en forme de plaquette mince et discoïdale, d'un diamètre de 0^m,037. Enfin toutes celles-là sont percées de part en part

Fig. 180.
PERLES EN CALLAÏS, GROTTE DE PALMELLA. Gr. $^1/_2$.

d'un trou étroit et bien fait, tandis que deux plaquettes rectangulaires offrent un système tout différent ayant à leurs angles opposés
une sorte d'anneau dégagé très habilement dans leur masse même,
par la rencontre de deux trous; ce mode de perforation est assez
répandu dans tout le néolithique de l'Europe occidentale.

Les perles en même roche du tumulus de la Haillade (Pyrénées) sont toutes petites et en forme de globules cylindriques. Celles
de l'allée couverte du Castellet (Provence), sont en général aussi
menues, mais moins symétriques; enfin celles du Morbihan sont,
je l'ai déjà dit, de dimensions variées; les plus grosses sont presque
brutes et semblables à des cailloux roulés en forme de poire.

La couleur de cette roche est le vert pomme se rapprochant
du vert de l'émeraude. Quelques échantillons sont comme marbrés
de parties blanches et de parties bleuâtres; d'autres sont maculés
de veines et de taches brunes ou noires, par suite d'un mélange
accidentel de matières argileuses. La substance minérale est trans-
lucide; sa cassure est compacte comme celle de la cire. Elle raye

le calcaire, mais elle est facilement rayée par une pointe d'acier. Sa poussière est blanche ; sa densité égale 2,50 à 2,52. Sa composition est voisine de celle de la turquoise d'Orient. Elle contiendrait un équivalent d'alumine, au lieu de deux, pour un d'acide phosphorique et cinq d'eau. Elle devrait sa couleur verte à l'oxyde de fer, la turquoise orientale sa teinte bleue à l'oxyde de cuivre.

Elle répond autant qu'il est possible à la roche que Pline décrit sous le nom de *callaïs*. On lui a attribué ce nom. Mais entre la callaïs bien caractérisée du Manné er roeck et les perles vertes ou bleues des autres gisements préhistoriques du Morbihan, du midi de la France et du Portugal, il y a une foule de transitions. Plusieurs échantillons ne se distinguent pas de la turquoise et l'on doit admettre que l'on a affaire à des fragments d'une même roche présentant toute une gamme de couleurs et de composition.

On ne connaissait naguère la callaïs en place dans aucune partie de l'Europe. Pline la signalait au-delà des Indes, chez les Phycares qui habitent le mont Caucase, et aussi chez les Saces et les Daces et en Caramanie ; cette provenance se rapporterait assez bien à celle de la turquoise orientale, dont on connaît actuellement des gîtes dans quelques parties de la Perse.

Mais voici qu'on a trouvé la turquoise avec quelques autres raretés minéralogiques à la mine d'étain de Montebras (Creuse) où existent des traces d'anciennes fouilles qui paraissent préhistoriques. Le Morbihan lui-même renferme des filons d'étain qui semblent avoir été l'objet d'exploitations très antiques ; la callaïs des tombes mégalithiques en provient-elle ?

Des objections se présentent. Les sépultures de la Creuse et des environs n'ont encore livré aucun grain de callaïs pas plus d'ailleurs que la turquoise ordinaire. Enfin, quelque préhistorique que soit l'exploitation des filons de Montebras et du Morbihan, elle n'est pas néolithique, elle n'est pas même des débuts de l'âge du bronze.

Faut-il persister à admettre des gisements locaux encore inconnus, perdus sous la mer envahissante, ou peut-être enfin épuisés ? Cette solution n'est pas inadmissible, ce qui fait sa force, c'est l'ensemble de difficultés que rencontre l'opinion contraire.

Les mobiliers funéraires dans lesquels on a découvert la soi-disant callaïs ont de singuliers rapports; jusqu'ici, en France ou en Portugal, ils constituent des ilots industriels distincts de tout ce qui les entoure, au moins par certains caractères; en outre, ils représentent, en quelque sorte, l'apogée de la civilisation néolithique. Par quelques-uns de leurs détails, ils se lient très évidemment à d'autres tombes riches, exceptionnelles, telle que le tumulus de Taillant (Hautes-Pyrénées) avec sa hache étroite et longue si étrange, d'un type inconnu dans le Midi, telle encore que la sépulture de Pauilhac (Gers) avec ses grandes lames en silex, ses deux haches à tranchant évasé en jadéite, ses perles d'or.

Les *mêmes* perles en or se rencontrent dans l'allée couverte du Castellet, à d'Arles, avec notre turquoise, et au pied des Pyrénées, dans la crypte colossale de Pouy-Mayou qui git à côté de l'allée de la Haillade où se trouvait la callaïs et une plaquette en or.

L'or et cette turquoise marchent donc ensemble dans la France méridionale; il n'en est pas du tout ainsi dans le Morbihan et dans le Portugal où l'or néolithique fait jusqu'ici défaut.

Si la turquoise est exotique, elle est venue par mer, car autrement nous aurions trouvé des jalons révélant sa route à travers les terres. Le fait qu'elle manque dans les palafittes est essentiel dans l'espèce.

J'ai dit que le Portugal, le Morbihan, les monuments d'Arles ne sont pas sans liens de parenté avec l'Irlande, mais la verte Érin n'a jamais livré un grain de callaïs. Il en est de même des iles voisines des côtes de France.

Faut-il décidément songer à l'Orient? Mais n'est-il pas admissible qu'à l'époque des sépultures qui nous occupent, les régions de l'Asie qui possèdent la callaïs, depuis longtemps civilisées, auraient envoyé bien autre chose, si le moindre lien commercial les avait unies à notre extrême Occident. Si la callaïs d'Asie n'a pu devancer le bronze, si elle était venue avec lui par la Méditerranée, nous la trouverions en Italie. Elle se rencontrerait dans ces sépultures des Alpes, des Cévennes où l'on connait quatre minuscules grains douteux associés à une foule de parures de l'aurore de l'âge du bronze. Ces sépultures à callaïs, que nous sommes enclins à placer à la fin de l'âge de la pierre polie, ne seraient-elles pas plus anciennes? et comme il est établi que la civilisation néolithique fut importée par des hommes nouveaux, qui sait si les premiers im-

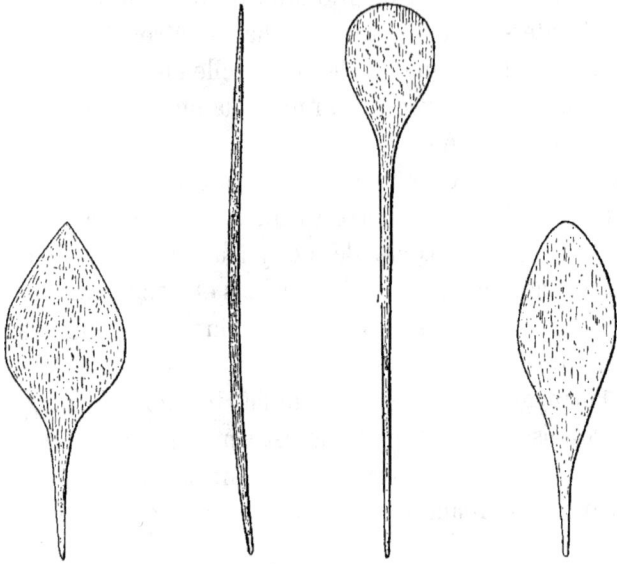

Fig. 181.   Fig. 182.   Fig. 183.

POINTES DE TRAITS EN BRONZE OU CUIVRE, PALMELLA. Gr. $\frac{1}{2}$.

migrants n'avaient pas avec eux ces précieuses parures faites avec une roche de leur patrie lointaine ?

Il nous est impossible de conclure, nous constatons des faits ; un jour sans doute on saura les expliquer.

Il n'est pas moins difficile de résoudre les divers problèmes que soulève la présence, dans ces grottes de Palmella, d'une série relativement bien petite de pièces en métal (cuivre ou bronze).

L'une (fig. 182), avec son disque mince au bout de sa tige fine et longue, est probablement une épingle. Le tumulus du rocher du

Corbeau, commune de Trinité-Victor, dans les Alpes-Maritimes, a
livré une pièce semblable qui, de plus, offrait un rond de points
gravés le long du bord de la plaque ; là
elle était également associée aux objets
ordinaires de nos sépultures néolithiques.

Les autres types, 181 et 183, sont pareils à ceux de la Casa da Moura, de Porto-
Covo, des tombes de Mira, etc. Ils peuvent être considérés comme des bouts de
traits. Dans la célèbre trouvaille de Larnaud (Jura), qui était, comme on le sait,
une cachette de vieux bronzes destinés à
la fonte, est un fragment d'une semblable
pointe. J'en connais une de l'Ariège.

Enfin, parmi les cuivres ou les bronzes de Palmella, est une espèce de petit
ciseau long et à tige carrée.

Ce n'est pas ici le moment de discuter les questions que soulève l'arrivée du
métal au milieu de l'industrie néolithique ; continuons l'étude des grottes sépulcrales artificielles.

Les grottes de Palmella ne sont pas
les seules en ce genre qu'on ait rencontrées en Portugal.

Carlos Ribeiro a publié la description d'une sépulture découverte au lieu
dit Folha das Barradas, faisant partie de la
ferme nationale de Cintra, à 6 kilomètres
N.-N.-E. du bourg de ce nom. Le sol est
constitué par le tertiaire miocène lacustre.

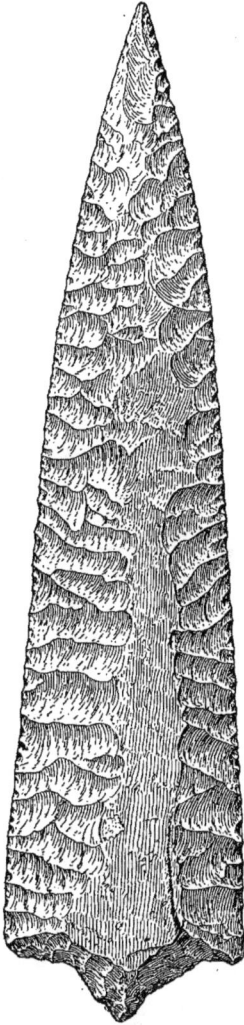

Fig. 184.
POINTE DE TRAIT EN SILEX.

La crypte proprement dite est circulaire comme à Palmella, mais plus pe-
tite, de 4 mètres de diamètre ; en revanche la galerie d'accès est
beaucoup plus longue ; elle mesure environ 8 mètres et présente

un fort étranglement au premier tiers après la sortie de la chambre. Il paraît — ce sont des ouvriers travaillant à la construction d'une route qui découvrirent ce monument et le détruisirent en partie — il paraît que la chambre était divisée en compartiments dont les cloisons consistaient en de minces dalles, telles qu'on les

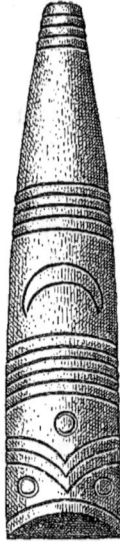

Fig. 185.   Fig. 186.

OBJET INDÉTERMINÉ EN CALCAIRE BLANC, PALMELLA. Gr. $^1/_2$.

avait arrachées à la formation crétacée voisine. Les squelettes humains, au nombre de douze, gisaient dans ces cellules avec des écuelles et autres petits vases en poterie, avec des instruments en silex, parmi lesquels plusieurs grandes pointes retaillées, — la plus belle est figurée ici sous le n° 184, — avec des cylindres de marbre, dont le plus gros pèse 5,235 grammes, etc.

Ce ne sont pas les seuls objets dont la destination soit incomprise, il est plus difficile encore de dire à quoi servait ce bâton demi cylindrique en calcaire blanc (fig. 185). Peut-être était-ce une des parties dont se composait l'emmanchure d'une herminette? Celle-ci pouvait être placée entre le coude du manche en bois et cette pièce. Des liens auraient pu fixer le tout, les stries aux points A B C les retenaient et augmentaient la solidité de l'instrument. Un spécimen semblable a été recueilli dans la Casa da Moura; d'autres de même forme, mais à surface lisse, ont été rencontrés à Monte Abrahao dans un antas.

Dans la même Serra de Cintra, au sommet dit Monge, un autre monument établit une sorte de transition entre les précédents et les antas; il est mixte, car la crypte, à peu près circulaire, qui a 4ᵐ,50 de diamètre sur 3ᵐ,50 de hauteur, est creusée grossièrement dans le sol granitique feuilleté et friable, et couverte par une voûte formée de gros blocs de la même roche chevauchant l'un sur l'autre et ayant l'apparence d'un dôme. L'entrée avait une longueur de 1ᵐ sur 0ᵐ,40 de haut et 0ᵐ,50 de largeur. Les parois verticales étaient constituées par un mur en pierres sèches; elles supportaient une grande dalle, puis en avant de ce seuil était, comme d'habitude, le vestibule ouvert, irrégulier, long de 6ᵐ,50 sur 6 de largeur à son extrémité; les parois étaient là aussi régularisées par le placage contre la roche du terrain d'un mur en moellons de porphyre et de granit sans nul appareil ou ciment (1).

Quelques silex, des tessons de poterie, les uns grossiers et lisses, les autres ornés de chevrons géométriquement multipliés, ont été rencontrés dans cette tombe qui mérite encore notre attention par un détail curieux.

Comme celle de Folha das Barradas, elle renfermait une grande quantité de cailloux roulés empruntés aux alluvions des torrents qui sillonnent les flancs de la montagne.

L'anta du Monte Abrahào avait la même abondance de galets de différentes grandeurs, depuis le volume d'une amande jusqu'à celui d'une grosse pomme, qu'on était allé chercher un peu plus loin, bien que les pierres cassées ne fissent pas défaut autour du tombeau. Ils étaient mêlés à la couche supérieure; la plus grande

(1) *Noticia de algumas estaçoes e monumentos prehistoricos*, par Carlos RIBEIRO, Lisboa, 1880, 88 p. in-4°, fig. et pl.

quantité formait à l'orient de la galerie une partie de la couche entassée sur les ossements humains. Ribeiro pensait que ces pierres rondes étaient symboliques et que leur apport et leur emploi était dû à l'accomplissement d'un précepte religieux.

Ce n'est pas seulement en Portugal qu'on a observé ces faits. Mon ami, M. P. Çazalis de Fondouce, dans son ouvrage bien connu sur les allées couvertes de la Provence, dit qu'il a constaté aussi qu'une couche de cailloux de quartzite *blanc*, c'est-à-dire d'origine lointaine, choisis dans les alluvions des affluents de l'autre côté du

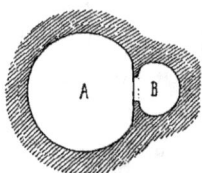
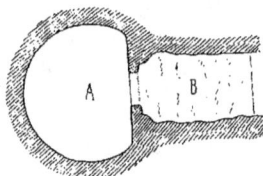
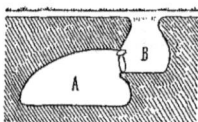
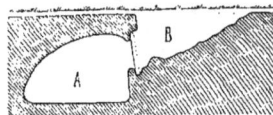

Fig. 187 et 188.   Fig. 189 et 190.

SICILE.   ILE PIANOSA.

PLAN ET COUPE DE GROTTES ARTIFICIELLES SÉPULCRALES.

Rhône, était étendue dans la grotte de Bounias au-dessus de la terre renfermant les ossements et la recouvrait entièrement.

Ces souterrains funéraires sont encore peu nombreux ; ce sont les sépultures les mieux cachées, on les rechercherait en vain ; le hasard seul peut amener leur découverte ; nul doute qu'en Espagne, si l'on interrogeait les souvenirs des carriers et des paysans, on trouverait quelques monuments semblables.

Nous les connaissons depuis longtemps dans quelques îles de la Méditerranée, par exemple, en Sicile et à l'île Pianosa ; plusieurs archéologues, en tête desquels mon ami M. Chierici, les ont étudiés, comparés et signalés avec grand soin. Il suffira de jeter un coup

d'œil sur les quelques figures ci-jointes, pour avoir une idée très
exacte de leurs rapports avec les cryptes portugaises.

L'un, de la Sicile, est ouvert en plein champ, son entrée est
en forme de puits (B). La sépulture proprement dite (A) était close
par un ou deux blocs de pierre. Le second, de l'île Pianosa, ne
diffère que par une antigrotte plus vaste. D'autres offrent une galerie d'entrée en forme d'escalier descendant jusqu'au niveau du sol
de la crypte souterraine. On trouve quelquefois d'autres chambres,
également en forme de four, sur le pourtour de la principale ; mais

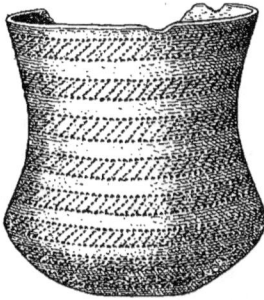

Fig. 191.
VASE CALICIFORME EN POTERIE FINE, SICILE. Gr. $^1/_2$.

il n'est pas utile de mentionner ici toutes les variantes de ces
monuments.

A côté de ces groupes de caveaux à chambre ronde, d'autres
ont des chambres rectangulaires. M. Chierici a indiqué une répartition géographique des deux types, et il a comparé les plans des
uns et des autres à ceux des « fonds de cabanes » néolithiques,
aussi répandus dans les Abruzzes que dans le Reggianais.

Que des hommes, dans des pays plus ou moins éloignés, se
trouvant en face des mêmes besoins, du même outillage, des
mêmes difficultés, soient arrivés souvent aux mêmes résultats,
c'est un évènement tout naturel.

La ressemblance des tombes souterraines italiennes et portugaises n'implique nullement l'existence de rapports entre les populations qui les ont creusées, pas plus que leur origine commune.

Mais ce n'est pas tout, et il y a un autre rapprochement plus important : l'identité des formes et des ornements de la céramique.

J'ai déjà signalé ces vases, trouvés en Sicile, qui sont évidemment de la même famille que ceux des Alpes et de la Provence, des Pyrénées et de la Bretagne, du Portugal et de la Bohême.

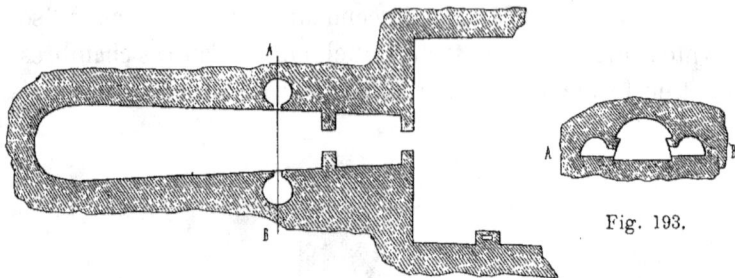

Fig. 193.

Fig. 192.

PLAN ET COUPE D'UNE GROTTE ARTIFICIELLE DE SAINT-VINCENT, ILE DE MINORQUE.

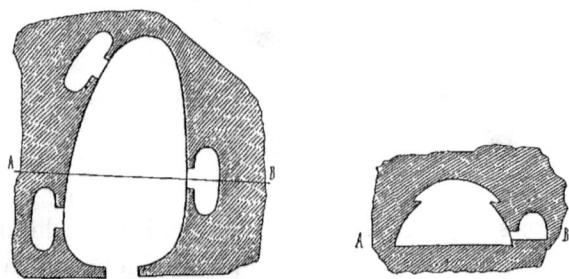

Fig. 194.   Fig. 195.

PLAN ET COUPE D'UNE AUTRE GROTTE DE SAINT-VINCENT.

Ce type se retrouve toujours dans des tombes qui, malgré la présence d'un peu de métal (cuivre ou bronze), semblent appartenir à la civilisation néolithique. Il y a là un lien qui ne peut être méconnu, mais qui me paraît insuffisant pour justifier l'hypothèse que tous ces monuments appartiennent à telle ou telle population mentionnée par l'histoire.

Dans l'île de Majorque on a signalé les grottes artificielles de San Covas, près de Campos, de l'Alsinar de San Vicens, près Pollenza, etc. On a soutenu que c'étaient des habitations et non des tombeaux, et puisqu'elles appartiennent à une terre espagnole et très voisine de l'Espagne, il convient de leur consacrer quelques pages (1).

En suivant le chemin qui de Pollenza conduit à San Vicente, à un quart de lieue avant d'arriver à la mer, on rencontre une colline nommée l'Alsinas de San Vicens. Sur le penchant exposé au sud est un groupe d'une quarantaine de tombes creusées dans le

Fig. 196.
ENTRÉE D'UNE GROTTE ARTIFICIELLE DE SAN COVAS.

roc, placées sans ordre aucun. A moins de cinquante pas commence la série des souterrains, six d'abord, puis une autre quatre cents pas plus loin, et enfin une huitième, toutes sur même niveau et ouvertes au midi (fig. 192 à 195).

Elles offrent d'ordinaire une plate-forme creusée à ciel ouvert dans le flanc de la colline. La porte d'entrée une fois franchie, on se trouve dans un vestibule de 1m,90 de long, puis une autre porte donne accès à la chambre longue de 9m,20, large de 2m, hauteur 1m,30. Dans les parois de droite et de gauche s'ouvrent les entrées de deux petites niches en forme de four dont le sol est un peu plus élevé que celui de la grande salle.

_____

(1) Voir surtout *Apuntes arqueologicos* de D. Francisco Martorell y Peña, Barcelona, 1879, 221 p. gr. in-8º.

La forme de celle-ci est loin d'être uniforme ; elle est quelquefois ovale et privée de son antichambre ; dans un cas, elle est directement ouverte sur la paroi de la montagne, profonde de 4ᵐ,75,
large de 2ᵐ,50 et haute de 1ᵐ,30 ; elle possède trois niches ou
réduits accessoires.

D'autres souterrains analogues ont été notés aux environs
d'Alcudia ; et tous, par quelques-uns de leurs détails architectoni-
ques, rappellent les allées couvertes des collines d'Arles. Leur pro-

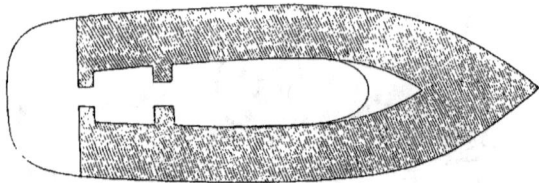

Fig. 197.

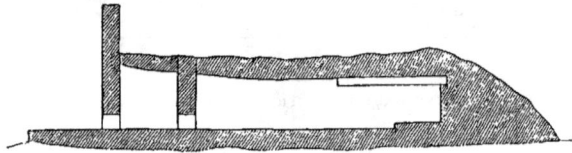

Fig. 198.

PLAN ET COUPE DE LA NAVETA DES TUDONS, ILE DE MINORQUE.

fondeur, leur obscurité, la difficulté avec laquelle dans la plupart
l'air peut se renouveler, appuient l'hypothèse de leur destination
funéraire ; les fouilles fourniraient sans doute des preuves décisives.

Les grottes artificielles de San Covas, près de Campos, plus
largement ouvertes (17ᵐ sur 10ᵐ,80) se prêteraient mieux à servir
d'habitations (fig. 196).

L'île de Majorque renferme d'ailleurs une quantité de constructions très originales appelés *Talayots* et *Navetas*.

Les *navetas* sont des constructions dont le plan intérieur correspond exactement à quelques-unes des grottes creusées dans les
rochers et dont j'ai parlé plus haut. Cette identité dans les détails

ne permet pas de les séparer quant à leur destination. Leur nom
signifie navire et, en effet, elles ont à peu près la forme d'une
barque. Telle est la *Nau dels Tudons*, voisine de Cuitadela, île de
Minorque, ayant à l'intérieur 10^m,50 de longueur (fig. 197). Sa
petite porte d'entrée est large de 0^m,57 et haute de 0^m,75. Comme
l'on peut en juger par le dessin que j'emprunte à D. Francisco
Martorell y Peña, les murs épais sont édifiés avec de grands blocs,
assez bien taillés et agencés par assises non cimentées (fig. 199).

Fig. 199.

LA NAU OU NAVETA DES TUDONS, MINORQUE.

D'autres *navetas* de formes différentes se voient à Calafiwell,
à Nitja, à San Merce de Baix. Dans ce dernier monument la crypte
est divisée en deux nefs par une série de trois piliers formés de
cinq ou six blocs inégaux et superposés ; ils supportent des dalles
longitudinales. Des plaques transversales s'appuient d'un côté sur
les dalles, de l'autre sur le grand mur extérieur, et constituent
ainsi la toiture de la chambre. La longueur totale de celle-ci est de
11 mètres ; sa largeur au droit des divers piliers 2^m,90, 3^m,70, 4^m,80.
Sa largeur à l'entrée 3^m,10 (elle n'a pas d'antichambre). Ses murs,
épais de 2^m,80, sont formés par des pierres de 0^m,60 de côté placées
de telle façon que les joints se découpent à peine.

Les îles Baléares possèdent bien d'autres monuments signalés depuis longtemps par le général de La Marmora. Je veux parler de ces enceintes de gros murs entourant des monolithes qui supportent une table en pierre équarrie dits *altares*, parce qu'on les considère comme des monuments religieux, et de ces *talayots* si semblables aux *nuraghes* de la Sardaigne. Ce sont ces tours circulaires et coniques édifiées en blocs souvent énormes, élevés de 5 à 6 mètres, de 13 à 15 mètres de diamètre, ayant une porte tantôt basse (0ᵐ,60 et 0ᵐ,80, par exemple), tantôt haute (1ᵐ,40 sur 1ᵐ,50). Plusieurs offrent des escaliers intérieurs et quelquefois une fenêtre. On ne sait pas au juste si ce sont des forteresses ou des habitations; on ignore également leur âge et, à plus forte raison, la population qui les éleva.

LES CRYPTES MÉGALITHIQUES

Les décrets de nombreux Conciles au vᵉ siècle et dans la suite, établissent d'une manière rigoureuse que de Tolède à Aix-la-Chapelle le peuple vénérait certaines pierres et que ce culte fut combattu avec énergie par l'Église jusqu'au xiᵉ siècle. Ces pierres avaient des caractères peu naturels qui avaient attiré l'attention ; le temps avait effacé leur véritable histoire du souvenir des hommes, et une tradition légendaire et lointaine s'attachait à elles. Nous les reconnaissons aujourd'hui ces autels sacrés du moyen-âge, ce sont les pierres, les maisons, les châteaux des fées, à moins que le paganisme ayant été vaincu, vous ne trouviez à la place des fées la sainte vierge ou le diable, les saints ou quelque personnage célèbre tels que Gargantua, Roland ou Merlin.

Ces grands blocs isolés ou groupés diversement, un danois, Olaüs Magnus, dès 1555 les signalait dans son pays et devinait en eux les monuments, surtout les tombes des antiques Scandinaves. Un autre fameux antiquaire du même temps, Camden, les retrouvait dans la Grande-Bretagne et l'on ne tarda pas à les remarquer en Allemagne; les idées les plus étranges et les plus folles régnèrent à leur sujet.

La France eut l'honneur de fournir la première des renseignements positifs; la crypte de Cocherel, près d'Évreux, fut fouillée avec quelque soin en 1685, et la description illustrée publiée en 1722, bien souvent reproduite, déclare qu'elle est une sépulture des premiers temps de la nation gauloise. Le comte de Caylus, dans son *Recueil d'antiquités*, en 1764, décrivit, sans tenir compte de cette excellente indication, les monuments de Saumur, et, à la suite de La Sauvagère, ceux de la Bretagne et de Carnac. Legrand d'Aussy, dans un Mémoire trop oublié lu à l'Institut le 7 ventôse an VII et

Fig. 200.

PREMIER ANTA DE PAREDES, PRÈS ÉVORA.

dans lequel il proposait l'emploi de deux mots qui ont fait fortune, *Dol-min* (en bas breton, table de pierre) et *Ar-men-ir* (la pierre longue), réclama en vain des fouilles instructives. « Je viens proposer, s'écriait-il, d'ouvrir des tombeaux. » On ne l'entendit point.

En Angleterre, la Société royale des Antiquaires, dans son *Archæologia*, publiée depuis 1770, revendiquait pour leurs antiques races les monuments du pays de Galles, de l'Écosse et de l'Irlande, attribués aux Saxons et aux Danois envahisseurs, mais elle en faisait honneur aux druides, à leurs rites religieux. La Tour d'Auvergne, Corret et Cambry répandirent cette même erreur

10

que devait propager partout l'Académie celtique. Cambry publiant
le premier un volumineux travail d'ensemble « Sur les monuments
celtiques, » mettait ce sous-titre qui révélait toute sa pensée :
Recherches sur le culte des pierres.

Il faut arriver à Thomsen, secrétaire de la Commission des
Antiquités nationales du Danemark, pour voir enfin l'effondrement
des systèmes préconçus et des erreurs. En 1836, on sait enfin que
les monuments jusque-là qualifiés d'autels druidiques ou de tri-
bunes judiciaires, sont d'imposants tombeaux ; on apprend qu'ils
sont presque tous du même âge caractérisé par l'absence à peu près
absolue des métaux ; que les sépultures plus récentes correspondent à un âge du bronze pur et que d'autres, encore moins anciennes, sont contemporaines du fer, sans cesser d'être antérieures
aux traditions historiques.

Ce ne fut pas sans peine que la vérité se répandit en Europe.
Il y a peu d'années un illustre historien soutenait encore avec éclat
la théorie celtique et tout le symbolisme dont l'anthropologie préhistorique avait fait table rase ! Sa voix, si bien entendue d'autre
part, restait à ce point de vue sans écho.

C'est que l'on suivait enfin le conseil de Legrand d'Aussy et
que la méthode des antiquaires du nord avait fait fortune ; on avait
prodigué partout les investigations et les fouilles.

Les cryptes mégalithiques renfermant les mobiliers funéraires
de l'âge de la pierre polie sont en nombre dans la Norwège et la
Suède, dans le Danemark, le Mecklembourg, le Hanovre, en
Irlande et en Angleterre, dans nos îles océaniques, en France et
en Suisse, dans la péninsule ibérique.

Des tombes d'aspect identique, mais d'un âge encore mal
déterminé, se comptent par milliers du Maroc à la Tunisie. On les
retrouve au nord de la mer Noire, dans le Caucase, en Syrie et
jusque sur plusieurs points de la presqu'île indienne. Chaque jour
fait découvrir de nouveaux groupes sans qu'il soit possible de dire
quels liens existent entr'eux, dans quel sens s'est répandu à travers
le monde antique ce système funéraire, s'il fut çà et là une création

spontanée de races variées, s'il est ou non en rapport avec les mêmes croyances religieuses.

Ce sont surtout ces tombeaux qui nous révèlent nos ancêtres, leur industrie et leurs mœurs. Si nous avions réponse à toutes les questions qu'ils soulèvent, nous n'aurions presque plus rien à apprendre sur les populations primitives d'une grande partie du monde, et nous n'en sommes pas là.

Cet historique sommaire pourra permettre de mieux juger le rôle du Portugal dans la question. Martinho de Mendonça de Pina avait présenté à l'Académie royale d'histoire portugaise une *Dissertation sur les Antas*. Elle fut publiée à la date du 30 juillet 1733, tome XIV des *Mémoires* de cette Académie. *Anta*, c'est le nom populaire des chambres mégalithiques en Portugal. Mendonça recherche à la lumière de la linguistique le nom du peuple constructeur de ces antas, « les plus anciennes constructions du monde » qu'il croit n'exister que dans son pays. « Le mot ANTA ou ANTAS au pluriel, comme on a coutume de dire dans la province de Beira, paraît propre à l'ancienne langue portugaise, puisqu'on ne lui trouve de connexion avec aucun mot de la langue qui se parle actuellement chez nous ou de celle qui se parle chez nos voisins..... Il entre dans la composition de divers noms de bourgs et de villages existant depuis nombre de siècles, comme Antas de Penalva, Antas de Penadono, et il entre de même, par suite, dans plusieurs noms de famille..... » Mendonça déclare en terminant que son Mémoire n'est pas complet, faute de livres et d'observations bien faites sur les antas.

On peut le dire, il est heureux pour Mendonça que les livres lui aient fait défaut. M. Pereira da Costa, en 1868, dans sa *Description de quelques Dolmins ou Antas*, M. Raulin, en 1869, dans une note lue à l'Académie des Sciences : *Remarques sur le sens primitif du mot Antas,* ont compulsé la littérature en se fourvoyant visiblement au milieu des étymologies.

Dans la sixième édition du Dictionnaire de la langue portugaise, par Moraes, on trouve ce mot *Antas* comme issu du grec αντάω, j'achemine, et avec cette définition : « autels anciens, dis-

tribués dans les routes pour servir comme bornes. » Trois idées,
autant d'erreurs !

Mendonça est en avance sur son siècle lorsqu'il recherche
l'âge de ces antiquités : « Les antas montrent clairement la ru-
desse de ce siècle qui les vit ériger, c'était alors cet âge d'or où
le fer, caché aux entrailles de la terre, n'avait pas encore appris à
tailler ou à briser les productions informes de la nature ; car de
tous temps les chefs-d'œuvre de l'art ont été destinés aux édifices

Fig. 201.

PETIT ANTA DE PAÇO DA VINHA ; VUE DE FACE.

sacrés, et l'absence de tout travail architectonique dans les antas
indique quelle devait être la rusticité des bâtiments vulgaires
chez un peuple qui se bornait à rechercher, à conduire et à dresser
les grands blocs grossiers auxquels le hasard avait donné une forme
mieux adaptée à cet usage. »

Mendonça croit donc que les antas étaient des édifices sacrés,
et de fait ces grands tombeaux sont bien dus au culte des morts.
Mais sa pensée va plus loin et se trompe, lorsqu'après avoir dit que
l'on considère ces monuments comme des sépultures, il ajoute que

cependant ils peuvent être aussi des *aræ*, des autels, les temples de l'idolâtrie ayant eu leur origine dans les monuments funéraires.

L'année suivante le P. Affonso-da-Madre-de-Deus Guerreiro apportait à la même académie une communication plus importante. Le procès-verbal de la séance du 1er avril 1734 en dit à peine un mot. Le P. Affonso Guerreiro tient à la disposition de Mendonça une collection de notices relatives à trois cent quinze antas dont l'existence en Portugal a été constatée. C'est là le

Fig. 202.

PETIT ANTA DE PAÇO DA VINHA ; VUE DE PROFIL.

premier inventaire des monuments mégalithiques qui ait été dressé en Europe. Qu'est-il devenu? Il est, sans doute, définitivement perdu, et la perte est d'autant plus sérieuse que, parmi les vieux monuments qu'il décrivait, bon nombre ont été certainement détruits depuis lors.

Jusqu'à nos jours les antas portugais ne seront plus qu'incidemment l'objet de l'attention des auteurs. A la bibliothèque d'Evora, dans la correspondance manuscrite de l'archevêque Cenaculo, on trouve des lettres dans lesquelles J. Gaspar Simoes, prieur

de Saint-Theotonio d'Odemira, donne la description de plusieurs.
Ce religieux, qui écrivait en 1753, 1756, 1761, entre dans des
détails précis sur les — autels — qu'il rencontre dans ses voyages ;
il fournit des chiffres sur le nombre des pierres et leurs dimensions ; il note qu'elles se trouvent à l'état brut, naturel, et que les
roches ont été prises dans les régions même où elles sont, et choisies parmi les plus dures ; ainsi, dans la province de Beira, les
gens désignent cette roche du nom de *dente de cavallo*, dent de

Fig. 203.
ANTA DE OUTEIRO; VUE DE PROFIL.

cheval. Simoes fit pratiquer des fouilles sous l'un des antas de
Sabugal et découvrit « un silex long d'une palme et trois doigts, et
» peu épais, sa forme étant à demi courbée. On trouva encore
» cinq pierres brunes... leur forme ressemblait assez à un rabot
» de menuisier... tellement que l'instrument couperait sans doute
» s'il était fait de ce métal. »

Richard Twiss, dans son *Voyage d'Espagne et de Portugal*,
en 1772 et 1773, signale du côté d'Oporto, à Almeida, une série de
pierres plantées qui lui rappellent Stone-Henge ; mais il est fort à

craindre qu'il n'ait pris pour des monuments des roches naturelles, blocs de granits entassés, fréquents dans la péninsule. Un correspondant de notre Cambry, Correa de Serra, sera mieux inspiré lorsqu'il lui signalera des antas entre Montemor et Arroyolos, dans la Serra d'Ossa et aux environs d'Evora. Kinsey, dans son *Portugal illustré* (1829), donnera le premier la représentation de « l'Autel Druidique » d'Arrayolos. Puis, plus rien jusqu'au Mémoire de M. Pereira da Costa présenté au IIe Congrès international d'archéo-

Fig. 204.

ANTA DE OUTEIRO; VUE DE FACE.

logie préhistorique, à Paris, en 1867 (1); il donne la liste de trente-neuf antas, et ce qui est un progrès décisif, quelques renseignements sur les objets que les fouilles ont produit au jour. L'année suivante le même auteur publiait un ouvrage spécial bien plus détaillé, dans lequel tout ce que l'on savait sur quarante-quatre monuments se trouve rapporté. Deux grandes planches contenant ensemble les

---

(1) *Monumentos prehistoricos.* — *Descripção de alguns dolmins ou antas de Portugal,* por F.-A. PEREIRA DA COSTA. Lisboa, 1868, 98 p. in-4o, 3 pl., traduction latérale en français.

plans et vues d'une vingtaine d'antas, et une planche de haches
polies accompagnent le texte. Un second tome avait été préparé ,
les planches étaient déjà gravées, mais M. Pereira da Costa a
malheureusement renoncé à le faire imprimer.

Pour terminer cette bibliographie, il faut citer divers courts
Mémoires de M. Gabriel Pereira, d'Évora, aussi modeste que savant,
plusieurs chapitres des *Antiquités préhistoriques* du Dr A.-F.
Simoes, professeur à l'Université de Coïmbre, et enfin, la notice
que M. le chevalier J. da Silva, président de la Société royale des
architectes portugais, voulut bien envoyer au Congrès de l'Association française pour l'avancement des sciences, session de Mont-
pellier, 1879. Cet archéologue distingué, à la suite de ce travail
trop sommaire et déjà bien incomplet, a le premier publié une
carte montrant la répartition des antas dans les provinces de son
pays, et il en note cent dix-huit répartis du nord au sud, un peu
partout, mais inégalement. Cette carte, à une trop petite échelle,
est un louable point de départ. M. C. Ribeiro avait fait noter
avec soin les antas et tous les gisements préhistoriques sur les
feuilles de l'État-Major. Il est à souhaiter que ce travail soit achevé
et rendu public.

Les antas sont répandus d'un bout à l'autre du Portugal,
principalement dans les provinces de l'Alemtejo et de Beira. Sur
les terrains granitiques aux faibles ondulations, la roche se
désagrège naturellement en blocs de grande taille, parmi lesquels,
le plus souvent, furent choisis les matériaux destinés à la construction des monuments. Toutefois, j'ai rencontré aussi des antas
édifiés, en tout ou en partie, en dalles de grès et de schiste, quelques-uns en calcaire. En Portugal comme en France, c'est la roche
du pays qui s'est imposée aux constructeurs ; jamais ils ne furent
chercher un peu loin les pierres nécessaires, tandis qu'ils ont très
bien pu choisir, pour dresser leurs tombeaux, les champs, les plateaux, les pentes où les blocs les plus commodes se trouvaient
déjà réunis.

De sorte qu'il serait imprudent de penser que là où nous
trouvons des dolmens ou des antas, là étaient aussi les demeures

des vivants. Celles-ci pouvaient être plus ou moins éloignées, et toutes les sépultures, grottes artificielles, naturelles ou mégalithiques, sont également impuissantes à nous renseigner sur la répartition des habitants à la surface du pays.

Même dans ces conditions la besogne était grande ; ces rochers qu'on a rangés debout et placés les uns sur les autres sont énormes, et l'on n'est pas surpris que le peuple ait cru qu'une main d'une puissance surnaturelle avait pu seule les remuer et les soulever.

A ce propos, je ne saurais mieux faire que de citer un passage

Fig. 205.

ANTA DE COUSINIERA, ALEMTEJO.

du Mémoire consacré par le roi de Danemark, Frédéric VII, à l'étude du système de *construction des Salles dites des Géants* (1).

« Le nom de l'AGE DE LA PIERRE est très significatif. La pierre » était pour ces hommes-là ce qu'est devenu plus tard pour nous » le métal. De même que le temps moderne emploie depuis » longtemps tout son esprit d'invention à exploiter le métal et » à en tirer parti pour des buts autrefois inconnus, les hommes

(1) *Mémoires des Antiquaires du Nord* (1860), reproduit dans les *Matériaux pour l'Histoire primitive et naturelle de l'Homme*, X⁰ volume, 1875, p. 393.

» de l'âge de pierre s'efforcèrent physiquement et intellectuelle-
» ment de se rendre maîtres du règne des pierres, à remuer les
» grosses pierres de granit dans leurs constructions rudes et infor-
» mes, et à pouvoir à l'aide des plus petits cailloux confectionner
» leurs outils les plus fins. Ils étaient dépourvus de cuivre et de
» fer. La pierre était leur tout; l'exploitation en était pour eux
» le problème de toute la vie. Les races, en se succédant, héri-
» taient de l'expérience, des connaissances, du savoir-faire et des
» progrès de celles du temps passé ; les grandes difficultés, les
» moyens imparfaits et le but important excitaient, fortifiaient
» et conservaient ce talent d'observation subtile, cet esprit d'in-
» vention ingénieuse et cette persévérance infatigable qu'on a si
» souvent lieu d'admirer chez les peuples incultes. Par suite, il
» se développa parmi eux un certain degré de civilisation.

» L'état de civilisation de l'âge de pierre, dont nous nous
» occupons ici, pourra être comparé aujourd'hui à celui des
» ouvriers et des manœuvres, en un mot, des tailleurs de pierre
» les plus simples qui se chargent chez nous de fendre les grosses
» pierres, de les emporter et de construire des enceintes ou des
» digues de pierres brutes. Leur procédé est assez instructif.

» Celui qui a suivi avec attention le travail de ces hommes, et
» qui s'est entretenu avec eux au sujet de leur métier, aura dû
» remarquer que, sans pouvoir analyser leur méthode ou en indi-
» quer les raisons, ils ont acquis une certaine connaissance
» relative au remuement des grosses pierres de granit, à leur taille,
» ainsi qu'à leur transport d'un endroit dans un autre. Ils se sont
» faits pour ainsi dire une connaissance de l'intérieur de la pierre.
» C'est ainsi qu'on les entend dire : « Je vois bien que c'est de
» ce côté qu'il faut l'aborder, ou que c'est de ce côté qu'il faut en
» faire la taille. » On les voit tracer au charbon un léger sillon
» à la surface de la pierre, et ensuite y porter leurs coups selon
» la direction indiquée, et l'on s'étonne de voir la facilité avec
» laquelle la pierre la plus colossale se divise sous leurs coups
» en fragments bien lisses et réguliers. Le géologue ou le miné-
» ralogiste le plus savant aurait de la peine à en faire autant. Si

» donc une pareille connaissance ou habileté peut se développer
» pendant nos jours où ces travaux sont si peu estimés, on recon-
» naîtra qu'elle a dû le faire encore plus facilement dans l'antiquité,
» où des travaux de pierre de toute espèce étaient de la plus haute
» importance pour la vie et le service de la religion. Il n'est pas
» moins certain que les hommes vivant pendant l'âge de pierre,
» étaient, malgré leur peu de moyens, capables de produire des
» ouvrages de pierre qui font encore aujourd'hui l'objet de notre
» admiration. Que l'on considère seulement leurs pointes de flèches,
» leurs ciseaux de cailloux, leurs haches, etc., etc. Personne
» n'ayant d'autres outils que ceux de cette époque-là, ne pourrait
» aujourd'hui tailler une telle pointe de flèche ni un pareil
» ciseau. Il serait certainement aussi difficile à notre époque de
» construire avec les instruments de l'antiquité des chambres
» sépulcrales semblables à celles de cette ancienne époque. Mais
» comment se fait-il que cet art et ce savoir-faire des anciens se
» soient perdus ? Ne faut-il pas en chercher la cause dans leur
» défaut d'importance pendant le temps où nous vivons? Quand
» aux outils de pierre succédèrent les outils métalliques, et quand
» les puissantes chambres sépulcrales furent remplacées par les
» fosses creusées, les ouvrages de pierre perdirent leur impor-
» tance, et l'on oublia l'ancienne expérience de la taille des
» cailloux, de la coupure des pierres de granit et de leur transport
» sans le secours des moyens mécaniques auxquels on aurait
» recours aujourd'hui. Ainsi ce n'est pas dans l'atelier des méca-
» niciens qu'il faut acquérir la connaissance de la manière dont
» les anciens avaient construit leurs chambres sépulcrales. Il
» faut que l'archéologue, pour éclaircir ce point, descende jusqu'à
» ceux qui savent se tirer d'affaire à l'aide des moyens les plus
» simples. »

Les blocs étaient choisis de façon à se juxtaposer aussi bien
que possible et à présenter une face plane qui devait former une
portion de la paroi intérieure de la chambre. Dans ce but, ils
pouvaient quelquefois être dégrossis, il ne devait pas être difficile

d'enlever avec la massue de gros fragments à certaines qualités de roches.

Le terrain de la sépulture était préparé d'une manière toute spéciale ; on se contentait rarement d'unir sa surface, on enlevait d'ordinaire la terre arable, on creusait quelquefois une fosse de la dimension désirée.

Les constructeurs avaient certainement la connaissance du levier, la poutre mobile en fournit un excellent. En y joignant

Fig. 206.

LAPA DOS MOUROS, ANCORA, MINHO ; VUE DE FACE.

l'emploi du rouleau et des cordes de cuir, qu'il était aisé de faire tirer par les forces réunies d'hommes et de bœufs, toute difficulté disparaissait.

Les pierres destinées à former le pourtour de la chambre sépulcrale étaient dressées et calées, puis enfouies jusqu'au sommet, dans un talus de terres et de pierrailles, sur lequel, au moyen d'un plan incliné, on faisait arriver celle ou celles qui devaient constituer le plafond. Le caveau, la galerie destinée à en permettre l'accès, une fois complets, étaient intérieurement dégagés et restaient en équilibre très stable. Les interstices entre tous les blocs étaient maçonnés en murets de pierres sèches ou bouchés avec de l'argile, le talus était régularisé tout autour ; de nouveaux apports de terres ou de pierrailles couvraient, cachaient et protégeaient le tombeau ; quelquefois il était enfoui sous un monticule gigantesque.

On a contesté que tous les monuments mégalithiques aient été recouverts d'un tumulus, surtout en voyant la quantité considé-

Fig. 207.

LAPA DOS MOUROS, ANCORA, MINHO ; VUE DE PROFIL.

rable de ceux qui se montrent à nos regards sans aucune trace de cette enveloppe. Dans certains pays tous sont vraiment dégagés, et par leur architecture originale, simple et grandiose, ils produisent sur nos *Causses* déserts et dans les bois écartés une vive impression sur l'esprit des passants. Mais en dépit de cette poésie et des apparences, il faut avouer que toutes les raisons militent en faveur d'une affirmation contraire. Le mégalithe dépourvu de sa chappe est un monument en ruine. Ce sont les agents atmosphériques, la pluie et le vent, ce sont les chercheurs de trésors,

les curieux de tous les temps, les travaux agricoles qui ont fait leur
œuvre et ont démoli tout ce qu'il était possible de ruiner ; ils n'ont
épargné que la crypte assez majestueuse et de roche assez solide
pour braver les injures du temps, des animaux et des hommes.

Le caveau terminé, l'introduction des morts pouvait com-

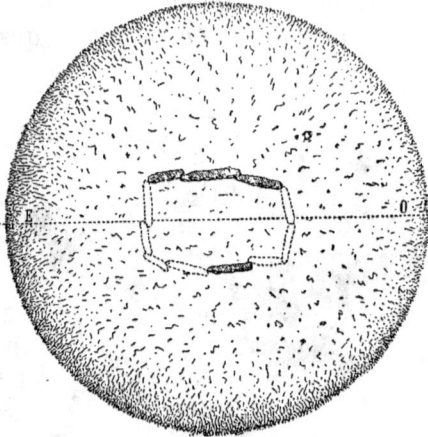

Fig. 208.

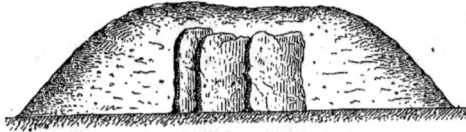

Fig. 209.

PLAN ET COUPE D'UN MAMUNHA, ANCORA, MINHO.

mencer ; elle occasionnait probablement une fête religieuse. Tantôt
la crypte était garnie et pour jamais fermée, tantôt elle devait
se remplir lentement et se rouvrir à chaque décès nouveau. C'est
le cas le plus ordinaire, et ainsi on peut expliquer les allées
couvertes ; leur entrée était facile à découvrir ; au travers du
tumulus, inexplicables sans lui, elles permettaient d'entrer dans
la crypte proprement dite et de la fréquenter.

Un peu partout, d'ailleurs, nous rencontrons encore quelques monuments encore enfouis, soit dans les provinces du Douro et de Beira où on les nomme *Mamoas, Mamúas* et *Mamunha,* à cause de leur ressemblance avec les mamelles, soit dans les Algarves.

Ainsi, près d'Ancora, Minho, on connaît la Mamunha da Eireira, grande motte au centre de laquelle on voit les ruines de la crypte mégalithique ; d'après le plan qui m'a été obligeamment communiqué, il n'y aurait pas eu de galerie d'accès à la chambre,

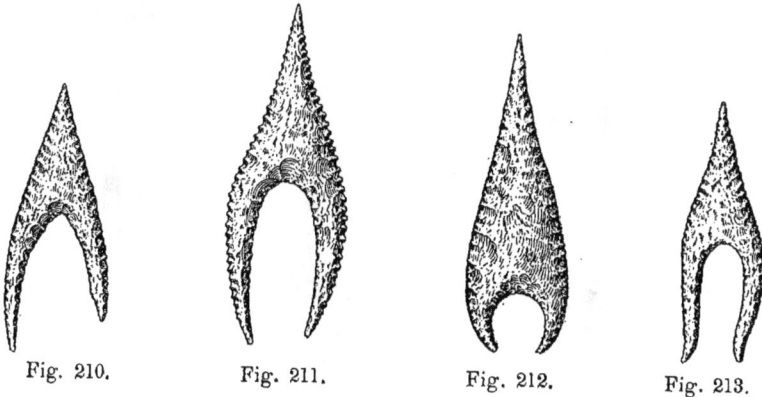

Fig. 210.   Fig. 211.   Fig. 212.   Fig. 213.

POINTES DE FLÈCHES EN SILEX, ALLÉE COUVERTE DE PORTIMAO.

et plusieurs dalles formant les parois de celle-ci font défaut. Le monument semble avoir été violé anciennement (fig. 207 et 208).

Au sud du Portugal le monument funéraire de Portimaô, conseil d'Alcala, était bien mieux conservé. Au sein du tumulus très vaste et surbaissé, M. Estacio da Veiga, l'heureux et très estimable historien des Algarves, découvrit une longue allée couverte conduisant à une crypte formée, comme elle, de grands blocs. Ces fouilles mirent au jour des haches et des herminettes en pierre, diverses perles en stéatite, quelques beaux morceaux de cristal de roche et une série de merveilleuses pointes de traits en silex (fig. 210-213).

Ces pointes sont dentelées sur les bords, elles ont des barbelures plus longues qu'aucune autre des pays renommés pour leurs beaux silex, et sont pourtant tout à fait de la même famille que celles figurées par Madsen sous les n°s 20 à 27 de sa planche 39 de ses *Antiquités préhistoriques du Danemark.*

Cette ressemblance, quelle que soit sa netteté, ne doit pas nous suffire pour supposer que les fabricants aux deux extrémités de

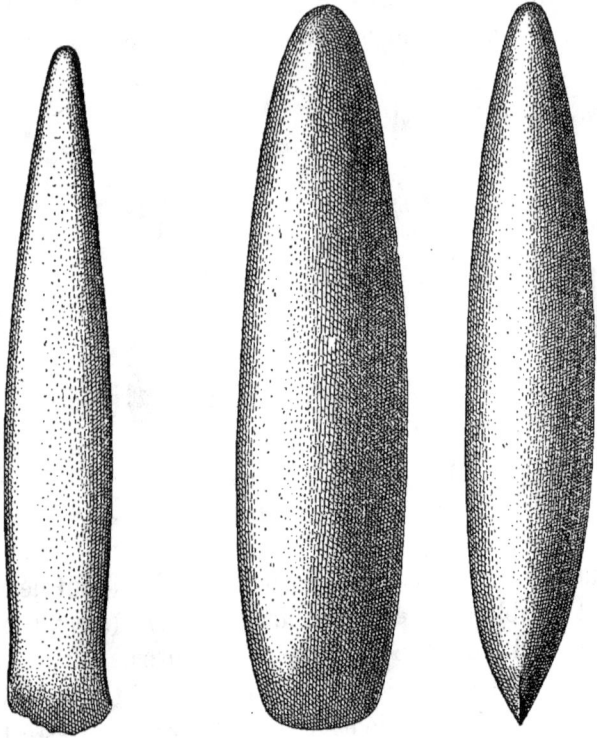

Fig. 214.   Fig. 215 et 216.

HACHES EN PIERRE TROUVÉES ISOLÉMENT, ALGARVES. Gr. 1/3.

l'Europe avaient des relations entr'eux. On trouve des pointes de flèches de même type dans des contrées bien plus lointaines, chez les Aïnos du Japon, dans les tombes de Mycène, ou chez les Patagons ; il y a peut-être dans ces divers cas preuve d'une transmission non interrompue depuis l'aurore de l'âge de la pierre polie, mais on peut

dire aussi que les divers groupes humains ne pouvaient que rencontrer les mêmes types, en variant au gré de leur esprit inventif la
forme des silex ou des obsidiennes dont ils armaient leurs flèches.

On a quelquefois publié que Strabon avait signalé nos monuments mégalithiques au cap Saint-Vincent qui s'appelait Promontoire Sacré. On a reproduit une ligne séparée d'une phrase qu'on
ne s'est pas donné la peine de lire. Le vieux géographe parle,

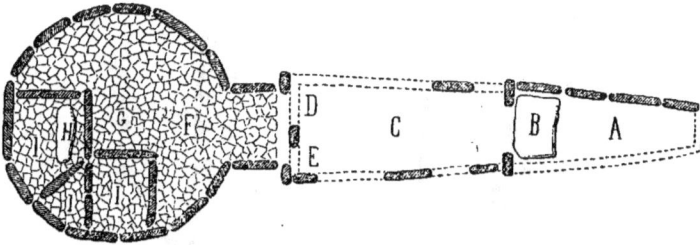

Fig. 217.

Fig. 218.

PLAN ET VUE DE PROFIL DE LA SÉPULTURE DE MARCELLA, ALGARVE.

D'après un croquis de M. E. DA VEIGA.

d'après Artemidore, de groupes nombreux de trois ou quatre pierres
que les visiteurs, pour obéir à une coutume locale, *tournent dans
un sens, puis dans un autre*, après avoir fait au-dessus certaines
libations. Il ne s'agit donc point de nos dolmens ou antas, aux
blocs énormes et immobilisés.

Il y a aux environs d'Aljezur, petit village éloigné de 35 kilomètres du cap Saint-Vincent dans la direction du nord et tout près
de la côte, un groupe de tumulus circulaires dont l'exploration a été
entreprise par M. Estacio da Veiga.

11

Notre confrère n'est pas arrivé à temps pour ouvrir le plus gros, voisin de l'église Notre-Dame d'Alva. Il renfermait deux chambres circulaires qu'on a fouillées sans trop de soin. Les ossements humains étaient bien conservés et eussent été bien précieux, ils ont

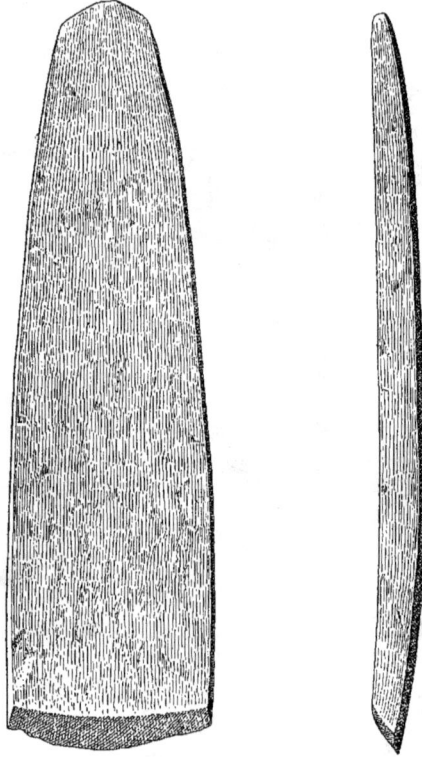

Fig. 219 et 220.

HERMINETTE EN AMPHIBOLITE, MARCELLA, ALGARVE. Gr. $^1/_2$.

été brisés et délaissés. Avec eux gisaient une très belle collection d'objets. Seize lames en silex retouchées sur les bords, atteignant une dimension exceptionnelle ($0^m,20$), trois pointes triangulaires et plates du même type que celle de la casa da Moura (fig. 88), mais moins grandes, des pointes petites ordinaires, dix-sept plaques de schiste avec des dessins analogues à ceux des spécimens que j'ai publiés. Une seule a quelques traits gravés à l'envers ; ils ne forment pas de figure définie. Les vases, au nombre de trois, sont variés ; l'un est pareil à la figure 170, l'autre est en forme de marmite sphérique. Il y avait aussi une grosse perle en pierre et, enfin, quarante-trois haches, la plupart en diorite, souvent très grandes. Les haches de grande dimension paraissent communes dans ces régions

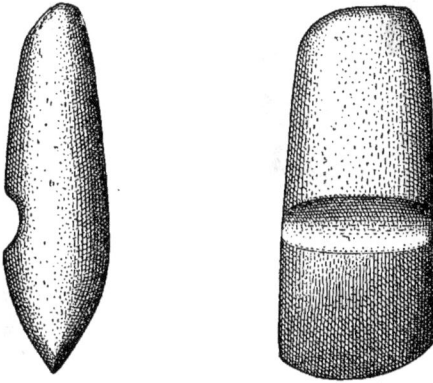

Fig. 221 et 222.

HERMINETTE A GORGE EN AMPHIBOLITE, MARCELLA, PRÈS DE VILLARÉAL. Gr. $^1/_2$.

méridionales du Portugal. La collection de M. E. da Veiga, à Lisbonne, dans le palais de l'Académie des Beaux-Arts, en renferme plusieurs tout à fait belles (fig. 214 et 215); la première est remarquable par un tranchant évasé qui rappelle celui des haches en métal.

C'est aussi dans les Algarves que nous trouvons les plus grandes herminettes, précisément dans une autre sépulture au lieu dit Marcella, près de Cacella, district de Villaréal.

D'après les croquis de M. da Veiga, il semble que la chambre circulaire pavée de petites pierres avait quelques divisions intérieures. L'allée était très bien établie avec deux portes formées par une dalle contre un seuil, nettement indiquées (fig. 217 et 218). Le mobilier funéraire comprenait en outre de ces pierres longues,

plates, aiguisées en biseau (fig. 219 et 220), plusieurs haches ordinaires, et l'une, en amphibolite, offrant une gorge transversale sur
une seule face peut-être creusée pour faciliter la solidité de l'em-
manchement (fig. 221); une grande pointe de trait (javelot ou

Fig. 223.

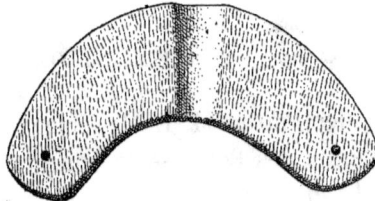

Fig. 224.   Fig. 225.

PENDELOQUE EN IVOIRE, OBJET EN POTERIE, SILEX TAILLÉ, MARCELLA.

lance), mince, triangulaire, bordée de dentelures extrêmement
fines; diverses pointes de flèches, une lame très retouchée sur les
bords et terminée en forme de grattoir aux deux bouts (fig. 225).

Il faut citer aussi une pendeloque en os, vraisemblablement une
amulette (fig. 223), et un objet en poterie dont il m'est impossible
d'indiquer la destination; les deux trous qui sont marqués aux
extrémités sur la figure ci-jointe (224) sont très peu profonds.

Déjà, dans les trouvailles de la grotte dite Casa da Moura, qui sont déposées au musée de l'École polytechnique, j'avais remarqué un objet en poterie discoïde, traversé par un large sillon médian, ayant ainsi quelque analogie avec la pièce de Marcella.

Cette tombe renfermait enfin quelques plaques d'ardoise gravées comme à l'ordinaire; l'une d'elles, la plus grande, est ornée à peu près également sur les deux faces.

Pour ne plus avoir à revenir sur les tombes néolithiques des Algarves, il reste à noter celle du lieu dit Nora, même région de

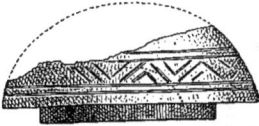 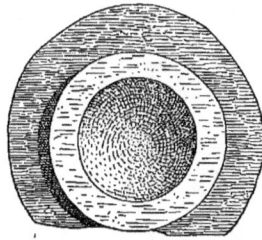

Fig. 226.   Fig. 227.

OBJET D'USAGE INDÉTERMINÉ EN IVOIRE, TOMBE DE NORA, ALGARVE.

Cacella et de Villaréal; sa disposition générale est différente des autres : l'allée est courte, 3 mètres environ, la chambre est en forme de trapèze et longue de $4^m,90$, sur une largeur qui atteint 2 mètres au fond, du côté de l'ouest; presque toutes ces sépultures sont ouvertes à l'est. Seize pointes de flèches, des lames retouchées et des grattoirs doubles en silex, des fragments de quartz, nucléus et lames, des haches et des herminettes en roches ordinaires, formaient le mobilier ordinaire associé aux vestiges de squelettes humains. Il faut accorder une mention spéciale à un objet énigmatique, comme tant d'autres, malheureusement, cités ou à citer; c'est un disque ouvragé (fig. 226) en ivoire.

Ce n'est pas la seule fois que l'on a rencontré l'ivoire parmi les substances utilisées dans le sud du Portugal, durant les âges préhistoriques, dans les tombes soit néolithiques, telle que celle de Nora, soit plus récentes et de l'aurore de l'âge du bronze. Je

tiens de M. Estacio da Veiga que les débris de grands ossements
d'éléphants ne sont pas très rares dans les dépôts fluviatiles. J'ai
même vu quelques gros fragments dans ses collections. Il est impossible de savoir à quelle espèce ils se rapportent. Quant aux objets
en ivoire des sépultures, ils peuvent démontrer la permanence de
quelque éléphant dans ces parages assez longtemps après la formation du détroit de Gibraltar ou bien l'existence de relations

Fig. 228.

VUE DE LA VALLÉE DU GUADIANA SEMÉE DE ANTAS.

avec le nord de l'Afrique, si voisine d'ailleurs, et où l'éléphant était
encore si répandu à des époques historiques et relativement
récentes.

Tels sont les renseignements que nous avons sur les cryptes
mégalithiques du sud-ouest de la Péninsule. Remontons la vallée
du Guadiana. Le fleuve, assez majestueux en hiver ou pendant la
saison des pluies, est, en été, bordé de flaques d'eau stagnantes et
malsaines, au milieu desquelles il circule lentement. Dans sa vallée,
triste et dépeuplée du côté du Portugal, les antas ne sont pas rares ;
ils se rencontrent jusqu'à un niveau qui n'est pas loin des rives.
Peut-être lors de leur construction, le pays n'était pas comme
aujourd'hui dépourvu de toute végétation arborescente (fig. 228).

C'est aux environs d'Elvas, vers le sud, que je l'ai parcourue sous la conduite de MM. Antonio Pires et de plusieurs officiers de la garnison d'Elvas. Là, les antas sont nombreux, mais dégagés de toute enveloppe tumulaire. Les passages couverts, très bas d'ordinaire, conduisant à la crypte sont bien conservés. Mais comme il est arrivé presque partout en Portugal, des explorateurs animés d'une curiosité nullement scientifique ont, à diverses époques, bouleversé

Fig. 229.

GRAND ANTA DE FREIXO, PRÈS ÉVORA.

le sol intérieur. J'ai même, dans l'un d'eux, rencontré de nombreux débris de l'époque romaine, poteries et briques, verreries irrisées. Plus heureux que moi, le président de la Société royale des architectes portugais, M. le chevalier da Silva, y avait recueilli, avec quelques hachettes et pointes en silex, un bout de flèche losangée en métal, bronze ou cuivre.

Dans la région voisine, autour d'Évora, les antas ne sont pas moins abondants; ils atteignent des dimensions plus considérables. Il n'entre pas dans mon projet de décrire tous ceux que j'ai vus et de les décrire en détail; cette énumération serait fastidieuse. Les dessins, si heureusement exécutés d'après mes photographies, permettront au lecteur de se rendre un compte suffisant de leur architecture simple et grandiose et de leurs caractères spéciaux.

Fig. 230.
ANTA DU BOIS DE FREIXO.

Fig. 231.
LE MÊME ; VUE DES RUINES DE SA GALERIE.

Le plus majestueux de tous était certainement le grand anta de Freixo (fig. 229) dont la couverture a disparu, ainsi que l'allée,

presque entièrement. C'est même une chose surprenante que
l'étendue de ces détériorations; elles ont exigé non-seulement
l'action lente et puissante du temps, mais aussi un grand labeur
de la part des hommes qui avaient besoin de ces pierres.

Cette crypte est formée par des dalles qui ont jusqu'à 3ᵐ,80 de
hauteur et plongent sans doute profondément dans le sol. Sept
pierres dressées la limitent et elle a ainsi plus de 4 mètres de diamètre. L'entrée, ménagée entre deux blocs, n'a que 0ᵐ,45 de large,

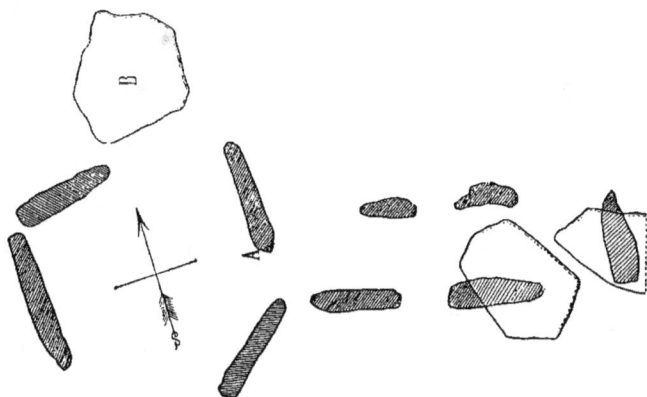

Fig. 232 (0ᵐ,02 pour 1ᵐ,00).

PLAN DE L'ALLÉE COUVERTE OU ANTA DE FREIXO.

(En A le support est orné d'un cercle gravé en creux).

et l'allée couverte devait avoir au moins une dizaine de mètres de
longueur.

Je l'aurais fouillée certainement avec profit si je n'avais été
lassé par l'exploration de la sépulture voisine. La terre, tout à fait
compacte et sèche, était difficilement entamée par le pic et la pioche;
les os humains étaient pourris; plusieurs jours furent nécessaires
pour découvrir un très petit nombre de pièces entières, d'ailleurs
assez belles. Je veux parler de l'anta ruiné de Freixo dei Cima,
placé au centre et au sommet d'un tumulus d'environ 15 mètres de
rayon, et de 1 à 2 mètres d'élévation au centre. Un chêne-liège
énorme le couvre de ses puissants rameaux et c'est à leur ombre

que j'ai patiemment recueilli une série de pointes de flèches (fig. 233 à 245) et quelques autres objets connus.

La vue de ce monument, le plan que je figure ici (230 et 232),

Fig. 233 et 234.   Fig. 235 et 236.

Fig. 237.   Fig. 238.   Fig. 239.   Fig. 240 et 241.

Fig. 242.   Fig. 243.   Fig. 244.   Fig. 245.

POINTES DE FLÈCHES EN SILEX, ANTA DE FREIXO.

me dispensent d'entrer dans de plus longs détails; l'orientation correspond sans correction à 110-210, soit en réalité E.-O.

Les antas que j'ai figurés ici ont presque tous été violés à l'époque romaine; probablement ils ont servi d'étables ou de caba-

nes aux bergers et aux passants depuis cette époque, aussi renfer-
ment-ils maints débris sans valeur, des tessons de poteries surtout,
de tous les temps ; l'un d'eux, situé dans la montagne Ossa, près de
la ferme de Candieira, a même une particularité curieuse.

On sait que les dolmens de France et de l'Angleterre, aussi
bien que ceux de la Crimée ou de l'Asie, sont munis quelquefois
d'une dalle percée qui permettait de pénétrer à l'intérieur du tombeau ou tout au moins d'y introduire des objets. J'espérais trouver
un monument identique à Candieira, où M. le chevalier da Sylva

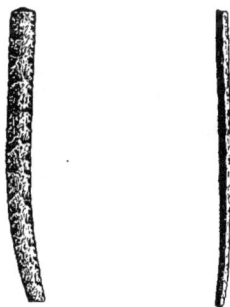

Fig. 246 et 247.

SILEX TAILLÉ, FRAGMENT D'UNE BARBE DE POINTE DE FLÈCHE ? ANTA DE FREIXO.

m'avait signalé un dolmen à dalle trouée ; le signalement était
exact ; mais la petite ouverture ménagée dans le support de
l'ouest, en face l'entrée, ne m'a point paru ancienne, ou du moins
aussi ancienne que l'anta. Elle a été probablement creusée avec
un outil en métal et je ne serais pas éloigné de l'attribuer sinon
à un ermite, du moins à quelque pâtre qui aurait jadis transformé
ce tombeau en cabane vulgaire. Aussi bien les sept supports et la
pierre supérieure joignent exactement. Quelques vides seraient
facilement comblés par des murets en pierre sèche comme ils l'ont
été autrefois ; les dimensions intérieures sont assez grandes, 2,^{m}16
sur 2^m,70. Il ne reste aucun vestige de l'allée ni du tumulus.

La pierre-couverture a 1^m,86 sur 2^m,52 et elle offre des traces
de travail intentionnel, des creux, sur lesquels j'insisterai tout à
l'heure.

Fig. 248.

ANTA DE CANDIEIRA, VUE DE L'ENTRÉE.

Fig. 249.

ANTA DE CANDIEIRA, AUTRE VUE.

Les dalles qui composent cet anta sont en schiste blanchâtre
naclifère, aux reflets métalliques, tandis que la plupart de ceux
que j'ai décrits sont en granit. Dans son voisinage il en est d'autres

Fig. 250.

ANTA DE SERRANHEIRA.

en roches anciennes qui se délitent naturellement, affectant des
formes prismatiques. Tel est celui de Colmeira (ou de Thesouras,
d'après M. da Sylva), et dans la construction duquel entre une

Fig. 251.

DOLMEN DE SAINT-LAURENT, BASSES-ALPES.

Fig. 252.

ANTA DE SERRANHEIRA.

SILEX TAILLÉS, USAGE INDÉTERMINÉ.

colonne de granit si régulière que bien à tort on l'a crue taillée.

Presque toutes les formes de pointes de flèche que l'on a rencontrées dans les grottes sépulcrales du Portugal, se retrouvent
aussi dans les antas ; ainsi celui de Serranheira (fig. 250), encore

très enfoui dans le sol et qui a conservé presque tous les blocs grâce à cette protection, m'a donné de petits silex triangulaires ou trapézoïdaux semblables à ceux que j'ai signalés déjà (p. 54 et 113).

Si j'en juge par quelques mobiliers funéraires de la collection de M. Sarmento et des musées de Coïmbre ou de l'Ecole polytechnique à Lisbonne, les pointes en forme de losange inégal $\diamondsuit$ seraient plus répandues dans les provinces du nord que dans l'Alemtejo.

Fig. 253.

ANTA DE PAÇO DA VINHA PRÈS ÉVORA.

Mais je ne puis insister sur ces antas que j'ai soigneusement passés en revue sous la direction de M. Gabriel Pereira, et que j'ai trop souvent rencontrés absolument vides de leur mobilier primitif. On trouvera représenté aux environs de cette page, sous les n°s 200 à 205, 229 à 248, ces cryptes de l'Alemtejo. Les figures 206 et 207 donnent une vue d'un anta de la province septentrionale du Minho, dit Lapa dos Mouros.

Quelques monuments mégalithiques de l'Alemtejo m'ont offert de curieuses sculptures, petits creux ou godets qui sont depuis longtemps connus dans l'archéologie préhistorique. De semblables écuelles se retrouvent sur une cinquantaine de blocs erratiques de la Suisse, sur d'autres des Alpes, de la vallée supérieure du Rhône, des Pyrénées, sur des rochers en place de la Lozère et de l'Alsace, sur des dalles entrant dans la construction des tombeaux néolithiques de l'Écosse, de l'Angleterre, de la Scandinavie et de la Bretagne française.

Ces cupules sont généralement en groupes, disposées sans symétrie. Très rarement elles constituent de véritables sculptures ornementales.

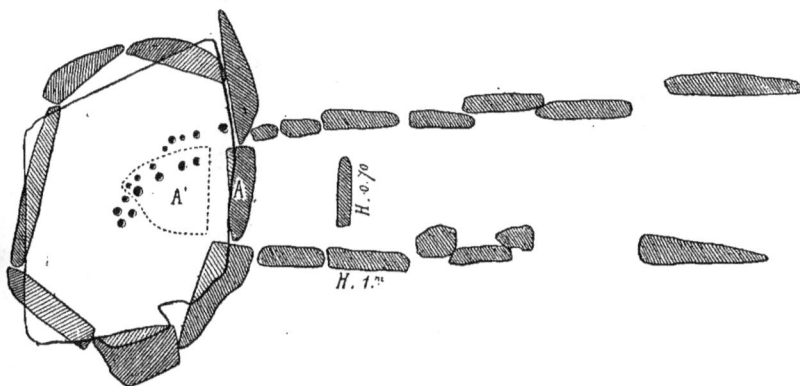

Fig, 254 (0m,01 pour 1m,00).

PLAN DE L'ALLÉE COUVERTE OU ANTA DE PAÇO DA VINHA.

(La table formant couvercle porte un groupe de cupules. — A' est la partie supérieure du support A détachée et tombée dans la chambre sépulcrale).

Examinés isolément, les blocs du massif alpin ne nous apprennent ni la signification, ni l'âge de ces creux dont l'origine humaine est le plus souvent incontestable. Les hypothèses les plus diverses ont été présentées. Les uns les ont regardés comme des signes astronomiques; d'autres, songeant à l'oisiveté des bergers, ont dit qu'ils avaient été creusés sans but et par distraction. Mais les écuelles gravées sur les parois des chambres mégalithiques, quelques-unes récemment dégagées de leur enveloppe tumulaire, ont, sans aucun doute possible, une irrécusable antiquité, une valeur et un sens.

Dans les tombes de l'âge de la pierre et du bronze elles étaient quelquefois sur les parois que le tumulus devait cacher à jamais.

Au fond du tertre de Borreby (Danemark) gisait un grand bloc portant à sa face convexe et supérieure soixante-quinze à quatre-vingts
petites cupules. Il semblait placé là pour consacrer le monticule.

Quatre à cinq écuelles gravées sur un bord de la dalle recouvrant la chambre de l'allée couverte de Taillant près de Tarbes
(Hautes-Pyrénées), étaient évidemment invisibles pour ceux qui
étaient appelés à pénétrer dans le caveau funéraire. On pourrait
multiplier ces exemples.

En Portugal, les groupes de cupules que j'ai découverts sont
précisément dans ces conditions et n'étaient pas destinés à reparaître aux yeux des hommes. L'un composé d'une vingtaine de
creux, est sur la face supérieure de la dalle couvrant l'anta de

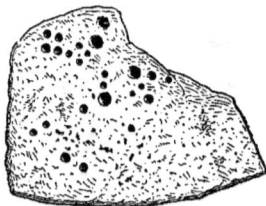

Fig. 255.

PIERRE COUVERTURE DE L'ALLÉE DE L'ANTA DE PAREDES AVEC SES ÉCUELLES.

Candieira; l'autre, à la même place, anta de Paço do Vinha; un
troisième, le plus remarquable de tous, à la surface d'une dalle
recouvrant l'allée de Paredes. Celle-ci n'a pas moins de vingt-cinq
godets dont la profondeur atteint rarement 5 centimètres sur une
largeur de 8 (fig. 255 et planche photographique hors texte).

Il est très probable que bien d'autres monuments de ces plateaux granitiques offrent de semblables sculptures; peut-être trouvera-t-on des signes différents. Par exemple, sur les côtés d'une
dalle dressée au seuil de la crypte de Freixo près Évora, est un
anneau gravé en creux ayant un diamètre de 0,20ᶜ. On sait que
les dolmens du Morbihan et de la grande Bretagne sont assez souvent couverts à l'intérieur de dessins étranges en relief ou en creux,

œuvre de grande patience et qui ont été sans doute exécutés avec des outils en pierre; des expériences pratiques en ont établi la possibilité. A ces sculptures linéaires et géométriques qui étaient exécutées sur les blocs avant leur mise en place, sont quelquefois associées les petites écuelles rondes et isolées que je signale en Portugal, ce qui prouve une fois de plus leur ancienneté et leur intérêt.

Ayant été informé par un article de journal de ma petite

Fig. 256.

ANTA DES ENVIRONS D'ÉVORA.

découverte, M. le Ch. da Sylva me fit savoir que de semblables écuelles lui étaient connues ; qu'il les avait remarquées, dès 1877, dans le Minho, à Vianna de Castillo, sur un grand nombre de blocs.

Il semble que mystérieuses et rares à l'âge de la pierre, ces écuelles aient paru au grand jour et se soient multipliées à l'âge du bronze. En Scandinavie elles s'allient peu à peu à des images de cette période, franchement intelligibles, hommes, animaux, vaisseaux. Mais elles restent inexpliquées malgré tout.

Nous les connaissons en dehors de l'Europe; si je me refuse à

12

rapprocher les nôtres comme âge, comme origine, comme signification, de celles que l'on a remarquées en Amérique, je n'ai pas les
mêmes scrupules quant à celles que l'on connaît en Asie. Dans
toute la péninsule indienne elles sont notées et vénérées comme
signes sacrés ; dans les pèlerinages boudhistes on voit les femmes
hindoues apporter de l'eau du Gange jusque dans les montagnes du
Pendjab, et en arroser des creux pratiqués à la surface de certaines
pierres conservées dans les temples où elles vont implorer la faveur
de la divinité en vue de devenir mères.

De même en France la boule de Gargantua à Thoys (Ain), dans
les Pyrénées certain bloc des alignements si curieux de la mon-

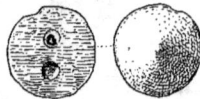

Fig. 257 et 258.
BOUTON EN OS, ANTA DU MONTE ABRAHAO. Gr. $^2/_3$.

tagne d'Espiaup, sont signalés par leurs cupules aux superstitions
et aux attouchements des jeunes filles.

Cela dit, j'en reviens aux cryptes mégalithiques. Elles ne
manquent pas aux environs même de Lisbonne, dans la péninsule montagneuse entre le Tage et l'Océan.

Carlos Ribeiro a décrit, dans un ouvrage déjà cité, celles de
Bellas dites *pedra dos Mouros* et *pedra do Monte Abrahao*,
toutes deux en ruine, mais dans lesquelles, surtout dans la seconde,
notre ami sut découvrir un lot d'intéressants objets.

L'anta du Monte Abrahào est une allée couverte construite en
calcaire à rudistes d'une résistance considérable à l'action du temps,
choisi très habilement dans ce but parmi les diverses couches qui
affleurent sur le plateau. Les constructeurs avaient, au préalable,
non-seulement enlevé la couche de terre arable, mais encore pratiqué dans les assises superficielles de la roche des tranchées et
des fossés destinés à recevoir et à maintenir solidement callée la

base des dalles de l'édifice. Le feu paraît avoir été employé pour faciliter aux ouvriers de l'âge de la pierre cette besogne assez rude.

La chambre a 3 mètres de diamètre et la galerie 8 sur 2; les squelettes et les armes, ustensiles et parures qui les accompagnaient se trouvaient répartis dans l'une et dans l'autre; haches en trapp, diorite, etc., couteaux, grattoirs, pointes de lances grandes et belles et de flèches en silex, os aiguisés en pointe, boutons en os (fig. 257), rouleaux en calcaire, plaques d'ardoises, perles en turquoise (callaïs), et autres pendeloques variées, quelques vases entiers en forme

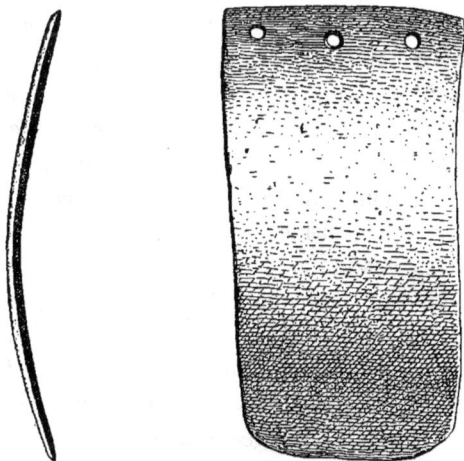

Fig. 259.

PLAQUE EN CALCAIRE, ANTA D'ESTRIA. Gr. $^1/_2$.

de calotte hémisphérique, et de nombreux tessons, tel était le mobilier funéraire. Les ossements permettent de dire que cette crypte avait renfermé plus de quatre-vingts individus de tout âge. J'ai déjà parlé des cailloux roulés qu'on avait apportés de loin pour en recouvrir les débris humains.

Dans le voisinage, à Estria, se trouve une troisième tombe mégalithique, cachée dans un pli du sol sur la pente escarpée de la colline. Son emplacement fut déterminé par l'existence sur ce point d'une étroite bande de calcaire terreux dans laquelle il était facile

de creuser, à un mètre de profondeur sur cinq de largeur, le lit
du monument.

Tandis que l'allée du Monte Abrahão est ouverte à l'orient,
celle-ci regarde l'occident. Les dimensions sont analogues. Le
temps, les actions naturelles et les hommes avaient ici encore
fait leur œuvre destructive. C'est dans cet anta d'Estria que
M. Ribeiro recueillit en outre des silex et vases ordinaires, la crosse
en ardoise que j'ai signalée plus haut (p. 94), la non moins précieuse herminette en calcaire (fig. 135 et p. 109), et enfin une autre
pierre ouvrée digne d'attention (fig. 259).

C'est une plaque sensiblement trapézoïdale de calcaire sous-
cristallin, à surface polie, ayant deux millimètres d'épaisseur aux
deux bouts, et sept millimètres à sa partie la plus renflée. Elle est
recourbée dans le sens de la longueur, et près de l'extrémité la
plus large on a pratiqué trois trous sur une même ligne transversale, apparemment pour aider à l'adaptation de cette lame à un
autre objet quelconque, ou bien pour la suspendre.

Quelle était sa destination ?

Une pierre un peu semblable est sortie d'un tumulus de l'île
de Skye; elle est percée aux quatre angles ainsi qu'une seconde
trouvée avec une urne et les restes d'un squelette dans un cist près
d'Evantown (Ross-Shire); quelques autres exemplaires moins analogues sont signalés dans l'ouvrage de M. John Evans sur *Les âges
de la pierre dans la Grande-Bretagne*. Notre savant confrère
rapporte cette opinion que ces plaques concaves auraient été des
brassards destinés à protéger le bras gauche contre le choc de la
corde de l'arc au moment de la détente ; les archers se servent
encore aujourd'hui d'un appareil analogue ; il en était de même au
moyen-âge et dans l'ancienne Égypte. Deux plaques courbes et à
peu près rectangulaires, l'une percée d'un trou au milieu de chacun
des côtés étroits, se voient au Musée de Lyon et sont considérées
comme américaines. En résumé, nous n'avons rien de certain à
dire sur la pierre de l'anta d'Estria.

Je passe rapidement sur d'autres sépultures de cette montagne
et sur celle que les ouvriers rencontrèrent dans l'enceinte même de

la capitale, au milieu du parc du palais d'Ajuda. C'était un tumulus peu élevé composé de terre et de grosses pierres ; au centre une chambre rectangulaire était formée par huit dalles verticales, recouvertes par trois autres. Les interstices entre les blocs étaient remplis par de petits murs en pierres sèches. Malheureusement la fouille ne fut pas surveillée, une seule pointe en silex fut sauvegardée ; les ossements furent avec les terres jetés au vent et perdus !

Lorsque l'on quitte le Portugal et qu'on entre en Espagne, on est véritablement surpris de connaître si peu de choses sur les cryptes mégalithiques. Les renseignements des auteurs sont rares ; les détails sont vagues et incomplets dans la plupart des cas ; ainsi, ces monuments sont en nombre dans l'Estremadure où ils sont connus des paysans sous le nom de *Garitas*, c'est tout ce que l'on sait. Dans la Galice, Don Jose Villaamil y Castro (1) avait entrepris leur étude. Mais bien souvent cet archéologue a été trompé par la théorie celtique et druidique qu'il acceptait de confiance ; il a confondu les tombes proprement dites, appelées *Arcas* (2), avec maints blocs plus ou moins erratiques dont la forme bizarre ou la grandeur avaient excité l'intérêt et les superstitions populaires, *peñas altares,* et *piedras fitas.* Il n'a fait aucune fouille. On connaît des arcas dans les Asturies et dans les provinces basques ; l'une située à Eguilaz, district de Vittoria, sur la route qui conduit de cette ville à Pampelune, est en forme de fer à cheval, la chambre était recouverte d'une seule pierre ayant 5^m,70 sur 4^m,50 de côté et qui a récemment été brisée. Elle est en partie enfouie dans les restes du tumulus qui jadis la dérobait aux regards et la protégeait. Des fouilles, en 1832, firent découvrir des pointes de trait en cuivre et en pierre.

Une autre tombe, semblable, avec son allée encore couverte de

(1) *Antigüedas prehistoricas,* etc., déjà citées.

(2) Il est presque inutile de faire remarquer le sens des mots *garitas, arcas,* synonymes de *casa,* petite maison, abri.

trois grandes dalles et dont l'entrée étroite est ménagée entre deux blocs placés en travers, se voit à Cangas-de-Onú, à 60 kilomètres à l'est d'Oviédo. Elle est sur un tertre qui porte aussi une petite église du xe ou xie siècle à laquelle elle servit de crypte.

Ces renseignements auraient besoin d'être contrôlés et précisés. De Assas, dans la *Semanario pintoresco*, 1857, et lord Talbot dans l'*Archeological Journal*, 1870, signalent ces tombeaux qui attendent encore la visite d'un explorateur un peu au courant.

Je me garderai bien d'insister sur de prétendus dolmens qu'on signale dans les environs de Bilbao et que l'on aurait compris dans l'enceinte d'une église, à San Miguel d'Arrichinaga. Ce sont des blocs énormes arrondis sur leurs angles, objets peut-être de quelque vieille superstition, mais absolument étrangers aux types des monuments mégalithiques et qu'on a confondus avec eux par ignorance ou mauvaise volonté.

Les publications (1) de M. Salvador Sanpere y Miquel ont signalé en Catalogne quelques sépultures construites en gros blocs ; ce savant en a reconnu plusieurs aux environs de Lérida, de Barcelone et de Gérone. Quelquefois elles ont encore leurs galeries ; une d'elles, au Pla Marsell près de Cardedeu (Barcelone), est située dans un cercle de 30 mètres formé par sept pierres de 0^m,40 de hauteur. Une autre, la *Pedra Arca*, à Collsabadell, près de Villalba Saserra, même province, est de même placée dans un cercle de même dimension formé par onze pierres de 0^m,40 de hauteur ; ces pierres limitaient sans doute le tumulus qui jadis recouvrait la crypte. Celle-ci a une couverture monolithe de 2^m,30 de longueur sur 1^m,47 et qui porte gravée l'inscription vsaik. Les lettres sont celles qui étaient usitées en Espagne à l'arrivée des Romains. Preuve nouvelle que ces monuments étaient, il y a deux mille ans, déjà éventrés et mis à nu, presque dans l'état où nous les voyons aujourd'hui.

Dans la province de Gérone on cite diverses *covas d'alarbs*

---

(1) Contribucion al estudio de los monumentos megaliticos ibericos. Géroue, 1881, dans la *Revista de ciencias historicas.*

situées à Espolla, aux lieux dits Cabana arqueta, Gutina, au Puig de
la devesa de Torrent, celle-ci au sommet même de ce point culmi-
nant, à Font del Roure, à Arranyagats, près du sommet des Pyrénées, à Barranco, etc. Tous ces tombeaux forment encore des abris
que les pâtres ne manquent pas d'utiliser, et dans lesquels aucune
recherche méthodique n'a été entreprise, bien que la province de
Gérone possède des collections privées et un musée où l'on recueille
avec soin les haches en pierre et les silex taillés de la région ; peut-
être quelques-uns de ces objets proviennent-ils de sépultures néolithiques.

Il y a peu d'années, un très petit nombre de dolmens étaient
signalés dans les Pyrénées françaises ; des investigations successives
ont montré que ces monuments y sont plus répandus qu'on ne le
croyait, et dans les Pyrénées-Orientales, dans l'Ariège, dans les Hautes
et Basses-Pyrénées, on les a rencontrés et fouillés avec le plus grand
succès. Il en sera de même sur le versant opposé quand on le voudra, et je n'ai pas besoin d'insister sur l'importance des résultats
que donnerait une exploration qui ne saurait être difficile pour
les Espagnols.

C'est sur les provinces de l'Andalousie et de Grenade que nous
avons les renseignements les plus détaillés, Don Manuel de Gongora
y Martinez ayant pris soin d'écrire et de publier un volume sur les
antiquités préhistoriques de cette région de l'Espagne. Nous avons
déjà cité avantageusement cet auteur à propos de certaines grottes,
stations ou sépultures ; il mentionne treize chambres mégalithiques,
les décrit et en donne la vue. Il a même pris soin de joindre à son
texte une carte géographique où se trouvent notées toutes les localités qu'il signale.

Le monument le plus important paraît être celui de Dilar, localité située à deux lieues au sud de Grenade. Il aurait été d'abord
bouleversé par les recherches de minerais qui furent entreprises
dans toute cette région, et les grandes pierres qui le composaient
ont été, non sans peine, transportées et utilisées dans une construction voisine. Il ne reste plus que la porte formée par deux énormes dalles évidées encore juxtaposées dans le tumulus. Je n'ajoute

Fig. 260.

ALLÉE COUVERTE D'ANTEQUERA; VUE DE L'ENTRÉE.

D'après une aquarelle de M. Henri Nodet.

Fig. 251.

ALLÉE COUVERTE D'ANTEQUERA ; VUE INTÉRIEURE.

qu'une confiance médiocre aux charmantes gravures exécutées
d'après la peinture d'un artiste qui a sans doute fait preuve d'autant de talent que d'imagination pour reproduire ces ruines. Je ne
crois pas non plus que les pierres de cette crypte aient été empruntées à une carrière dite de Santa Pudia, distante de deux lieues.
Toutes les fois que l'on a vérifié une pareille hypothèse de blocs
apportés de très loin, on a pu reconnaître qu'elle était erronée.

Entre Illora et Alcala la Réal, au nord-ouest de Grenade, autour
de Baza, à l'est, puis sur les pentes de la Sierra Nevada, se rencontrent des mégalithes qui ont échappé par hasard à la destinée d'un
grand nombre que les travaux agricoles ont fait disparaître ; plusieurs
ont conservé des vestiges importants de leur tumulus ; quelques-uns
ont été fouillés et ont livré des os humains, parfois bien conservés,
des pointes de traits en cuivre, en forme de losange ou de feuille
d'olivier, ou de triangle avec deux trous pour les rivets ; des anne-
lets en fil de cuivre enroulé ; de rares pointes de flèches en silex,
des tessons de poterie, en somme rien de bien notable.

Passons rapidement aussi sur les cryptes voisines des bains de
Alicun et de Gorafe que le peuple nomme « Sepulturas de los Gentiles » et qui, soit dans leur construction soit à tous autres égards,
ne nous offrent aucun caractère spécial.

J'arrive au plus célèbre des tombeaux mégalithiques de l'Espagne, certainement l'un des plus beaux de toute l'Europe. Il est
situé au nord de Malaga, à droite du village nommé Antequera, et
fut signalé dès 1847 par Don Rafael Mitjana (1), qui naturellement
ne manqua pas d'y reconnaître un temple druidique, c'était encore
l'usage de son temps ; la description, les figures qu'il en donnait
ont été plusieurs fois reproduites, malgré leurs défauts.

Le nom populaire de cette crypte, encore protégée par son
vaste tumulus, est « la Cueva de Mengal ; » on a longuement dis-
serté sur ce nom de Mengal sans aboutir à aucun résultat ; nous
le retrouverons ailleurs dans un rondeau populaire touchant une
pierre plantée. La disposition de l'édifice est des plus remarqua-

_____

(1) *Memoria sobre el Templo druida de Antequera.*

bles. Les pierres sont de forte taille et bien choisies dans le calcaire jurassique de la région ; elles sont assemblées avec beaucoup d'art après avoir été peut-être dégrossies au marteau. Trois piliers assurent la solidité de la voûte ; la chambre mesure 24ᵐ de longueur sur une largeur maxima de 6ᵐ,15 ; sa hauteur varie entre 2ᵐ,70 et 3ᵐ. Elle s'ouvre à l'ouest ; il est probable qu'une courte galerie d'accès a disparu.

Il était évidemment trop facile depuis des siècles d'y pénétrer et d'y séjourner, pour espérer qu'on puisse y trouver encore des vestiges du mobilier funéraire qu'elle a dû contenir.

Lorsque de l'intérieur on porte ses regards au dehors on voit une légère éminence, parfaitement indiquée dans notre figure 261 et qui est un autre tumulus encore inexploré.

Plus à l'ouest, au-delà de Séville, est un bourg appelé Castilleja de Guzman, sur les premières collines de l'Aljarafe, qui s'élèvent à peu de distance et à droite du Guadalquivir. Là, au lieu dit La Pastora,

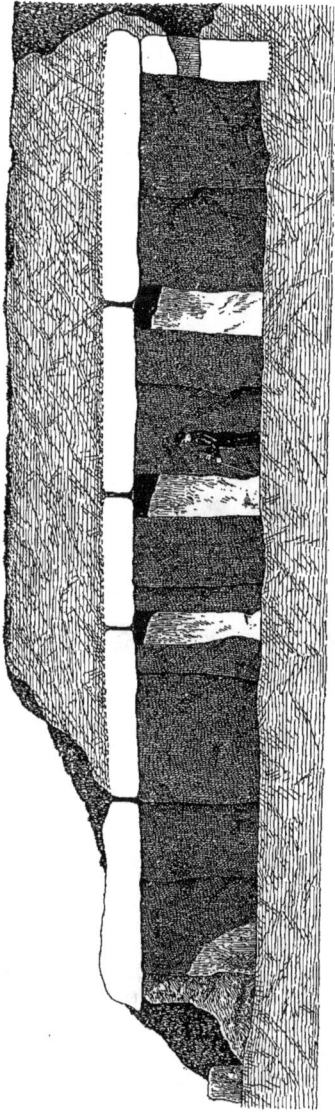

Fig. 262.

COUPE DE L'ALLÉE COUVERTE D'ANTEQUERA SUIVANT LA LONGUEUR. Gr. 1/300.

existe un *Cabezo* ou tumulus. C'est le même nom à peu près que
nous avons rencontré déjà en Portugal appliqué aux amas de
coquilles, et dont l'origine est *caput*, tête. En plantant une vigne,
quelques années avant 1868, on découvrit dans la motte une

Fig. 263.

COUPE SUIVANT LA LARGEUR. Gr. $^1/_{300}$.

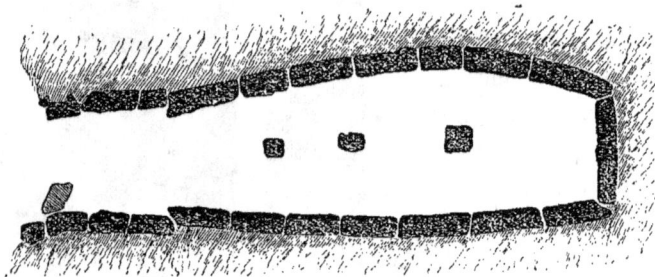

Fig. 264.

PLAN DE L'ALLÉE COUVERTE D'ANTEQUERA.

grande pierre et au-dessous une crypte. Celle-ci avait 27 mètres
de longueur, 1 de large et 2 de hauteur (1).

La galerie est limitée par deux murs de soutènement en blocs
superposés sans aucun ciment. Elle est dallée et recouverte
d'énormes pierres ne portant pas davantage trace de travail, mais
assez bien ajustées, malgré leur irrégularité. 11 mètres après
l'entrée, on trouve une porte formée de trois linteaux de 0ᵐ,30 à
0ᵐ,32 d'épaisseur, ainsi placés ⊓ ; on traverse ensuite un corridor

_____

(1) Museo arqueologico national, dans *Gaceta de Madrid*; Madrid, 23 mars 1868.

ou antichambre de 16 mètres de longueur; on franchit une seconde porte et l'on pénètre enfin dans le caveau proprement dit, demi-circulaire dont le sol est un peu plus bas que celui de la galerie. Le diamètre de cette espèce de rotonde est de $2^m,60$ et sa hauteur de 3 mètres. Sur les murs, faits comme il a été dit, sont placées de grosses dalles formant corniche, puis un bloc énorme recouvre le tout. Sur le pavé, il y a un soubassement analogue à la corniche. M. Tubino ajoute que des huîtres fossiles miocènes sont groupées dans les vides existant entre certaines dalles, surtout au point où les dalles du plafond s'appuient sur le mur de soutènement.

La fouille de cette sépulture eut offert un grand intérêt. M. Tubino s'est contenté de prendre note qu'on avait trouvé trente pointes de flèches en bronze dans la terre qui recouvrait une grande pierre enlevée pour agrandir l'entrée.

Rien ne prouve dans son récit que ces bronzes soient bien contemporains du monument. Ont-ils fait partie du mobilier funéraire proprement dit? Je ne sais. J'ai examiné avec soin les flèches au Musée archéologique national à Madrid, et elles sont fort curieuses, comme on peut en juger par mon dessin (fig. 265). Parmi les quatorze qui sont là réunies, la plus petite a $0^m,15$ de long et la plus longue $0^m,27$; il en est d'un peu plus aiguës que le spécimen figuré; la tige est ronde. Le métal n'a pas été analysé.

On a eu l'occasion dans les pages précédentes d'entendre parler des pointes en bronze ou en cuivre des grottes artificielles sépulcrales de Palmella, de quelques grottes naturelles transformées en caveaux funéraires et enfin de plusieurs cryptes mégalithiques du Portugal ou de l'Espagne.

Toutes ces pièces métalliques ont un air de famille; elles sont

Fig. 265.
Gr. $^1/_2$.

d'une facture vraiment simple. Il n'en est plus de même des traits
de l'allée couverte de La Pastora ; celles-ci, remarquables par leur
tige et par l'arête du dard, sont des armes perfectionnées. J'ai vainement cherché leurs similaires, ce qui augmente leur intérêt et
complique en même temps le problème qui s'impose à nos études.
En réalité, si ces pointes sont vraiment contemporaines du monument, il faudrait le rajeunir beaucoup.

Dans un chapitre suivant, nous étudierons cette question.

LES PIERRES PLANTÉES

C'est surtout dans la Bretagne française que l'on trouve une
grande quantité de blocs habilement dressés, colonnes informes
qu'aucun ciseau n'a dégrossies. On les nomme en breton *menhirs*
(pierres droites) et ce mot est passé dans la langue des archéologues depuis les publications de Legrand d'Aussy, déjà cité à
propos du mot dolmen. Les menhirs sont isolés ou groupés de
diverses manières ; quelquefois ils forment des alignements et le
plus célèbre est le monument de Carnac. Ils sont associés aux
tombes mégalithiques, si bien qu'il parait impossible de ne pas les
attribuer aux mêmes populations ; les fouilles exécutées au pied
d'un certain nombre d'entr'eux ont démontré cette contemporanéité, mais ni les rares objets recueillis, ni les circonstances de
leur gisement, ni les légendes populaires, n'ont révélé leur destination et le but que poursuivaient les constructeurs.

Des hypothèses multipliées ont été soutenues tour-à-tour,
basées tantôt sur ces découvertes et ces traditions, tantôt sur les
lumières fournies par l'ethnographie comparée.

Il y a, en effet, presque dans tous les pays des pierres fichées
en terre, dressées à des époques bien diverses et de nos jours
encore pour obéir à des préoccupations de tous genres. Les unes
sont funéraires ; d'autres sont des monuments commémoratifs ;
quelques-unes ont un sens religieux ou symbolique et peuvent
même figurer une divinité ; rien n'est si commun dans le monde
qu'une borne grande ou petite à la limite d'une propriété ou

d'une nation. Lorsque les pierres plantées sont brutes, isolées, lorsque leur rôle est oublié par l'histoire, il n'est possible de rien dire sur elles.

De sorte que je ne puis m'arrêter longtemps à ceux de ces monuments qu'on a par hasard signalés dans la péninsule Ibérique et dont aucun peut-être n'aurait le droit d'être compris dans cet ouvrage sur les âges préhistoriques, si nous avions quelques renseignements à leur égard.

Je ne puis non plus parler de ces blocs que désignent à notre attention quelques superstitions populaires ou même un nom particulier et qui sont pourtant naturels, malgré leur situation et leur forme souvent exceptionnelles et étranges. Ce sont surtout les pierres branlantes auxquelles je fais allusion et qu'on a quelquefois placées au rang de monuments, toujours à la suite des excès d'imagination des antiquaires au début de ce siècle.

Il faut enfin mentionner certaines pierres qui se dressent seules, isolément, au milieu des terres, mais qui ont appartenu à des cryptes mégalithiques, démolies et utilisées presque entièrement pour quelques constructions agricoles.

M. le chevalier da Sylva a signalé deux enceintes de blocs (*cromlech*, en breton), dans la province du Minho, une sur le plateau du mont Sainte-Lucie, l'autre sur le plateau du mont Saint-Roch ; mais il ne donne aucun détail et aucune figure, et nous laisse ainsi dans une incertitude trop grande.

Ce reproche ne peut pas être adressé à Don Villaamil y Castro ; et il résulte de ses descriptions et de la vue de ses planches, que ses *piedras fitas*, ses *altares*, ses *peñas altares*, ses *peñas avaladoira*, ses *piedras movible* de la Galice ne nous regardent pas. Nous faisons exception pour son enceinte du mont Das-Pachas près de Barreiros. Elle se compose de sept blocs élevés d'un mètre, placés symétriquement en rond sur une éminence tumulaire. Des fouilles sur ce point seraient sans doute intéressantes.

Quelques menhirs ou soi-disant monuments analogues ont été signalés dans la Navarre et aux environs de Santander. C'est surtout dans ce dernier pays que l'on rencontre d'énormes blocs, arrondis par suite de la désagrégation due aux agents atmosphériques, placés en équilibre et que la main de l'homme peut faire osciller légèrement.

A l'autre extrémité du versant pyrénéen, en Catalogne et dans la province de Gérone, les pierres plantées sont nombreuses et portent des noms divers : *piedras del Diablo, pallers de piedra, piedras Gentiles, pajares de piedra*.

Au sud de l'Espagne nous les retrouvons et nous nous contenterons de signaler la pierre des jeunes filles, la *piedra de las Virgenes*, entre Baena et Bujalance, province de Jaen, et sur laquelle existe une très vieille chanson en langue de Bohémien :

> Jilica Jilando
> Puso aqui este tango
> Y Menga Mengal
> Lo volvió á quitar

« Jilica, en filant, a mis ici ce palet et Menga Mengal est retourné pour l'enlever. » Telle est la traduction, peu satisfaisante d'ailleurs, qui m'a été donnée. Une autre version également obscure aurait tout un autre sens.

Il arrive souvent qu'on rencontre ainsi quelque histoire d'amour en rapport avec une pierre droite ; de là à échafauder un culte phallique universel comme d'aucuns l'ont fait, il y a loin.

OBJETS ISOLÉS

En dehors des gisements bien déterminés, stations ou sépultures caractérisées, on a souvent et par tous pays rencontré des objets isolés de l'âge de la pierre, aussi bien d'ailleurs que de tous les temps. Quelquefois l'isolement de ces objets n'est qu'apparent : là où on les a découverts par hasard, il pouvait, il devait y avoir généralement d'autres traces humaines restées inconnues ou négligées par ignorance. On a de nombreux exemples que la trouvaille d'une arme, d'un outil, a mis sur la voie de découvertes importantes.

Malheureusement, ces objets isolés mis au jour par les divers travaux que l'agriculture ou l'industrie provoquent dans le sol, par les érosions, les lavages ou les éboulements naturels, vont prendre place dans les tiroirs des collectionneurs ou des marchands ; d'ordinaire, ils arrivent tardivement et par divers intermédiaires dans les musées publics. Ils y arrivent alors qu'on a perdu toute indication

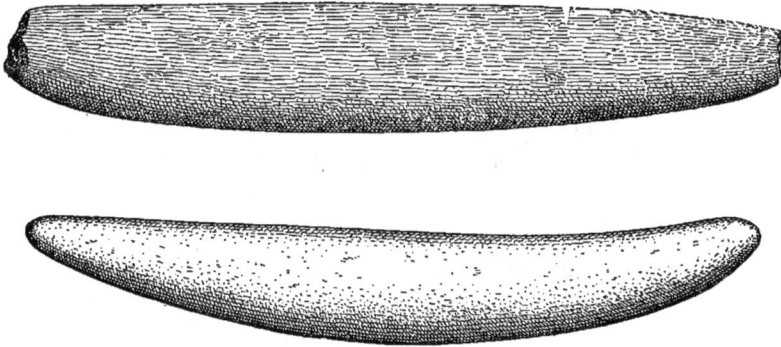

Fig. 266 et 267.
PIERRES POLIES, USAGE INDÉTERMINÉ, MAFRA. Gr. $^1/_3$.

positive touchant leur point d'origine et les circonstances de leur découverte. C'est ainsi que nous trouvons dans les cabinets d'histoire naturelle ou archéologiques, maintes pièces exotiques, mêlées à celles du pays, et de beaux objets qui peuvent être précieux pour les amateurs de panoplies ou de bibelots, et qui ne sont pour nous d'aucun intérêt.

Voilà pourquoi mon chapitre sur les objets isolés, qui sont si nombreux dans les galeries de la Péninsule, sera très court. Après avoir mis résolùment de côté le stock des échantillons néolithiques d'origine indéterminée et parmi lesquels je n'ai vu d'ailleurs rien de remarquable, après avoir écarté aussi les pièces d'origine certaine, mais semblables à toutes celles que nous avons eues de gisements définis, il nous reste peu de choses à dire.

13

On voit à Lisbonne, dans les musées de la Section géologique et de l'Ecole Polytechnique, des bâtons en pierre longs de 0^m,35 environ, légèrement courbes et dont la section est tantôt ovale, tantôt en forme d'U (fig. 266 et 267).

Ils sont bien originaires du Portugal. J'avais eu d'abord des doutes, car à l'Ecole Polytechnique trois de ces pièces ne portent aucune étiquette et sont pêle-mêle avec des haches en pierre portugaises et américaines. Mais deux spécimens venus certainement de Mafra sont pareils aux autres pour la forme et la roche qui est un calcaire compacte. Ils se terminent en pointe mousse comme dans une des figures ci-jointes, ou bien ils ont une extrémité pointue et l'autre large et s'amincissant comme un tranchant de hache. Ce sont des massues, dit-on; c'est possible; mais certain, non. Mon ami M. A. Roujou m'a communiqué la photographie d'un objet de la même famille, en silex poli, trouvé à Montfermeil près Paris et qui a été détruit dans l'incendie de l'Hôtel-de-Ville. M. Belgrand en aurait possédé un second en gneiss. Nos renseignements s'arrêtent là.

Pour avoir la meilleure hache polie, les hommes de l'âge de la pierre devaient rechercher une roche à grain susceptible de prendre un beau poli et par suite d'acquérir un tranchant très vif, très dure pour que le tranchant ne s'écrase pas, très tenace pour qu'elle n'éclate pas, très lourde sous le moindre volume possible.

Les pierres remplissant ces diverses conditions appartiennent à la famille des Jades : jades proprement dites, chloromélanites, jadéites et néphrites; on peut y joindre une espèce voisine, la saussurite. Viennent ensuite les fibrolithes, les silex, les diorites, etc.

Les haches en jade nous arrivent en masse depuis longtemps de la Nouvelle-Calédonie, de la Nouvelle-Zélande, et autres îles océaniennes. D'autre part, quelques haches en jade recueillies en Europe étant fort remarquables au point de vue artistique, on avait, à l'origine des études préhistoriques, imaginé que toutes les haches en pierres vertes étaient en jade, et elles se trouvent ainsi mentionnées dans les livres anciens et dans les collections soit de la même époque, soit organisées par des personnes mal informées.

Il importe d'autant plus de posséder les déterminations exactes des roches employées pour la fabrication des outils néolithiques, qu'elles peuvent fournir une série de renseignements précieux.

Dans chaque région, en grande majorité, les haches polies sont en pierres locales ; elles ont aussi le même air, la même forme, un type caractéristique qui prouve que la civilisation s'est développée sur place, par provinces. Or, plus une civilisation est primitive, plus lents sont ses progrès, ses développements ; il en résulte que l'âge de la pierre polie a duré énormément.

On ne connaît pas toujours le gîte de la matière première ; les fabricants de haches étaient plus au courant, à certains égards, de la minéralogie des montagnes que les savants actuels ; on découvre de temps en temps en place la roche qu'ils utilisaient ; il est positif qu'on ne connaît pas encore tous les gisements ; et enfin il est possible que le filon ait été épuisé par l'exploitation préhistorique.

Au milieu des haches et objets de production locale, on en rencontre qui sont importés, et ce sont d'ordinaire de belles pièces de qualité supérieure. Il importe de rechercher leur origine et d'avoir ainsi des révélations sur les relations commerciales des populations de ces temps reculés, sur le synchronisme de leurs tombeaux et de leurs stations ou ateliers, peut-être aussi sur l'origine des groupes humains eux-mêmes.

Justement les jades que l'on rencontre un peu partout sont très importants, parce que leurs gisements sont rares et clairsemés dans le monde.

J'ai dû me préoccuper d'eux dans mon étude des collections portugaises et espagnoles.

Je dois rappeler tout d'abord qu'il est à peu près impossible de déterminer les roches alors qu'elles sont polies, que leur surface a subi, avec le temps, l'action des agents atmosphériques, qu'elles constituent des objets précieux desquels il est impossible de détacher une parcelle pour l'analyser.

C'est donc avec un point de doute que je déclare ne pas avoir rencontré dans les collections portugaises une seule hache de jade proprement dite.

En Espagne, ce n'est pas l'étiquette « jade » qui manque dans les musées, et ces haches proviendraient de Puerto (Jaen), de Trujillo et autres lieux (Cacéres), de Sénes (Almeria), de Parédes de Nava (Palencia), de Monterey (Orense), de Palma del Rio (Cordoue), de Pedroso (Séville), de Salera (Grenade), etc., etc., et même du « diluvium de San Isidro, à Madrid. »

A première vue, l'étiquette est souvent trompeuse. Il faudrait faire passer toutes ces pierres dans un laboratoire où elles seraient convenablement étudiées. Les collections publiques ont en général des règlements surannés, prohibitifs de sortie. Il doit être pourtant permis d'espérer que l'étude, qui, seule, permettra des conclusions sérieuses, tentera quelque jour un minéralogiste espagnol assez puissant pour obtenir toutes les autorisations nécessaires.

Le Dr A. B. Meyer, directeur du Musée royal ethnographique de Dresde, a publié, en 1882, un magnifique ouvrage sur les objets en jadéite et néphrite du monde entier. Le chapitre qu'il consacre au Portugal a cinq lignes ; celui sur l'Espagne est un peu plus long. Il mentionne et figure une hache dite de Mérida, province de Cacéres, Estramadure. C'est un beau morceau de jadéite long de 0^m,20, large de 0^m,59, presque rectangulaire, légèrement évasé vers le tranchant et percé d'un petit trou vers l'autre extrémité qui se termine carrément. Cette pièce, à mon avis, n'est pas européenne.

CHAPITRE IV

AGE DES MÉTAUX — LE CUIVRE ET LE BRONZE

L'époque néolithique a laissé des traces extrêmement abondantes d'une civilisation née probablement en Asie, portée à son apogée à la suite de découvertes successives et capitales, et qui s'est propagée dans toutes les directions, jusqu'aux terres les plus lointaines et aux îles les plus isolées. En Europe, l'âge de la pierre polie commence et finit à des dates inconnues ; les renseignements positifs de l'histoire naturelle et ceux de l'archéologie donnent la conviction que la durée de cette période fut très longue. Aucun chiffre ne peut être indiqué ; mais pendant ce temps, les rivages, les limites des continents subirent encore des modifications sensibles ; de puissantes couches de tourbes se formèrent dans certaines vallées ; enfin, dans toutes les régions, l'industrie donne naissance à des produits variés : les armes, les outils, les parures, ainsi que les monuments funéraires, prirent cette physionomie locale qui ne peut être que l'œuvre des siècles.

Nous ne savons pas encore s'il est possible d'établir des divisions dans cette époque néolithique ; la chronologie de ses vestiges n'est nullement établie, même dans les pays les mieux étudiés.

Dans les stations et surtout dans les sépultures qui renferment les objets néolithiques les mieux caractérisés, on découvre assez souvent des objets en métal, généralement très simples, appropriés aux goûts des sauvages. Les perles, les pointes de flèches ont des formes calquées sur celles des mêmes objets en pierre. Tout semble indiquer que le métal était rare et qu'il était ouvré dans chaque région.

La matière est tantôt du cuivre, tantôt un alliage de cuivre et d'étain, le bronze. Le cuivre, lorsqu'il est à l'état natif, se laisse marteler à froid et façonner au gré de l'ouvrier. C'est ainsi que les Indiens de l'Amérique du Nord l'ont d'abord et exclusivement utilisé. Mais en Europe, du moins dans les régions occidentales, les gisements de cuivre natif paraissent faire défaut et les premiers objets préhistoriques en cuivre, en général, ont été fondus.

Il est probable que le cuivre était dû à une importation.

Il en est de même, et cette fois, sans aucun doute, pour le bronze. On n'a pu former cet alliage qu'après avoir découvert le cuivre et l'étain, qui ne sont pas ordinairement associés dans la nature, la fonte de ces métaux, la valeur supérieure d'un alliage. La fabrication du bronze répond à une phase avancée de l'industrie métallurgique. Elle s'est développée quelque part pendant que l'âge de la pierre régnait encore chez nous.

Les traditions, les récits des écrivains classiques et autres, et, ce qui vaut mieux, d'innombrables découvertes, démontrent que peu à peu, en Europe, une civilisation basée sur l'emploi du bronze succède à l'âge de la pierre et règne longtemps avant d'être transformée par l'arrivée du fer, qui se montre en Grèce vers le xve siècle avant notre ère, se répand de proche en proche, et parvient en Danemark seulement 1500 ans après.

Cet âge du bronze européen, merveilleusement caractérisé au point de vue de l'industrie et des mœurs, ayant eu le temps d'acquérir dans chaque pays sa physionomie propre, paraît, comme l'âge de la pierre polie, originaire du vaste continent dont l'Europe n'est qu'un appendice.

Malheureusement l'Asie est encore en grande partie inexplorée, et on ne peut faire que des hypothèses. Tenant compte de tous les faits aujourd'hui connus, on peut placer provisoirement dans l'Inde l'origine de la métallurgie, qui devait élever l'humanité d'un si haut degré dans l'échelle du progrès. C'est dans la vaste péninsule et dans les grandes îles de son voisinage que sont accumulés des minerais de cuivre et d'étain. C'est de ce côté que nous ramène l'étude comparative des objets en bronze recueillis çà et là.

Cette théorie admise, quel est le chemin suivi par le courant civilisateur ? Comment, par voie de commerce ou de conquête, et à quelle époque aborda-t-il l'Europe ?

Fut-il, avec le temps, supplanté par l'influence de nouveaux

centres métallurgiques ? quelle est la part qui revient à chaque
district industriel ? dans quelle mesure les connaissances et les
secrets du mineur se sont-ils répandus avec les produits métalliques ? quelles sont nos mines reconnues les premières et quel
rôle ont-elles eu dans le développement de l'âge du bronze ?
Autant de questions posées et non résolues.

Si l'explication la plus simple est la vraie, on peut admettre
que les cuivres et les bronzes des sépultures et autres gisements
néolithiques étaient parvenus en Europe occidentale très longtemps avant la civilisation du bronze proprement dite. C'est ainsi
que de nos jours notre fer s'est de proche en proche répandu
dans les pays lointains, dont les populations étaient encore immo-
bilisées dans l'âge de la pierre, et qu'il y a précédé plus ou moins
notre civilisation tout entière.

Mon ami M. Chantre, incline à penser que la première influence ainsi constatée, partie de l'Orient, a suivi la Méditerranée ;
c'est reconnaître implicitement que la conquête de la mer était
faite ; rien, en effet, ne s'oppose à ce qu'on attribue à nos peuplades préhistoriques des pirogues de grande taille et l'art de les
conduire audacieusement au loin, science et courage si développés
chez les indigènes néolithiques, nos contemporains, des grandes
et petites îles de l'Océanie, des rivages de l'Amérique et d'ailleurs.

Tout semble indiquer qu'après cette période de transition, pendant laquelle un peu de métal se faufile, à la suite de circonstances très variées, jusqu'en Espagne et en Irlande, un mouvement
commercial se montre et s'accentue. Les fleuves sont remontés,
les gués franchis, les cols des montagnes fréquentés ; partout le
hasard a mis au jour les preuves de cette invasion pacifique, si
nettes, qu'on a pu supposer que des colporteurs métallurgistes,
comparables aux Tsiganes, *Calderari*, parcouraient l'Europe.

On connaît un très grand nombre de cachettes comprenant,
tantôt réunis, tantôt séparés, des moules, des instruments de
fabrication, des objets neufs, variés et en nombre, destinés à la
vente ; d'autres vieux, usés, brisés, entamés et préparés pour la
refonte.

Les fabricants enterraient leur lourd matériel ou fonderies et leur pacotille ou trésor pour pouvoir circuler plus aisément et aussi pour ne pas trop tenter la cupidité des barbares peu scrupuleux.

C'était un métier périlleux, si l'on en juge par la quantité énorme de cachettes découvertes, sans parler de celles qui restent encore ignorées ou qui furent mises au jour avant qu'on ait pris soin de les noter et d'en conserver les objets. Que de fois le colporteur, tué ou fait prisonnier, n'a pu venir reprendre le trésor qu'il avait mis en réserve. C'est ainsi que dans les époques historiques, la majorité des cachettes de monnaies correspond aux moments de troubles ensanglantés par les invasions ou l'émeute.

Cette théorie du colportage, quelque séduisante qu'elle soit, laisse de côté certains points importants du problème ; en outre, elle ne doit pas être exclusive.

D'abord, des renseignements donnés par l'histoire, permettent de croire qu'une partie, très petite si l'on veut, mais notable encore, de ces cachettes de bronze, doit son origine à des pratiques religieuses et qu'elles constituent des dépôts sacrés. Surtout, on ne doit pas oublier qu'il y a des formes régionales presque dès les premiers temps de l'âge du bronze, et qu'il est nécessaire de faire une large part au progrès de la métallurgie dans chacune des provinces de ce temps-là. Ensuite, ce ne sont pas seulement les bronzes qui s'introduisent, c'est un ensemble de produits industriels et d'idées, c'est une civilisation proprement dite qui va transformer ou même supplanter la précédente.

Suffit-il pour cela de l'immixtion de trafiquants étrangers ? c'est possible ; mais non prouvé. Il n'est pas non plus évident que des tribus nouvelles aient envahi le pays ; on a dit qu'elles auraient laissé des traces d'une révolution sociale, un changement brusque dans les mœurs et l'industrie, tandis qu'on voit les sépultures de l'âge du bronze, dans le Finistère, unies à celles de l'âge de la pierre par des transitions insensibles et que la même gradation existe dans la succession des cités lacustres du centre de l'Europe.

Les phénomènes religieux jouent un grand rôle dans la solu-

tion des problèmes ethnologiques; or, le rite de l'incinération
paraît dans quelques sépultures où le métal, réduit aux petits
objets que l'on sait, fait défaut, et il est bien loin de l'accompagner toujours. Il arrive cependant à remplacer à peu près l'inhumation, surtout en Gaule. Les monuments funéraires ont disparu.
Dès lors, les tombes sont méconnues, les fouilles sont stériles, et
l'histoire de l'âge du bronze infiniment plus difficile à rétablir.

LES MINES DE CUIVRE ET D'ÉTAIN

Cela dit, examinons la question au point de vue purement espagnol et portugais. Les mines anciennement exploitées ont-elles livré
quelque document qui nous permette de dire qu'elles ont fourni soit
du cuivre soit de l'étain à l'époque du bronze? Nous enregistrerons
ensuite les renseignements donnés par l'histoire ancienne.

Un géologue espagnol affirme que la Péninsule contient en
abondance du cuivre à l'état natif. S'il n'y a pas erreur, ce minerai,
qui n'exige qu'une simple fusion, a pu être utilisé le premier.

Les mines de cuivre, si nombreuses et si riches de la Péninsule,
livrent en général le cuivre à l'état de sulfure, dont le traitement
métallurgique est compliqué. Il paraît probable que les hommes
de l'âge de la pierre n'ont pu réduire ces pyrites cuivreuses.

Parmi les autres minerais de cuivre, on doit encore citer le
cuivre oxydulé, d'un beau rouge, plus facile à traiter, mais plus
rare, le cuivre carbonaté vert ou bleu (malachite ou azurite), dont
la métallurgie, sans être aussi compliquée que celle du sulfure,
n'est pas absolument simple ni bien facile. Avant d'obtenir un lin-
got de cuivre, peut-être impur, mais utilisable, il fallait exécuter
quelques opérations, qui sont évidemment le résultat d'une observation habile et d'une longue expérience.

Ajoutons que les filons de cuivre sont généralement perdus
dans la profondeur et recouverts d'un chapeau souvent considérable de minerais de fer n'ayant aucun aspect métallique. Pour les
découvrir et les atteindre, il fallait être déjà très habile mineur.

Cependant, le métal affiné, si abondant à l'âge du bronze, n'a pas d'autre origine; et, sans oublier la part possible du hasard dans cette conquête de la civilisation, il faut admettre une fois de plus la puissance du génie humain.

A 8 kilomètres N.-N.-E. de Cordoue, sont les mines de cuivre de Cerro Muriano. Exploitées depuis fort longtemps, elles ont été,

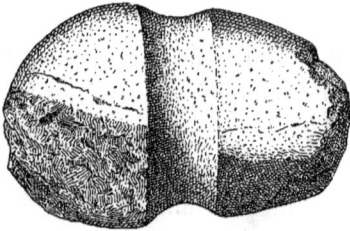

Fig. 268.

MARTEAU EN DIORITE, MINES DE CUIVRE, RODEO DEL MADRONO, HUELVA. Gr. ¹/₃

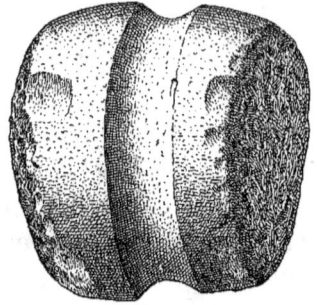

Fig. 269.

MARTEAU EN DIORITE, MINES DE CUIVRE, MILAGRO, ASTURIES. Gr. ¹/₃.

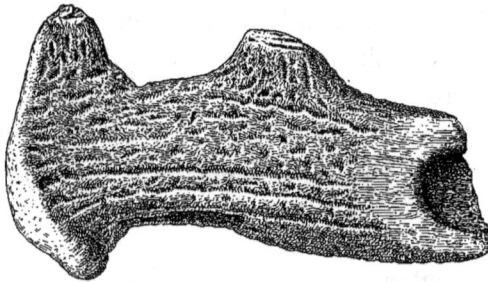

Fig. 270.

MARTEAU, BASE DU MERRAIN D'UN CERF, MINES DE CUIVRE DE MILAGRO. Gr. ¹/₂.

paraît-il, fort appauvries et aujourd'hui l'on se contente de reprendre les résidus si riches encore en métal et si considérables, que seuls ils suffisent à donner des produits rémunérateurs. Casiano de Prado avait le premier signalé dans ces amas de scories, des marteaux en diorite. MM. Vilanova et Tubino en recueillirent dix-neuf qu'ils déposèrent en partie au musée national d'antiquités. La forme de ces marteaux est peu variée, en général celle d'un ellipsoïde, la longueur a de 0ᵐ,18 à 0ᵐ,28, la circonférence de 0ᵐ,15 à

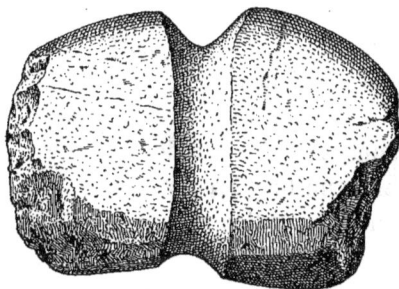

Fig. 271.
MARTEAU EN DIORITE, BELMEZ, PROVINCE DE CORDOUE. Gr. 1/3.

0ᵐ,17. Ce sont habituellement de simples cailloux roulés présentant au milieu une zone creuse ou rainure taillée tout autour du bloc.

Ils ont tout à fait le même caractère que ceux de la mine de

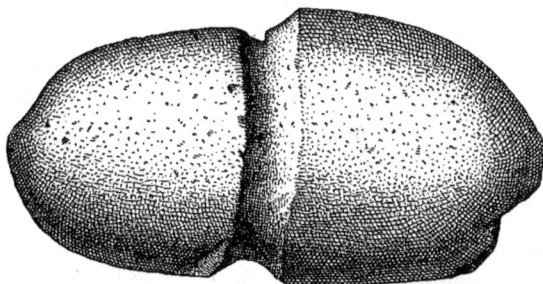

Fig. 272.
MARTEAU EN PIERRE, ALEMTEJO. Gr. 1/3.

cuivre de Milagro, située à 6 kilomètres du célèbre pèlerinage de Covadonga (Asturies), ici la roche employée est le quartzite ; l'excavation était pratiquée au moyen du feu et avec des outils de pierre; on utilisait d'autres instruments en corne de cerf. Je donne ci-contre la figure d'un de ces derniers : il est percé d'un trou destiné à recevoir un manche en bois; il formait d'un côté une masse excellente et de l'autre il est aiguisé et semble destiné à servir de hache. On rencontre des instruments pareils dans les divers pays de l'Europe occidentale; d'ordinaire on peut les attribuer à une époque prémétallique. L'exemplaire des mines de Milagro serait donc un indice de l'ancienneté de leur exploitation.

On rencontre les masses en pierre dans la mine Filippina, commune de Villanueva del Rey, à deux heures de Belmez. Là, le minerai de cuivre est un filon très mince de malachite, recouvert et caché par le chapeau ordinaire de minerai de fer au travers duquel les anciens se sont ouvert un étroit passage sans chercher à l'exploiter.

Enfin, toujours les mêmes marteaux ont été recueillis, dans les anciens résidus de la mine de cuivre de Ruy-Gomès, dans l'Alemtejo, en Portugal (1) et dans bien d'autres.

Il est aisé de comprendre comment ces gros maillets étaient emmanchés. M. Marcou décrit ainsi l'un de ceux qu'il a obtenus des indiens Kioways, les plus barbares et les plus sauvages de toute l'Amérique du Nord : « Ce marteau, qui est en quartz, a beaucoup servi, comme le montre une des extrémités fortement ébréchée. Il est entouré par un nerf de bison, qui est enveloppé et retenu dans la rainure au moyen d'une large bande de peau de bison qui a été cousue lorsqu'elle était encore fraîche, afin qu'elle pût, en se séchant, fortement serrer le nerf et le marteau, et constituer pour ainsi dire un fourreau ou gaine ayant les formes exactes du manche et de la pierre, et qui ne laisse à découvert que les deux extrémités ou têtes du marteau. »

Ces instruments impliquent-ils une aussi grande antiquité qu'on l'a dit quelquefois ?

Ils ne sont pas une preuve que les mines où on les utilisait étaient exploitées immédiatement à la fin de l'âge de la pierre;

---

(1) F.-A. PEREIRA DA COSTA. — *Noticia de alguns martellos de pedra e outros objectos que foram descobertos em trabalhos e outros antigos da mina de cobre de Ruy Gomes no Alemtejo.* Lisbonne, 1868, in-8°, 4 p., une planche.

toutefois, on les a signalés dans les anciennes mines de cuivre de presque tous les pays des deux hémisphères, et il semble que dans la plupart des cas ils précédèrent la connaissance du fer (1). En effet, ils n'avaient pas une puissance de travail supérieure à celle d'une masse de cuivre et surtout à celle d'une masse de bronze;

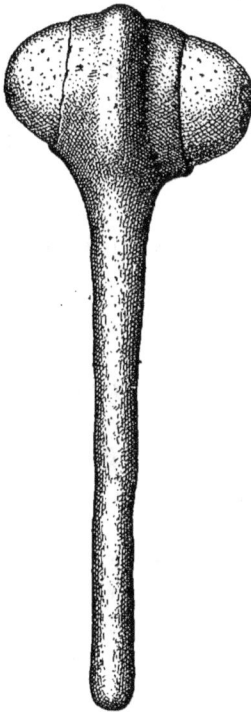

Fig. 273.

MARTEAU EMMANCHÉ DES INDIENS KIOWAYS, AMÉRIQUE DU NORD.

mais il y avait, dans tous les cas, une économie très sensible à les employer; le fer, devenu abondant et de peu de prix, a dû rapidement les supplanter; c'est là du moins une hypothèse acceptable.

(1) D'après M. le comte Ouvaroff, des marteaux en pierre de la même forme et en roches diverses sont assez communs dans le Caucase; on les trouve presque toujours dans les mines de sel qui vraisemblablement ont été exploitées bien après l'âge de la pierre.

Quelques spécimens de même forme, mais de plus petite taille, ont été rencontrés au sein de gisements préhistoriques, même dans des sépultures ; ainsi, quatre exemplaires proviennent des cryptes mégalithiques du Finistère (collection P. du Chatellier), deux autres des allées couvertes des environs d'Arles (collection Cazalis de Fondouce). Mon ami M. P. Cazalis, qui croit ces ossuaires de l'âge du bronze, se demande si ces marteaux n'indiquent pas la présence d'une population se livrant, sur d'autres points du territoire, à l'exploitation des mines. Je pense plutôt qu'ils étaient employés par les constructeurs de ces tombeaux pour dégrossir les dalles qui entraient dans la construction ou pour aider à l'excavation du terrain.

En résumé, ces outils nous renseignent très imparfaitement sur l'histoire de la métallurgie primitive.

Passons maintenant à l'étain. Ses gisements sont assez clairsemés dans le monde et l'aspect du minerai ne rappelle aucune substance métallique.

Le Portugal et l'Espagne le possèdent et il est au moins deux gîtes dans les Asturies, qui ont été certainement l'objet d'exploitations gigantesques.

A Salabé, sur la côte de la mer Cantabrique, à 7 kilomètres à l'est de Rivadeo, on a creusé à ciel ouvert et souvent à plus de 20 mètres de profondeur, et on a enlevé plus de quatre millions de mètres cubes. L'excavation d'Ablaneda, à 5 kilomètres au sud de Salas et 35 kilomètres à l'ouest d'Oviedo, n'est pas moins étonnante ; peut-être même a-t-elle atteint encore de plus grandes dimensions (1) ; les aqueducs considérables qui amenaient l'eau nécessaire et tous les vestiges remarqués, démontrent que l'exploitation des deux gisements, si elle a pu commencer dans la nuit des temps, a été surtout le fait de populations bien civilisées.

Le témoignage de l'histoire nous confirme l'ancienneté et

_____

(1) Notice sur quelques gîtes d'étain, par MM. G. SCHULZ et A. PAILLETTE, *Bulletin de la Société géologique de France*, 2e série, t. VII, p. 183.

l'importance de la métallurgie en Espagne. Dès que les navigateurs des régions orientales de la Méditerranée connaissent ses rivages, ils signalent les métaux du pays et leur abondance ; mais précisément parce que les Phéniciens sont informés de cette richesse dès leurs premiers voyages, il s'ensuit que déjà le pays était exploré à ce point de vue et qu'il possédait une industrie développée.

Les négociants de Sidon, de Tyr, de Carthage et de *Gadès*, ces voyageurs intrépides, devaient leur prospérité commerciale, leur prépondérance surtout, au mystère qui présidait à leurs entreprises et à leur négoce tout de transit et de commission ; leur mot d'ordre, comme l'a si bien dit un savant historien, était : « ne pas parler, ne rien écrire. »

On peut juger dès lors de l'insuffisance de l'histoire de ces Phéniciens et de la fragilité des hypothèses qui précisent leur rôle dans le développement de la civilisation des métaux d'un bout à l'autre de l'Europe.

Sans aucun doute, leur action fut considérable, mais elle est comprise entre certaines dates connues et paraît ainsi presque étrangère à notre vieille époque du bronze.

En effet, Gadès est fondé environ 1100 ans avant notre ère ; à ce moment, l'âge du bronze est sans doute près de sa fin, en Italie et en Gaule. Bientôt Gadès n'est qu'une étape de la navigation qui s'habitue à franchir les colonnes d'Hercule et s'aventure dans l'Atlantique. L'étain des provinces de Beira, de la Galice et des Asturies arrivait sans doute déjà par voie de terre aux colonies méditerranéennes ; il est plus activement recueilli et supplante plus ou moins celui de l'Orient qu'employaient depuis si longtemps les Egyptiens, les Grecs et mêmes les Italiens ; ceux-ci ne connaissaient probablement pas encore leurs mines de la Toscane où se rencontrent aussi des vestiges de grandes exploitations oubliées.

M. Hans Hildebrand a publié, dans les comptes-rendus du Congrès international d'Anthropologie de Stockholm (1874), une note très remarquée sur la situation des Cassitérides, le pays de l'étain, si souvent nommé dans la littérature classique.

C'est, pour ainsi dire, un article de foi de notre époque, que

les Cassitérides des anciens doivent être cherchées dans les îles
Scilly (ou Sorlingues), sur la côte sud-ouest de l'Angleterre ; M. H.
Hildebrand fait observer que, selon M. Wilkinson, cet archipel ne
renferme pas d'étain et que si l'on veut absolument placer le pays
de l'étain en Angleterre, le nom de Cassitérides doit être appliqué
à quelques *pointes* de terre des Cornouailles. En effet, cette partie
de la Grande-Bretagne possède de l'étain en quantité.

Mais puisque les Cassitérides ne sont pas des îles, n'est-il pas
possible d'attribuer ce nom à une région moins lointaine que le
Cornwald ? M. H. Hildebrand écarte sans discussion, peut-être un
peu vite, le Morbihan, la Haute-Vienne et la Creuse, où existent
des mines importantes avec traces de grandes et antiques exploitations. Il place les Cassitérides en Espagne et s'appuie sur les
récits de tous les auteurs. Parmi les textes qu'il cite, je signalerai
les suivants : Posidonius de Rhodes raconte que l'on exploitait
l'étain en Lusitanie et dans les îles Cassitérides, mais que ce métal
venait aussi de la Bretagne. Les Cassitérides sont ainsi rattachées
à l'Espagne plutôt qu'à la Bretagne.

Diodore de Sicile dit que les Cassitérides sont des îles situées
dans l'Océan au-dessus du pays des Lusitaniens. Il donne en outre
quelques renseignements sur les chemins par lesquels l'étain de la
Bretagne était transporté à travers la Gaule jusqu'aux villes de la
Méditerranée.

Strabon mentionne les Cassitérides dans la division relative à
l'Espagne de son grand ouvrage géographique ; et l'étude de toutes
ses assertions ne laisse pas de doute sur ses idées à cet égard.

Pomponius Méla, espagnol de naissance, dit que les Cassitérides
se trouvaient dans le pays des Celtes espagnols.

Selon Denys Périégètes, les Hespérides, où l'on trouve l'étain,
sont situées « près du promontoire sacré, où demeurent les
Ibères, » tandis qu'il place les deux îles britanniques en face de
l'embouchure du Rhin.

D'après Ptolémée, le célèbre géographe, les Cassitérides étaient
situées à l'O.-N.-O. du cap Finisterre et loin de l'Angleterre.

Enfin, Festus Avienus, dans ses *Ora maritima*, appuie l'opinion généralement admise dans l'antiquité.

Sans doute, ces auteurs sont bien modernes relativement à notre époque du bronze; mais si vraiment la grande masse d'étain dite des Cassitérides venait des pays qui sont aujourd'hui l'Espagne et le Portugal, il serait de plus en plus probable que la péninsule posséda des industries minières dans les temps préhistoriques.

L'histoire des exploitations du cuivre est moins intéressante; je citerai seulement le plus ancien auteur.

S'il fallait s'en rapporter au texte d'Ezéchiel, dans ses *Lamentations* sur la ville de Tyr (585 ans avant notre ère), Tarsessis ou Tharsis, voisine et rivale de Gadès, grand entrepôt des richesses de l'Occident, n'aurait pas possédé le cuivre au nombre de ses marchandises, mais seulement l'argent, le fer, l'étain et le plomb.

Cela prouve une fois de plus qu'il faut user des textes avec prudence.

Les métaux qu'Ezéchiel indique révèlent des connaissances métallurgiques complètes et nul doute que, déjà de son temps, l'Espagne vendait son cuivre aussi bien que son or, qu'il a également ment oublié de citer.

N'est-ce pas justement dans les mines de cuivre, auprès de Tharsis, près des bouches du Guadalquivir, que l'on a signalé d'anciens puits antérieurs aux Phéniciens (1)?

LES SÉPULTURES

Nous pouvons maintenant reprendre la description des sépultures au point où nous l'avons laissée.

Nous avons admis que le cuivre et le bronze furent connus, mais fort peu répandus, et employés bien avant la fin de l'âge de la pierre. La hache, les outils en silex disparaissent les premiers; la pointe de flèche en pierre, silex ou obsidienne, meurtrière et

---

(1) ERNEST DELIGNY : Apuntes historicos sobre las minas cobrizas de la sierra de Tharsis, dans la *Revista minera*, 1863, vol. XIV.

de peu de valeur se maintient au contraire très tard ; elle survit
plus ou moins longtemps selon les pays.

On risquerait de se tromper si l'on attribuait une valeur
chronologique à une classification des sépultures basée sur la proportion des objets en métal qu'elles contiennent ; pour établir une
chronologie, il faudrait beaucoup d'autres renseignements qui manquent souvent, et une grande quantité de fouilles comparatives
bien faites.

Peut-être quelques-unes des tombes que je vais décrire sont-
elles plus anciennes que celles qu'un précédent chapitre a fait
connaître. La majorité des unes et des autres est en réalité d'une
période de transition sur laquelle nous avons encore énormément
à apprendre.

Dans l'Alemtejo, au sud du cap de Sines, non loin de l'embouchure du petit fleuve Mira, près d'Odemira, M. le Dr Oliveira découvrit, il y a quelques années, une série de ces sépultures de
transition. Les renseignements que l'explorateur a bien voulu me
donner et l'étude des quelques objets qu'il a conservés, font vivement regretter que les fouilles aient été rapides et superficielles.

Les tombes, assez profondément enfouies, étaient en forme de
caissons dont six dalles, et plus quelquefois, constituaient les côtés
de cette façon [▢▢▢] ; d'autres plaques garnissaient le fond
et recouvraient le dessus. Aucune d'elles n'était travaillée ; on
s'était borné à choisir parmi les blocs naturels de la région les
plus convenables à cette destination. Les sépultures avaient ainsi
environ 0^m,50 de hauteur et 2 mètres de longueur. Le côté de la
tête était un peu plus large que l'autre. Les ossements étaient
brisés, sauf quelques phalanges et les dents. On remarqua parmi
eux quelques morceaux de charbon.

On recueillit seulement quelques gros objets qui vraisemblablement n'étaient pas seuls : des haches, une herminette en pierre,
enfin deux objets en métal, une pointe de trait du type déjà signalé (fig. 181), et une hache plate, au tranchant légèrement évasé,
pareille à tant d'autres de la péninsule, que je décrirai plus loin.

M. le Dr Oliveira m'ayant très gracieusement donné l'autorisation de faire analyser ce dernier objet, M. Witnich, chimiste de la section géologique, à Lisbonne, voulut bien se charger de cette opération et constata qu'il était en cuivre, sans étain. Un autre chimiste, professeur à l'École polytechnique, M. Rodrigues, ayant eu l'obligeance d'analyser de son côté une de ces haches plates choisies au hasard dans les collections de l'Ecole, ne trouva pas davantage d'étain. Un quatrième objet, une hache, rapportée par moi d'Evora et analysée à Toulouse par M. Boule, s'est trouvée également en cuivre.

M. Vilanova avait déjà déclaré, au Congrès de Lisbonne, qu'une hache plate espagnole, analysée à Madrid, ne contenait pas la moindre trace d'étain.

Instruit par ces exemples, j'ai dû mettre un point de doute à propos de toutes les pièces en métal déjà citées, et je ne suis pas éloigné de croire que le Portugal et l'Espagne ont possédé une époque du cuivre, ayant duré un certain temps et à laquelle appartiendraient la plupart de leurs sépultures de transition.

Cette époque du cuivre, que l'on était disposé à nier pendant le Congrès international d'anthropologie à Lisbonne (1880), se révèle aujourd'hui presque partout. Ainsi, en Suisse, le Dr Gross l'a mise en évidence. En France, les dolmens des Cévennes (Aveyron, Gard, Lozère, Ardèche, Hérault, etc.), les grottes sépulcrales de la même région, ont depuis longtemps fourni un plus grand nombre d'objets en cuivre pur qu'en bronze.

Les palafittes du Mondsée, en Autriche, conduisent aux mêmes conclusions. Elles ont livré 25 objets de cuivre pur et plusieurs creusets, et, rapprochement notable, parmi ces cuivres se rencontrent les deux types d'objets qui se montrent les premiers en Portugal et en Espagne; l'un d'eux ne fait pas défaut dans les dolmens de l'Aveyron (fig. 280).

Un peu plus loin, lorsque je parlerai des haches, je reviendrai sur ce sujet.

Au sud du Portugal, dans l'Algarve, sont des cimetières qui semblent assez analogues à celui d'Odemira quant au type des tombes.

A l'âge de la pierre, chaque sépulture renferme de nombreux morts; les cavernes naturelles, les cryptes artificielles sépulcrales, sont des ossuaires où peut-être même l'on réunissait les corps qui avaient séjourné ailleurs provisoirement; à partir de l'époque du bronze, chaque individu aura de plus en plus son tombeau parti-

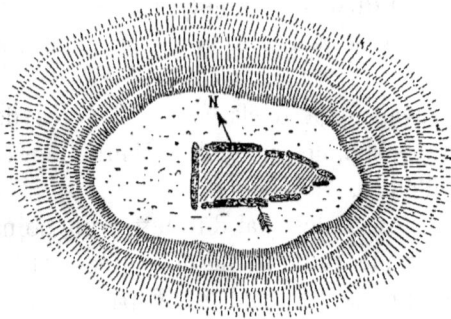

Fig. 274.

PLAN D'UNE TOMBE, SERRO DE CASTELLO, ALGARVE.

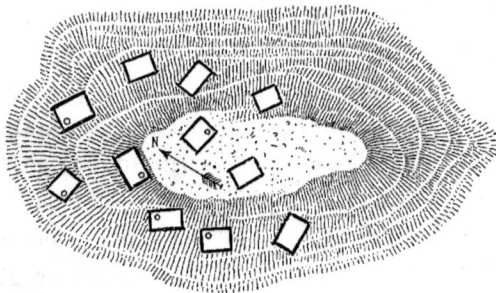

Fig. 275.

PLAN DES TOMBES DU CORTE DE GUADIANA, CASTRO MARIM. Gr. $^1/_{200}$.

culier, à part quelques exceptions attribuables, soit à la piété conjugale, soit à l'immolation des serviteurs, soit à la nécessité qui s'impose après les batailles d'enfouir rapidement les guerriers tués.

Les sépultures qu'il me reste à signaler constituent des groupes de caissons logeant un mort chacun; c'est un des motifs qui m'ont

permis d'en détacher la description du chapitre sur l'époque néoli-
thïque et de la placer ici.

Ces compartiments, ces cists, comme disent les archéologues
anglais, occupent généralement des sommets, *serro,* en portugais
(c'est le même mot dans notre patois des Cévennes) ; ils peuvent n'être qu'un diminutif traditionnel des cryptes mégalithiques.
Entre eux et celles-ci, il y a, dans le pays même, des monuments
de transition et, de ce nombre, on peut citer le suivant (fig. 274).

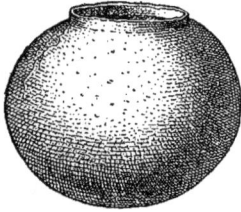
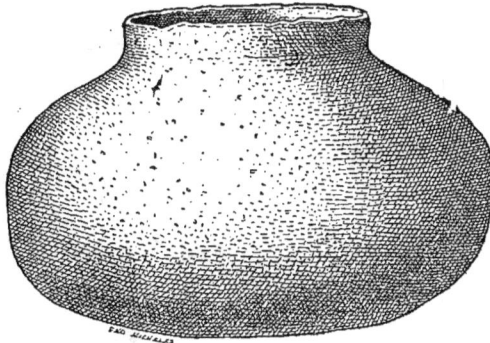

Fig. 276.　　　　　　　　　　　Fig. 277.

VASES EN TERRE, SERRO DE CASTELLO, ALGARVE. Gr. ¹/₂.

Sur la serro de Castello, à 2 kilomètres et demi d'Almada,
se voit un caveau funéraire en dalles plates, ayant une entrée ménagée entre les blocs du côté de l'orient. Il est long de 2ᵐ,50, large
et profond de 1 mètre ; dans un de ses angles gisait un vase en
poterie rougeàtre et noire, grossière, mal cuite.

Les cists de la serro dos Corveros, de la serro da Eira da
Estrada, de Corte de Guadiana, etc., sont constitués par quatre dalles
dressées de champ, assemblés avec soin. Leur longueur atteint un
mètre seulement, la largeur 0ᵐ, 70 ; la profondeur, 0ᵐ,50 (fig. 275).

Ces dimensions réduites s'expliquent aisément ; sauf exception,
le rite de l'incinération succède à celui de l'inhumation. Les cendres
du corps n'exigent qu'un faible espace et presque toujours la petite
chambre en pierre n'a pour but que de protéger l'urne funéraire.

Cette urne manque rarement; couverte d'une rondelle de pierre à peu près brute, elle renferme les traces encore reconnaissables du squelette; elle occupe un des angles du caisson dont l'orientation n'a rien de fixe. Les formes de ces vases (fig. 276 et 277) ne sont déjà plus celles que nous avons rencontrées à l'âge de la pierre; elles ne sont pas spéciales au Portugal. On a rencontré ce type, réduit à de très petites proportions, dans le dolmen de Rogarte (Morbihan).

En dehors de ce type sphérique à moyenne ouverture, il y a

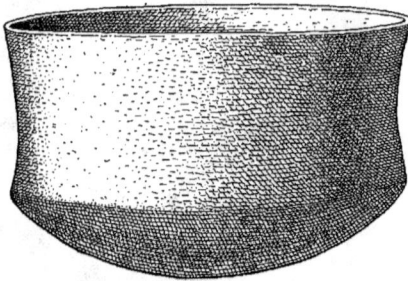

Fig. 278.

VASE EN TERRE, SERRO DE CASTELLO, ALGARVE. Gr. $^1/_2$.

encore des vases qui rappellent, par exemple, ceux des grottes de Palmella et assez bien aussi ceux des allées couvertes du Finistère (fig. 278).

Ces analogies dans la céramique de deux régions séparées par une assez grande distance, surtout par voie de terre, sont à noter; mais toutes les déductions qu'on en peut tirer, dès à présent, manquent de la précision nécessaire aux hypothèses sérieuses.

Les autres objets du mobilier funéraire quelquefois contenus dans l'urne elle-même, sont des cuivres (ou bronzes) qui confirment nos hypothèses sur l'âge de ces cimetières; quelques fragments indéterminables montrent que le bûcher a dû détruire la plupart des objets que la piété des vivants avait laissés ou donnés aux morts. Pourquoi l'incinération était-elle incomplète? Pourquoi trouvons-

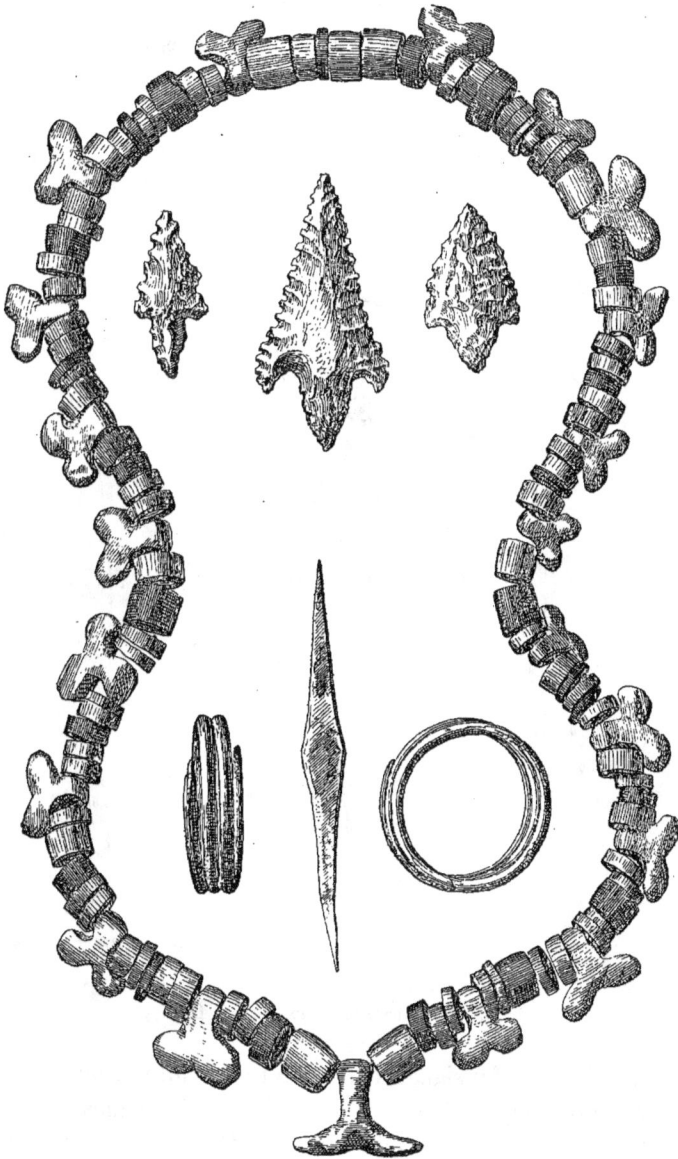

Fig. 279 à 285.

POINTES EN SILEX, POINTE ET SPIRALE EN BRONZE, PERLES EN CALCAIRE ET EN STÉATITE.

nous encore quelques armes intactes? Il est probable qu'indépendamment des vêtements, des parures, des armes brûlées avec le corps, on ajoutait quelques nouvelles offrandes au moment de la mise au tombeau.

De ce nombre était sans doute la double pointe (fig. 288), type

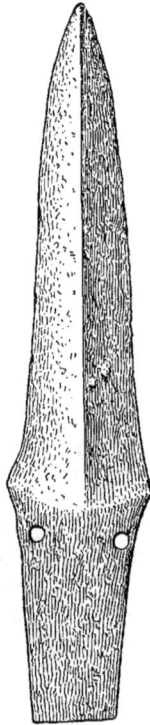

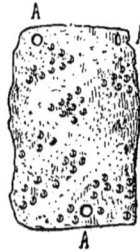

Fig. 287.

PLAQUETTE DE BRONZE OU CUIVRE,

EIRA DA ESTRADA.

Fig. 286.

SERRO DE CASTELLO.

Fig. 288.

ZAMBUJEIRA.

Fig. 289.

SERRO DA EIRA DA ESTRADA.

OBJETS DIVERS EN BRONZE OU EN CUIVRE. Gr. $^1/_2$.

très primitif et que j'ai signalé dans d'autres sépultures de la péninsule, de l'Aveyron, et dans les palafittes autrichiennes ; la belle lame de poignard à large soie plate et courte que deux rivets fixaient au manche sans doute en bois; au-dessus des rivets, une ligne nettement marquée par le changement de coloration et d'as

pect de la patine, montre quelle était la limite de la poignée ;
l'arête médiane de la lame est moins accusée que dans la gravure
(fig. 288). Il est possible que la soie ait été plus longue ; je n'ai pas
su reconnaître si elle avait été réduite ou non par une cassure accidentelle. Une autre lame est plus simple et très petite, mince, sans
soie, munie de deux rivets (fig. 289).

Il faut sans doute mettre dans la catégorie des parures une
petite plaquette fort oxydée, couverte de triangles formés par des
points en relief, obtenus apparemment au repoussé. Elle est percée

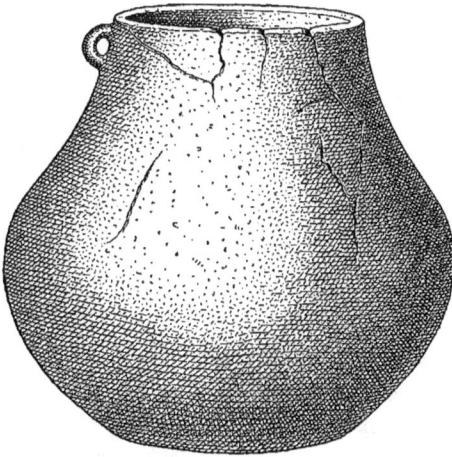

Fig. 290.

VASE EN TERRE, CASTRO MARIM, SERRO DA EIRA DA ESTRADA. Gr. $^1/_3$.

de trois trous (A) et pouvait être cousue sur un vêtement ou inter-
calée dans un collier (fig. 287).

Enfin, il ne me reste à mentionner qu'un bloc ouvré en ivoire.
C'est un cylindre, légèrement renflé en forme d'olive, en partie
couvert de stries régulièrement espacées et creusé à une de ses
extrémités. Je ne sais rien sur la destination de cet objet dont la
surface est très altérée.

J'ai souvent, dans cet ouvrage, appelé l'attention du lecteur sur
l'Algarve. Cette province est-elle plus riche que les autres en fait

d'antiquités préhistoriques? Je ne le crois pas. Mais elle a été explorée depuis longtemps, avec beaucoup de méthode, par un archéologue très zélé, aussi instruit que libéral, M. Estacio da Veiga.

D'autres sépultures portugaises ont donné des bronzes; par
exemple, de très longues tiges à tête ornée et qui ne sont pas sans
analogie avec quelques épingles de notre âge du bronze français;
mais plusieurs circonstances les rajeunissent et j'en parlerai plus
tard.

STATIONS, CACHETTES, GISEMENTS ET OBJETS DIVERS ISOLÉS.

Il y a dans les collections de l'Ecole polytechnique, à Lisbonne,
une série d'objets qui proviennent de Fonte da Ruptura, au voisinage de Sétubal. On ne sait rien sur les circonstances de la découverte. Il faut donc nous borner à présenter isolément les principales pièces.

Les pointes de flèches en silex, finement taillées en forme de
triangle plus ou moins allongé, sont pareilles à tant d'autres que
nous avons déjà vues.

Quelques ossements ont plus d'intérêt. Je mentionne sans insister une pointe fabriquée avec un os d'oiseau d'assez grande taille,
et qui a pu servir aussi bien de bout de flèche que de poinçon; de
telles pièces sont communes dans tous les gisements de l'âge de la
pierre polie et elles contribuent à le caractériser, car elles disparaissent dès que le métal fournissant des pointes de qualité bien
supérieure arrive un peu abondamment (fig. 291).

D'autres ossements travaillés méritent davantage notre attention. Ce sont les deux pièces figurées sous les numéros 293 et 294.
Ce type a été signalé dans les palafittes de la Suisse, par exemple à
Mœringen, dans les terramares de Bellanda, province de Mantoue,
ailleurs encore. Il paraît, en général, dans les milieux où le métal
est déjà répandu. M. Pereira da Costa le considère comme un
perçoir; M. Gross comme un simple poinçon; M. Chierici comme
une pointe de flèche. Je n'ose adopter l'une ou l'autre de ces opinions; je dois cependant faire observer que la partie la plus épaisse

n'est pas toujours aussi pointue que dans les exemplaires figurés
ici ; quelquefois même les deux extrémités sont tout-à-fait obtuses,
et alors les hypothèses indiquées ci-dessus ont moins de vraisemblance.

J'arrive maintenant aux bronzes ou cuivres qui ont la même
origine. Le poinçon rectangulaire emmanché dans une gaine en

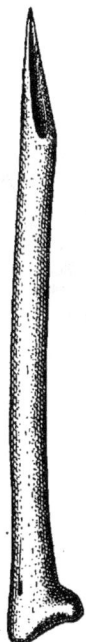   

Fig. 291.	Fig. 292.	Fig. 293.	Fig. 294.	Fig. 295.
PORTUGAL.	ITALIE.	PORTUGAL.		SUISSE.

POINTES EN OS, USAGE INDÉTERMINÉ. Gr. $^2/_3$.

corne de cerf n'a rien de remarquable. Au contraire, la scie légèrement arquée, avec deux encoches pour rivets, est précieuse. Le
couteau est non moins curieux : il est courbe, sa section est ovale et
il a un double tranchant ; il est muni lui aussi de deux encoches
à la base (fig. 296 à 298).

Ajustrel, localité célèbre par la découverte qu'on y a faite d'une
table en bronze sur laquelle était gravée une loi romaine sur les

mines, a fourni aussi quelques objets en métal, deux lames de poignard dont la pointe est cassée, à soie courte et portant deux trous pour rivets, et une pointe de la même famille que celle de Casa da Moura, d'Odemira, de Palmella, et de Los Eriales (fig. 299).

A un quart de lieue de Porto de Mos, au nord-est du lieu appelé Fonte de Marcos, un paysan qui travaillait au bas d'une colline mit

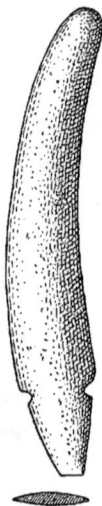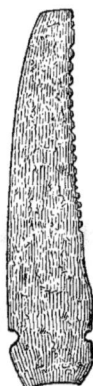

Fig. 296.   Fig. 297.   Fig. 298.

FONTE DA RUPTURA, SÉTUBAL. Gr. ¹/₂.

au jour un petit dépôt d'objets très oxydés. On n'a sauvé que le fragment d'une épée (fig. 302) et l'on m'a dit qu'il y avait avec lui des lingots et des plaques informes.

Une autre cachette a été découverte à la suite des travaux entrepris pour détourner, au profit de plusieurs localités, les eaux de la rivière Alviella qui se jette dans le Tage, un peu au-dessus de Santarem. Elle était dans le lit même de la rivière et comprenait une série de pièces, parmi lesquelles dominaient les fragments. Elle avait ainsi tous les caractères que MM. Chantre et de Mortillet ont si bien mis en évidence et mériterait le nom de fonderie. Tout le lot était destiné à la refonte ; il est cependant bizarre de trouver une cachette de fondeur au milieu d'un cours d'eau.

La cachette de l'Alviella comprenait un bracelet (fig. 304) ; un un outil qui n'est pas sans analogie avec le *style* des Romains, et qu'on peut regarder comme un poinçon ; la base amincie prouve qu'il devait être emmanché (fig. 303) ; une petite tige, pointue aux deux bouts, pareille à une aiguille sans chas ; le tranchant d'une

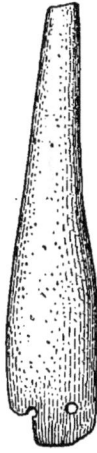
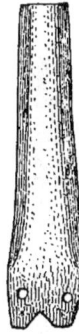

Fig. 299.   Fig. 300.   Fig. 301.

AJUSTREL. Gr. $^1/_2$.

hache ; la pointe d'une épée, assez effilée, et sept fragments indéterminables.

On connaît en Portugal d'autres cachettes ; elles sont constituées par des haches, et je consacrerai à ce genre d'outil un chapitre spécial.

Avant de quitter le Portugal, il faut signaler au nombre des objets isolés, une arme conservée dans le musée d'Evora, et certainement originaire de l'Alemtéjo (fig. 305).

La lame de cette épée est altérée par un aiguisage déplorable; sa longueur a été sans doute diminuée, sa pointe abîmée. La poignée, aplatie et faisant corps avec la lame, grossièrement fondue, devait avoir ses compartiments remplis de plaques en substances destructibles.

En Espagne, les témoins de l'âge du bronze deviennent rares. Certainement, les travaux, soit agricoles, soit des ponts et chaus-

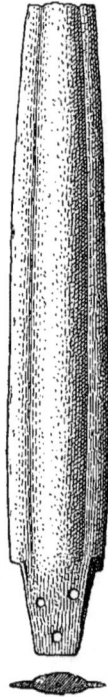

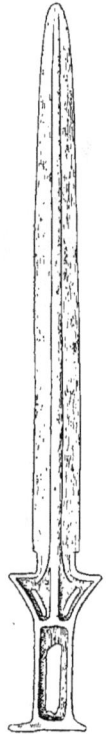

Fig. 303.

Fig. 302.   Fig. 304.   Fig. 305.

PORTO DE MOS. Gr. $\frac{1}{2}$.   ALVIELLA.   EVORA. Gr. $\frac{1}{4}$.

sées et des chemins de fer, ont mis à jour maints trésors : objets et renseignements sont perdus.

Il faut citer une courte épée qui fait partie des collections du musée de Cordoue (fig. 306), et quatre autres, qui sont au musée de Madrid, et furent figurées dans une superbe édition de Salluste,

traduction espagnole, par don Gabriel (Madrid, 1772), et dans le
Museo espanol de antiguedades, pages 353 à 372 (1).

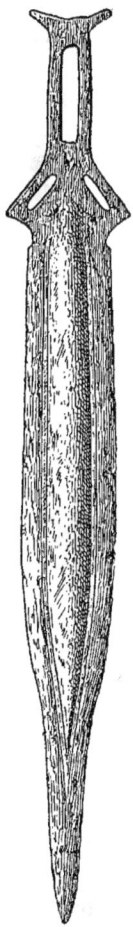
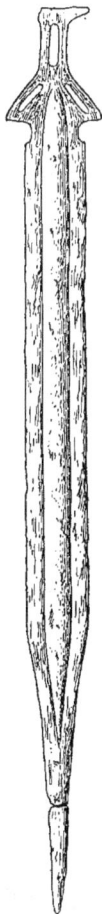

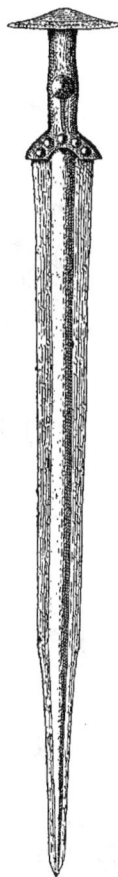

Fig. 306.   Fig. 307.   Fig. 308.   Fig. 309 et 310.

CORDOUE.   ESPAGNE.   UZÈS (FRANCE).

Les deux plus petites (0^m,48) viennent de Betera, à deux

(1) *Armas antiguas ofensivas de bronce y hierro ; su estudio y comparacion con las que se conservan en el Museo arqueologico national*, por don Fernando FULGOSIO, 2 pl.

lieues à l'ouest de Sagunte ; la plus longue (0^m,76), de Siguenza, dans la direction de Calatagud ; l'autre (0^m,71) de Tortosa.

Ces dernières ont, comme celles de Cordoue et d'Evora, une poignée incomplète, avec des rebords sur les côtés de la soie plate, pour encastrer un placage de bois, d'os, de cuir, etc., et de trous qui servaient à passer des rivets ou chevilles pour consolider l'en-

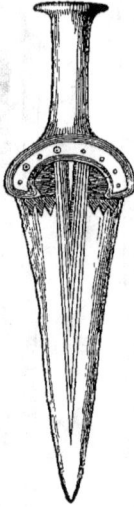 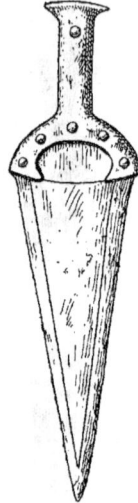 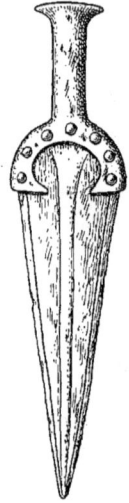

Fig. 311.   Fig. 312.   Fig. 313.

FRANCE.   ESPAGNE.

POIGNARDS EN BRONZE. Gr. ¼.

semble de la poignée. C'est le type que M. de Mortillet appelle larnaudien, du nom de la grande cachette de Larnaud, dans le Jura, et qui appartient à la seconde partie de l'âge du bronze. Toutefois, les épées de Cordoue et de Siguenza offrent une particularité que M. de Mortillet ne figure qu'une fois dans son *Musée préhistorique,* ce bréviaire des archéologues, et précisément dans la première époque du bronze, ou morgien (station type : Morges, Suisse). L'épée d'Uzés (Gard), au Musée d'artillerie de Paris, possède une lame droite, qui se rétrécit aux deux tiers de sa longueur, et finit, selon le terme technique, en goutte de suif (fig. 310). Les épées espagnoles en question ont ce rétrécissement terminal encore plus accentué. Et ce même détail singulier et rarissime nous le retrouvons à l'autre bout de l'Europe, dans le Musée de Kiel (moule d'épée, en argile, île de Syls, Schleswig).

A côté de ces épées, on voit, au musée national de Madrid, des poignards qui, d'après le catalogue, seraient espagnols, mais recueillies on ne sait où. Ce sont des armes du même type que celle de Lyon (fig. 311) et bien d'autres françaises et surtout

Fig. 314.
CORDOUE.

italiennes. Enfin, il y a dans les musées de Grenade et de Cordoue des bouts de traits à soie que je me borne, faute de renseignements, à signaler en passant (fig. 314).

LES HACHES EN BRONZE

Parmi les objets les plus répandus de la période industrielle qui vit en Europe, l'introduction des métaux est certainement cet instrument en bronze que les archéologues français appellent une hache, les anglais un celt, les scandinaves un palstave (ou paalstab).

C'est aussi l'un des plus précieux parce que son type primitif s'est modifié incessamment, depuis l'âge de la pierre jusqu'à l'arrivée du fer. Chaque forme successive peut permettre de classer à leur date relative les armes, les parures, les outils auxquels elle se trouve associée.

Cette étude chronologique est délicate ; il faut la vérifier à certains égards dans chaque grande région, et les conclusions ne sont pas encore définitives dans tous les pays les mieux connus.

En France, les principales formes de haches en bronze sont les suivantes :

1º Hache plate (fig. 315);

2º Hache à talon (fig. 316);

3º Hache à ailerons (fig. 317);

4º Hache à douille (fig. 318).

15

La hache plate, lorsque ses côtés sont légèrement élargis par un rebord, comme dans le spécimen de la page 99, peut avoir été

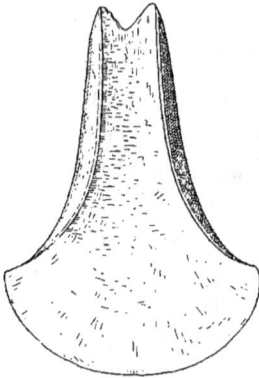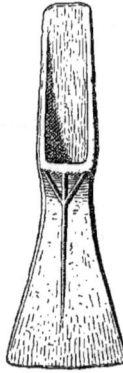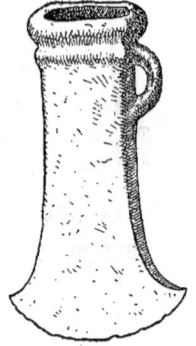

Fig. 315.   Fig. 316.   Fig. 317.   Fig. 318.

HACHE PLATE.   HACHE A TALON.   HACHE A AILERONS.   HACHE A DOUILLE.

utilisée sans emmanchure, simplement empoignée par la main. La forme et la petitesse de certaines autres haches semble indi-

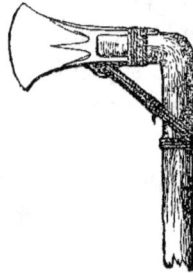

Fig. 319.

SPÉCIMEN THÉORIQUE DE HACHE EN BRONZE EMMANCHÉE.

quer qu'elles étaient enfoncées dans un manche droit et utilisées comme nos ciseaux de menuisier.

Les haches des divers types ont pu assurément recevoir,

tantôt un manche droit et tantôt un manche coudé en L; mais nous avons un certain nombre de manches en bois, recueillis au fond des lacs, dans les tourbières, dans les salines; ils sont tous coudés. D'autre part, les anneaux que présentent si souvent les haches des types 2, 3 et 4, et d'où partaient des liens qui s'enrou-

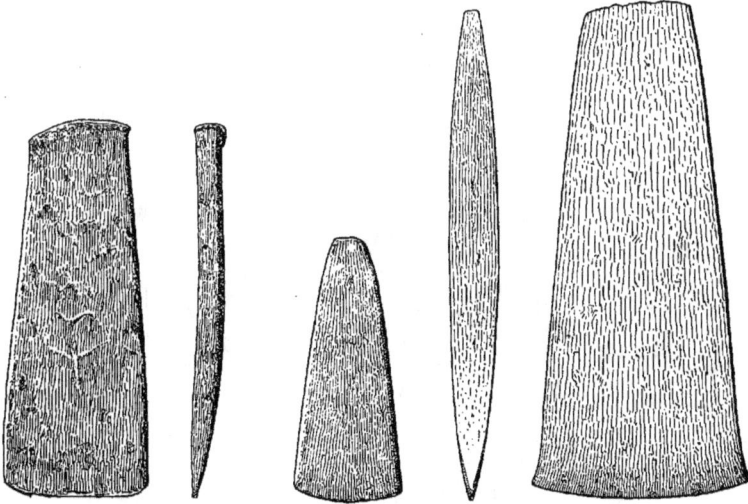

Fig. 320.   Fig. 321.   Fig. 322.

HACHE EN CUIVRE, EVORA. Gr. $^1/_2$.   HACHES EN CUIVRE OU EN BRONZE, COÏMBRE. Gr. $^1/_2$.

laient autour de la longue branche, ne s'expliqueraient plus si le manche de ces outils n'avait pas été coudé.

La longue branche du bois était tenue à la main; l'autre portait la hache, la doloire ou l'herminette.

Les haches plates étaient sans doute appliquées quelquefois contre le bois et retenues par une ligature, comme dans l'exemplaire américain de l'âge de la pierre figuré page 110.

Dans la majorité des cas, on constate que le bois était fendu sur une longueur de quelques centimètres, la hache était placée dans la fente plus ou moins évidée, les rebords du métal, des liens permettaient d'obtenir une grande solidité.

Pour éviter que la lame ne s'enfonçât dans le manche, on en

vint à la renfler au milieu et transversalement; le bois ne pouvait
dépasser cette arête. Quelques modifications dans le même sens
eurent pour résultat le type dit à talon.

Mais l'on s'est aussi contenté de développer les rebords; on
a eu quatre ailerons qui se rabattaient pour former une douille

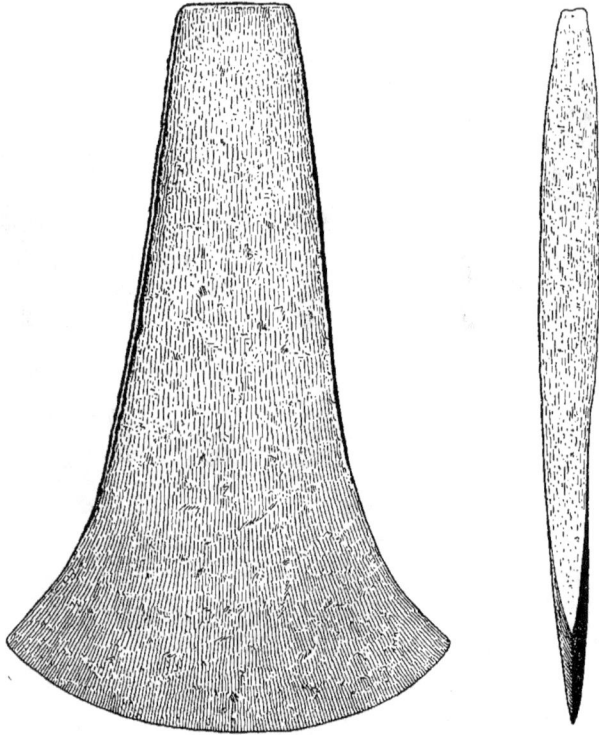

Fig. 323.

HACHE EN CUIVRE AVEC LÉGER REBORD, PORTUGAL. Gr. $^1/_2$.

des deux côtés de la hache et embrasser ainsi l'extrémité bifide du
manche. Tout autre lien devenait superflu.

Enfin une seule douille était suffisante, et un type ainsi per-
fectionné permit de renoncer au manche fendu.

Il y a donc, à partir de la hache plate, deux séries divergentes : l'une aboutit à la hache à talon, l'autre à la hache à douille.

On connaît beaucoup de formes intermédiaires. Il en est dont l'abondance ou la rareté caractérise l'âge du bronze de chaque pays. Ainsi, en Scandinavie le celt à ailerons est à peu près inconnu, et les rares exemplaires qui y ont été découverts paraissent dus à l'importation ; en revanche le celt à talon y a été merveilleusement développé. Jusqu'ici ni l'Espagne, ni le Portugal n'ont livré un seul celt à ailerons, pas plus que les autres variétés intermédiaires entre le celt plat très abondant, le celt à talon également répandu, et le celt à douille moins commun.

Dans l'état de nos connaissances, peut-on dire si la hache à talon et la hache à douille espagnoles ou portugaises ne sont pas dues à une influence étrangère ? Nous savons, par exemple, que dans la Grande-Bretagne les premiers celts à douille furent importés ; les fonderies locales privent peu à peu l'habitude de les fabriquer et les mirent en quantité, pendant des siècles, entre les mains des populations de ce temps-là.

Dans la péninsule une seule chose est certaine : les exemplaires connus de deux des trois types signalés sont de fabrication locale. Les grandes haches à talon trouvées en groupes, — cachettes de fondeurs, trésors de marchands, — sont souvent telles qu'elles sortaient du moule, avec leur culot (fig. 324), leurs bavures, et l'absence de tout martelage.

Mais n'anticipons pas ; occupons-nous d'abord des haches plates. Elles sont nombreuses dans tous les musées de la péninsule. Les exemplaires proviennent quelquefois de sépultures, par exemple, celui d'Odemira signalé page 210, et quelques autres dont il est parlé dans plusieurs notices archéologiques ; ces renseignements n'ont pas une précision suffisante pour être transcrits ici.

Les haches plates, trop souvent dépourvues de certificat d'origine, paraissent aussi communes dans tout le Portugal que dans le midi de l'Espagne. Leurs dimensions varient entre 0,05 centimètres et 0,30. Fort rarement elles ont de très légers rebords ; elles ne portent aucune ornementation ; enfin elles sont plus souvent en cuivre qu'en bronze, sans qu'il soit possible d'établir une distinction quant à la forme des unes et des autres.

La péninsule est, à ce point de vue, complètement reliée à une partie de l'Europe, aux pays méditerranéens et à l'Asie.

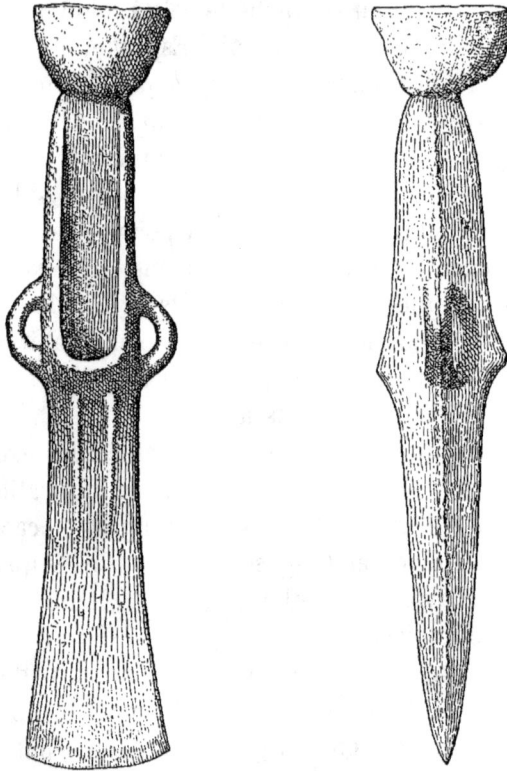

Fig. 224 et 225.

DOLOIRE OU HERMINETTE EN BRONZE AVEC CULOT NON DÉTACHÉ. Gr. $^1/_2$.

CRASTO DE MEDEIRO, MONTALEGRE.

En effet, que ce soit en Scandinavie ou en Irlande, en France ou en Italie, en Grèce, à Chypre ou dans la Troade, en Babylonie ou à Gungeria, dans l'Inde, partout se retrouvent ces instruments de forme simple et qui sont souvent en cuivre pur.

Dans un petit nombre de cas on les a rencontrés dans des sépultures de l'époque de transition de la pierre au bronze, soit en

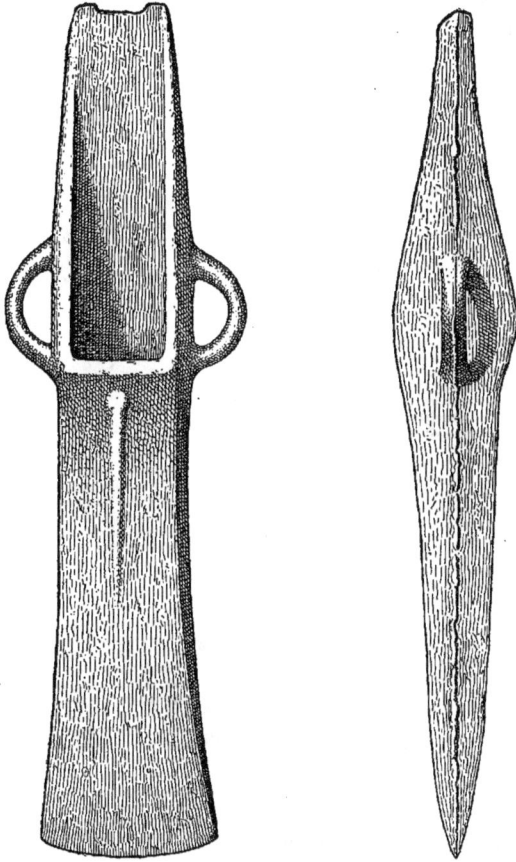

Fig. 326 et 327.

DOLOIRE OU HERMINETTE EN BRONZE, GRANDOLA, ALEMTÉJO. Gr. $^1/_2$.

Angleterre, soit dans le Finistère ou les Côtes-du-Nord. La découverte d'Odemira n'est donc pas isolée.

En Suisse, l'exploration de la couche archéologique des palafittes a donné des résultats admirables; on a pu suivre l'évolution de l'industrie néolithique et métallurgique. Or, les haches

plates en cuivre ou en bronze se montrent exclusivement dans les
stations de la fin de l'époque de le pierre. Elles sont parmi les
premiers objets en métal des populations lacustres.

Des renseignements positifs paraissent ainsi d'accord pour
affirmer qu'un courant civilisateur s'est répandu sur l'Europe

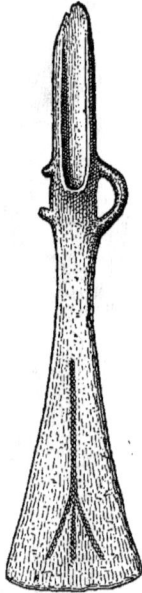

Fig. 328. — ANDALOUSIE.   Fig. 329. — GRENADE.
DOLOIRES OU HERMINETTES EN BRONZE. Gr. $^{1}/_{2}$.

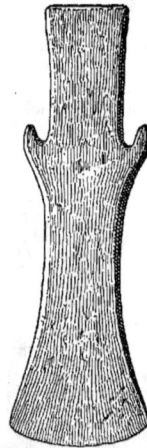

entière et a mis fin plus ou moins vite, selon les régions, à l'âge
de la pierre.

Des haches plus fréquemment en cuivre qu'en bronze y
furent importées et disséminées.

L'identité de leurs formes semble en faveur de cette théorie.
On a peut-être exagéré lorsqu'on a dit qu'elles étaient la *copie*
des haches en pierre précédemment en usage. Dans tous les cas,
elles ne reproduisent pas les types néolithiques si caractéristiques
de certaines régions : en Portugal, pas une seule des quarante

haches en métal que j'ai vues n'a le tranchant en biseau oblique des herminettes en pierre si communes.

Il y a çà et là en Europe des moules qui démontrent qu'on

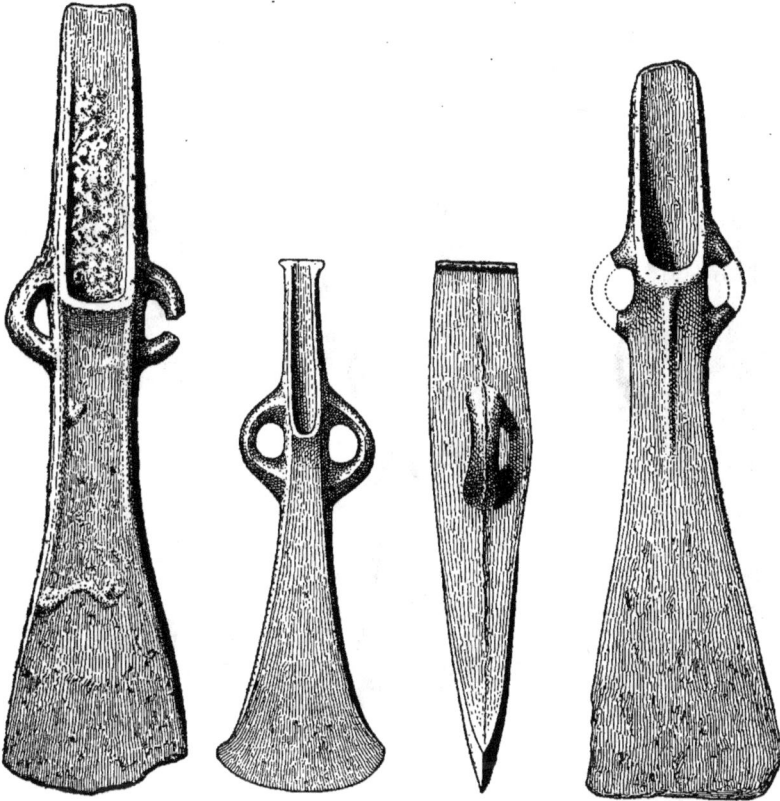

Fig. 330.   Fig. 331 et 332.   Fig. 333.
TARBES (HAUTES-PYRÉNÉES.)   FRANCE.   LANGOIRAN (GIRONDE).

DOLOIRES OU HERMINETTES EN BRONZE. Gr. ¹/₂.

fabriquait sur place les instruments en question, et c'est ici l'occasion de rappeler ce que j'ai dit plus haut sur le colportage.

Contre la théorie de l'importation, on peut dire que les premières haches en métal ne pouvaient que se ressembler; qu'il y en a de pareilles aux nôtres en Amérique et que cela suffit à prouver le danger de croire trop vite à l'existence de rapports entre celles des régions indiquées de l'Europe et de l'Asie.

Une hache plate du Musée archéologique de l'Algarve, est du district de Beja, des mines de cuivre de Juliana, Alemtejo. Une autre fut de même, assure-t-on, recueillie à la mine de cuivre de

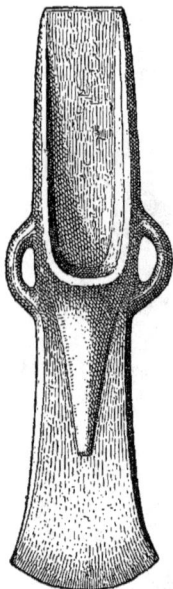

Fig. 334.   Fig. 335.   Fig. 336.

WEST BUCKLAND, SOMERSET.   PENVORES, CORNWALL.   IRLANDE.

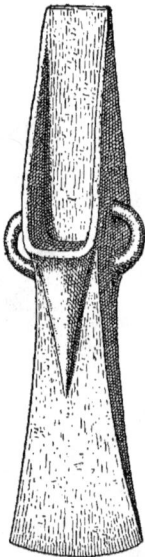

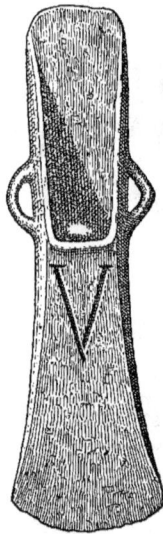

PALSTAVES A DEUX BOUCLES LATÉRALES. Gr. $^1/_2$.

Milagro, Asturies. Ces deux faits se prêtent un mutuel appui et ils auraient une véritable importance si la contemporanéité de l'exploitation et de l'instrument était indiscutable; on pourrait alors rechercher si l'outil vieillit la mine ou si la mine rajeunit l'outil. Mais le rapprochement peut être fortuit, si les haches ont été découvertes parce qu'elles gisaient sur un sol que les mineurs ont bouleversé.

Les haches à talon se sont rencontrées dans près de vingt

localités : en Portugal, à Rodriz, Minho ; dans la Beira alta ; dans
la Beira beixa ; dans la serra do Marao ; à Crasto de Medeiro, près
Montalegre ; à Grandola.

En Espagne, à Santiago de Galice ; à Oviedo, à Cangas de Tineo,
et autres localités des Asturies ; dans la sierra de Baza, à Caniles y
Baza, à Viezma de Grenade, à Almédinilla, aux environs de
Cordoue, et autres lieux de l'Andalousie.

Cette distribution est déjà notable, et si nous tenons compte de

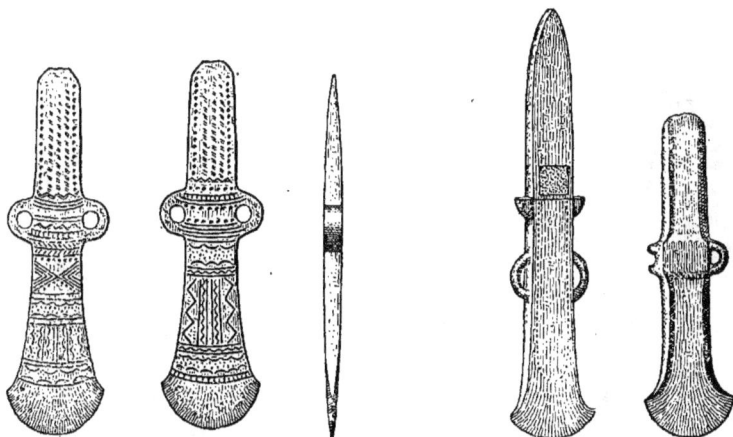

Fig. 337 à 338.   Fig 339.   Fig. 340.

PALSTAVES D'IRLANDE A TRANCHANT TRANSVERSAL. Gr. 1/2.

la quantité des haches à talon trouvées dans chacun des endroits
indiqués, nous serons amenés à reconnaître que les régions de ces
bronzes sont celles des minerais de cuivre et d'étain.

M. Evans possède un spécimen du type grêle représenté
fig. 328 qui provient d'une mine des Asturies. Nous avons là un
nouvel exemple de hache en métal en rapport immédiat avec un
gîte métallurgique.

La principale trouvaille de l'Andalousie, assez ancienne déjà,
est actuellement représentée par un seul exemplaire au British
Museum (fig. 328). Mais M. Evans nous dit qu'il faisait partie d'un
lot de dix-huit ou vingt gisant près d'antiques charbonnages. On

assure que l'une de ces haches était encore attachée à son manche
en bois au moyen de courroies entrelacées et retenues par des
entailles dans le bois; probablement elle n'avait aucun anneau.

Il est rare que dans les cachettes de ce genre toutes les haches
soient de même type. C'est pourtant ce qui est arrivé dans la
haute Beira, en 1878. Les dix-neuf haches étaient à talon et à
deux anneaux. Quelques-unes étaient cassées, d'autres non finies.

Généralement les exemplaires à un et deux anneaux sont associés; ces derniers prédominent. Sans doute ces outils à deux boucles

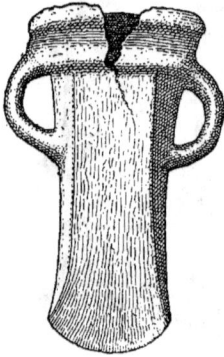

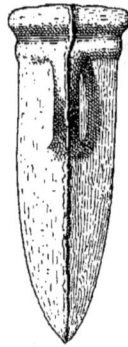

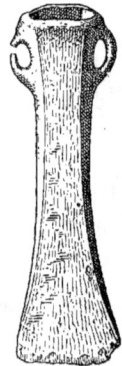

Fig. 341 et 342.   Fig. 343.

PORTUGAL.   ALSACE.

HACHES-HERMINETTES EN BRONZE. Gr. $^1/_2$.

méritent plutôt le nom d'herminette que tout autre; le tranchant
devait être perpendiculaire au manche, et il est curieux de voir
que le pays qui nous a montré tant d'herminettes à l'âge de la
pierre, est encore celui qui en possède le plus grand nombre à l'âge
du bronze.

Ce même type, à talon et à deux boucles, n'est pas absent des
collections françaises et anglaises. On l'a rencontré dans l'Ariège
et dans les Hautes-Pyrénées; ces deux pièces, mêlées aux espagnoles et aux portugaises, ne s'en distingueraient pas; elles ont
comme elles une longueur et un poids inusités. La Gironde, si

riche en cachettes de haches, a présenté cette forme dans la trouvaille de Langoiran et dans celle de Saint-Emilion. Un autre spécimen français, mais de provenance indécise (fig. 331) faisait partie
de la collection Seidler, entrée récemment au Musée de Nantes.

Si nous franchissons les détroits, nous trouvons deux instru-

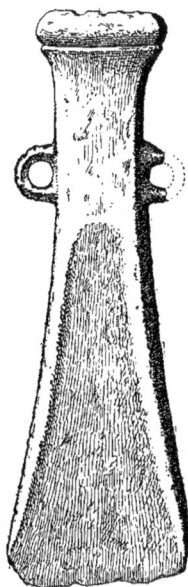

Fig. 344. Gr. $^1/_2$.

HACHE A DOUILLE, ASPET, H.-GARONNE.

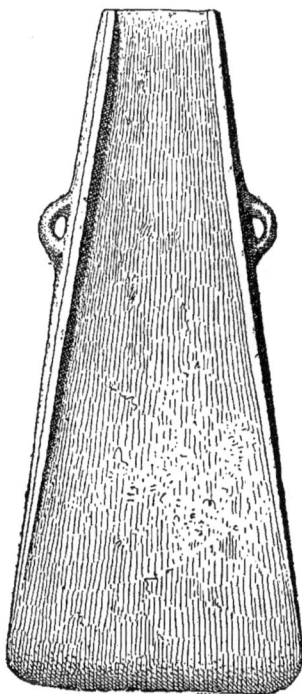

Fig. 345. Gr. $^1/_3$.

HACHE-HERMINETTE, FRANCE.

ments semblables dans le comté de Cornwall, trois dans celui de
Somerset, un dans celui de Cork, et trois en Irlande.

M. Evans, dans son livre sur l'âge du bronze, les mentionne,
mais sans grands détails. Le celt de West Buckland (fig. 334) aurait
été découvert en même temps qu'un beau torques ou collier tordu,
un bracelet plat orné et fondu, quelques charbons et ossements

brûlés, il n'y avait aucune indication de tumulus. L'exemplaire de
Bryn Crug, comté de Caernavon (fig. 340), était dans une sépulture
avec un couteau à soie et une épingle dont la tête plate est percée
de trois trous. Il a un caractère tout spécial et sert évidemment de
passage aux types irlandais.

L'un de ceux-ci (fig. 339) appartient au Musée de l'Académie
royale de Dublin. En outre des deux boucles, il possède deux

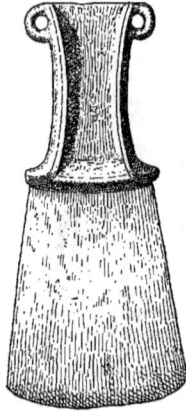  

Fig. 346. et 347.   Fig. 348.

PAALSTAB ITALIENS A DEUX ANNEAUX, A TALON ET A DOUILLE. Gr 1/2.

saillies qui compensaient pour la solidité de l'emmanchure la disparition du talon.

Une hache sans anneau, mais avec des crochets semblables
(fig. 329), est originaire de Grenade. C'est là un rapprochement
intéressant entre l'Espagne et l'Irlande. Un autre celt irlandais très
plat, à deux boucles, offre une ornementation qui serait exceptionnelle partout ailleurs qu'en Irlande. On sait que dans ce pays les
haches en bronze sont souvent couvertes de dessins gravés.

Dans les mêmes régions que nous venons de parcourir, nous
retrouverons aussi, mais très rarement, le coin à douille avec
les deux anneaux qui établissent la parenté. J'en ai vu plusieurs
en Portugal, l'un de Rodriz (Minho), l'autre de la serra de Santa-

Justa, près Vallongo et Porto (fig. 341), les autres sans étiquette.

L'espagnol est au Musée des Carmes, à Lisbonne, et provient d'Abrigada, Estremadure. Sa grandeur anormale est un trait d'analogie avec les haches à talon.

Un exemplaire de forme très particulière, à douille mince carrée et cannelée, à boucles placées un peu bas, a été recueilli dans la Haute-Garonne, à Aspet. (Collection Marty, Toulouse, fig. 344).

On connaît un exemplaire alsacien (fig. 343).

On n'a pas encore signalé le coin à douille avec deux boucles dans le Royaume uni; mais, ce qui revient au même, on a trouvé,

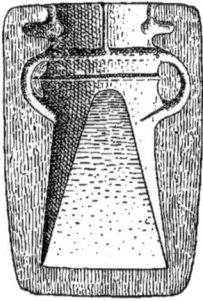

Fig. 349.

MOULE EN PIERRE, HALLAND, SUÈDE.

Fig. 350.

BRONZE, GOTLAND, SUÈDE. Gr. $\frac{1}{2}$.

près d'Everley, Salisbury, une moitié de moule en diorite pour ce genre d'outil. L'autre face de la pierre présente le creux d'un celt pareil, mais avec une seule boucle.

Anglesey, enfin, a fourni aussi un moule en pierre de ce type.

Avant d'examiner quelles sont les conclusions permises après l'étude de ces types occidentaux et les circonstances de leurs gisements, il convient de rechercher ce qui leur ressemble dans le reste de l'Europe.

Mentionnons, sans nous arrêter, une hache plate à rebords épais munie de deux petits anneaux. C'est une intéressante variété trouvée en France, on ne sait où, mais qui ne peut intervenir qu'incidemment dans notre étude (fig. 345).

En Italie, l'âge du bronze a laissé des objets extrêmement variés; les haches à talons et à douilles, à deux boucles, ont peu de rapport avec celles de l'Espagne; on peut en juger d'après les fig. 346 et 348. Elles ont un caractère éminemment local; mais il y a une exception : dans le fameux amas de bronzes connu sous le nom de fonderie de Bologne, sur 244 haches à douille (entières ou fragments) qu'elle contient, il y en a 32 qui sont munies de deux anneaux; chez 21 les anneaux sont en haut de la douille comme dans la figure 346; 2 ont les anneaux tout à fait au bas de la

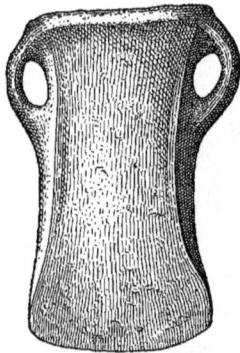 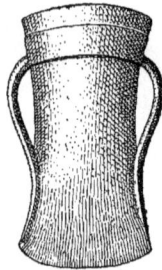  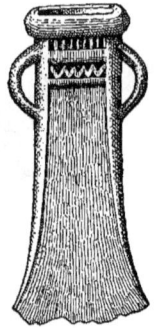

Fig. 351.   Fig. 352.   Fig. 353.   Fig. 354.

KERTCH.   EKATERINOSLAV.   MINUSSINSK.   PERM,

HERMINETTES A DOUILLE. Gr. 1/2.

douille; 9 les ont au milieu. Parmi ces 9, un exemplaire se distingue des formes italiennes et rappelle celles du Portugal et de l'Alsace; ses deux anneaux sont fermés, simplement figurés.

En Suisse, rien à signaler; en Scandinavie, pas un seul paalstab à talon et à deux boucles; en revanche deux à douille : un bronze et un moule en pierre, ne se rattachant nullement aux formes ibériques, mais bien à celles de la Finlande et de la Russie. En effet, dans cet orient, les haches ont suivi un développement parallèle à celui de l'occident et sont arrivées à un type à douille spécial et caractérisé (fig. 351 à 354). Il y a indépendance complète entre les deux groupes.

Il paraît donc légitime de dire qu'un lien positif rattache l'Espagne et le Portugal au sud-ouest de la France et au sud des îles britanniques. La présence d'un certain nombre d'objets en bronze de même famille, qui manquent dans les régions circonvoisines, est suffisante pour faire admettre qu'il y eut des relations assidues pendant l'âge du bronze entre ces divers pays.

Les documents que nous possédons sont-ils suffisamment nombreux pour permettre une plus grande précision? Je ne le crois pas.

Est-ce l'Ibérie qui rayonnait vers le bassin de la Gironde et jusqu'aux grandes îles? On le supposerait volontiers en constatant que les haches de l'Irlande sont développées d'après celles de l'Angleterre et que ce dernier pays, admirablement connu, n'a livré qu'en petit nombre les types très fréquents dans la péninsule, pourtant mal explorée.

L'Angleterre n'a livré de celts à deux boucles que dans sa partie méridionale; le plus grand nombre a été trouvé dans ou près de la zone riche en étain.

La présence des mêmes types à l'estuaire de la Gironde, ce chemin naturel de l'Océan à la Méditerranée, est-elle un indice que les produits marchands du nord et de l'ouest de la péninsule, aussi bien que de la Grande-Bretagne prenaient déjà cette voie?

Mille ans ont pu suffire pour changer la carte de l'Europe préhistorique. Les provinces de l'âge du bronze ne devaient pas coïncider avec les divisions du monde connu des anciens. Malgré les patients efforts de mon ami M. E. Chantre, nous connaissons mal leurs frontières, qui n'étaient peut-être pas précises et qui restaient ouvertes. La nécessité pour ces populations de se procurer la matière première, base de leur industrie, exigeait des rapports commerciaux et constants entre les pays producteurs du cuivre et de l'étain et ceux qui ne possédaient pas ces richesses naturelles ou qui ne savaient pas les exploiter.

Ces relations n'étaient problablement pas directes. Les métaux non ouvrés, les valeurs données en échange passaient de main en main, par une série d'intermédiaires. C'est ce qui permettait à

16

chaque province de garder sa physionomie propre ; le mélange des
types d'objets, armes, parures outils, se faisait dans une limite restreinte et ne dépassant pas un certain cercle.

Un commerce plus actif, prolongé pendant des siècles, une
fusion des races et des peuples, auraient eu seuls le pouvoir d'uni-
fier tous les caractères matériels des provinces de l'âge du bronze.

Ce que nous savons sur l'âge du bronze dans la péninsule se
réduit donc à peu de choses. Il est très faiblement représenté dans
les collections; les objets qu'il a laissés sont peu variés. Faut-il
croire que cette période fut là de courte durée? Devons-nous
invoquer l'état d'isolement du pays au bout de la Méditerranée,
et son occupation par des peuples hostiles aux étrangers et au
commerce? N'est-il pas plus raisonnable d'admettre surtout l'insuffisance des recherches et l'indifférence des habitants (1)? Que
l'on songe à ce qu'étaient, il y a cinquante ans, les divers musées de
la France, de l'Italie, et à ce qu'ils sont aujourd'hui. Un souffle
d'enthousiasme scientifique a passé sur certaines nations et a fait
ressusciter de toutes pièces leurs temps préhistoriques. Les collections se sont multipliées ; au lieu de quelques objets isolés, de
provenance inconnue, délaissés au fond d'une vitrine ; elles possèdent des trésors magnifiquement exposés, dus à des fouilles intelli-
gentes, longues, onéreuses, à des trouvailles faites par hasard,
mais sauvées de la destruction, jadis et ailleurs inévitable.

Je m'imagine que l'Espagne, le Portugal sont simplement en
retard au point de vue archéologique, en dépit des rares savants
que j'ai cités, et qui n'ont que plus de mérite. Celui qui refera mon
livre, dans une vingtaine d'années, n'aura pas de peine à justifier
mes espérances.

---

(1) Un orfèvre qui connait très bien la Beira raconte qu'autrefois il a vu
souvent fondre des quantités d'objets en bronze et notamment des haches. Cet
homme, chargé par M. Martins Sarmento de faire concurrence aux fondeurs et de
rechercher les antiques, ne trouve plus rien ; il est trop tard !

CHAPITRE V

LES TEMPS PROTOHISTORIQUES

Le fer a suivi la même marche que le cuivre survenant au milieu de la civilisation néolithique de l'Europe ; il s'est graduellement substitué au bronze dans la fabrication des ustensiles, des armes, des parures. Il est arrivé de très bonne heure, en petites quantités, considéré comme un métal précieux.

Dans les gisements divers où l'industrie du bronze se manifeste le plus brillamment, on peut observer les débuts de cette lente métamorphose. Le fer s'y montre dans des conditions exceptionnelles et ne laisse pas encore présager les applications multiples dont il est susceptible. Avec lui, apparaissent des indices d'une influence étrangère, des usages et des objets nouveaux, des motifs d'ornementation caractéristiques d'un art inconnu jusqu'alors dans le pays.

Peu à peu, ces importations auront acquis une prépondérance de plus en plus grande. On verra régner l'habitude de mettre les morts au sein des tumulus ou de leur réserver des emplacements consacrés, des nécropoles où ils sont enterrés plus ou moins profondément.

Un certain type de rasoir, la fibule, les colliers dits torques, les bracelets fermés ou à enroulements, les ceintures, ont pris un très grand développement.

Dans l'ordre artistique, les représentations animales, la spirale, la croix simple ou gammée (swastika), constituent de notables et curieuses importations.

Le bronze ne cesse pas d'être utilisé dans maintes circonstances à cause de son éclat, de sa couleur d'or, de ses autres quantités physiques, et aussi parce que la tradition l'impose quelquefois ; mais la plupart des outils, des ustensiles, et surtout les armes, sont fabriqués en fer, principalement, lorsque l'on approche des temps historiques en Grèce, en Italie, en Gaule... (1).

L'Iliade est un récit de l'époque de transition. Du temps d'Hérodote, l'âge du bronze n'était pas oublié dans le monde hellénique et il régnait encore dans son voisinage ; par exemple, chez les Massagètes, au nord de la Caspienne.

Un texte épigraphique, sur les marbres de Paros, place au xve siècle, l'introduction du fer en Grèce ; retardé par des causes diverses et mal connues, ce métal pénètre lentement chez les barbares et arrive en Danemarck quinze cents ans plus tard.

D'où venait-il ? sous quelle forme arrivait-il d'abord ? à quel moment les minerais indigènes furent-ils reconnus et exploités ?

Ce sont les mêmes questions qui sont posées à propos du bronze ; on répond par des hypothèses ingénieuses, et nous sommes obligés de nouveau d'avouer l'insuffisance des renseignements.

Une théorie veut que le fer ait été inventé en Afrique ; les nègres l'auraient fait connaître aux Égyptiens, qui l'emploient dès la troisième dynastie ; du noir continent, il aurait rayonné sur le monde entier. Mais, encore une fois, l'Asie est immense ; elle est peu connue ; ne doit-on pas réserver la solution du problème des origines métallurgiques ?

Le hasard des découvertes a mis en lumière de grands cimetières du premier âge du fer ; celui d'Hallstadt, non loin du Danube ; ceux de Villanova et de Golasecca, en Italie ; ceux de la Bourgogne, de la Franche-Comté, du Dauphiné, des Pyrénées, en France ; ceux du Caucase, enfin.

Rien ne dit que ce soient les plus importants qui aient existé. Malgré l'abondance des renseignements sortis de ces tombeaux, il me paraît difficile de conclure déjà et de tracer le chemin suivi, en Asie et en Europe, par la civilisation qu'ils révèlent.

Lorsqu'il s'agit de la péninsule ibérique, nous devons avoir encore plus de prudence, et nous nous bornerons à signaler les

---

(1) Cette civilisation confine à l'histoire ; cela justifie le terme de *protohistorique* employé par Broca et que nous avons placé en tête de notre chapitre.

faits. Les objets et les monuments qui retiendront notre attention
sont bien peu nombreux, mais ils montrent que, même à cette extrémité de l'Europe, la civilisation hallstattienne a brillé à son
heure avec ses caractères spéciaux.

A l'âge du bronze, on rencontre des poignées d'épées, dont le

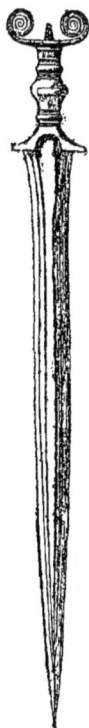  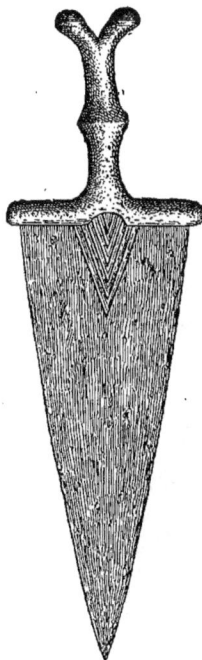

Fig. 355. Gr. ¹/₆.	Fig. 356.	Fig. 357. Gr. ¹/₃.
ÉPÉE EN BRONZE.	POIGNARD EN BRONZE.	POIGNARD EN FER.
DANEMARK.	GALICE.	ESPAGNE CENTRALE.

pommeau ou bouton terminal, au lieu d'être uni et arrondi, est
ovale et donne naissance à deux branches élégamment enroulées
en spirales, à la façon des antennes de certains insectes (fig. 355);
de là vient la dénomination d'épée à antennes, donnée par Desor, à
ce type d'arme.

Ce type devint à la mode dès les premiers temps de l'âge du fer,

et nous le retrouvons dans le cimetière classique de cette période,
à Hallstadt, et en France, dans les sépultures, sinon contemporaines, du moins attribuables à des gens au même degré de civili-

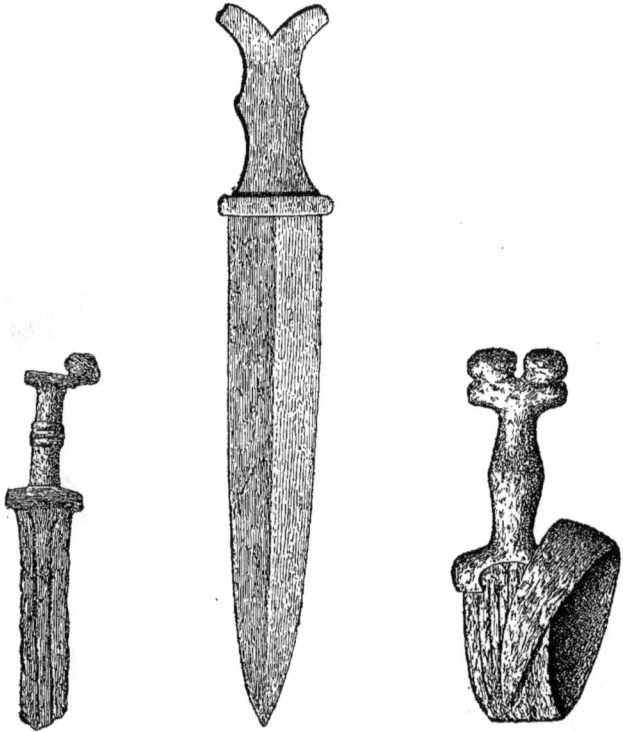

Fig. 358.   Fig. 359.   Fig. 360.

POIGNARDS EN FER ESPAGNOLS ET PORTUGAIS. Gr. ¹/₃.

sation; par exemple, dans l'Ain, le Doubs, l'Hérault, le Tarn, le
Lot, les Hautes-Pyrénées surtout.

Les poignées à antennes disparaissent lorsqu'on approche des
Gaulois, dont parle l'histoire; on ne les rencontre pas dans les nécropoles si riches de la Marne, de l'Aisne, du Finistère et autres
gisements ante-romains de divers points du territoire français.

Elles sont donc caractéristiques d'une période industrielle bien déterminée.

Elles se retrouvent en Espagne.

M. Villaamil y Castro a décrit une arme trouvée en Galice, qui se compose d'une poignée à antennes en bronze et d'une lame en fer couverte de raies très fines, unies et parallèles (fig. 356); elle est évidemment très originale dans sa forme et dans ses détails; elle n'a pas son semblable dans les collections européennes; mais parmi les épées à antennes des provenances indiquées ci-dessus, il y a des variétés aussi étranges.

La Galice a fourni une arme analogue en fer, malheureusement très oxydée; la lame est détruite (1).

Le musée archéologique de Madrid renferme d'autres pièces qui appartiennent à la même catégorie. On admet sans peine, en examinant celle que je figure ici (357), qu'elle dérive des types en bronze signalés plus haut. Nous n'avons que des renseignements douteux sur l'origine de ces poignards; mais ils sont exposés dans le voisinage immédiat de quelques autres, dont la provenance est sûre. Ceux-ci se rapprochent tout à fait des petites et courtes épées à antennes du midi de la France et des Pyrénées en particulier; malgré leur mauvaise conservation, quelques détails sont encore visibles et complètent l'identité.

Les poignées espagnoles, comme celles de France, se font remarquer par leur faible longueur. Les poignées des épées de l'âge du bronze offrent le même caractère; on en a conclu que les mains des hommes qui les maniaient étaient plus petites que les nôtres; sans doute, cette hypothèse trouve un appui dans l'étroitesse de certains bracelets; mais on peut supposer aussi qu'on empoignait l'arme en mettant le pouce hors de la poignée, soit contre la lame, s'il s'agit d'une épée, soit sur le pommeau, s'il s'agit d'un poignard; peut-être même l'index pouvait rester aussi en dehors.

Ces armes en fer viennent des provinces de Guadalajara et de Cordoue, des environs des villages appelés Hijes et Almedinilla.

(1) Armas, utensilios y adornos de bronce recogidos en Galicia. *Museo Español de Antiguedades,* tome IV.

Fig. 363.

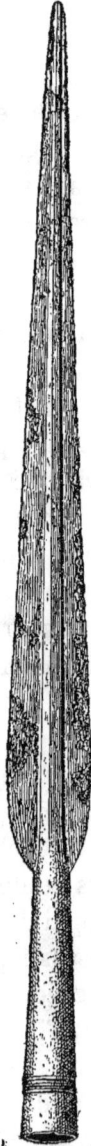

Fig. 361.
ALMEDINILLA.

Fig. 362.
DODONE.

Fig. 364.
ALCACER DO SAL.

POINTES DE LANCES EN FER ET A DOUILLE. Gr. 1/3.

Il y eut donc là, au cœur de la péninsule, des nécropoles du premier âge du fer, semblables à celle qui se trouve sur le versant

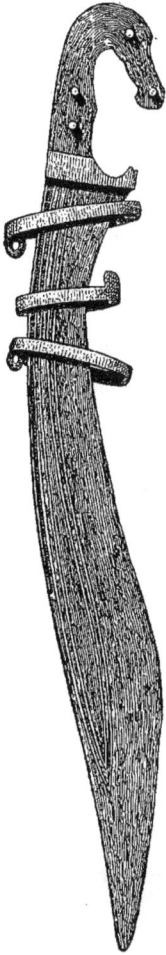

Fig. 365.   Fig. 366.
ÉPÉES EN FER D'ALMEDINILLA. Gr. ¹/₄.

pyrénéen français et peut-être plus importantes. Les épées à antennes ne sont pas les seules armes sorties de ces tombes et conservées dans les musées. Il y avait, avec elles, des pointes de lances à douille, effilées et élégantes, ayant jusqu'à 0ᵐ,54 de longueur.

Une des pointes d'Almedinilla, au musée d'artillerie à Paris, est ornée sur la douille de filets en bronze incrustés (fig. 361).

Ces longues piques ne manquent pas dans le cimetière d'Avezac au pied des Pyrénées centrales françaises. Si l'on en croit M. Mazard, interprétant à leurs propos des textes de Diodore, ces armes seraient spéciales aux Ibères et aux Gaulois qui les manœuvraient du haut de leur char et volontiers faisaient parade des têtes plantées sur le fer. Cet amateur distingué assure que ces pointes sont celles que l'on appelait *saunions*; je ne le pense pas; car le saunion des Lusitaniens était tout en fer, en forme d'hameçon, σαυνίοις ὁλοσιδήροις ἀγκιστρώδεσι (1).

D'autre part, je retrouve cette même longue lance bien loin de l'Ibérie, à Dodone (fig. 362).

Il y avait enfin dans ce cimetière d'autres armes qui vont nous permettre d'établir un jalon chronologique dans le passé préhistorique de la péninsule, de la relier par un lien positif à l'Italie et à la Grèce du vᵉ siècle environ.

Je veux parler de certains sabres à lame courbe, ondulée, tranchante d'un seul côté, dont le premier aspect fait songer au yatagan des Arabes. La poignée était composée : l'âme ou soie est plate et le pommeau représente le plus souvent un profil de tête de cheval; sans doute, des plaques de substance destructible, qui s'appliquaient des deux côtés, retenues par des rivets, complétaient, par leur ornementation superficielle, la ressemblance avec la tête de l'animal. Une seule épée d'Almedinilla a conservé sa poignée presque intacte : une charmante garniture en fer, doré si je ne me trompe, ciselée avec soin, d'une rare élégance, recouvre la soie ; sans doute un cuir ou une étoffe aux couleurs vives était placée au-dessous de cette plaque ajourée; le pommeau figure exceptionnellement une tête de dragon (fig. 368). Plusieurs de ces armes ont retenu quelques-unes des ferrures du fourreau qui pouvait être en bois (fig. 365).

(1) Voir *Bul. de la Soc. des Antiquaires de France*, 1880, p. 120.

Le Portugal possède une nécropole entièrement comparable à celles de l'Espagne ; elle est à l'ouest et non loin des dernières mai-

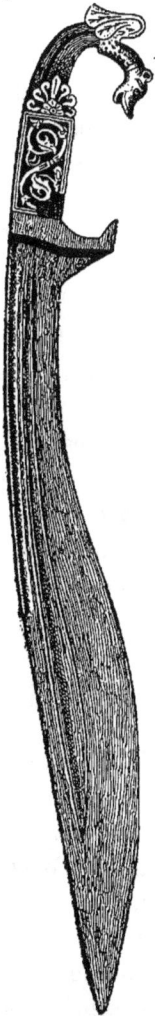

Fig. 367.   Fig. 368.

SABRE EN FER D'ALMEDINILLA, ESPAGNE. Gr. $1/4$.

sons d'Alcacer do Sal, sur la colline qui forme la rive droite du Sado et sur la pente qui regarde le fleuve. Malheureusement, je ne sais presque rien sur les conditions de ce gisement. On s'est, paraît-il, contenté de recueillir des objets qui sont d'époques bien différentes.

Les monnaies seules, grecque s, ibériennes et romaines suffiraient à prouver que ce lieu fut très longtemps la ville des morts. Il en est ainsi à Hallstadt et partout où une agglomération d'individus est maintenue sur le même point par des raisons militaires, commerciales, religieuses. Cependant la majorité des tombes appartenait à cette période qui occupe en ce moment notre attention.

Le Musée d'Evora contient quelques pièces d'Alcacer : la moitié d'une épée identique à celle d'Almedinilla (fig. 366), une pointe de lance (fig. 364), qu'il faut aussi rapprocher des piques espagnoles ; le sabre et la lance sont ployés et même tordus ; à Avezac, les armes étaient presque toutes déformées de la même manière, et l'on a supposé qu'elles n'avaient pû être mises en cet état, qu'après avoir passé par le feu, et alors qu'elles étaient encore rouges. Le fait est qu'elles sont généralement associées à des torques et autres objets en bronze à demi fondus ; d'autres fois, elles ont été soumises à une destruction intentionnelle et brisées en plusieurs morceaux. De nombreuses sépultures de l'Europe ancienne et barbare fournissent de telles preuves d'un rite funéraire, qu'on a diversement expliqué.

Les autres trouvailles d'Alcacer sont à Lisbonne. Elles gisaient depuis plusieurs années dans les magasins de l'Académie des arts. Il paraît qu'elles étaient l'objet d'un litige entre l'Etat et le possesseur du terrain. Grâce à la bienveillance d'un haut fonctionnaire, il me fût permis de les entrevoir. Mais lorsque plus tard, à ma prière, M. le Ch. da Sylva voulut bien les faire rechercher, afin de m'en procurer une photographie, la majeure partie avait disparu et je crains bien que les plus belles pièces soient maintenant enfouies dans le cabinet d'un curieux, et perdues pour la science.

Il y avait là des épées courbes avec poignées originales et fort artistiques, couvertes d'incrustations d'or et d'argent, comme certains de nos bijoux mérovingiens. Il y avait aussi des épées droites, de longues lances, des mors et autres ustensiles offrant le plus grand intérêt. Ce que le vénérable président de la Société royale des architectes et archéologues portugais a pû retrouver et mettre en lieu sûr dans son Musée des Carmes, se réduit à une douzaine de lances à douilles, à trois épées à antennes à peu près pareilles à

Fig. 369.

D'APRÈS UN VASE DÉCOUVERT EN ITALIE.

celles des Pyrénées, du Lot, du Tarn (fig. 360, p. 246); à des vases en terre peints Italo-Grecs, et enfin, à quelques objets moins antiques.

Cette découverte de vases dits étrusques (1), n'était point passée inaperçue en Portugal; le *Boletim de architectura* les publia, mais cette feuille était peu répandue hors du pays.

Ce fait n'est nullement isolé. Déjà, en France, on a trouvé une coupe peinte dans une tombe gauloise, à Somme Bionne (Marne), et à Rodenbach, dans la Bavière rhénane, un tumulus

(1) Est-il inutile de dire que j'ai d'abord soupçonné une fraude? je me suis demandé si l'on n'aurait pas subrepticement introduit ces vases dans le terrain fouillé pour augmenter la valeur de l'indemnité que l'on comptait réclamer. Rien de *ce que j'ai pu apprendre* sur place n'a confirmé ces doutes.

renfermait aussi des vases en terre, incontestablement italiens ou grecs.

Ces produits exotiques sont au moins, les uns du iiiᵉ siècle avant notre ère, les autres du viᵉ. Ce ne sont pas les seuls objets dus à l'importation. Dans maintes sépultures éparses, en France,

Fig. 370.
D'APRÈS UN VASE DÉCOUVERT EN ITALIE.

en Allemagne, en Belgique et en Suisse, les produits d'origine méridionale ne manquent pas. On a cru d'abord qu'ils avaient appartenu à quelque héros obscur des grandes expéditions gau- loises, en Italie. Mais l'attention des archéologues une fois éveillée à ce sujet, les exemples devinrent si nombreux (237 en 1874) qu'il fallut renoncer à cette hypothèse, assez bizarre d'ailleurs.

On admet aujourd'hui que les Etrusques, après la ruine de

leur puissance maritime, se tournèrent vers le nord, pour trouver le débit des armes, outils, objets d'art et de parure qui sortaient tous les jours de leurs fabriques et que les peuplades des divers pays au-delà des Alpes achetèrent avec passion. Ce commerce international, dont les routes ont été tracées, aurait-il été plus

Fig. 371.
COMBAT D'ACHILLE CONTRE MENON D'APRÈS UN VASE DE BOLOGNE.

étendu qu'on ne le soupçonnait, et les trouvailles d'Alcacer s'expliquent-elles ainsi simplement?

La céramique avec personnages figurés, bien connue sous l'appellation d'Etrusque, va nous révéler d'autres faits plus importants pour nous.

On sait que ces vases étaient fort souvent copiés d'après de très anciens modèles grecs. Or, les artistes qui avaient décoré ceux-ci, à une époque reculée, connaissaient parfaitement bien les sabres ondulés ; ils les placent souvent entre les mains des guerriers qu'ils ont peints. Les gravures que je donne ici, empruntées à des vases de divers musées, ne laissent aucun doute sur l'identité de l'arme des peintures avec nos spécimens espagnols ou portugais.

Sur l'un des vases, nous trouvons l'image du fourreau de cette épée ; il est en bois (?) cerclé par une série de bagues plates ; les deux premières portent à leurs extrémités des anneaux dans

Fig. 372.
D'APRÈS L'AMPHORE DE NOLLA, MUSÉE DE NAPLES.

lesquels passait le lien qui constituait simplement le baudrier (fig. 372). Or, une des lames d'Almedinilla, avait encore une partie de la ferrure de son fourreau, et l'identité est parfaite (fig. 365).

Les personnages armés de cette épée, ne correspondent pas à une catégorie spéciale. Ainsi, dans la scène représentée d'après un vase du Louvre (fig. 373), le barbare frappé à mort, si curieux avec son petit tablier, et le guerrier qui semble un héros grec, dont la tunique porte le fameux swastika, ou croix gammée, sont tous deux armés du même sabre.

Il n'y a pas de série un peu nombreuse de vases peints qui n'offre ce type plusieurs fois.

On le rencontre encore sur un bas-relief du Musée de Volterre,

peut-être assez mal dessiné par Micali, dans ses Monuments antiques d'Italie avant la domination des romains (fig. 374).

Mais les Musées de l'Italie, ne possèdent pas cette épée, à ma
connaissance au moins ; et l'on ne saurait en être surpris si, comme
nous l'avons dit, les céramistes italiens copiaient des vases venus
de l'autre côté de l'Adriatique, et aussi pour une autre raison :

M. de Bonstetten vit au musée de Pérouse sept à huit coutelas
en fer ; leur longueur est de 0m,60, la lame a une large rainure le

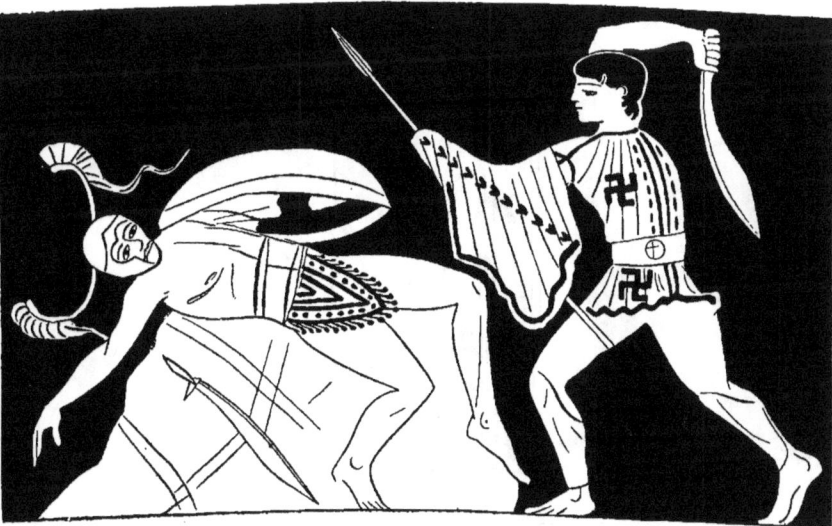

Fig. 373.
D'APRÈS UN VASE DU MUSÉE DU LOUVRE. Gr. $^1/_2$.

long du dos, la poignée est un peu arrondie et se termine en boule
aplatie. Ces faucilles, qui ont quelque rapport avec nos épées, ont
été trouvées dans un sarcophage en pierre tendre dont les sculptures de style étrusque semblent représenter le retour d'une razzia.
En avant marchent deux guerriers à longue barbe, conduisant un
taureau et des chèvres ; suivent trois autres guerriers armés de
lances, tête nue et drapés. Derrière eux, un homme conduit un
cheval et tient de la main gauche un instrument pareil à ceux que
contenait le cercueil ; vient ensuite un cheval portant des sacs, puis

17

trois hommes, l'un tenant à la main un de ces paniers à anse comme
on en voit sur les sculptures assyriennes; deux guerriers, dont
l'un porte une palme, ferment la marche.

Or, M. de Bonstetten nous apprend que les ferrailles qui avaient
si justement attiré son attention étaient accompagnées d'une étiquette portant cette note : « Vieilles ferrailles qui devraient être

Fig. 371.
BAS-RELIEF DE VOLTERR

enlevées. » Tel est, ajoute-t-il, l'accueil réservé aux antiquités de
fer dans beaucoup de musées.

Ainsi avertis, nous devons nous abstenir de croire *à priori* que
les objets en fer de tel ou tel type manquent dans le pays puisqu'on
ne les voit pas dans les collections locales.

La découverte faite en 1879, à Tolentino, sur le Chiento, qui
se jette de l'Adriatique au-dessous d'Ancône, montre bien qu'il
faut se garder d'une conclusion hâtive. Tolentino est une petite
ville de 11,000 habitants, bien plus importante à l'époque romaine, et dont la fondation est attribuée aux Thraces ou du

Fig. 376.
TOLENTINO, ITALIE.

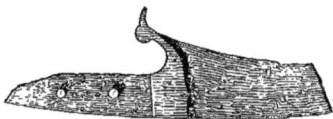

Fig. 375.
TOLENTINO.
ÉPINGLE EN FER. Gr. 1/5.

Fig. 377.
DODONE, GRÈCE.

Fig. 378.
PRŒNESTE, ITALIE.

SABRES EN FER. Gr. 1/6.

moins, à quelque peuple venu de Grèce. Le cimetière ante romain,
récemment mis au jour, confirme son antiquité. Une tombe
renfermait avec un squelette orienté NO.-SE, une série de coupes,
de tasses et d'urnes peintes, un *æs rude* en bronze, deux belles
lances en fer, une longue épingle en fer, ayant un mètre de
longueur (fig. 375) et, enfin, un sabre courbe (fig. 376) d'une forme
particulière.

Dans une brochure intitulée *On the discovery of sepulcral
remains at Veii and Præneste,* le P. Garrucci parle d'un sabre
en fer que je dois signaler ici, en faisant observer que si le pommeau est exactement celui des armes des vases peints, la lame
et surtout la poignée ont une physionomie spéciale (fig. 378).

Si maintenant nous passons en Grèce, nous trouverons deux
exemplaires de cette arme dans la collection de M. Carapanos. L'un,
simple fragment, vient de Dodone (fig. 377), l'autre, intentionnellement tordu, d'une tombe de la région du Pinde; il fut exposée
au Trocadero en 1878, et une étiquette fixait son âge au v⁰ siècle.

C'est à la même époque que mon ami, M. le Dʳ Luschan
attribue les bas-reliefs d'un tombeau grec trouvé à Grolbaschi, en
Lycie et qu'il vient de rapporter au Musée de Vienne, sa patrie. Sur
plusieurs d'entr'eux, l'on voit des guerriers armés des mêmes
glaives.

Ainsi, la forme de la poignée, ne varie pas plus que celle de
la lame, d'un bout à l'autre de la Méditerranée.

Le colonel Lane Fox, aujourd'hui général Pitt Rivers, dans un
catalogue raisonné, qui est un modèle parfait (1), a signalé cette
arme qui est à son avis le *Kopis* des anciens. Selon Meyrick le kopis
était en usage chez les Argives en Grèce, et, d'après Soromenho,
de l'Académie de Lisbonne, il aurait une origine orientale. Polybe
Xénophon et Quinte-Curce l'attribuent aux Perses. Le texte de ce
dernier parait fort clair : « *Copidas vocant gladios leviter cur-
vatos falcibus similes.* » A mon avis cette description rappellerait

_____

(1) Catalogue of the anthropological collection lent for exhibition in the
Bethnal green branch of the south Kensington museum, Londres 1871, p. 174.

plutôt l'arme du tombeau de Pérouse ; et puisque nous parlons de l'Asie nous devons signaler le magnifique glaive en bronze de Diarbekir dont la forme générale n'est pas éloignée de celle des armes hispaniennes ou grecques et qui porte avec le nom du roi assyrien Bennizar, gravé sur le plat et le dos de la lame, la preuve de sa haute antiquité (xive siècle).

En résumé, les divers renseignements concordent pour établir l'antiquité de l'arme que nous étudions et pour en faire honneur à la belle époque grecque.

Sans doute, on pourrait supposer que les cimetières espagnols et portugais qui la possèdent, sont ceux de quelques colonies parties de l'Orient, ou peut-être même du nord de l'Afrique, mais je laisse à de plus érudits le soin de conclure; je me contente d'insister sur l'intérêt qu'offre le rapprochement, en Espagne et en Portugal, de ces sabres ondulés méditerranéens et des poignards à antennes, si répandus dans les sépulcres de l'Europe centrale et de la France.

C'est un document historique au milieu de la civilisation dite du premier âge du fer : tandis qu'elle arrivait par terre, c'est-à-dire lentement, aux extrémités de notre continent, l'arme en question arrivait par mer; si elle est au moins du ive ou ve siècle en Grèce, elle n'est pas sans doute plus récente en Espagne.

Je ne peux mieux faire que de citer comme conclusion le passage suivant d'une lettre que m'écrivait l'éminent antiquaire danois, M. Sophus Muller :

« Je n'ai aucun doute sur l'origine grecque de cette forme, et » je suis sûr qu'elle est le prototype des courtes épées et longs » couteaux à un tranchant qui, partout, en France, dans la vallée » du Danube et dans le nord, appartiennent au premier âge du » fer. »

S'il en est ainsi, les dates que nous avons indiquées seraient trop rapprochées de nous et il conviendrait de songer à une antiquité beaucoup plus grande.

SÉPULTURES DU PORTUGAL AVEC BRONZES ET INSCRIPTIONS

D. Fr. Manuel de Cenaculo, prélat très érudit et fort distingué du diocèse de Beja, au siècle dernier, et dont la bibliothèque d'Evora possède les précieux manuscrits, a souvent noté des faits intéressants pour l'histoire de la haute antiquité dans son pays. Ainsi, dans sa *Vita de S. Sizenando e Historia de Beja*, ouvrage inédit ; et dans un autre, *Cuitados littérarios do prelado de Beja*, Lisboa, 1791, l'évêque raconte, qu'étant à Colla, il fit des fouilles dans plusieurs sépultures et qu'il rencontra des pierres avec inscriptions qu'il nomme phéniciennes ou turditaines et quelques estocs en bronze.

« Sao estoques, ou espadas de quatro palmos de comprido e um dedo de largo, sem gume. »

Ces bronzes, de quatre pieds de long et ayant un doigt de large, sont probablement ceux que l'on voit dans le musée d'Evora (fig. 379 et 382). Je dis problablement parce que d'après Cenaculo lui-même, on en a trouvé d'autres en divers points du diocèse.

Je crois que ces prétendues armes sont des parures, des épingles, et non des estocs.

La plus longue a 1m,15 de longueur et pèse 430 grammes ; la plus petite a 1m,10 de longueur et pèse 355 grammes ; la tige est quadrangulaire, avec des angles très émoussés ; elle devient presque cylindrique vers la pointe. L'autre extrémité présente certains appendices en forme d'aillettes minces et quelques ornements gravés au trait, ce qui est tout à fait important ; on a ainsi la preuve que cette portion de la tige n'est pas une soie destinée à être renfermée dans une poignée en bois, en os, ou en tout autre substance ; d'autre part, nue, elle est trop grêle pour constituer une poignée.

Les aillettes ne ressemblent en rien à une garde, et même pourraient aisément blesser la main. Tout s'explique si l'on admet qu'il s'agit d'une broche ou épingle ; je ne puis mieux défendre cette hypothèse qu'en citant un passage écrit par M. Ed. Flouest, à

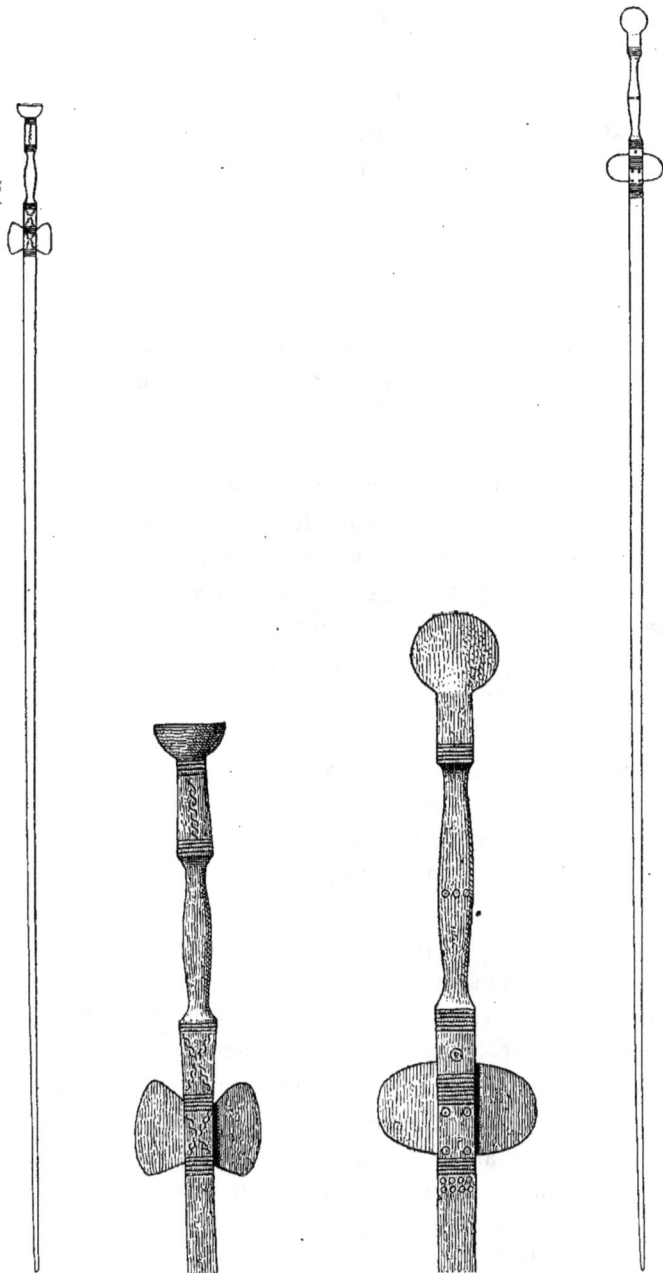

Fig. 379 et 380.   Fig. 381 et 382.
ÉPINGLES EN BRONZE DE L'ALEMTEJO. Gr. $\frac{1}{6}$.

propos d'une épingle, d'une sépulture de Veuxhaulles, Côte-d'Or, dont la longueur insolite atteignait 0^m,59 centimètres.

« C'est vainement que, par tous ses caractères spécifiques, elle se montre absolument semblable à celles qui sont unanimement reconnues comme ayant servi à neutraliser l'incommodité d'une abondante chevelure. L'esprit, au premier abord surtout, se refuse à admettre que si féconde que puisse devenir sur une tête la végétation capillaire, il doive être nécessaire, à un moment donné, d'une tige métallique presque aussi longue que le bras, pour en contenir la masse. C'est probablement pour ce motif qu'un petit nombre d'archéologues ont voulu voir dans ces gigantesques épingles, soit une arme de combat, soit au moins quelque usage industriel ou domestique encore inconnu. Mais leur opinion n'a pas fait de prosélites et, malgré l'étrangeté apparente de cette attribution, la plupart de leurs confrères ont fini par assimiler les grandes épingles aux petites et à ne faire entr'elles aucune différence au point de vue de la destination. Je me suis rallié, pour ma part, à cette manière de voir, le jour où j'ai lu dans un récit de voyage que les femmes de Frosolone, dans les Abruzzes, fixent encore de nos jours au sommet de leur tête leur ondoyante chevelure et la pièce d'étoffe qui la recouvre, au moyen d'élégantes broches métalliques qui atteignent quarante centimètres de longueur, et depuis, surtout que j'ai rencontré dans le Ve livre de Diodore de Sicile, que les Celtistes ne peuvent trop étudier, une indication d'où me semblent résulter de précieuses lumières pour l'éclaircissement de la question.

» Assurément je n'ai point la prétention déraisonnable de vouloir faire une application rigoureuse et directe des renseignements recueillis par l'historien grec, au dernier siècle avant notre ère, aux temps qu'on appelle antéhistoriques, précisément parce qu'ils semblent n'avoir laissé aucune trace appréciable dans la mémoire des hommes. Cependant, pour qui sait par l'étude des mœurs de quelques peuples, dont la civilisation n'a pas dépassé certaines limites, combien ont été durables, a travers les siècles, des coutumes nationales auxquelles l'imagination populaire avait attaché un intérêt exceptionnel de distinction et une sorte de prestige patriotique, il ne paraîtra pas invraisemblable de supposer que plusieurs traits des mœurs, que Diodore attribuait de son temps à la population des Gaules, avaient une origine extrêmement ancienne et pouvaient même dater de ces périodes si obscures encore auxquelles remontent, avec les dépouilles qu'elles nous livrent, ces constructions funéraires que nous appelons les sépultures de la haute antiquité.

» Or, Diodore, parlant comme d'un usage universel, et par là même fort ancien, de la manière dont les Gaulois traitent leur chevelure, dit que ce n'est pas seulement par une loi de nature qu'ils ont les cheveux roux, mais qu'ils s'étudient encore a accroître par certains artifices l'intensité spontanée de cette teinte : « En effet, » ajoute-t-il, ils lavent souvent leurs cheveux avec de l'eau de » chaux et ils les rejettent vers la nuque, d'où ils les ramènent, » en les tordant, au sommet de la tête, ressemblant ainsi à des » Satyres ou à des Pans. Sous l'influence de ce traitement, leur » chevelure devient si épaisse et si rude qu'elle ne diffère plus de » la crinière des chevaux (1). »

» Qu'on se représente maintenant un de ces Gaulois géants des anciens âges, semblable à ceux dont quelques auteurs latins nous ont laissé la vivante peinture en des termes si fortement empreints de la terreur que nos ancêtres inspiraient à leurs compatriotes. La nature l'a comblé de tous les dons dont s'enorgueillissent les fortes races, mais il s'étudie encore à en augmenter, à en exagérer même la luxuriante exubérance. Il s'attache à ne rien perdre de sa haute stature ; il développe soigneusement la musculature puissante qu'il sera si fier d'étaler aux regards, aux jours de bataille, en rejetant avec dédain loin de lui ses vêtements (2). Il donne à son costume, à ses insignes, à ses armes des proportions

(1) « ..... Cæsariem non modo natura gestant rufam, sed arte quoque nativam coloris proprietatem augere student. Calcis enim lixivià frequenter capillos lavant, eosque a fronte in verticem, atque indè ad cervicem retorquent ; Satyros igitur et Panas adspectu referunt ; hac enim culturà ita densatur, ut ab equorum jubis nihil differant. »

(2) « ..... Thoraces nonnulli induunt ferreos et hamatos ; alii a natura tributis contenti, nudi pugnant. »

inusitées; il veut, qu'à sa vue, l'épouvante se répande dans les

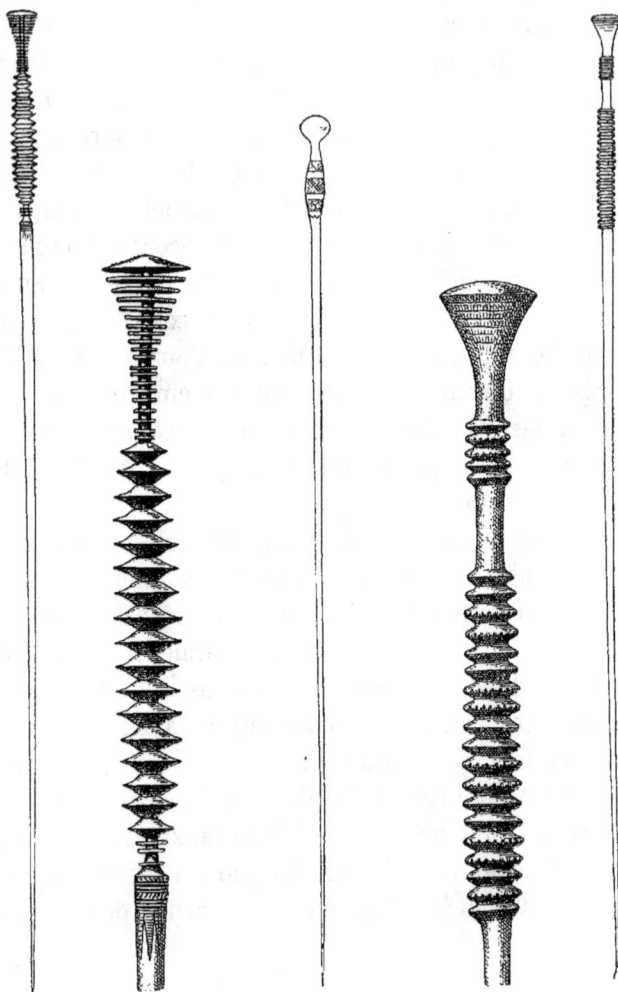

Fig. 383 et 384.
SUISSE.

Fig. 385.
HONGRIE.

Fig. 386 et 387.
HAUTE-SAONE.

ÉPINGLES EN BRONZE. (Gr. 1/6.

rangs ennemis et il recherche tout ce qui donnera à sa physionomie l'aspect effrayant qu'il aspire à lui voir. Sa chevelure, on

le comprend, doit jouer un rôle considérable dans cette mise en scène ; il use pour elle et abuse sans doute de la lessive de chaux et en constatant pour toutes choses la productivité débordante dont il porte en lui le germe, on arrive aisément à reconnaître que, pour masser et retenir, en temps ordinaire, au sommet de sa tête, l'épaisse chevelure dont les torsades volumineuses rouleront sur ses épaules dans les occasions solennelles, il est véritablement nécessaire d'une forte et longue tige de métal, dont la taille égalera, si elle ne la dépasse, celle de la lourde épée qui pend à son flanc droit. Si les femmes des Abruzzes ont besoin d'une épingle de quarante centimètres pour avoir raison de leurs cheveux, sera-t-on bien étonné qu'il faille allonger de vingt ou trente centimètres celle du colosse chevelu qui demande à une solution de chaux vive le cosmétique à l'aide duquel il transformera en crinière rutilante, l'appendice capillaire que la nature avait cru lui devoir suffire ! Du reste, je viens de le dire, la grande épingle, que j'étudie, n'est pas sans analogues, sous le rapport de la taille. M. Troyon en signale de quarante-neuf et même de cinquante-sept centimètres dans les cités lacustres de la Suisse. Le Musée d'Annecy en possède deux, identiques pour la forme à celle de Veuxhaulles, dont la longueur atteint cinquante centimètres. On en voit deux plus simples, mais beaucoup plus longues, au Musée de Besançon, et l'une d'elles provient de Pagny, dans la Côte-d'Or. Enfin, le Musée de Saint-Germain conserve le fac-simile d'une épingle longue de quatre-vingt-huit centimètres, dont l'original se trouve au musée de Berne et a été trouvé dans le marais de Zollikofen, aux environs de cette ville.

Au texte cité par M. Flouest, on doit ajouter celui de Strabon : « Les femmes d'Ibérie s'ajustent sur la tête un petit style d'un pied de haut, autour duquel elles enroulent leurs cheveux et qu'elles recouvrent ensuite d'une mante noire. »

Enfin, l'énumération des épingles grand'ssimes pourrait être plus longue. Bien d'autres broches analogues existent dans les musées ; Desor, dans son *Bel âge du bronze,* en figure une de la palafitte de Bevaix, qui mesure 0m,85.

On trouvera ici sous les numéros
383, 385 et 387, la figure de celle de
Zollikofen (0^m,88) ; de celle de Féllin-
ges, Haute-Saône (même longueur) ;
d'une troisième, Hongroise, du musée
de Pesth, où elle est associée à quelques autres de même taille ou plus
longues (0^m,78) ; enfin, d'une quatrième, en fer, trouvée dans le tombeau de Tolentino, déjà signalé (f. 375).

Si ces pièces, évidemment communes en Europe, ne sont pas des
épingles à cheveux, elles ont pu servir
à toute autre partie du costume.

Enfin, elles pouvaient être utilisées à des usages domestiques inconnus.

Il existe au musée de Rouen un
objet, probablement étrusque, dont
nous donnons ici le croquis (fig. 388) ;
il se compose de cinq grandes broches,
en bronze comme tout le reste, fixées
par une espèce de cheville à tête de
canard, à une sorte de poignée représentant un bonhomme. Une pièce mobile les tient réunies. Ces broches, qui
étaient probablement au nombre de
six (car on voit qu'il y a place pour
une sixième), sont de grandes tiges de
1^m,10 de longueur, munies en haut de
deux ailettes et d'une tête plate en
forme de trèfle percée d'un trou par
lequel passe la cheville ; ces tiges carrées ont une très grande analogie avec
celles de l'Alemtejo. Quelle peut être
la destination de cette pièce ?

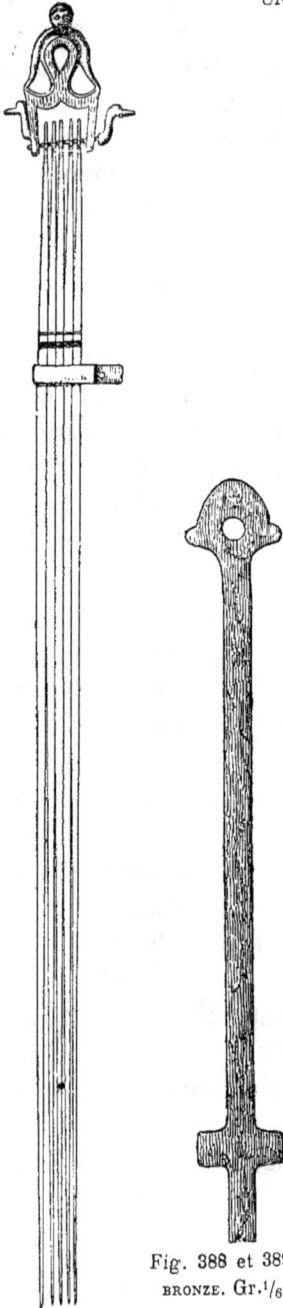

Fig. 388 et 389.
BRONZE. Gr.$^1/_6$.

Je reviens au point de départ de cette dissertation sur les grandissimes épingles, en rappelant qu'elles étaient dans des tombes caractérisées par des inscriptions.

Cenaculo nous a transmis, dans ses notes manuscrites, la copie

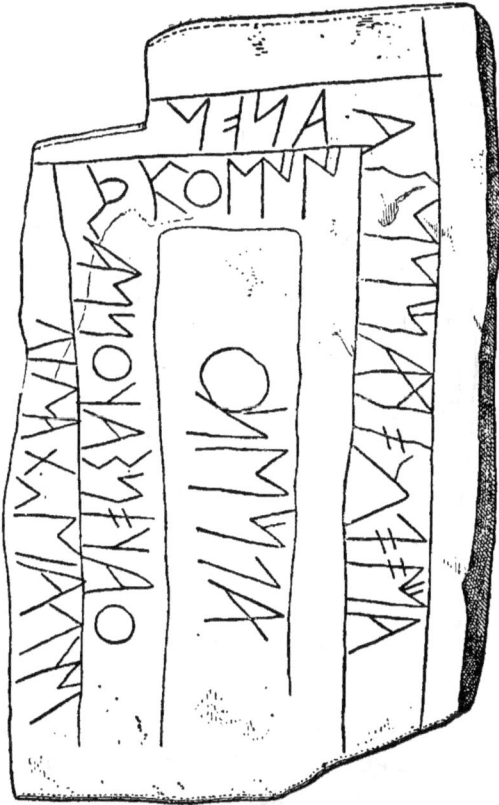

Fig. 390.

STÈLE INSCRITE DE L'ALEMTEJO.

de ces monuments épigraphiques, si dignes d'intérêt. Je n'ai pas pu savoir s'ils existent encore à Béjà; je suis réduit à donner ici le calque des copies de l'évêque. Les indications qu'elles portent nous apprennent que les tombes en question étaient tout à fait au sud de l'Alemtejo, du côté de Ourique et de Saint-Miguel de

Pinheiro. C'étaient des *cists* en cinq ou sept pierres, sous de petits tumulus.

Or, M. Estaçio da Veiga, ayant, comme on sait, repris l'exploration archéologique de cette région, a eu la bonne fortune de rencontrer quelques sépultures également munies de pareilles inscriptions. C'est à Bensafrim qu'il les découvrit, groupées au nombre de dix-sept, sur un plateau. Elles étaient toutes à inhumation et orientées N.O.-S.E. Elles constituaient une caisse rectangulaire formée par cinq ou six dalles, profonde de 0^m,30 à 0^m,70 cen-

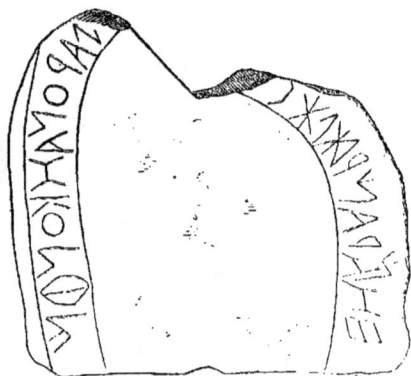

Fig. 391.

STÈLE INSCRITE DE L'ALEMTEJO.

timètres, et les seuls objets qu'elles ont livrés sont quelques fragments de bronze ou de cuivre, des tessons de poterie grise et des perles en verre, les unes incolores, les autres émaillées bleu et blanc, noir et jaune; ces tombes avaient été, d'ailleurs, très bouleversées et, au-dessus d'elles, s'étendait un riche cimetière à incinération avec inscriptions romaines.

Les pierres inscrites que M. da Veiga a recueillis faisaient partie intégrante des sépultures et seraient donc de véritables stèles funéraires. On s'est préoccupé, en Allemagne, de leur interprétation et l'on n'est pas arrivé à un résultat satisfaisant.

Le rapprochement des broches avec celles de l'Europe, permettrait d'attribuer à ces sépultures une date fort reculée ; parler

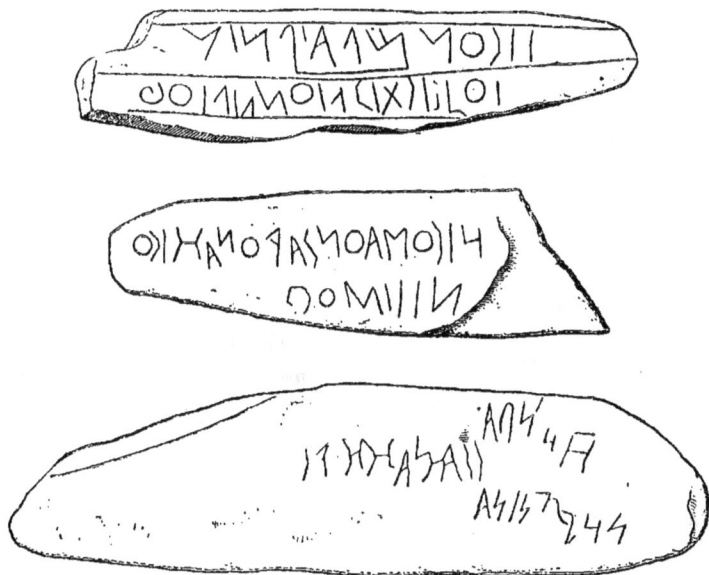

Fig. 392 à 394.

STELES INSCRITES DE L'ALEMLEJO.

cependant de l'âge du bronze serait téméraire. Les inscriptions ne contredisent pas l'idée d'une antiquité relativement préhistorique.

LES RETRANCHEMENTS SUR LES COLLINES DE L'ALEMTEJO

On connaît dans l'Alemtejo des montagnes couvertes de fortifications ; au sommet et sur les flancs, des retranchements courent en suivant les accidents du sol ; leur irrégularité, la grossièreté des murailles, montrent que ce ne sont pas des ouvrages romains.

Ces enceintes sont très vastes ; elles ont exigé un immense travail ; ce ne sont pas évidemment de simples camps retranchés destinés à abriter une armée de passage, ce sont des forteresses permanentes où les populations ont séjourné.

Les itinéraires, les auteurs romains ne font mention d'aucune ville dans leur voisinage, ce qui est un témoignage en faveur de leur antiquité.

Les objets recueillis à Castro Verde, à Colla, à Almodavar, ailleurs encore, n'appartiennent pas à la civilisation romaine et n'ont subi à aucun degré son influence. D'après M. G. Pereira, qui a spécialement étudié ces monuments, il serait plutôt possible d'y trouver des traces d'une influence phénicienne ou punique. Les objets les plus caractéristiques à cet égard seraient de petits objets en or, des bracelets et des lames d'or en spirale, que je n'ai pas vus. Ces lieux fortifiés se remarquent isolés dans les monts d'Ossa, à l'est d'Evora, ailleurs encore, même au nord du Portugal. Il n'est pas facile, en l'absence de fouilles méthodiques, de dire si tous ces oppidums appartiennent au même peuple. On les retrouve, en Espagne, dans le voisinage du Suadina, par exemple à Seppona, près Xérès. Mais là aussi les documents font défaut.

Le nom de Castro, appliqué à quelques-unes de ces localités, est certainement dérivé de *castrum*, mais cela ne préjuge en rien l'âge de ces lieux fortifiés. On en a fait bien souvent l'expérience dans d'autres pays.

Il est certain qu'ils sont accumulés dans la région la plus riche en minerais de cuivre et que là justement prédominent aussi les objets en cuivre ou en bronze, et les sépultures, en forme de cists et avec inscriptions, dont il vient d'être parlé.

LES CITANIAS ET LES VILLES FORTIFIÉES DU MINHO

Il y a dans le nord du Portugal, à Guimaràes, un homme instruit et fortuné, enthousiaste et généreux, qui s'est dévoué à l'histoire de son pays.

M. Martins Sarmento, à la suite de fouilles très considérables et habilement conduites, a mis au jour des ruines de la plus haute importance. Les résultats de ses recherches vont nous permettre, elles aussi, de noter des liens positifs entre la péninsule, l'Italie et la Grèce, de combler en partie l'intervalle qui sépare les temps protohistoriques de l'époque romaine.

On savait, depuis des siècles, que des villes disparues avaient occupé quelques sommets dans la région montagneuse et fertile dite la province du Minho. Plus de dix étaient signalées et le peuple connaissait quatre d'entr'elles sous le nom générique de *Citania*. Ce sont justement celles qui existaient encore à l'époque romaine.

Il serait donc assez naturel d'aller chercher dans la langue latine l'origine de ce terme qui rappelle assez bien *civitas*, d'où nous même avons fait *citta, cité*. Quelques philologues ont songé à des étymologies compliquées qu'il est inutile de discuter.

Nous allons, d'abord, nous occuper de la plus ancienne de toutes.

Sabroso est à 278ᵐ de hauteur ; elle couronne la colline et les déblaiements ont mis au jour ses murailles défensives. Le terrain à l'origine était légèrement incliné ; on l'a coupé sinon à pic, du moins suivant une forte pente, et contre le talus très raide, les constructeurs de la forteresse établirent çà et là un placage de blocs juxtaposés avec soin et habileté. Ces murs étaient destinés à soutenir les terres et à défendre la ville. Leur hauteur est encore de 3ᵐ,34 sur quelques points ; mais des indices permettent d'affirmer qu'elle était primitivement de 5ᵐ,10.

Les matériaux employés pour cette construction sont des blocs de grès pris sur place, affectant naturellement des formes rectangulaires et pentagonales. Toutefois leur face extérieure a été souvent taillée, et, dans tous les cas, l'assemblage est fait avec art.

Sur certains points, les pierres sont de plus grosse taille, et les murs plus imposants ;

Mentionnons seulement ce fait intéressant, que le rempart n'était pas isolé en hauteur, mais établi au-dessous du niveau de la cité, soutenant les terres sur lesquelles elle était bâtie et opposant aux assaillants un obstacle vraiment sérieux, qui rend témoi-

18

gnage à la fois de la force militaire dont on disposait à Sabroso et de la situation troublée du pays en ce temps là.

Aussi bien la guerre est de toutes les époques, et toujours les endroits élevés, dominant un certain horizon, inaccessibles sur divers points, ailleurs faciles à défendre, ont tour à tour attiré les envahisseurs et servi d'asile aux habitants effrayés.

Les haches en pierre, les silex taillés que l'on a pu découvrir dans le territoire de Sabroso, prouvent que dès l'âge de la pierre polie la colline fut un lieu d'occupation.

J'ai déjà dit un mot (p. 63), de la croyance populaire aux pierres de foudre : Grâce à elle, les haches en pierre ont souvent joué un rôle dans le mobilier des époques relativement récentes. Lorsque nous les rencontrons, toujours en petit nombre, dans des ruines romaines du Moyen-Age aussi bien que dans les bergeries de nos paysans modernes, nous concluons, sans crainte de nous tromper, que ces legs d'une époque préhistorique ont été l'objet de superstitions populaires.

Mais à Sabroso toutes les haches n'ont pas ce fini de formes et de travail qui attire l'attention des cultivateurs ; il en est de très grossières en schiste dioritique ; une seule est en roche verte.

Elles ne sont pas trop rares (neuf); elles sont associées à quelques silex parmi lesquels on remarque des lames retouchées sur les bords, un grattoir ordinaire, une pointe triangulaire.

Cela suffit, je crois, pour admettre, comme je le disais, que Sabroso fut d'abord une station néolitique. Car il ne peut entrer dans ma pensée de considérer comme sérieuse la théorie qui voudrait soutenir la contemporanéité des deux civilisations séparées, à mon avis, en Portugal comme ailleurs, par un si grand inter-valle.

M. F. Martins Sarmento a dégagé les fondations et la base des murs de bon nombre de maisons. Elles étaient circulaires et leur diamètre variait de 3m,50 à 5m,27. Tout indique qu'elles présentaient souvent sur leur façade un auvent, arrondi comme elles, limité à peu de distance des deux côtés de l'entrée et supporté par six pilliers dont les supports sont encore quelquefois en place. Ce vestibule, si un

espace de si petite dimension peut être ainsi appelé, devait donc
être ouvert.

Au milieu de chaque maison un bloc de pierre est disposé
comme s'il avait dû supporter une colonne de bois, sur laquelle le
toit se serait appuyé. Plusieurs de ces blocs ont même une cavité
dans laquelle la poutre pouvait s'emboîter (fig. 395).

Dans les ruines des maisons on a rencontré des dalles sculptées
et munies d'un rebord en forme de ┏━. La courbure de ces

Fig. 395.

plaques correspond à celles des murs ; on croit qu'elles formaient
la marge du toit probablement composé de chaume et d'argile.

Les portes de ces demeures peuvent être restaurées d'après les
vestiges retrouvés. Ainsi, M. Sarmento, avait tenté un essai qu'il
n'a pas osé pousser trop loin (fig. 396). Il a soin de dire qu'il ne
sait pas si la torsade inférieure s'arrêtait au point indiqué à gauche.
Seules, les parties légèrement ombrées sur le dessin ont été
retrouvées en place ; elles atteignaient 1ᵐ,46 de hauteur.

Une quantité de pierres sculptées de même dimensions, ornées
de dessins similaires, ont été recueillies çà et là. On peut croire
qu'elles sont aussi des débris de porte.

Passons maintenant aux menus objets découverts parmi les les énormes déblais exécutés à Sabroso. Ils ne sont pas aussi nombreux qu'on pourrait le croire.

Ils se divisent en deux catégories dont l'une comprend les poteries et ensuite les armes ou ustensiles, et les parures.

Les galets plats avec encoches parallèles ont été rencontrés assez abondamment ; dans une seule maison il y en avait trente-deux. Ces pièces sont tout à fait pareilles aux poids de filets de nos

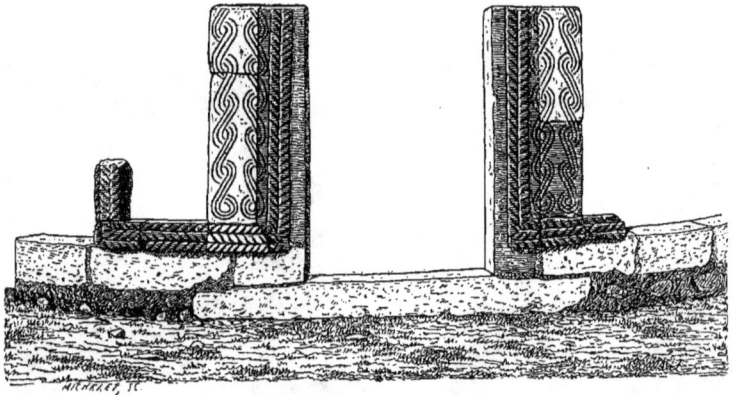

Fig. 396.

UNE PORTE DE MAISON A SABROSO.

pêcheurs, aux poids des métiers à tisser ; à la rigueur, on pourrait encore les considérer comme des pierres de lazzos.

Des dalles profondément usées suivant leur longueur, ont peut-être fait partie de polissoirs ou de broyeurs ; quelques disques ouvragés d'une façon spéciale, rappellent les moulins portatifs gallo-romains qui abondent dans notre France méridionale.

Ce rapprochement ne doit pas être exagéré. Sabroso possède un certain nombre de choses que nous ne retrouverons pas dans les stations moins antiques ; elle n'a subi en rien l'influence romaine et cette meule à main, quelque perfectionnée qu'elle soit, peut-être vraiment archaïque. Nous la retrouvons chez les peuples

barbares. C'est celle que possèdent encore les Kabyles de l'Algérie.

Les fers sont, presque toujours, profondément oxydés et

  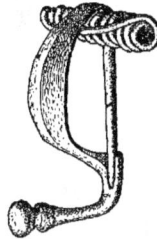

Fig. 397.   Fig. 398.   Fig. 399.

FIBULES EN BRONZE DE SABROSO. Gr. $^2/_3$.

méconnaissables. Une seule pièce doit être citée, c'est une hache à
douille d'une forme assez intéressante.

Les objets en bronze n'ont rien qui autorise à vieillir outre
mesure la ville de Sabroso.

En fait de fibules, il y a surtout le type annulaire (fig. 397).

Fig. 400.

BRACELET EN BRONZE DE SABROSO. Gr. $^1/_2$.

Certains détails le caractérisent et tout en le rattachant aux formes
espagnoles, le distinguent nettement du type analogue qui fut
répandu au moyen-âge et qui est commun dans la bijouterie de
certaines populations du nord de l'Afrique (Kabyles et autres).

L'autre type (fig. 399), dont l'épingle est liée à un ressort, rappelle à la fois les fibules du premier âge du fer français, et de la période étrusque.

Enfin, dans un autre spécimen, le ressort est remplacé par une tige transversale pleine (fig. 398).

Les épingles droites et à tête rappellent celles de l'âge du bronze, mais elles sont petites et peu ornées ; une grande aiguille avec chas, semblable à nos alènes, est digne d'attention.

Enfin, le bracelet (fig. 400) ne me paraît exactement comparable à aucune parure européenne.

La céramique de Sabroso ne comprend pas seulement des vases. Il faut mentionner en premier lieu l'abondance de ces petits disques perforés, en terre cuite, bien connus aujourd'hui sous le nom italien de fusaiole ; ce mot préjuge leur destination et laisse croire que ces rondelles sont toutes des volants ou pesons de fuseau. En effet, dans les cités lacustres, on en a trouvé qui renferment encore une portion de la tige de bois ; et dans un grand nombre de régions européennes et autres les fuseaux modernes sont munis d'un semblable volant. Mais quelques-uns, les plus gros, peuvent avoir joué le rôle de poids, soit pour les filets des pêcheurs, soit plutôt pour les fils droits des métiers à tisser. Enfin, une troisième catégorie, généralement de petite taille, paraît être celle des grains de collier ou des boutons.

Ces objets commencent à se montrer à l'âge de la pierre. Ils ont été recueillis en très grand nombre dans les palafittes de l'âge du bronze de la Suisse et de la Savoie, dans les terramares de l'Italie et dans les cimetières classiques du premier âge du fer, Villanova et Golasecca. M. Schliemann en a retrouvé d'énormes quantités dans les diverses couches d'Hissarlik, en Troade.

Sur tous ces points, les fusaioles sont souvent de forme élégante, ornées de dessins au trait ou d'impressions exécutés sur la terre humide.

Ces ornementations, parfois très compliquées, ne sont pas toujours symétriques ni géométriques à Hissarlik et présentent alors l'aspect d'un monogramme ; on a supposé qu'elles étaient une sorte d'écriture hiéroglyphique.

Quoi qu'il en soit, ces terres-cuites deviennent rares dans les gisements récents, c'est-à-dire dans ceux qui sont au-dessous du ve et ive siècles.

Or, elles ne manquent pas dans les cités primitives du

 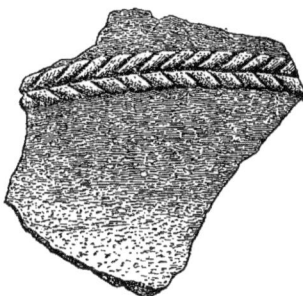 

Fig. 401.   Fig. 402.   Fig. 403.

FRAGMENTS DE POTERIE DE SABROSO ET DE BRITEIROS.

Portugal. Ce fait établit avec les pays indiqués ci-dessus et avec leurs stations ou sépultures, un premier et notable rapprochement.

Ces fusaioles portugaises ont, en général, des ornementations très simples, quelques lignes et des points.

Il y a avec elles des disques découpés dans des fragments de

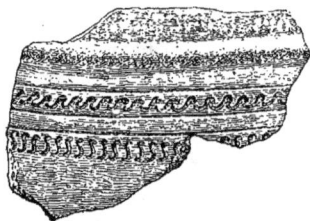 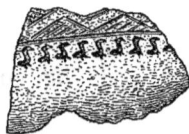

Fig. 404.   Fig. 405.

FRAGMENT DE POTERIE.   PALMIPÈDES ESTAMPÉS SUR UN VASE.

SABROSO, PROVINCE DU MINHO.

vases, mais non perforés et dont la destination doit être toute différente.

Quant aux poteries proprement dites, elles sont représentées par des tessons nombreux. Elles étaient ordinairement couvertes de bandes décoratives dont les divers motifs ont été, soit tracés à la pointe, soit estampés avec des poinçons gravés.

Il y a d'abord une quantité de dessins géométriques qui me rappellent ceux de la céramique de Villhonneur (Charente) et autres de l'âge du bronze, et ceux des stations typiques du premier âge du fer. C'étaient les mêmes dents de loup striées, les mêmes chevrons emboîtés, les mêmes petits cercles concentriques.

En second lieu, il y avait des bandes d'ornements en forme d'S placées en hauteur, légèrement inclinées (fig. 404) ou couchées, servant ainsi de point de départ à la spirale développée sur d'autres spécimens.

Primitivement ces S ne sont pas autre chose que des représentations d'oiseaux.

L'échantillon que je publie ici (fig. 405), ne laisse aucun doute à cet égard. Le dessin représente bien une file de canards ou de cygnes. L'animal est indiscutable avec ses courtes pattes et son allure générale.

Ce motif de décoration est connu dans le préhistorique européen. Il se voit jusque dans le nord scandinave sur des objets de la fin de l'âge du bronze, qui sont évidemment importés.

En Italie, on le retrouve sur les mêmes objets, vases et boucliers en bronze et principalement sur les poteries.

Sur les bronzes, les palmipèdes sont figurés au pointillé. Sur les vases, ils sont généralement estampés et l'on observe toutes les transitions entr'eux et les spirales et les méandres.

Ils sont caractéristiques de la céramique de Villanova et des nécropoles ou stations contemporaines dont l'ancienneté est considérable, car les archéologues les plus modérés dans leurs appréciations chronologique, reportent Villanova au moins au ix° siècle.

Ces animaux ont encore servi dans d'autres circonstances et, plus récemment, de sujet ornemental. Lorsqu'un objet en bronze, destiné à la parure, au culte, à la guerre, ou à tout autre usage, présente quelques reliefs décoratifs, c'est encore le palmipède en question qui a servi de modèle. On peut citer ainsi dans le cimetière Arnoaldi, des fibules, et dans d'autres moins anciens tels que ceux de Watsch, de San Margarethen, encore des fibules, des ceintures, des chars votifs, etc.

Nous n'avons pas à rechercher ici l'origine, le point de départ de la civilisation qui produisit ces objets. Depuis que M. E. Chantre a mis au jour les opulentes nécropoles du Caucase, riches en parures semblables à celles de la vallée du Danube ou de l'Italie; la question a pris un plus grand intérêt, mais elle n'est pas devenue plus claire. Un seul fait doit être noté : c'est qu'il y a depuis l'Orient jusqu'aux extrémités de l'Europe, un courant irrésistible qui impose son joug à l'industrie.

Il nous suffit d'un seul morceau de poterie pour retrouver sa trace, même en Portugal et pour avoir définitivement l'assurance

Fig. 406.

MUSEAU D'UN SUS SCULPTÉ EN PIERRE ; FRAGMENT DE STATUE.

que les origines de Sabroso ne sont pas étrangères à notre premier âge du fer italien.

Nous verrons tout à l'heure que l'Espagne, elle aussi, a livré du côté de Valence, des mobiliers funéraires analogues à ce point de vue et sans doute contemporains.

Sabroso fut une ville; sans l'ombre d'un doute, on peut assurer que sa durée correspond à quelques centaines d'années; il n'est pas possible de préciser. Comme elle ne disparut pas brusquement sous un linceul protecteur, elle eut le sort de toutes les cités abandonnées lentement, on n'y trouve plus d'objets entiers; c'est par hasard que sous ses ruines gisaient encore quelques objets en métal. La poterie brisée, désormais sans utilité, est restée seule en assez grande abondance pour nous fournir quelques révélations sur l'histoire de son temps.

Il s'est rencontré à Sabroso une monnaie romaine ; mais elle ne suffit pas plus pour rajeunir l'ensemble des objets décrits qu'une monnaie du Moyen-Age, qu'on aurait ramassée dans ces terrains traversés de tous temps.

Nous sommes embarrassés davantage par quelques pierres sculptées qui me paraissent des fragments de statues de bœufs et de sangliers. Je donne ici la copie de l'une d'elles ; c'est le groin fort bien caractérisé d'un *sus* quelconque (fig. 406).

Peut-être faut-il rapprocher ces pièces des *toros* et *marraños* en pierre d'Avila et de Ségovie, que je ne connais que par une aquarelle exécutée sur l'ordre de M. D. Francisco Tubino, secrétaire général de la défunte Société anthropologique espagnole.

Dans tous les cas ces sculptures, autant que l'on peut en juger par les fragments qui nous restent, sont mal habiles et sans style.

Autour de Sabroso, d'autres forteresses furent bâties dans les mêmes conditions ; plus jeunes, elles eurent l'avantage de lui survivre, et c'est de leur temps que les armées romaines firent la conquête de l'Hispania. Elles restèrent longtemps debout, au moins jusqu'au règne de Constantin, dont on retrouve les monnaies dans la citania de Briteiros.

Mais si elles subirent l'influence romaine, elles gardèrent du moins un caractère très original dans leurs remparts, dans leurs maisons et leurs rues.

La citania de Briteiros, nom de la localité voisine, est limitée par un triple retranchement construit suivant le système de Sabroso. Des murs de soutènement entourent le sommet de la montagne aride et escarpée ; les assises de la construction sont tantôt horizontales, tantôt fortement obliques ; les fouilles colossales de M. Sarmento ont mis à découvert le squelette, si je puis ainsi dire, de la ville entière. On circule à présent dans les rues dont le pavé, fait en larges dalles, est resté en place. On reconnaît l'avenue principale, (fig. 407), à laquelle aboutissent des voies plus étroites, plus ou moins longues. Le long de ces rues et des deux côtés, on aperçoit les fondements des maisons tantôt rondes, tantôt carrées ou à coins arrondis. Ici ou là, les murs atteignent encore plusieurs pieds de hauteur et l'on peut aisément se rendre compte de leur curieuse architecture. Les blocs sont, en général, irrégulièrement taillés et souvent leurs assises forment des spirales et montent ainsi jusqu'au sommet de l'édifice. Ce système de construction, si original, assurait une plus grande solidité, dit-on ; à cela près, ces petites habitations, ressemblent à celles de Sabroso.

Les murs ont un revêtement intérieur soigné en très petites pierres. Bon nombre de blocs sculptés sont énigmatiques ; il y en

Fig. 407.
VUE D'UNE RUE PRINCIPALE A SABROSO.

a qui ressemblent exactement à des bases ou à des chapiteaux de colonnettes. Mais leur face supérieure (la moins large) est bien polie et n'est pas plane, si bien qu'il serait possible de les considérer comme ayant joué un tout autre rôle.

D'autres pierres, longues et cylindriques, droites ou coudées, se rencontrent quelquefois au nombre de six ou sept dans les ruines intérieures d'une maison ; peut-être étaient-elles fichées dans les murs ou dans le sol et destinées à retenir l'attache d'un animal ou à supporter un fardeau quelconque. Deux pierres sembla-

bles sortent du sol de la rue ici figurée, et se dressent au-dessus
du pavé.

Il en est d'autres qui sont perforées à leur extrémité et qui
sont demeurées parfois en place, comme on le voit dans la figure 408.
Il y a là un petit recoin emménagé entre diverses constructions et
qui a été utilisé ; on y logeait, vraisemblablement, des animaux
de petite taille. Une pierre, visible sur le dessin, avait une gorge

Fig. 408.

RECOIN ENTRE LES MAISONS CLOTURÉ ET UTILISÉ.

ou rainure, dans laquelle pouvaient glisser des planches fermant
l'entrée du réduit.

Ces pierres trouées, auxquelles on devait attacher des animaux
ou suspendre un objet indéterminé, ne se rencontrent qu'à l'extérieur des maisonnettes. C'est dans les mêmes conditions, toujours
au-dehors, que l'on ramasse des pierres légèrement creusées et qui
ont sans doute servi d'écuelles, ou de mangeoires.

Les portes des habitations étaient, comme à Sabroso, encadrées
par des linteaux sculptés.

Si l'une des pierres offre 1^m,57 de long, la plupart, et elles sont nombreuses, sont de simples fragments sur lesquels se retrouvent des sculptures caractéristiques et curieuses (fig. 409).

Tantôt, c'est l'ornementation de la porte signalée à Sabroso, tantôt ce sont des cercles dans lesquels sont inscrites, soit des étoiles hexagonales, soit des croix simples et pattées, et les figures dérivées du type des swastika.

Ces dessins sont tantôt isolés, tantôt plus ou moins réunis à la file, les uns en relief, d'autres en creux.

Le *swastika* est un mot sanscrit, qui désigne une sorte de croix dont les quatre bras sont coudés ; elle est parfois cantonnée de quatre clous ⊞ Les archéologues chrétiens l'ayant trouvée sur une foule de monuments de leur religion et ne voulant pas remonter au-delà de Jésus, se sont obstinés à la dire composée

Fig. 409.

FRAGMENT DE PIERRE SCULPTÉE.

de quatre gamma, et l'ont désignée sous le nom de croix *gammée ;* mais le Râmâyana la place sur le navire de Rama qui ne savait pas le grec ; elle est sur une foule d'édifices bouddhiques : c'est un des signes que les sectateurs de Vishnou se tracent sur le front, comme le faisaient les premiers chrétiens. C'est, dit M. Emile Burnouf, le signe arien par excellence.

Ce n'est pas ici le lieu d'une dissertation sur ce swastika et nous n'avons pas à faire un choix parmi les opinions des savants sur son origine et sa signification.

Nous devons seulement constater que cet emblème religieux, partant de l'Inde quinze siècles peut-être avant notre ère, a rayonné de toutes parts.

En Europe, il apparaît au milieu de la civilisation du bronze ; pur ou transformé en croix, des formes les plus variées, nous le rencontrons sur une foule d'objets en métal ou en poterie du premier âge du fer.

Ainsi, le swastika, devenu un motif de décoration à la mode, est associé fréquemment aux silhouettes de canard que nous avons décrites tout à l'heure.

Quelquefois ses différentes lignes sont arrondies et prennent une courbe gracieuse. Il en est souvent ainsi dans la citania (fig. 412).

Un signe digne d'intérêt est celui qu'on voit sur une pierre (fig. 412), à côté d'un swastika flamboyant. Il consiste en deux lignes parallèles qui se recourbent en dedans ou en dehors à l'extrémité ; dans un autre les deux parties de ce signe sont plus trapues,

Fig. 410.   Fig. 411.   Fig. 412.

PIERRES SCULPTÉES DE LA CITANIA DE BRITEIROS.

séparées par un plus grand intervalle et réunies par un trait comme dans une H.

De très nombreux signes gravés se remarquent sur des blocs équarris ou bruts. Ces derniers sont tantôt des rochers en place sur la montagne, tantôt situés dans des conditions surprenantes.

Ainsi la grosse pierre, ici figurée (elle a plus d'un mètre de long), est plane à sa partie inférieure et cette face était comprise dans le pavé d'une maison ronde. La partie bombée, supérieure dans notre dessin (fig. 413), était donc enfouie sous le sol. Les habitants ne voyaient nullement les cercles gravés à sa surface, qui ne peuvent pas être, dès lors, une ornementation ; ils avaient donc un sens mystérieux.

Les signes en question sont formés, tantôt par un ou deux et trois cercles concentriques, tantôt par des spirales semblables à celle qu'on remarque à l'angle de notre figure 416, tantôt par des cercles traversés d'un côté jusqu'au centre par une courte tige, tantôt par des fossettes groupées irrégulièrement, etc.

Le nombre des cercles sur une seule roche est une fois de dix-huit. Les fossettes se trouvent par dizaines, et un seul rocher de Sabroso en offre cinquante-et-une.

Un certain nombre de ces signes, sont, en effet, communs à toutes les cités.

On sait que nous avons trouvé sur les antas de semblables

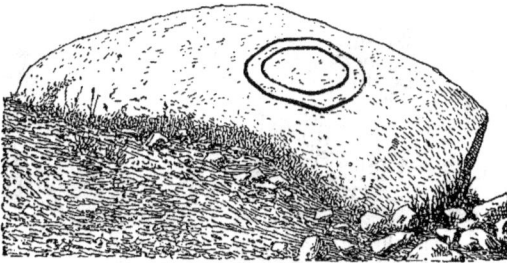

Fig. 413.

CERCLES GRAVÉS SUR LA PARTIE INFÉRIEURE D'UNE DALLE
FAISANT PARTIE DU PAVÉ D'UNE MAISON.

sculptures, du moins les cercles et les fossettes; les autres dessins des citanias rappellent les gravures des monuments préhistoriques de la Scandinavie et surtout de certaines régions de la Grande-Bretagne.

L'identité est parfaite; mais je ne sais vraiment quelle déduction nous pouvons en tirer.

Car la question d'époque se pose impérieusement. Aucun préhistorien ne voudra consentir à faire descendre les plus récents tombeaux mégalithiques de la péninsule, même au IXᵉ siècle, et à bouleverser toutes nos données de chronologie relative, appuyées sur des faits toujours vérifiés, par ce seul motif, que les antas d'Evora portent des écuelles et des cercles gravés comme ceux des pierres de Sabroso ou de Citania.

Ces deux cités offrent aussi les autres signes si répandus dans le Northumberland et en Ecosse ; là, ils sont le plus souvent gravés sur des rochers ou blocs isolés, sur des pierres plantées dont l'âge est indéterminé, rarement sur les dalles des allées, qui ont été souvent protégées par des chapes tumulaires contre les violations de tous les temps passés.

N'avait-on pas aussi rapproché les sculptures des tombeaux de

Fig. 414.

LA PEDRA FORMOSA DE LA CITANIA DE BRITEIROS.

de New-Grange entr'autres et celles du fameux temple de Malte ? Les conclusions qu'on avait produites ne sont-elles pas tombées dans un juste oubli ?

En résumé, il est possible de dire que tous les signes en question avaient un sens conventionnel ; ils étaient répandus dans des régions séparées par de grands espaces, et dans les citanias, même à l'époque romaine, ils n'étaient pas tombés en désuétude et ils avaient conservé une valeur.

Parmi les pierres sculptées de la citania de Sabroso, il en est une très extraordinaire qui fut découverte autrefois et transportée

vers le commencement du siècle dernier, dans le porche de l'église
de Santo-Estevàa, de Briteiros ; M. Sarmento a fait revenir sur la
montagne la *pedra formosa*, la belle pierre.

C'est une plaque de grande dimension, ($2^m,28$ sur 2^m98,
fig. 414), pour le transport de laquelle il a fallu employer vingt-
quatre attelages de bœufs. Elle a l'aspect général d'un fronton
lorsqu'on la suppose debout. De là est venue de bonne heure la
pensée de lui attribuer un rôle décoratif au-dessus de quelque portail.
Le revers présente une figure bizarre, inexpliqué, due peut-être à
l'intervention accidentelle d'un tailleur de pierre (fig. 415) ; à part
cela il est entièrement brut ; l'autre face, au contraire, est toute
sculptée, le dessin profondément gravé, est étrange ; il y a des

Fig. 415.
SIGNE GRAVÉ AU REVERS DE LA PEDRA FORMOSA.

détails singuliers qui retiennent longtemps l'attention des specta-
teurs et restent incompris.

Ainsi au-dessus de la grande échancrure du bloc, est l'ouverture barrée, en forme d'**A**, d'un canal creusé dans l'épaisseur de
la dalle et qui aboutit au-dehors dans la paroi de ladite échancrure.
Il semble destiné à un seul usage possible, c'est-à-dire à faciliter
l'écoulement d'un liquide. Deux cavités voisines sont des cuvettes
peu profondes comme celle qu'on trouve au sommet de la
pierre, entourée d'un cercle en relief.

Quelques personnes sont disposées à regarder la *pedra formosa* comme une pierre à sacrifices, et si l'on admet que la victime
pouvait bien être humaine, les dimensions n'y contrediraient pas.
La pierre, dans ce cas, devait être horizontale au pied des sacrifica-
teurs. Qui sait si la victime n'était pas liée à l'espèce d'anneau
ménagé dans la roche en travers de l'ouverture du canal ? Un

orientaliste bien connu, M. Guimet, examinant avec moi cette
hypothèse, se plaçait aisément à genoux couché sur la pierre,
les pieds dans les cuvettes symétriques et la tête sur la cavité
supérieure.

Inutile d'insister sur l'incertitude d'une telle démonstration.

On ne s'explique pas pourquoi la sculpture, sur plusieurs
points, est inachevée. Le fait que les bords sont bruts sur trois
côtés est favorable à l'idée que la *pedra formosa* fut encastrée dans
une maçonnerie verticale, sans que l'on soit forcé, dès lors, de
croire que cette masse énorme avait été hissée très haut. Elle

Fig. 416.

STÈLE EN PIERRE DE LA CITANIA DE BRITEIROS.

pouvait être disposée comme une porte de four et s'appliquer ainsi
à un monument spécial, différent de toutes les constructions
aujourd'hui connues dans la citania.

On s'est demandé si elle n'aurait pas été à l'entrée d'un
sépulcre placé en dehors de la ville, mais quelque part entre les
remparts.

M. Sarmento a répondu que si elle avait été une stèle funéraire, il aurait rencontré d'autres pierres, non pas sans doute aussi
luxueuses, mais du même genre.

En définitive, après avoir passé en revue toutes les suppositions
et les polémiques des savants, on demeure indécis.

Deux autres monuments, attendent aussi une explication

rationnelle. Le plus remarquable (fig. 416), présente une ornementation *sui generis*, une spirale, un carré subdivisé en compartiments rectangulaires de dimensions inégales, tel que serait le
plan d'un édifice, et enfin, une inscription latine : CORONERI
CAMALI DOMUS.

La citania possède, en effet, un certain nombre de textes épigraphiques, tous en caractères romains; celui-ci est le plus complet.
Ils fournissent quelques noms propres, noms celtiques romanisés,
comme ce Camalus qui jouait un grand rôle dans la ville, car

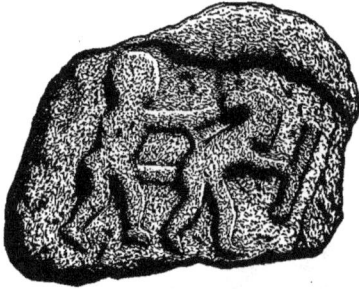

Fig. 417.   Fig. 418.   Fig. 419.
BAS-RELIEF EN PIERRE.   STATUETTE EN PIERRE.   TERRE CUITE

il est surtout question de lui dans les inscriptions et les mono-
grammes.

Mais je suis ici sur un terrain dangereux pour moi. Des monuments d'un ordre tout particulier, vraiment préhistoriques, m'ont
conduit en pleine époque romaine; je dois m'arrêter.

La citania de Briteiros a bien été soumise aux aigles du
peuple-roi, mais elle a gardé sa physionomie nationale; elle a pris
l'alphabet des vainqueurs, leur céramique rouge, leurs tuiles à
rebord, leurs verreries et leurs monnaies; elle s'est montrée rebelle
à leur art, et tout ce qu'elle a livré en fait de représentations
humaines se réduit à deux sculptures barbares.

La statuette (fig. 418), a 0^m,46 de hauteur ; sur le bas-relief (fig. 417), le personnage de gauche a 0^m,22.

Combien différent est le style d'une petite tête en terre cuite (fig. 419).

J'insisterai peu, en terminant, sur les mille objets que l'on a trouvés dans les déblais. Je viens d'indiquer dans quelle large mesure l'industrie italienne y est représentée.

Il y a aussi des séries archaïques qui rappellent exactement

Fig. 420.

UNE PORTE DE LA CIVIDADE D'ANCORA.

celles de Sabroso et quelques objets, surtout des bronzes (épingles, fibules, torques, fragments divers), étrangers à l'antiquité classique, mais qui ne nous fournissent pas de renseignements précis.

J'ai déjà dit que la citania de Briteiros n'est pas la seule ; on en signale trois autres, et il y a aussi des cividades dans cette riche province du Minho.

Je donne ici la copie d'une porte de la cividade de la vallée d'Ancora ouverte sur la mer et semée, plus qu'aucune autre, de monuments de tous les âges, antas, mamoas et oppidums ruinés (fig. 420).

Mon intention n'est pas d'entrer dans une étude complète et détaillée de tout ce que M. Sarmento a su découvrir. J'ai voulu seulement montrer l'intérêt puissant de ses découvertes qu'il lui appartient de publier dans un ouvrage digne d'elles et de lui.

Si l'on cherche le pays où les antiquités peuvent être, à plusieurs points de vue, comparées aux monuments que nous venons de décrire, on s'arrêtera surtout à Mycène.

Dans cette vieille acropole, dont M. Schliemann a su nous révéler les merveilleux trésors, il y a des frises sculptées qui rappellent celles de Sabroso et de Briteiros. Ce sont les mêmes cordons en relief, les mêmes spirales et méandres, ce sont les mêmes swastikas simples ou flamboyants sur de nombreux objets.

Sans aucun doute, les influences asiatiques sont évidentes dans les deux cas ; elles se font vivement sentir d'abord en Troade, puis en Grèce ; elles se sont étendues jusqu'aux extrémités de l'Ibérie et peut-être dans cet occident lointain ont-elles été tardivement supplantées.

Mycène et Sabroso ont-elles la même antiquité ?

Nous avons vu que la citania de Briteiros a quatre ou cinq cents ans de durée certaine. Il n'y a rien qui puisse surprendre lorsque l'on constate qu'une ville fortifiée, et par suite importante, au point de vue de la sécurité du pays aussi bien qu'à celui de l'agglomération des habitants, a duré une série de siècles. Tout nous permet de penser que Sabroso, qui disparut avant la conquête romaine, eut la même fortune et doit être vieillie de quelques centaines d'années.

Son origine est probablement voisine de ces viiie et ixe siècles que nous ont indiqué tant de rapports avec l'Italie et la Grèce ; Mycène et l'industrie pélasgique grecque sont bien plus anciennes.

Sabroso, les citanias et les cividades, ont eu leurs belliqueux débuts, leur gloire, leur décadence. C'est merveille que dans la poussière de ce qui fut leurs maisons, on ait eu la chance de retrouver quelques traces de leur industrie et de leurs arts.

Si M. Schliemann n'avait eu d'autre bénéfice de ses fouilles que les objets égarés à la surface de l'Agora de la cité d'Agamennon, il aurait eu bien peu de résultats et de joies.

Mais il a découvert les tombeaux, et les morts, entourés des plus précieux objets de leur temps, ont raconté leur histoire.

M. Sarmento n'a pas eu le même bonheur ; le pays des citanias garde encore le secret des nécropoles.

En vain on a cherché à deviner en quel endroit, sur quel sommet, dans quelle vallée étaient cachés les cimetières.

Tandis que sur bien des points, tout autour, on retrouve les ossuaires, antas ou mamoas des peuplades néolitiques, on ignore dans quel asile dorment, du dernier sommeil, les guerriers qui du haut des remparts, que nous avons décrits, repoussaient les invasions et commandaient aux vallées.

Peut-être l'incinération régnait-elle sans partage et les bûchers funéraires ont-ils consumé, avec les cadavres des habitants, leurs parures et leurs armes qui auraient fait jaillir sur leur époque et leur race un éclatant rayon de lumière.

Rien de semblable aux citanias n'a été jusqu'ici découvert en Espagne. On sait cependant que les murs de Tarragone et autres villes offrent à leur base l'appareil bien connu des constructions cyclopéennes de la Grèce et de l'Italie, seul vestige d'un temps lointain et d'une civilisation vraiment protohistorique.

AUTRES GISEMENTS ET OBJETS ISOLÉS

A cinq kilomètres de Totana, province de Murcie et dans un site agreste et solitaire on rencontre une montagne peu élevée. La Bastida qui de tous temps a eu le privilège d'exciter la curiosité des habitants des contrées environnantes ; les uns croient qu'elle renferme un riche trésor, caché par les Arabes, les autres une mine précieuse dont l'entrée aurait été fermée et perdue.

M. Rogelio d'Inchaurrandieta pense que ces légendes ont pour origine ce fait que les versants de la colline ont quelquefois fourni des objets d'or et d'argent.

. M. Rogelio a fait des fouilles assez importantes sur ce point et a publié une courte narration (1), mais comme il arrive trop souvent aux savants Espagnols il a omis de nous donner le moindre dessin. Dix-huit ouvriers, sous sa direction, firent des fossés en divers points et au bout de trois jours on avait déjà recueilli vingt urnes cinéraires, deux sépulcres formés avec de petites dalles et un grand nombre d'objets en bronze, en argent et en or. Le fer n'apparaît nulle part !

Les débris humains ont presque tous été déposés dans de grandes urnes couchées horizontalement, sans orientation fixe, deux d'entre elles placées debout ne contenaient pas des vestiges d'ossements mais seulement de la terre et du charbon, les urnes faites avec une argile grossière mêlée à du sable n'ont pas été tournées. Elles ont la forme d'une marmite ordinaire, ellipsoïdale et très peu allongée. L'ouverture est à peu près égale au cercle de la section maxima transversale.

Les urnes destinées aux ossements des enfants avaient 0^m,35 de hauteur, celles qui contenaient un squelette d'adulte avaient jusqu'à 0^m,90 de hauteur sur 0^m,70 de large. La bouche des urnes était close par une dalle de schiste ou par un bloc de pierre.

Celles des enfants étaient placées en général près de celle des adultes; auprès du plus grand vase qui contenait deux squelettes (homme et femme peut-être?) il y avait une petite urne d'enfant.

Dans l'intérieur d'une autre, renfermant quelques ossements de femme, M. Rogelio trouva un vase de terre cuite noire et fine avec les ossements d'un très jeune enfant.

Il n'est pas rare de trouver deux urnes dont les ouvertures se touchent.

Il y avait dans les urnes avec les squelettes, des vases de diverses grandeurs, des épées, des poignards, des lances, des flèches, des poinçons, des anneaux et pendants d'oreille, des bracelets de bronze. Plusieurs de ces objets, offraient encore sur leur patine la trace des tissus qui les avaient entourés.

(1) Congrès international d'anthropologie, Copenhague, 1869-1875, p. 344.

Les vases et les pots de terre étaient aussi placés au-dehors et tous près de la bouche des urnes. Dans quelques-uns on a trouvé des mâchoires de chevreuil et des os d'animaux divers.

Toute cette poterie est mal cuite, complètement lisse, sans ornement ni dessin. On ne rencontre pas d'anses, seulement une fois une protubérance ou bouton.

Les deux sépulcres étaient formés par des dalles en calcaire grossier, laissant entr'elles un espace de 0^m,80 sur 0^m,60 et 0^m,50 de profondeur. Le squelette était recourbé sur lui-même, à côté se trouvaient une pointe de lance en bronze et deux pendants d'oreilles, l'un d'eux en argent et l'autre en bronze.

M. Rogelio d'Inchaurrandieto n'entre dans aucun autre détail sur les objets et les crânes qu'il dit avoir recueillis. Il nous apprend seulement que l'or était utilisé pour les bijoux et qu'il était aussi appliqué sur des poignées d'épées.

Ce dernier renseignement est bien de nature à nous faire déplorer qu'on ne puisse pas savoir ce que sont devenues de si précieuses trouvailles.

La collection de M. D. José Llano, de Valence, possède une série d'objets très dignes d'intérêt. On voit au milieu d'eux une pendeloque en forme d'oiseau tout à fait dans le goût des antiquités italiennes que j'ai citées, il y a aussi des fibules annulaires à ressort compliqué, qui sont dérivées d'un type commun dans la nécropole de la Certosa de Bologne : des bracelets, des anneaux, des spirales en bronze et des armes en fer sur lesquelles je manque de renseignements. Ces objets proviennent d'un cimetière qui s'est trouvé en 1864, sur le passage de la voie ferrée de Almansa à Tarragone au 108e kilomètre, à Alcala de Chisvert, province de Castellon de la Plana. A deux pieds de profondeur on découvrit dix-neuf urnes cinéraires, chacun des vases était entouré d'un petit muret circulaire en pierre sèche et couvert d'une dalle plate.

Cela me rappelle certaines tombes à incinération du versant pyrénéen Français. La forme des vases confirme ce rapprochement.

En 1865, à l'est de ce cimetière, du côté de la mer, un

laboureur mit au jour une autre série de vases semblables pleins
de terre de cendres et d'os, et en outre de nombreux objets en
bronze, en cuivre ou en fer, dont M. D. José Llano n'a pu sauver
qu'une partie.

J'ai cité plus haut, page 272, la découverte d'objets en or malheureusement perdus. On en voit un dans la collection de M. Estacio da Veiga : c'est un anneau d'un centimètre d'ouverture dont la

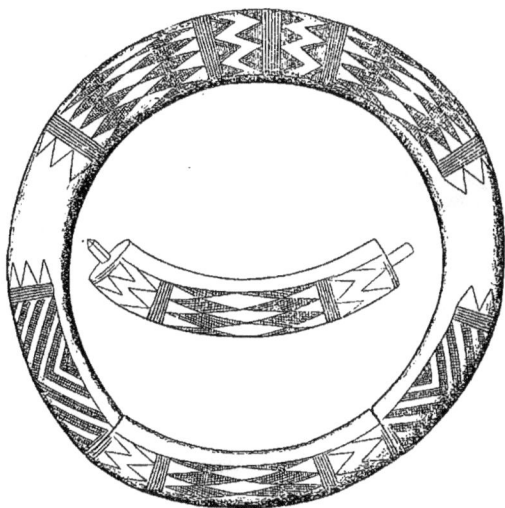

Fig. 421.

ANNEAU D'OR MASSIF, PENELLA, ESTREMADURE. Gr. $^1/_2$.

forme est élégante. Il y avait avec lui dans la tombe de Fonte
Velha, un bon nombre de perles en verroterie bleues, noires,
rousses, incolores, bleues et blanches, noires et blanches, vertes
avec cercles blancs et points bleus, etc., perles presque semblables
à celles que nous trouvons si répandues dans nos cimetières gaulois, et qui passent pour avoir une origine exotique, orientale,
égypto-phénicienne.

Un grand anneau d'or massif (fig. 421) a été récemment
découvert à Penella, dans l'Estremadure, il pèse 1800 grammes,

On connaît en ethnographie des colliers beaucoup plus lourds :
G. Schweinfurt a vu chez les Bongos des bords du haut Nil des
femmes portant aux bras, aux jambes, au cou, des anneaux de fer
dont le poids total atteint parfois 25 kilogrammes.

Mais l'anneau de Penella est-il bien un collier? Il se divise
en deux pièces unies par un système que M. J. da Silva ne fait

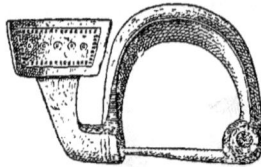 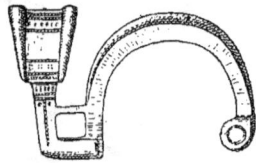

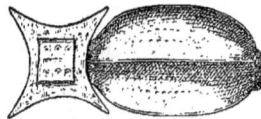 

Fig. 422 et 423.   Fig. 424 et 425.

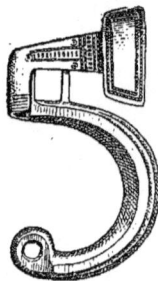  

Fig. 426 à 428.

FIBULES EN BRONZE ESPAGNOLES.

pas suffisamment connaître. Il diffère ainsi de toutes nos parures
préhistoriques ; et cela nous rappelle que dans le midi de la France,
auprès de Toulouse, à Fenouillet, à Lasgraisses et ailleurs, on a
trouvé des colliers d'or pré-romains qui se distinguent eux aussi,
bien qu'à d'autres points de vue, des colliers en bronze ou en
fer de leur temps.

L'anneau de Penella est couvert des mêmes dessins géométriques qui se retrouvent dans l'ornementation des objets de notre époque du bronze ou du premier âge du fer. Cela ne suffit-il pas pour déterminer son antiquité?

La fibule, espèce d'épingle de sûreté a été inventée à la fin de l'âge du bronze peut-être dans l'Europe méridionale. Le type primitif a le corps ployé en un arc; de l'une des extrémités part l'aiguille dont la pointe s'accroche à l'autre extrémité. Cette forme s'est modifiée, perfectionnée, avec le temps et suivant les pays.

C'est donc un objet très utile pour distinguer et classer les gisements qui le renferment.

On n'a pas une seule fibule Espagnole ou Portugaise, de l'âge du bronze; peut-être n'y en a-t-il réellement pas. La péninsule

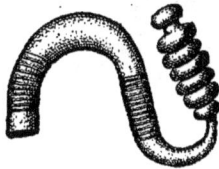

Fig. 429.

FRAGMENT DE FIBULE EN BRONZE, GROTTE DE PÉNICHE.

en a livré des quantités d'âges plus récents. Il est possible que quelques-unes soient du premier âge du fer, de la période Hallstatienne, mais la plupart correspondent davantage au type dit de la Tène. Le ressort a été bilatéral (comme dans notre figure 399). Durant la première période de la Tène le ressort est la continuation directe du corps de la fibule ; plus tard le ressort et le corps constituent deux pièces distinctes. Mon ami M. O. Montelius, si compétent en pareille matière, suppose que les quatre fibules espagnoles, que je figure ici datent de cette seconde période contemporaine de l'occupation romaine (fig. 422 à 428).

Ces pièces ont été récemment acquises par le musée de Saint-Germain ; mais il en est de semblables au musée de Madrid.

Je rapproche de cette forme une fibule (fragment, fig. 429) trouvée dans le niveau supérieur de Péniche, en Portugal, bien

caractérisée par son bout recourbé, volumineux et orné, vraiment
spécial à toute la péninsule.

Dans la péninsule Ibérique la haute antiquité se révèle avec
des aspects et des monuments particuliers.

Nous trouvons dans les musées d'Evora et de Lisbonne quelques figurines qui sont évidemment archaïques; les unes représentent des hommes et des femmes, les autres des chèvres.

Les bonshommes nus, au buste long et aux jambes courtes,

 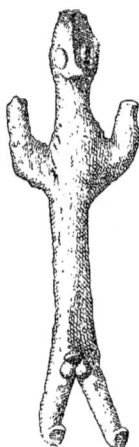 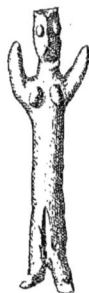

Fig. 430.   ig. 431.   Fig. 432.

STATUETTES EN BRONZE DE L'ALEMTEJO. Gr. 2/3.

sont grossièrement fabriqués, sans aucun sentiment artistique ; les
organes génitaux sont reproduits avec exagération ; par leurs bras
levés il se rapprochent un peu de quelques-unes des statuettes
sardes que tout le monde connaît, mais qui sont infiniment mieux
faites (fig. 430 à 432).

Le professeur da Silva Amada, de Lisbonne, dans son *Ethno-
génie du Portugal* (1) assure que ces figures prouvent que les

_____

(1) *Revue d'anthropologie* et *Matériaux*, 1880.

Phéniciens introduisirent dans la Péninsule le culte de Baal-Phegor, le dieu de la génération ; cela aurait besoin, à mon avis, d'être démontré.

Les chèvres sont travaillées avec plus de soin et de goût. J'ignore d'ailleurs si elles appartiennent au même peuple et au même temps. Deux autres, presque semblables à celles que je reproduis ici (fig. 433 et 434), furent trouvées, paraît-il, dans une sépulture de l'Alemtejo. C'est à cela que se bornent les renseignements que l'on possède. Plusieurs de ces figurines étaient fixées

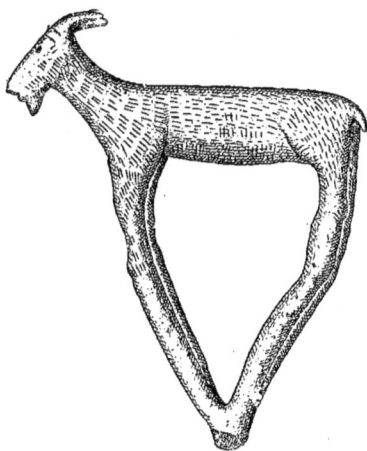

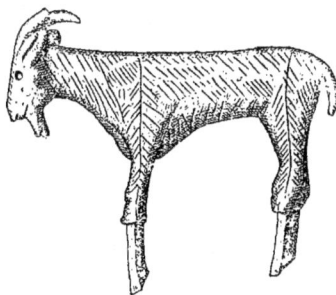

Fig. 433.   Fig. 434.

FIGURINES EN BRONZE DE L'ALEMTEJO. Gr. $2/3$.

à un socle inconnu ; c'est aussi le cas des statuettes sardes. Mais j'insiste pour que ce rapprochement ne soit pas exagéré. En réalité, je n'ai rien de plus à dire sur ces petits bronzes.

Enfin dans ce chapitre, destiné à signaler les objets isolés. Il convient de mentionner les quinze statues découvertes à diverses reprises à Yecla, province de Murcie, sur une colline qui porte le nom de *Cerro de los Santos*. Le peuple a pris en effet ces statues pour celles de quelques saints.

Chacun des personnages presse d'une ou des deux mains une coupe contre son corps à l'endroit de la ceinture.

Les pères Esculapiens de Yecla, dans un mémoire publié en 1871, supposent que la Cerro de los Santos est l'emplacement de l'ancienne Altea, capitale de la Bétique, détruite par les Carthaginois. Sans songer que la plupart de ces statues représentent des

Fig. 435.

STATUE EN PIERRE DE YECLA, PROVINCE DE MURCIE.

femmes, ils croient que ce sont celles des prêtres, la coupe serait un calice, et la localité un sanctuaire, *adoratorio*.

Je dois dire d'abord que A. de Longpérier, l'éminent archéologue, n'admettait pas l'authenticité, de quelques-unes au moins, de ces statues.

Ensuite je rappellerai l'étude de M. Henzlmann, de Budapesth, sur l'art gothique (1).

(1) Congrès international de Budapesth 1876-1876, p. 501.

Dans cette dissertation on établit que de semblables statues caractérisée par la coupe tenue à la ceinture sont communes et bien connues dans la Russie méridionale où le peuple les appelle « Kamene babe » c'est-à-dire « mères de pierre. » Elles se trouvent sur des collines tombales ou *Kourgans*.

M. Henszlmann soutient que ce sont les œuvres des Goths des v, vi, viie siècles, venus de Russie en Espagne. Mais les preuves sur lesquelles il s'appuie ne sont pas toutes acceptables.

Où sont, entre la Russie et l'Espagne, les statues à coupe que les Goths auraient dû laisser pour trace de leur passage ? On en peut citer une petite parmi les objets d'or découverts à Petrossa, en Valachie, qui sont réellement gothiques. Mais le petit couteau de bronze du Musée royal de Copenhague, trouvé dans le Holstein, dont la poignée figure un homme avec d'énormes anneaux à l'oreille, deux torques au cou, un caleçon pour tout costume, et portant avec ses mains à la hauteur du nombril un large bol ; est beaucoup trop ancien pour pouvoir être attribué à n'importe quels barbares de la basse antiquité romaine ; sa lame en effet est ornée d'un navire gravé au trait, et l'archéologie comparée la réclame pour l'âge du bronze.

Ce petit couteau suffit donc à lui seul pour infirmer les couclusions du savant hongrois et les statues de Yecla, si elles sont authentiques, restent inexpliquées à tous égards ; elles peuvent être protohistoriques et je devais en dire un mot.

Je donne ici le dessin de l'une d'elles d'après une lithographie de la Société archéologique de Valence (fig. 435).

QUATRIÈME PARTIE

—

ANTHROPOLOGIE

—

CHAPITRE PREMIER

LES OSSEMENTS HUMAINS DU MUSÉE GÉOLOGIQUE A LISBONNE (1)

Les ossements humains qui existent dans le musée de la section des travaux géologiques du Portugal, provenant des stations préhistoriques de ce pays explorées par MM. Carlos Ribeiro et Delgado, peuvent se diviser, quant à leur âge, en deux groupes distincts : l'un d'eux comprenant les débris qui ont été extraits des kjœkenmoeddings de Mugem, l'autre ceux qu'ont livrés les fouilles pratiquées dans les dolmens des environs de Lisbonne et dans quelques cavernes de la province d'Estremadura.

---

(1) Ce chapitre est tout entier de la main de M. Francisco de Paula e Oliveira, lieutenant d'artillerie. Ce savant a publié, en 1881, un mémoire intitulé *As Racas dos kjœkenmœddings de Mugem*. Lisboa 18 p. in 8°. Il lut au Congrès international un travail plus général qui fut très remarqué. Je l'avais prié de me donner des indications complémentaires, et il a si bien répondu à ma demande que je n'ai qu'à publier ici ses notes en les accompagnant de deux planches exécutées d'après les photographies dues aux artistes attachés à la section géologique. Que M. F. Paula e Oliveira nous permette de lui témoigner ici notre gratitude pour ce service qu'il a bien voulu rendre à l'Anthropologie et à nous.

Emile Cartailhac.

20

Les dépouilles comprises dans le premier groupe sont de beaucoup antérieures à celle du second, ainsi que cela se reconnait par
l'aspect des objets d'industrie trouvés dans les kjœkenmoeddings,
et dont la grossièreté contraste avec la perfection des outils en
pierre, polis ou finement taillés, de l'époque néolithique. Cette
indication est pourtant la seule bien précise que l'archéologie
puisse fournir au sujet de l'àge des dépôts artificiels de Mugem.

Outre les ossements provenant des stations néolithiques et des
kjœkenmoeddings, il y a encore dans le musée géologique les
débris d'un squelette qui a été trouvé, à l'occasion de l'ouverture
d'une tranchée pour l'écoulement des eaux, à Valle do Areeiro, près
Villa Nova da Rainha, à une profondeur de 3ᵐ,70. A ce niveau, le
sol est constitué par une sorte de limon de formation très ancienne,
probablement quaternaire, selon M. Carlos Ribeiro.

Les débris se composent d'un crâne très incomplet, d'une partie
d'un maxillaire inférieur et de quelques fragments d'os longs, le
tout ayant appartenu à un seul individu. Quoique ces pièces aient
été trouvées sans être accompagnées du moindre instrument en
pierre qui, par sa forme, nous permit de déterminer leur àge, il y
a toute raison pour croire qu'elles sont contemporaines du dépôt
qui les récelait. Elles sont donc *probablement* quaternaires. Il n'y
a que la voûte crânienne et le fragment de maxillaire qui offrent
quelque intérêt sous le point de vue anatomique, les autres os sont
trop mutilés pour qu'on en puisse faire l'étude.

Ayant égard à la haute antiquité révélée par les conditions du
gisement de ces débris, et afin de suivre autant que possible l'ordre
chronologique dans la description, que je me propose de faire, des
crânes les plus remarquables de la collection préhistorique portugaise, j'insisterai d'abord sur les caractères anatomiques des deux
fragments en question.

La voûte crânienne de Valle do Areeiro se compose du frontal et
d'une partie des pariétaux et de l'occipital. Le premier de ces os,
assez étroit antérieurement (diam. front. min. 91), a la glabelle
légèrement proéminente, les arcs sourciliers à peine indiqués, les
bosses frontales, les latérales aussi bien que la moyenne, bien

développées. La courbure du crâne dans la direction longitudinale moyenne commence à se prononcer au niveau de ces bosses, et se prolonge très régulièrement jusqu'aux trois quarts de longueur de la suture sagittale ; ensuite, dans la partie postérieure de ces os et suivant une direction à peu près verticale, il se produit un aplatissement qui s'étend encore sur une assez grande extension de l'écaille occipitale. Cette circonstance fait monter l'indice céphalique à 80,11.

Les bosses pariétales, assez mal circonscrites, sont rejetées en arrière et en haut. L'inion n'est dénoncé que par une saillie pres-

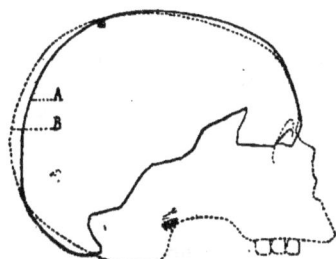
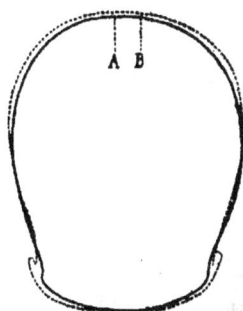

Fig. 436.   Fig. 437.

CONTOURS DES CRANES DE VALLE DO AREERO (A) ET DE FURFOOZ (B).

que imperceptible ; l'apophyse mastoïde, qu'on peut voir dans un fragment du temporal détaché de la voûte, est remarquable par son petit volume. Je dois signaler encore une légère dépression au-dessus de l'angle externe de l'occipital.

Le peu d'épaisseur des os, le bombement du front, le contour régulier de la voûte montrent que ce crâne a appartenu à un individu du sexe féminin. Par beaucoup de ses caractères, il présente une ressemblance très marquée avec le crâne sous-brachycéphale de Furfooz, décrit par MM. de Quatrefages et Hamy (*Crania ethnica*, p. 108). Les contours des deux crânes s'ajustent assez bien, les circonférences horizontales surtout.

Le crâne portugais a le front plus élevé et la région supérieure et postérieure de la voûte un peu moins haute. Dans les dimensions des deux crânes, il y a aussi une concordance remarquable.

	VALLE DO AREEIRO	FURFOOZ
Diamètre antéro-postérieur maximum.	171	172
— transverse —	137	140
— frontal —	113	112
— frontal minimum	91	92
Distance bi-orbitaire interne.	94	97
Courbe horizontale totale.	492	504
— sous-cérébrale.	22	22
— frontale totale.	120	123
— pariétale.	121	120
Indice céphalique	80,11	81,39
— frontal	66,42	65,71

Dans le fragment du maxillaire inférieur, il y a à signaler principalement la forme délicate de l'os, la saillie du menton, le développement des apophyses géni et l'introversion légère du gonion.

Je dois rappeler ici que le type de Furfooz a déjà été reconnu, par les deux anthropologistes cités, dans un crâne de Mugem, antérieurement décrit par M. Pereira da Costa dans un mémoire intitulé « *Noticia sobre os esqueletos humanos descobertos no Cabeço d'Arruda.* » D'après cette description, les auteurs des *Crania ethnica* ont pu reconnaître, dans l'exemplaire en question, quelques-uns des caractères privatifs des crânes qu'ils ont classés dans le groupe de Furfooz n° 2, ces caractères se trouvant associés à d'autres appartenant à un type plus ancien. J'aurai bientôt l'occasion de signaler des caractères analogues dans quelques autres crânes préhistoriques du musée portugais.

Les ossements provenant des kjœkenmœddings de Mugem, comprennent, outre une très remarquable série crânienne, les débris de près de cinquante squelettes. Dans quelques-uns de ceux-ci on peut déterminer les proportions des os longs, les os de chaque individu ayant été recueillis séparément.

Les crânes présentent deux types bien distincts : l'un dolicho-céphale, et c'est celui qu'affecte le plus grand nombre, l'autre bra-chycéphale : ce dernier n'est représenté que par deux crânes seu-lement. Peut-être faut-il reconnaître un troisième type dans un crâne sous-brachycéphale, le n° 1 de la série, lequel par ses carac-tères descriptifs s'éloigne considérablement de tous les autres crânes de Mugem. (Voir pl. II fig. 1 *a* et *b*.)

Dans les têtes dolichocéphales, la forme oblongue de la voûte crânienne coexiste toujours avec l'allongement de la région faciale.

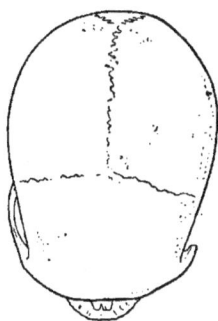 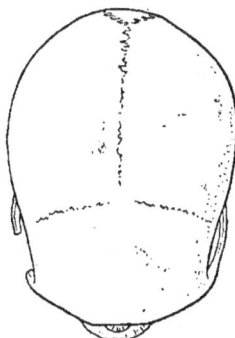

Fig. 438. Fig. 439.

CRANES DE MUGEM.

Les crânes proprement dits sont en général très peu volumineux ; je n'ai pu déterminer directement la capacité que pour deux de ces crânes, les n°ˢ 2 et 3 de la série, en pratiquant le cubage avec de la graine de moutarde. Les capacités que j'ai obtenues par ce procédé sont 1200ᶜᶜ et 1241ᶜᶜ. Néanmoins, en cherchant la capacité approxi-mative de ces deux crânes par la méthode de l'indice cubique, on trouve pour le premier les deux limites 1213 et 1396, et pour le second 1293 et 1487 ; les nombres obtenus par le cubage sont donc trop réduits. Je crois que cette réduction dans les capacités doit être attribuée à quelques portions de tuf adhérentes aux parois internes des crânes : on peut constater le fait sur quelques autres pièces de la série, en regardant à travers le trou occipital la

portion de l'endocrâne en face de cette ouverture. Il faut toutefois
remarquer que l'épaisseur des os dans les crânes de Mugem est
toujours très considérable ; cette circonstance ne peut pas manquer d'atténuer l'erreur qu'on serait tenté d'attribuer aux résultats du cubage, en vue de la disproportion entre les nombres
obtenus par ce procédé et ceux qu'on trouve en partant des
dimensions extérieures.

Le prognathisme, surtout le prognathisme sous-nasal, est très
considérable dans les têtes dolichocéphales. Les sutures antérieures
des crânes sont très simples, les postérieures au contraire très compliquées; celles-ci circonscrivent souvent des os wormiens. La
synostose se fait toujours d'avant en arrière. Les variations individuelles sont peu marquées si l'on compare entre eux les crânes du
même sexe, les oscillations les plus sensibles s'observent dans les
dimensions des orbites en hauteur, et partant dans la longueur de
la face. Dans un crâne féminin des kjœkenmoeddings de Moita do
Sebastiao, le diamètre vertical de l'orbite est même plus grand que
le diamètre transverse.

Quant aux variations qu'on peut attribuer à l'influence
sexuelle, la principale consiste dans le degré de développement
des arcades sourcilières. Ces saillies, énormes dans les crânes masculins, s'atténuent dans les féminins au point de disparaître complètement sur les crânes dolichocéphales nos 6 et 3 de la série.

Le premier de ces crânes, le plus complet des dolichocéphales
masculins de Mugem, et apparemment le plus volumineux (cap.
crânienne approchée 1490), est remarquable surtout par le développement de ses bosses sourcilières, par la forme fuyante de son
front, et par un certain aplatissement qui se manifeste à la partie
postérieure de la voûte. Les os pariétaux sont cependant régulièrement convexes dans leur région moyenne et antérieure. L'aplatissement postérieur, qui embrasse aussi une partie de l'occipital, est
dirigé en arrière et en bas, et il est dénoncé sur le profil du crâne
par la direction rectiligne et inclinée du contour postérieur de la
voûte. (Pl. III *a b*.) L'écaille occipitale se projette un peu en dehors
de la surface des pariétaux, l'inion est assez saillant et la région

inférieure de l'occipital, à peu près horizontale, est en même temps un peu convexe. Les écailles des temporaux sont demi-circulaires; ces os portent des apophyses mastoïdes de moyenne grandeur.

La face est longue, harmonique avec le crâne (ind. facial 67,18), prognathe (angle facial 73°, angle alvéol. 69°). Les os malaires sont petits, les arcades zygomatiques peu saillantes, les fosses canines moyennement creuses. La voûte palatine est très concave, l'arcade maxillaire se rétrécit un peu dans sa partie postérieure.

Dans la mâchoire inférieure on doit signaler la courbe hyperbolique de l'arcade alvéolaire, l'extroversion du gonion, la longueur et la largeur de la branche montante.

Le crâne n° 3, beaucoup moins volumineux que celui qui vient d'être décrit, a appartenu à un individu du sexe féminin. Il ne présente pas de saillies sourcilières, son front est assez bombé et, quoique il y ait un certain aplatissement dans la région postérieure pariéto-occipitale, cet aplatissement n'est pas aussi considérable que celui du crâne masculin. La voûte, assez élevée dans sa région moyenne, tend à affecter la forme dite *en ogive.* (Pl. II, 2 *ab.*)

La face, à part ses dimensions plus restreintes, reproduit les caractères de celle de la tête n° 6. Quant au maxillaire inférieur, les seules différences un peu sensibles qu'il présente, relativement à la pièce similaire qui vient d'être décrite, consistent dans la hauteur proportionnellement plus grande de la branche horizontale, et dans l'ouverture plus considérable de l'angle alvéolo-mentonnier. Cet angle s'élève à 82°.

Les autres crânes et fragments de crânes dolicocéphales de Mugem, dans des conditions d'être étudiées, peuvent se rapporter tous, selon leur sexe, à l'un ou à l'autre des deux spécimens dont les caractères viennent d'être énumérés, les formes de ces crânes étant en général très homogènes. Sur sept têtes dolicocéphales, les seules en état d'être mesurées, les indices céphaliques extrêmes sont 71,11 et 75,56. La moyenne des sept indices est 73,80.

La forme brachycéphale se voit dans deux crânes des kjœkenmœddings du Cabeço d'Arruda, l'un masculin, l'autre féminin.

Le crâne masculin actuellement déposé dans le musée de l'Ecole polytechnique de Lisbonne, a été extrait pendant une première exploration faite à Mugem en 1865. C'est ce même crâne qui a été décrit par M. Pereira da Costa dans le mémoire cité auparavant.

Dans la pièce en question, les auteurs des *Crania ethnica* ont constaté quelques-uns des caractères signalés dans le type crânien de Furfooz n° 2, tels que : la dilatation postérieure des pariétaux, l'existence d'une dépression au-dessus de l'angle externe de l'occipital, et ils ont reconnu en même temps d'autres traits privatifs du type de Canstadt, ceux-ci consistant dans la saillie des bosses sourcilières et dans un certain aplatissement de la région supérieure de la voûte (*Crania ethnica*, p. 33 et 134).

La déformation posthume a déterminé une asymétrie assez marquée dans les contours de ce crâne, lequel a subi en même temps un certain raccourcissement dans le sens de son grand axe ; toutefois, ses formes primitives ne doivent pas avoir été très influencées. Les diamètres antéro-postérieur et transverse, dans le modèle en plâtre existant dans le Musée géologique, sont 168 et 146, sans doute l'indice céphalique 86,90 est exagéré. Je crois que ce crâne a été primitivement sous-brachycéphale, mais très voisin de la brachycéphalie. La voûte n'est dilatée transversalement que dans sa région postérieure, le front est assez étroit, ce qui fait descendre l'indice frontal à 65,07 (fig. 2).

L'autre crâne, semblable par plusieurs de ses caractères à celui dont il vient d'être question, a été extrait des mêmes kjœkenmœddings dans une exploration plus récente. La déformation posthume a de même exagéré sa brachycéphalie primitive, pas autant toutefois qu'on pourrait le supposer d'après son indice céphalique extraordinaire 97,37. On reconnait par son aspect qu'il devait être primitivement très brachycéphale.

Le front de ce crâne, peu incliné, est remarquable par son étroitesse, rendue encore plus frappante par la largeur considérable de la région postérieure de la voûte. Les bosses sourcilières sont effacées au-dessus des bosses frontales, moyennement saillantes, l'os frontal s'infléchit brusquement et devient ensuite presque horizontal. Toute la région supérieure de la voûte est très peu convexe : au milieu de l'extension de la suture sagitale, les pariétaux se courbent brusquement, suivent à partir de leurs tiers postérieur une direction verticale, et cette même direction se prolonge pendant une assez grande extension de l'écaille occipitale. Le développement pariéto-occipital est encore plus exagéré sur cette pièce que sur celle décrite antérieurement. L'indice facial est 64,86.

Au-dessus du crâne cérébral on voit une partie du squelette de la face tellement écrasée qu'il devient extrêmement difficile de signaler aucun de ses caractères. On peut constater seulement le faible développement de l'os malaire, qui paraît néanmoins se dilater plus en dehors que les os similaires des têtes dolichocéphales, et l'excavation de la fosse canine qui se présente aussi un peu plus profonde sur cette pièce que sur les autres déjà décrites.

Reste à considérer un crâne de Mugem, le n° 1 de la série, lequel par sa morphologie spéciale s'éloigne considérablement de tous ceux dont il vient d'être question. Ce crâne, qui malgré son mauvais état a pu être restauré en partie, se compose de la voûte cérébrale presque complète et d'une partie de la face. Les figures 1, *a* et *b* de la planche III montrent cette tête vue de face et de profil, les espaces figurés en blanc sur le dessin représentent des portions de plâtre qui ont été appliquées à la pièce pour en masquer les vides, ou afin de maintenir en place quelques os détachés ou brisés. Ce travail a été fait avec assez de perfection pour que la forme et les dimensions du crâne n'en soient pas sensiblement altérés, seulement le plâtre a été un peu trop prodigué dans la reconstruction du squelette facial.

On signale dans le crâne proprement dit le peu de relief des arcades sourcilières, la dépression de la glabelle, l'effacement des bosses frontales, la forme arrondie de la voûte. La région occipito-pariétale est beaucoup moins développée sur ce crâne que sur les crânes brachycéphales qui ont été décrits : de même l'occipital, au lieu d'être aplati dans sa partie cérébrale, se montre, au contraire, régulièrement bombé. L'indice céphalique est 82,56.

La face est large (ind. facial 59,58?), aplatie, très prognathe (angle facial 67°); les os malaires, épais et volumineux, sont projetés latéralement, la fosse canine est à peine indiquée.

Le maxillaire inférieur est épais, son arcade est hyperbolique à branches très ouvertes, le condyle tourné en dedans et en bas, le gonion introversé.

Il me semble que cette tête osseuse, par ses caractères descriptifs autant que par ses dimensions, ne doit être comprise dans aucune des deux formes, dolichocéphale ou brachycéphale, signalées à Mugem. Sans prétendre lui assigner définitivement sa place dans la classification, je ferai remarquer toutefois que ce crâne globuleux, cette face large et prognathe, rappellent les types crâniens de quelques races du groupe mongolique.

Les os longs des squelettes de Mugem sont aussi remarquables par quelques caractères qui méritent d'être mentionnés. Les fémurs affectent fréquemment la forme dite *à colonne,* les tibias sont le plus souvent platycnémiques; ces caractères coexistent dans quelques individus avec la perforation de l'humérus. Ce dernier caractère s'observe dans onze squelettes du Cabeço d'Arruda, sur quarante-et-un qui existent dans le musée géologique.

Les dimensions et les proportions des os longs de quelques squelettes en état d'être mesurés, se voient dans le tableau ci-contre. Quoique ces squelettes soient très incomplets, la plupart d'entre eux conservent quelques fragments d'os du crâne : les moins déformés de ces fragments affectent toujours la forme dolichocéphale.

Les proportions des os longs sont très peu variables dans les squelettes de Cabeço d'Arruda. Le n° 5 est celui qui s'éloigne le plus de la moyenne générale; ce squelette conserve une partie de la voûte crânienne où l'on peut reconnaître la plupart des caractères signalés sur le crâne dolichocéphale précédemment décrit.

Les deux squelettes de Moita do Sebastiao, par les dimensions et par les proportions de leurs os, diffèrent considérablement

	CABEÇO D'ARRUDA											MOITA DO SEBASTIAO	
	1	2	4	5	6	8	9	10	11	13	16	1	2
	FEMME adulte	HOMME adulte	JEUNE sujet	HOMME adulte	FEMME adulte	HOMME adulte	HOMME adulte?	HOMME adulte	?	HOMME adulte	HOMME adulte	HOMME adulte	HOMME adulte
Humérus........	269	277	266	286	255	294				280		292	313
Radius........	213	219	212		200	235	232	238		226		244	265
Fémur.........			384	424		419	400	404	391	405	412		441
Tibia.........			306	350			322	322	305	323	328		371
Clavicule.....	129	130	126			134							
Hum. + rad. : fém. + tib. = 100.	79,18	78,70	69,27							69,50			71,18
Radius : humérus = 100......			79,32		78,43	79,93				80,71		83,56	84,92
Tibia : fémur = 100.........			79,68	82,54			80,50	79,70	78,01	79,75	79,61		84,12
Humérus : fémur + tibia = 100.			38,55	36,95						38,46			38,54
Radius : fémur + tibia = 100.			30,72				32,13	32,78		31,04			32,63
Humérus : fémur = 100........			69,27	67,45		70,16				69,13			70,97
Clavicule : humérus = 100....	47,95	46,93	47,36			45,92							

de ceux de Cabeço d'Arruda ; malheureusement leur type céphalique nous est inconnu, puisque parmi les os qui leur manquent se trouvent tous ceux du crâne.

Mesures des maxillaires inférieurs des têtes nos 1, 3 et 6 de Mugem.

	1	3	6
Diamètre bicondylien.	123	117	119
— biangulaire.	89	87	97
Distance angulo-symphysaire.	84	85	91
— condylo-coronoïde.	36	38	40
Hauteur à la symphyse.	34	32	32
— à la 2me molaire	31	27	27
— de la branche montante.	47	45	51
Largeur — transverse.	33	32	37
— — oblique..	32	34	38
Angle mandibulaire		115	116
— alvéolo-mentonnier.		82	78

Dans les crânes des cavernes et des sépultures de l'âge néolithique, le type dolichocéphale signalé sur la grande majorité des crânes de Mugem est encore le prédominant : les différences les plus marquées qu'on reconnaît dans les crânes modernes, relativement à ceux des kjœkenmoeddings, consistent dans le volume beaucoup plus considérable des premiers et dans l'atténuation, chez les mêmes, de quelques caractères des seconds, tels que le prognathisme et la saillie énorme des bosses sourcilières. Ce type dolichocépale se reconnaît très pur dans un crâne du dolmen de Liceia, et dans plusieurs crânes des cavernes de Casa da Moura, de Monte Junto et d'Alcobertas; parmi les débris humains provenant de ces mêmes cavernes, de la sépulture néolithique de Folha das Barradas, etc., on voit, en outre, un grand nombre de fragments de crânes où l'on peut reconnaître la forme allongée : sans doute,

la plupart de ces fragments appartenaient à des têtes dolichocéphales du type décrit.

Les variations individuelles sont plus étendues chez les dolichocéphales des stations néolithiques, que chez ceux de Mugem ;
toutefois les différences sexuelles paraissent moins marquées chez
les premiers, à cause surtout du moindre développement des
bosses sourcilières dans les pièces masculines.

Sur quelques crânes des stations néolithiques on constate,
coexistant avec la forme oblongue de la voûte, un certain raccour-

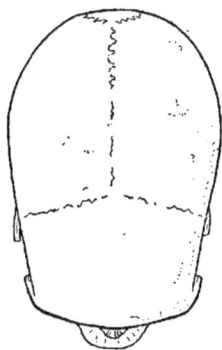 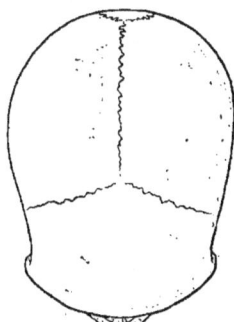

Fig. 440.   Fig. 441.

CRANES 2 ET 3 DE LA CASA DA MOURA.

cissement de la région faciale ; cette circonstance rend les crânes
disharmoniques dans leurs proportions.

On constate ce fait dans le crâne n° 2 de Casa da Moura et dans
presque tous les crânes des cavernes de Cascaes. Ces crânes, chez
lesquels l'indice céphalique monte rarement au-dessus de la limite
de la dolichocéphalie, montrent des faces relativement courtes
et larges, des orbites de forme quadrangulaire dilatés transversalement ; ces caractères, on le sait, sont privatifs de la race de Cro-
Magnon. D'autres caractères moins importants maintiennent toutefois quelques divergences entre la morphologie des crânes de
cette race et celle des crânes de Cascaes : ces derniers ont la voûte
proportionnellement plus élevée, leur prognathisme est plus con-

sidérable, le nez est moins saillant, sa racine moins profonde et l'ouverture nasale un peu plus large. Ces différences, si elles ne permettent pas en toute rigueur qu'on assigne aux crânes de Cascaes une place dans le groupe de Cro-Magnon, ne sont pas toutefois de nature à détruire l'importance des caractères de similitude énumérés. On peut dire que les crânes de Cascaes s'éloignant par leurs formes autant du type dolichocéphale de Mugem, de Casa da Moura, etc., que celui de Cro-Magnon, établissent en quelque sorte une transition entre le premier type et le second.

La forme brachycéphale de Mugem reparaît aussi dans quelques stations néolithiques : on la reconnaît très pure dans un crâne mas-

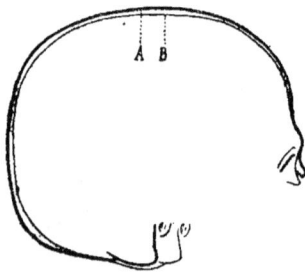

Fig. 442.

CONTOUR DES CRÂNES ♂ BRACHYCÉPHALES
DE CARVALHAL (A) ET DE MUGEM (B).

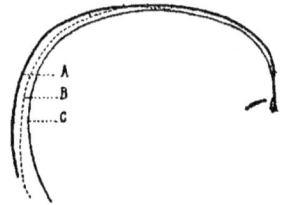

Fig. 443.

CONTOUR DES CRANES ♀ BRACHYCÉPHALES
DE CASA DA MOURA (A),
DE MUGEM (B) ET DE LICEIA (C).

culin de la grotte de Carvalhal, et dans deux fragments de crânes féminins ; un de ceux-ci de Casa da Moura et l'autre de Liceia. Le crâne masculin reproduit très bien les formes de la pièce similaire de Mugem, il est cependant plus volumineux et il ne présente pas de dépression sus-mastoïdéenne (fig. 442).

Il y a même une concordance très remarquable dans les formes des crânes féminins de Liceia, de Casa da Moura et de Mugem (fig. 443).

Ces crânes brachycéphales sont remarquables surtout par leur élargissement bi-pariétal, qui contraste avec l'étroitesse de leur région antérieure. On peut constater en tous le même caractère que Broca a signalé dans les crânes brachycéphales d'Orrouy (*Bull. Soc. Anthrop.*, tom. V, an. 1864, fig. 718), — leur région frontale est celle des individus dolichocéphales ou mésaticéphales. Cette

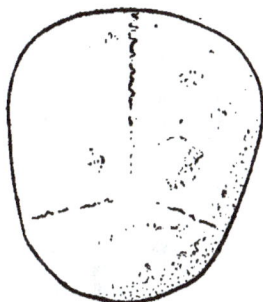
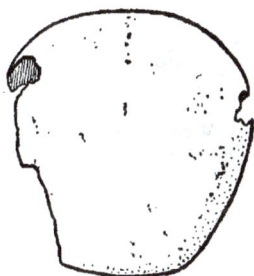

Fig. 444.   Fig. 445.

NORMA VERTICALIS DES CRANES DE CARVALHAL ET DE LICEIA.

circonstance fait que les crânes vus d'en haut présentent un contour approchant d'un trapèze.

Je n'ai pas à insister ici sur les autres caractères de ce type

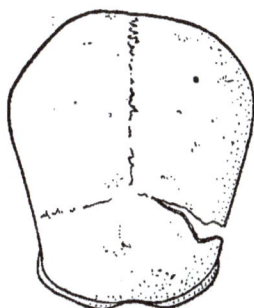
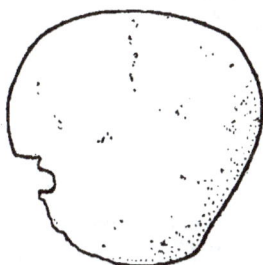

Fig. 446   Fig. 406.

NORMA VERTICALIS DES CRANES BRACHYCÉPHALES MASCULIN ET FÉMININ DE MUGEM.

crânien que les descriptions antérieures ont suffisamment fait connaître.

Les caractères mixtes des deux formes principales, dolichocéphale et brachycéphale, qui ont été décrites, se voient dans quel-

	HUGEM			CASA DA MOURA		CASCAES	CARVALHAL
	1	3	6	2	3	1	1
	MAX.	FÉM.	MAX.	MAX.	MAX.	MAX.	MAX.
Capacité crânienne approchée		1300	1490	1500	1660	1510	
Projection antérieure		95	100	95	97		
— postérieure		90	97	108	103	.	
Diamètre antéro-postérieur max	172	173	185	187	189	185	175
— — iniaque	161	166	178	169		179	170
— transverse maximum	142	127	136	134	140	137	154
— bitemporal	138	125	130	130	134?	129	
— biauriculaire	132	110	118	106	123	120	141
— frontal max	120	104	111	110	121	115	124
— — min	97	93	97	93	103	96	93
— occipital max	135	102	110	110	112	108	119
— vertical basilo-bregmatique		131	132	137	140	136	
Courbe horizontale totale	514	481	505	521	528	521	522
— — préauriculaire	230	215	202	247	245	237	230
— transverse totale		408	430	431	480	445	
— — sus-auriculaire	330	295	312	303	335	315	350
— antéro-postérieure totale	375	352	370	386		377	
— frontale sous-cérébrale	19	20	31	16	14	15	28
— — cérébrale	91	95	94	114	119	115	107
— pariétale	131	124	117	135	122	128	
— occipitale	134	113	128	121		119	
Longueur du tronc occipital		35	36	31		36	
Largeur —		33	30?	27		28	
Ligne naso-basilaire		98	93	97	100	100	
Distance biorbitaire externe	106	102	105	105	106	109	
— interne	92	93	98	94	96	100	
— interorbitaire	25?	26	23	19	28	27	
— bizygomatique maxima	146?	121?	128?	124	124?	128?	
Largeur des orbites	37	36	28	39	38	39	
Hauteur —	33	27	31	31	35	31	
Largeur de l'ouverture nasale		22	22	21		21	
Hauteur —		44	45	44	45	53	
— simple de la face (ophr.-alv)	87	80	86	84	81	84	
— totale —	137	126	130				
Hauteur maxima de l'os maxillaire	62	57	63	62	56?	62	
— moyenne —	41	42	41	40	36?	43	
— minima —	26	20	22	21	21?	23	
Longueur de la voûte palatine		54		49	47?		
Largeur postérieure —		37	40	33?			
— aux 1res grosses molaires	38	33	31	38	40	40?	
— aux canines	26	23	29	23		28	
Angle facial de Camper	67	71	73	79	78	77	
— alvéolaire	69	68	69	73			
— occipital de Daubenton		7	7	8			
Indice céphalique	82,56	73,41	72,97	71,65	74,07	74,05	
— vertical		75,71	71,35	73,26	74,07	73,51	
— frontal	68,31	73,22	71,32	69,77	73,30	70,07	
— facial	59,58?	66,11?	67,18	67,74		65,62?	
— orbitaire	89,18	75,00	81,58	79,49	92,10		
— nasal		50,00	50,00	47,72			

Pl. II.

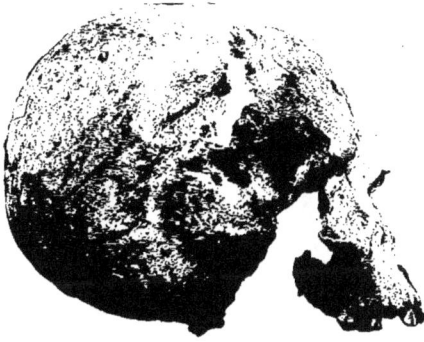
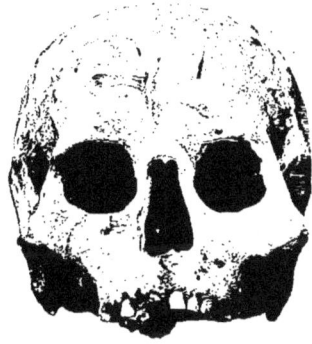

1

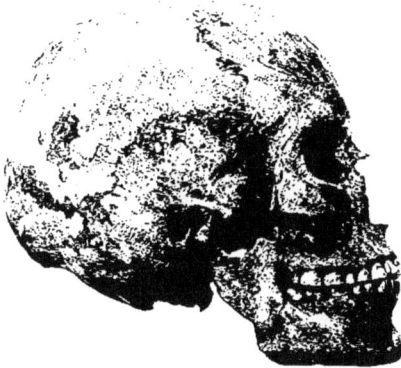

2

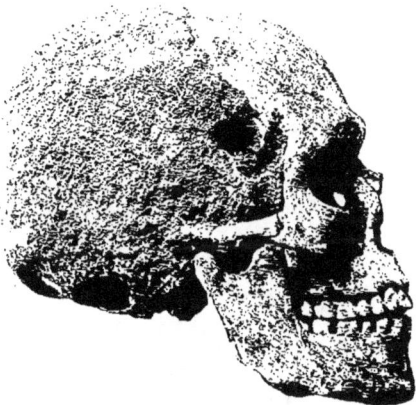
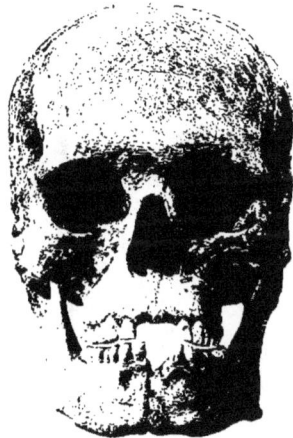

3

CRANES DES AMAS DE COQUILLES DE MUGEM

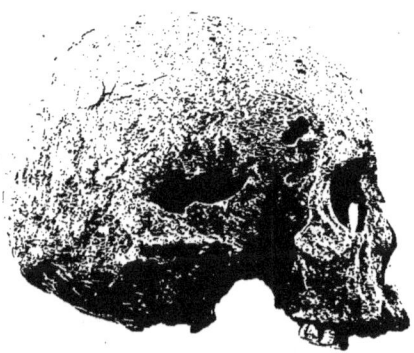

Pl. III.

1

CRANE DES GROTTES DE CASCAES

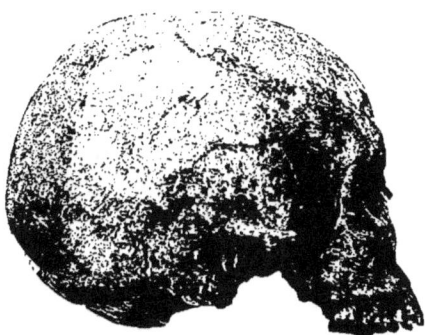

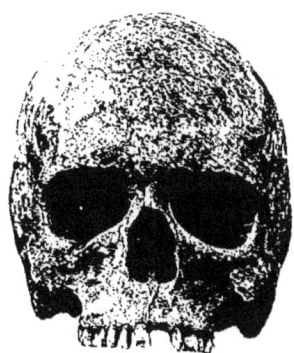

2

CRANE DE LA CASA DA MOURA

3

CRANE DE LA CASA DA MOURA

Avec traces d'un commencement de perforation (trépanation posthume).

ques fragments de crànes de Casa da Moura et dans plusieurs
crànes des séries de Monte-Junto et de Palmella. Dans ces deux
séries, les indices céphaliques varient entre là dolichocéphalie
pures et la sous-brachycéphalie.

Quoique les stations néolithiques aient fourni une quantité
considérable d'os longs, il a été impossible d'y reconstituer un
seul squelette, ces os ayant été trouvés mêlés et pour la plupart
incomplets et brisés. On reconnaît cependant que leurs dimensions
sont en général bien plus considérables que celle des os longs de
Cabeço d'Arruda : ainsi, dans l'intervalle écoulé entre l'époque des
kjœkenmœddings et l'âge néolithique, la taille s'est accrue, de
même que le volume des crànes.

Les caractères descriptifs signalés dans les os longs de Mugem
existent aussi dans les os longs des cavernes et des sépultures
néolithiques; toutefois, chez ceux-ci la platycnémie des tibias
paraît s'atténuer un peu, et les humérus perforés deviennent
moins nombreux.

CHAPITRE SECOND

AUTRES OSSEMENTS HUMAINS DE LA PÉNINSULE

M. F. Paula e Oliveira, dans le chapitre précédent, ne nous
a parlé que des ossements humains de la section géologique, et
un peu des quelques pièces du musée de l'Ecole Polytechnique.
Lisbonne renferme une troisième collection sur laquelle j'avais
espéré recevoir aussi des renseignements, c'est celle du musée de
l'Algarve, si souvent cité dans mon livre.

Lorsque les membres du congrès international de 1881 quit-
tèrent le Portugal, ils emportaient la promesse qu'une société
d'anthropologie serait fondée, assurée de la protection du gouvernement et de la collaboration de tous les savants soucieux de
la renommée scientifique de leur pays. Cette promesse n'est pas
encore réalisée.

Nous avons salué, en 1868, la naissance, à Madrid, de la *Socié-
lad antropologica espanola*. Malheureusement elle s'endormit
presque aussitôt et ne se réveilla guère que six ans plus tard. Ce ne
fut pas assurément la faute du professeur Vilanova et surtout du pu-
bliciste Tubino qui, personnellement, montrèrent le plus grand zèle
et la plus louable activité. En 1874, parut la *Revista de antropo-
logia*, organe officiel de la Société réorganisée; nous n'en possédons
que huit numéros formant un volume et demi; c'est, croyons-
nous, tout ce qui a été publié. On y trouve divers articles par
lesquels on divulgait en Espagne les découvertes et les théories des
savants de l'Europe, sur le transformisme et l'espèce humaine, le
monogénisme, le polygénisme, l'origine et l'antiquité de l'homme,
la cranioscopie, etc.

En second lieu il y a des mémoires sur les peuples de l'Abys-
sinie, des îles Philippines, de Cuba, etc, sur les Espagnols en
Algérie, sur la mortalité de l'armée espagnole, etc.

Une troisième catégorie de travaux et de notes a enfin pour
objet les populations anciennes de la péninsule, mais étudiées à la
lumière diffuse de l'histoire plutôt que d'après les documents anthropologiques proprement dits.

Lorsque les mémoires prennent quelque précision, c'est parce
qu'ils rappellent les publications faites sur les ossements humains
des cavernes de Gibraltar ou de l'Alhama de Grenade, publications
qui sont encore à peu près les seules à consulter.

M. G. Busk a découvert, près de Gibraltar, à Forbes'Quarry,
dans une gangue très compacte, très adhérente, sans aucun fossile, un crâne incomplet, mais extrêmement curieux. Parce qu'il
présente des caractères d'infériorité, on a plus volontiers admis
son antiquité et déclaré qu'il paraît beaucoup plus ancien que les
ossements humains de la période néolithique extraits des cavernes
voisines.

Ce crâne est très dolichocéphale, peu volumineux, ses parois
sont très épaisses; les arcades sourcillères forment sur le profil
une saillie considérable; le front est petit et très fuyant. La face
est large et prognathe; l'ouverture des narines antérieures est très

large, les orbites sont énormes et de forme presque arrondie. L'indice orbitaire est supérieur de 4 o/o au maximun rencontré chez l'adulte par Broca. Huxley a signalé la forme simienne de l'arcade dentaire qui se rétrécit notablement en arrière, comme un fer à cheval. Un autre caractère simien c'est l'absence de la fosse canine, qui est remplacée par une surface convexe. Huxley et Broca n'ont vu cette conformation sur aucun autre crâne humain.

MM. de Quatrefages et Hamy jugent cette tête comparable, dans toutes ses formes craniennes, aux calottes osseuses de Brux et de Néandhertal ; ils la placent dans leur première race humaine fossile ou race de Canstadt.

Les formes de Forbes'Quarry sont reproduites avec quelques adoucissements sur un frontal de la *Cueva de la muger,* dont l'âge néolithique n'est pas douteux (voir ci-dessus p. 63). Et des traits de cette même race se retrouvent dans certains ossements plus anciens des amas de coquilles du Portugal, et dans d'autres néolitiques de Cesareda.

Ce frontal de la Cueva de la muger offre une longueur considérable et M. le Dr Verneau, dans un travail récent (1), serait disposé à abaisser jusqu'a 68,50 son indice céphalique.

MM. de Quatrefages et Hamy observent, d'ailleurs, que ces caractères anatomiques doivent avoir persisté avec plus ou moins de netteté jusqu'à nos jours dans la péninsule entière, car ils les ont retrouvés dans plusieurs crânes de la petite série moderne de provenance espagnole et portugaise qu'ils ont pu examiner.

Les ossements humains extraits en grande quantité des cavernes de Gibraltar, ont été l'objet de monographies dues à Busk, dans les comptes-rendus du Congrès international de Norwich en 1868, et à Broca dans les bulletins de la Société d'anthropologie, 1869.

Parmi les crânes, trois ont été distingués par Broca, deux de la Genista Cave, un de Judge Cave.

_____

(1) *Revue d'Anthropologie* 1886, p. 20.

Celui-ci est féminin, il est mésaticéphale (78,16). Les arcades sourcilières sont peu saillantes, le front est élevé et un peu fuyant; l'écaille occipitale, peu saillante, très relevée et très courte; au-dessous d'elle on trouve, à la place de la protubérance occipitale supérieure, qui fait entièrement défaut, une dépression manifeste, que traverse la ligne courbe occipitale supérieure. Au-dessous de ce point, la région cérébelleuse, très développée, décrit une courbe très prononcée. Les apophyses mastoïdes sont très petites. Au-dessous et en arrière de ces apophyses, au niveau de l'angle inférieur et postérieur des pariétaux, et de la partie adjacente de l'occipital, existe un large aplatissement des plus manifestes, et tout à fait semblable à celui qui caractérise les crânes de la sépulture néolithique d'Orrouy (Oise). La face est petite et tout à fait orthognathe jusqu'au bord inférieur du nez; mais au-dessous de l'épine nasale, l'arcade alvéolaire est sensiblement oblique. Cette description donnée par Broca, s'applique également à l'un des types de la grotte sépulcrale néolithique de Furfooz, type rappelé aussi tout-à-l'heure, à propos d'une partie des crânes des amas de coquilles de Mugem.

Les crânes de la cave de Genista sont tout autres, ils sont masculins, dolichocéphales (75,13 et 74,86), non prognathes, à la protubérance occipitale très petite; l'un est surtout remarquable par la simplicité exceptionnelle des sutures, l'autre présente quelques caractères archaïques. Tous deux sont semblables au type des basques modernes du Guipuscoa et se rattachent à celui de Cro-Magnon.

Le musée archéologique possède quelques crânes de la Cueva de la sotana (grotte de la soutane), ossuaire néolithique assure-t-on. La plupart sont franchement dolichocéphales et rappellent par des traits nombreux ceux de la Vezère. Deux cependant, l'un masculin, l'autre féminin appartiennent à un type différent.

Parmi les crânes de l'Andalousie découverts et signalés par don Manuel de Gongora, autant que nous pouvons en juger par la notice incomplète et les dessins insuffisants qu'il a pris soin de nous donner, nous trouvons le même mélange de brachycéphales et de dolichocéphales, parmi ceux-ci plusieurs paraissent avoir exactement le type des Eyzies avec un fort prognathisme.

Ainsi donc la péninsule tout entière nous présente à l'âge de la pierre polie et peut-être même un peu avant, un mélange ethnique égal à celui du territoire gaulois; il y eut simultanément, sans doute, les mêmes races, leurs mêmes variétés.

CHAPITRE TROISIÈME

ETHNOLOGIE ANCIENNE DE L'ESPAGNE ET DU PORTUGAL.

Dans le cours de cet ouvrage j'ai constamment évité d'employer les noms des populations, même de celles que l'histoire place aux époques les plus reculées. Il ne me sera pas difficile de justifier cette manière de faire.

On connait le récit que firent à Solon les prêtres égyptiens, et dont Platon, Plutarque et autres, nous ont conservé le souvenir. Il y avait jadis, au-delà des colonnes d'Hercule, une terre immense douée d'un air pur, d'un climat doux, d'un sol fertile. Elle était habitée par des peuples nombreux qui prétendirent un jour asservir l'Europe et l'Asie, et furent vaincus. Plus tard, leurs forfaits attirèrent le courroux céleste; l'éruption soudaine d'un volcan, un tremblement de terre, un déluge firent disparaître en une nuit ce continent atlantique. Ces événements avaient eu lieu 9,000 ans avant la venue de Solon en Egypte.

On a supposé, conformément à cette tradition, que les Canaries, les Açores, les îles du Cap-Vert et Madère sont les vestiges et les lambeaux de cette Atlantide. Mais l'histoire naturelle de ces îles démontre qu'elles n'ont pas été réunies, qu'elles n'ont pas appartenu à un continent. Il suffit aussi d'étudier et de comparer la faune et la flore de l'Amérique du Sud et de l'ancien monde pour reconnaître que la rupture est géologiquement très ancienne.

D'autre part si l'on remonte aux temps tertiaires, on trouve que d'épais et de vastes dépôts lacustres couvrant près de 145,000 kilomètres carrés du sol de la péninsule font supposer l'existence de grands fleuves. Ceux-ci étaient nécessairement alimentés par des terres situées vers le nord-ouest de l'Espagne.

Elles disparurent et il n'y avait plus jonction entre l'Europe et l'Amérique du Nord que dans l'extrême nord.

Mais nous avons un fait qui démontre qu'à l'époque quaternaire le rivage du Portugal était au même point qu'aujourd'hui,

Fig. 448.

ANTA OU ALLÉE COUVERTE DE PAÇO DA VINHA, EVORA, ALEMTEJO.

bien qu'il fut soumis à des mouvements verticaux alternatifs. Je veux parler de la grotte de Péniche, ouverte dans la falaise à quinze mètres au-dessus de l'Océan, et dans laquelle les lits de sables marins alternent avec les dépôts ossifères.

Que faut-il penser après cela des habitants de la légendaire Atlantide que l'on a rapprochés des Atlantes ou Atarantes que des historiens et géographes anciens signalent dans le nord-ouest de l'Afrique ?

Quelques-uns de nos meilleurs anthropologistes n'ont pas hésité ; ils ont accepté tous les rapprochements de ce genre. Ils ne craignent pas de nous donner les caractères de cette race Atlantique que Platon dit s'être avancée en Lybie jusqu'à l'Egypte, et en Europe jusqu'à la Tyrrhénie, la Toscane.

La vérité est que les ossements des Guanches des îles Canaries, certains habitants du Maroc, les ossements des sépultures méga-lithiques de l'Algérie, les Kabyles, les crânes basques en partie, les ossements des grottes sépulcrales de l'âge de la pierre en l'Es-pagne et en Portugal, au midi de la France depuis les Baoussé-Roussé, de Menton, jusqu'à Sordes dans les Landes, apparaissent comme les témoins d'une race parfaitement déterminée, dite de Cro-Magnon.

Cro-Magnon est un abri sous roche de la Vézère, comblé par des couches inférieures quaternaires et par une couche superficielle. Les squelettes que celle-ci renfermait, au nombre de trois, étaient si bien conservés et furent si bien décrits par les maîtres de l'anthro-pologie, qu'ils sont devenus classiques.

Des ossements humains plus certainement quaternaires, ayant offert les mêmes caractères, on ne peut nier que la race de Cro-Magnon n'ait été très répandue dans l'espace et dans le temps.

Mais y a-t-il dans tout cela quelque chose pouvant nous auto-riser à appeler des Atlantes tous ceux qui présenteront ses carac-tères : crâne dolichocéphale, volumineux, au coronal droit, au vertex convexe; ossature forte, stature élevée, etc.

Ne devrait-on pas redouter d'être entraîné par cette désigna-tion historique à des rapprochements fallacieux et à des conclusions tout à fait inexactes.

Je ne veux d'autre exemple des erreurs dans lesquelles nous pourrions tomber que cette hypothèse prématurée qui voit des Européens dans les blancs à barbe et à cheveux blonds, aux yeux bleus, au costume orné de plumes à la manière des Peaux-rouges, ces *tahennu* figurés et nommés sur les monuments de l'Egypte du temps de Ramsés. Ce sont, assure-t-on, ces peuples qui auraient laissé, des frontières d'Egypte au Maroc, et de l'Espagne à l'Asie à travers l'Europe, les dolmens, les cryptes sépulcrales mégalithiqu es.

Or malgré nos découvertes et nos investigations multipliées nous n'avons pas pénétré le mystère de l'origine des rites funéraires de l'âge de la pierre polie. Nous ignorons comment ils se sont répandus sur une vaste étendue de l'Europe.

Il y a quelques années les études préhistoriques étaient à leurs débuts. On avait noté la présence des « dolmens » dans certaines régions se faisant suite ou à peu près, et l'on était encore sous l'influence de la théorie qui les avait attribués aux Celtes; on trouva

Fig. 419.
ANTA DES ENVIRONS D'EVORA

tout naturel de croire que le peuple Celte où un autre plus ancien avait circulé dans le vieux monde, semant sur son passage ces tombes impérissables.

Mais la science a marché, la théorie celtique a vécu; l'hypothèse d'un peuple unique a fait son temps; on ne sépare plus aujourd'hui les dolmens des grottes sépulcrales artificielles ou naturelles qui les remplacent dans maints pays; en réalité c'est l'histoire de la civilisation de l'âge de la pierre polie tout entière qu'il faut retracer et il s'agit d'une phase très longue et très compliquée dans la vie de l'humanité.

Dans tous les cas, rien ne sert l'opinion qui voudrait faire venir d'Afrique en Europe par Gibraltar, antérieurement ou postérieurement à la formation du détroit, cette race de Cro-Magnon dite atlantique ; le contraire n'est pas moins soutenable, car en vérité nous manquons des renseignements nécessaires. Si maintenant nous jetons les yeux sur la carte ethnographique, que nous devons à M. le Dʳ G. Lagneau, nous n'avons aucune hésitation à

Fig. 450.
ANTA DES ENVIRONS D'EVORA

reconnaître que le territoire dans lequel il localise ses Atlantes africains, ne correspond à rien de spécial parmi nos antiquités préhistoriques. En particulier, il y a des tombes mégalithiques en dehors de cette zone, par exemple sur les deux versants pyrénéens, dans la région où notre confrère place les Ibères.

Cette non coïncidence des zones ethnologiques déterminées par l'histoire et des zones d'antiquités paléolithiques et néolithiques, nous la vérifierons constamment.

Sans nous occuper ici de savoir si les Ibères sont des Atlantes africains devenus péninsulaires, ou s'ils sont arrivés des pays asiatiques (les géographes anciens signalaient une Ibérie dans quelque partie du Caucase), examinons leur répartition en Hispanie et en Gaule.

Certes, les textes ne manquent pas. Mais il ne faut pas perdre de vue la leçon que nous donne Polybe disant à propos de la Gaule celtique : « ceux qui parlent de ces régions n'en savent pas plus que nous, nous le déclarons hautement; ils ne font que débiter des fables. »

Cette franche observation touchant les contrées situées au-dessus du Narbon, et qui infirme tant de textes, n'est-elle pas également juste pour ce que les anciens ont dit des contrées au-dessous du Narbon, et de l'Ibérie ?

Ainsi s'expliqueraient les contradictions visibles, le vague des notes géographiques desquelles on s'efforce, presque en vain, de faire jaillir un rayon de lumière.

M. le Dr. G. Lagneau s'arrête aux conclusions suivantes :

« Il semble qu'à une époque reculée les Ibères occupèrent, dans le midi de notre pays, au moins la région située à l'ouest du bas Rhône; mais que plus tard les Ligures s'emparèrent d'une partie du littoral, compris entre l'embouchure de ce fleuve et les Pyrénées. Dans la suite, moins par refoulement des Ibères que par prédominance des Ligures, des Celtes et des Galates venus ultérieurement, les Ibères paraissent avoir été regardés comme ayant pour limite septentrionale les Pyrénées orientales. Ces Ibères habitaient également alors la région du nord-est de la péninsule, non seulement depuis les Pyrénées orientales jusqu'à l'Ebre, c'est-à-dire le pays antérieurement occupé par les Iglètes, mais aussi au sud de ce fleuve le littoral d'où plus tard les Ligures auraient expulsé les Sicanes, et les terres de l'intérieur baignées par le haut Tage et le haut Anas, contrée plus tard possédée par les Celtibères issus du mélange des Ibères avec les Celtes immigrés. Même après l'invasion celtique, les Ibères non conquis auraient continué à donner spécialement le nom d'Ibérie à leur pays situé au nord-est de la péninsule, comprenant le bassin de l'Ebre, et s'étendant sur la côte méditerranéenne jusqu'auprès de Sagonte. Longtemps les Ibères seraient restés complètement distincts des Tartessiens, des Turdetans et des autres peuples du midi de la péninsule, ainsi que des Kempses, des Astures, des Kallaïques et des autres peuples de l'ouest et du nord-ouest, du bassin du Douro et des Pyrénées occidentales.

« Le nom des Ibères, qui par leur situation au nord et à l'est de la péninsule, se trouvaient plus en rapport avec les habitants de la côte occidentale avec les navigateurs grecs et les conquérants romains, aurait servi, à la plupart des auteurs anciens, à désigner les peuples péninsulaires ultérieurement connus, quelle qu'ait été leur diversité ethnique. »

Ce nom d'Ibères serait, en somme, une simple expression géographique. C'est ainsi que certains Orientaux appellent Francs tous les Européens.

N'aurions-nous pas été mal inspirés de l'attribuer à tels ou tels de nos vestiges préhistoriques ?

Les Basques aujourd'hui confinés auprès du golfe de Gascogne, et dont la langue est agglutinante c'est-à-dire du second degré tandis toutes les autres autour d'elle sont du troisième degré ou à flexion, sont-ils les descendants des Ibères ? C'est une hypothèse simplement plausible et qui attend encore sa justification.

Il n'y a pas de preuve historique que le basque ait occupé dans les temps anciens une aire géographique sensiblement plus étendue qu'aujourd'hui. Cependant il est incontestable qu'en Espagne il a perdu du terrain depuis plusieurs siècles, et qu'il sera supplanté un jour par l'espagnol et le français.

Cette langue Eskuara est du même degré que celles des nègres d'Afrique, des indigènes américains et de nombreux océaniens ou asiatiques ; elle est extrêmement ancienne.

Ainsi elle possède des legs évidents de l'âge de la pierre; ce sont les noms des quatre principaux instruments tranchants.

Aitzcora (pierre élevée — sur un manche), hache.

Aitzurra (pierre à déchirer, à ouvrir — la terre), pioche.

Aitzltoa (petite — pierre), couteau.

Aitzturrac (petite pierre à déchirer), ciseau.

Or, dans tous ces mots, il y a une racine commune *aitz* qui signifie pierre, pierre de roche, la *pena* des Espagnols, le *saxum* des latins.

Ce fait, que l'on a également signalé dans le latin, l'hébreu, le sanscrit, le chinois, a été invoqué avec raison à l'époque où l'on doutait encore de l'existence d'un âge de la pierre universel.

Mais on avouera que dans notre revue des monuments préhistoriques de la péninsule, nous ne pouvions pas faire intervenir gratuitement les prétendus ancêtres des Basques, les Ibères dont les caractères anthropologiques ne sont pas précisés.

On sait, d'autre part, que l'on a attribué aux Ibères des monnaies, et des inscriptions beaucoup plus récentes que notre premier âge du fer, dont la lecture est singulièrement discutée. Enfin ni dans l'Ibérie proprement dite, ni dans les provinces basques, il n'y a aucune antiquité spéciale, vraiment ibérienne.

Aristote nous dit que les Ibères et les Celtibériens honoraient la mémoire d'un guerrier en plaçant autour de sa tombe autant d'obélisques qu'il avait immolé d'ennemis. Or nous n'avons vu nulle part un seul de ces monuments.

Passons à une autre race non moins importante, aux Ligures européens (il y en avait aussi du côté du Caucase). Ils occupaient certaines régions, vraisemblablement assez bien limitées, dans le midi et l'ouest de la péninsule; on les a signalés aux environs de Narbonne; ils étaient plus nombreux à l'est du Rhône, en Gaule et en Italie, le long du littoral méditerranéen. D'après Pruner-bey, Carl Vogt, Nicolucci, c'étaient des brachycéphales de petite taille constituant dans notre occident une strate ethnique complètement distincte de la race dolichocéphale.

Parmi tous les matériaux préhistoriques que nous avons décrits je ne vois rien à leur attribuer. Les contrées qu'ils ont occupées n'ont rien de plus ni de moins que les autres.

Les Celtes, si l'on en croit les appellations géographiques, paraissent être entrés pour une notable proportion dans la composition de la population de la péninsule. Qu'étaient-ils ? d'où venaient-ils ? quand arrivèrent-ils ? on l'ignore. Ils auraient franchi les Pyrénées, combattant les Ibères et finissant par s'entendre avec eux pour occuper conjointement le pays, s'allier par mariage et unir leurs noms.

Ces Celtibères étaient répandus dans le nord-ouest, l'ouest, le centre et le midi. Ce ne sont pas des zones plus notables que les autres au point de vue préhistorique.

Ne sait-on pas aussi que même les archéologues classiques, tels que M. Alex. Bertrand, de l'Institut, admettent que c'est avec les métaux, et seulement lorsqu'ils s'introduisent en Gaule, que toutes les populations historiques, dont nous venons de parler commencent à se montrer (1). Voilà qui est clair et qui me justifie de n'avoir parlé ni des Ligures, ni des Ibères, ni des Celtes à propos de nos antiquités de l'âge de la pierre, en Espagne et en Portugal.

Et lorsque je constate que plusieurs pays de l'Europe, dans lesquels il n'y a jamais eu aucune de ces races, possèdent néanmoins un âge du bronze resplendissant, je suis obligé d'aller plus loin que M. Alex. Bertrand et de penser qu'il n'y a encore probablement rien de commun entre cette civilisation et les groupes historiques dont il s'agit.

En résumé, les hommes des temps préhistoriques restent innommés, et les renseignements qui nous permettraient de classer et d'attribuer à telle ou telle population les vestiges si nombreux et si intéressants des temps protohistoriques, nous font complètement défaut.

Encore une fois, sachons attendre; et demandons à de nouvelles recherches plus de lumières.

(1) *La Gaule avant les Gaulois*, p. 147.

ADDITIONS AU CHAPITRE V

I

Le Louvre a fait récemment l'acquisition de fragments de plaques d'or reproduits sur la planche IV aux 4/5 de leur grandeur réelle et qui proviennent, assure-t-on, de Cacérès, Estremadure, sur la frontière de Portugal. Ces pièces ont fait l'objet d'une note importante de M. Gustave Schlumberger dans la *Gazette archéologique*, 1885, et que je vais résumer.

Ces fragments consistent en de très minces plaques d'or d'un jaune pâle, travaillées au repoussé ou plutôt estampées. Sur le bord supérieur du premier bandeau étaient soudés de petits ornements d'or, dont neuf subsistent encore, et constitués par une mince feuille taillée en forme d'éventail qui a été repliée sur elle-même en façon de gaufre ou d'oublie.

Les extrémités des bandeaux étaient munis d'anneaux d'or minces et plats soudés par dessous à la plaque d'or, par devant à une bandelette d'or spécialement disposée pour les fixer.

Les nombreux petits sujets estampés sur ces plaques consistent en une série de figures de cavaliers d'un type fort étrange alternant avec des piétons. Nulle part M. Schlumberger n'a rien vu qui rappelle le dessin de la tête des chevaux.

Les cavaliers probablement vêtus d'un pantalon collant, élèvent les deux bras, brandissant de la main gauche ce qui semble un petit bouclier rond avec umbo et rebord en relief, et de la droite une courte épée à pommeau circulaire; trois en place d'épée portent une flèche à grosse pointe, et ceux-là de la main gauche, tiennent un petit objet assez indistinct qui pourrait bien être un arc de dimensions très réduites. La même main gauche de chaque cavalier tient la bride tendue, bride représentée par un filet unique qui vient s'attacher à un mors rudimentaire dont on n'aperçoit que l'anneau sous la machoire inférieure du cheval. La coiffure

Pl. IV

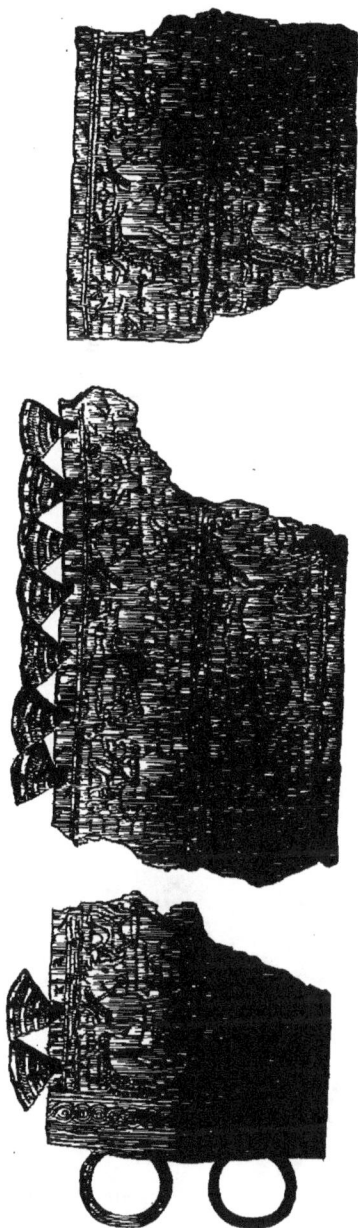

BANDEAUX D'OR ESTAMPÉS TROUVÉS PRÈS DE CACÉRÉS

(Estramadure)

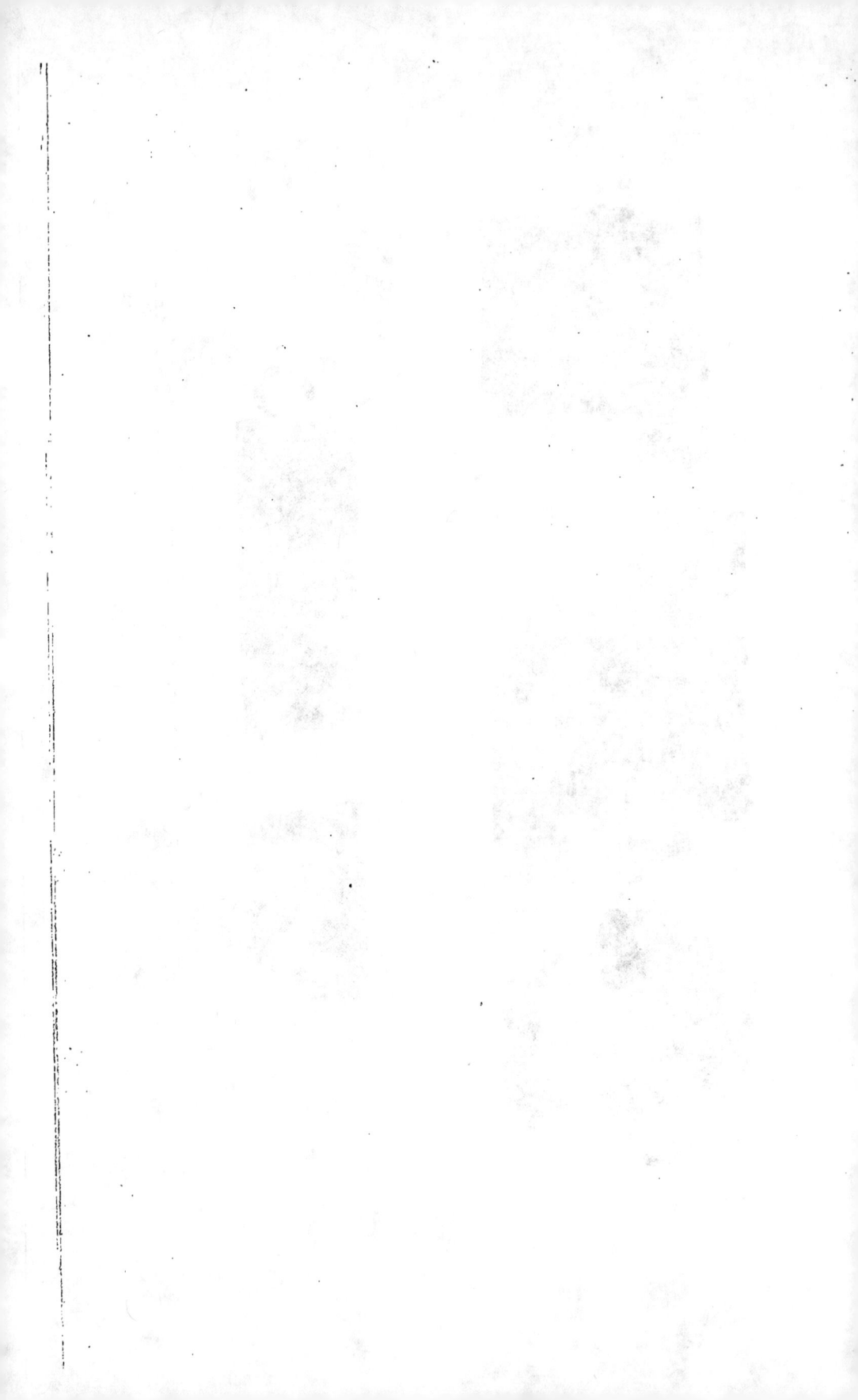

des cavaliers est hérissée et indiquée par quelques traits radiés qui figurent des plumes ou des mèches de cheveux raidies par la torsion.

Les piétons semblent porter le même justaucorps d'autant qu'un objet paraissant bien être une ceinture probablement en métal leur enserre la taille ; elle est munie d'un côté d'une sorte de de croisette, de l'autre d'un large anneau (1).

Les uns brandissent de la main gauche le bouclier rond et de la droite tantôt l'épée à pommeau circulaire, tantôt deux lances ; enfin ils portent une coiffure d'une extrême étrangeté, consistant en une triple et vaste aigrette, représentant probablement trois grandes plumes d'oiseau (2) ; les autres (des serviteurs ?), la taille prise dans une ceinture consistant en un simple anneau, portent de chaque main et à bras tendus, un vase immense certainement de métal, muni d'une anse mobile dont les extrémités recourbées et renflées roulent dans deux grands anneaux fixées aux côtés de l'ouverture. Enfin, détail extraordinaire, leur tête, sommairement indiquée, semble munie d'un appendice en forme de gros bec d'oiseau (3).

Les intervalles sont ornés par des raies de grénetis, par des oiseaux, échassiers à long bec tenant pour la plupart dans le bec un poisson qu'ils viennent de happer. Sur un point est figurée une énorme tortue. Diverses parures d'or d'époque archaïque, retrouvées en Grèce présentent des séries de piétons et de cavaliers, travaillés au repoussé, qui offrent quelques très curieux traits de ressemblance avec ceux de nos plaques espagnoles.

Sur certaines coupes phéniciennes, la queue des chevaux est traitée de la même manière.

M. Schlumberger compare ces plaques aux cistes et ceintures en bronze estampé de Watsch et Sant Margarethen en Carniole, et il cite l'opinion de M. Reinach qui rapproche ces objets des bas-reliefs rupestres attribués aux Lybiens de Moghar el Tahtania, du

---

(1) Ne serait-ce pas au lieu de cela un fourreau d'épée ? ou même une épée dans son fourreau ?

(2) Ou trois grandes épingles.

(3) Ne serait-ce pas simplement la barbe ?

chef Lybien représenté sur une peinture égyptienne reproduite par Rosellini. Ces dessins présentent certainement avec les plaques du Cacérés quelques curieuses analogies.

J'ajouterai un mot, l'ornement en forme de tresse qu'on voit aux extrémités des bandes est le même que celui de certains objets des Citanias.

Enfin à l'extrémité intacte d'un petit bandeau figure comme motif d'ornement, une série de cercles alternant avec des têtes humaines, méconnues par M. Schlumberger, qui ne sont pas sans quelques analogies avec celles qu'offre un fourreau d'épée gauloise de la Marne et avec d'autres du même temps.

II

Une brochure publiée en 1878 à Olot, sous le titre « Breve resena de los descubrimientos archeologicos elevados a cabo por el Centro artistico de Olot », signale une nécropole à incinération près de Gibrella, district de Capsech, au lieu dit *Palau d'encantats.* On a recueilli à la surface du sol trois pointes de lance en bronze à douille, un morceau d'aiguille et un anneau en bronze, une pointe de lance en fer, une épée à antennes en fer, des fragments de poterie grossière, rouge, sombre à l'extérieur et noire à l'intérieur, des fragments d'os brûlés et des cendres, un fragment de poterie appartenant à un vase tout à fait pareil à ceux de la grotte de Saint-Mamet, près de Bagnères de Luchon et à d'autres qu'on à recueillis dans les dolmens ou tumulus des Hautes-Pyrénées.

TABLE DES CHAPITRES

QUATRIÈME PARTIE : ANTHROPOLOGIE.

TABLE DES GRAVURES

LISTE DES PLANCHES.

La couverture du volume offre d'un côté, au-dessous de divers sujets décora-tifs, une esquisse de la vallée du Guadiana parsemée d'antas, et de l'autre une hutte funéraire chez les Esquimaux de l'Alaska. Les squelettes humains des amas de coquilles de Mugem, auprès du Tage, furent probablement disposés à l'origine d'une manière analogue.

INDEX ANALYTIQUE

Cuivre ou bronze des sépultures néolithiques, 91, 107, 134, 181, 186, 189 ; discussion, 197 ; premier emploi du —, 197, 211 ; des sépultures de l'âge du bronze, 216.

Cylindres en calcaire de la Casa da Moura, 102 ; de Cascaes, 105 ; de la grotte de Folha das Barradas, 136.

Dents percées, pour parures, 77, 101, 116.

Diadème en or, Cueva de los Murciélagos, 76.

Dolmens, ancienne théorie du peuple des—, 328.
Voir *Anta, Crypte, Garitas*.

Écuelles creusées sur les blocs des antas, 175; sur les rochers des Citanias, 287.

Emmanchure des herminettes en pierre, portugaises et autres, 108, 128.

Épée en bronze, Alemtejo, 221 ; autre, 222; autres, espagnoles, 224; — à antennes, 245;— en fer à lame ondulée, 250 ; — figurées sur les peintures de vases grecs, 255 ; à antennes, du cimetière à incinération de Gibrella, 336.

Épingles en os avec tête ornée, 101, 103. — en bronze de très grande taille, de l'Alemtejo, 262.

Époque chelléenne, 22 ; — moustiérienne, 33 ; — solutréenne, 35 ; — madeleinienne, 35 ; — néolithique, 47 ; — néolithique, sa longue durée, 197.

Etain (mines d') en Espagne et en Portugal, 206; des Cassitérides, 207.

Ethnologie ancienne de la péninsule, 325.

Faune des terrains tertiaires d'Otta, 15; du quaternaire de la péninsule, 26, 32, 33, 36, 38, 40, 44 ; des kjœkenmoeddings néolithiques, 48, 52 ; de la Cueva Lobrega 60 ; des grottes de Gibraltar, 65 ; de la Casa da Moura, 84, 90 ; des grottes de Cascaes, 104.

Feu, son rôle dans les anciennes sépultures, 75.

Fer, son arrivée au sein de l'industrie du bronze, 243.

Fibules en bronze des Citanias, 277; des environs de Valence, 296 ; autres, 299.

Figurine en terre formant un vase, 113.

Flore des terrains tertiaires d'Otta, 15.

Fusaioles en terre des Citanias, 278.

Garitas, nom des cryptes mégalithiques dans l'Estremadure, 181.

Géologie, considérations générales, 1 ; — des terrains tertiaires d'Otta, 14.

Godet en calcaire, grotte de Palmella, 119.

Gouges en pierre, Casa da Moura, 96 ; de Carvalhal, 113; de Palmella, 128.

Gravure sur os, grotte d'Altamira, 43.

Grotte de Péniche, 30 ; — diverses, avec faune ancienne, 32, 37 ; de la Vieille Castille, 38 ; d'Altamira, près Santander, 39 ; de Serinya, 43 ; dite Cueva Lobrega, 59 ; de la Cueva de la Mujer, 63 ; de Gibraltar, 65 ; diverses et mal connues de l'Espagne, 66 ; — de Cesareda, Casa da Moura et Lapa Furada, 84 et sq., 103 ; — de Cascaes, 104 ; artificielles sépulcrales de Anjo, près Palmella, 119 ; de Folha das Barradas, près Cintra, 135 ; de la Sicile et de l'île Pianosa, 138 ; des îles Baléares, 140.

Haches en pierre appelées pierres de foudre, 63 ; — des grottes de Gibraltar, 66 ; d'Argecilla, 67 ; de la Cueva de los Murciélagos, 77 ; de la Casa da Moura, 96 ; des grottes de Cascaes, 105 ; de grandes dimensions au sud du Portugal, 163 ; autres, 163, 178, 194 ; intérêt de l'étude des roches des —, 195 ; des Citanias du Minho, 274.

Haches en bronze, description, 225 ; emmanchure, 227 ; plates, 228 ; leur origine, 233 ; dans les mines de cuivre de la péninsule, 234 ; à talon, 235 ; à douille, 238.

Hameçon en bronze des grottes de Gibraltar, 66.

Harpons en os, grotte d'Altamira, 42; — barbelés, grotte de Serinya, 43.

Herminettes des sépultures néolithiques du Portugal, 96, 108, 163 ; leur mode d'emmanchure, 108, 128 ; systèmes américain et préhistorique portugais comparés, 110.

Homme, sa place dans la série animale, 2 ; ses origines, 3 ; — tertiaire, ses prétendues traces, 5 et sq.

Toulouse. — *DURAND, FILLOUS & LAGARDE Imprimeurs, rue Saint-Rome, 44.*

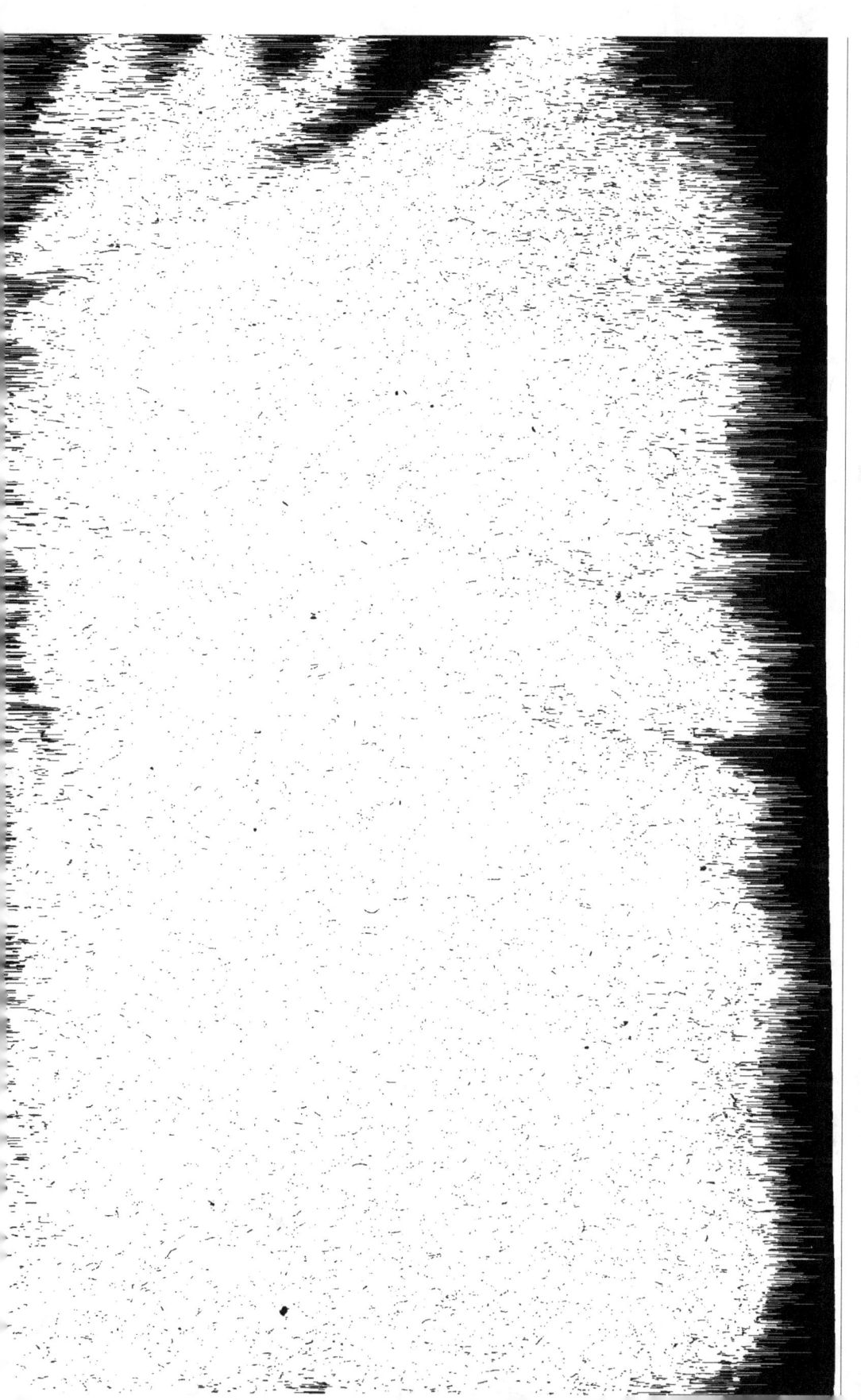

www.ingramcontent.com/pod-product-compliance
Lightning Source LLC
Chambersburg PA
CBHW072007270326
41928CB00009B/1568